W0267510

Stanislaw Belkowski

Wladimir

Stanislaw Belkowski

Wladimir

Die ganze Wahrheit über Putin

Übersetzung aus dem Russischen von Franziska Zwerg

REDLINE | VERLAG

Bibliografische Information der Deutschen Nationalbibliothek:
Die Deutsche Nationalbibliothek verzeichnet diese Publikation in der Deutschen Nationalbibliografie; detaillierte bibliografische Daten sind im Internet über **http://d-nb.de** *abrufbar.*

Für Fragen und Anregungen:
kbelkowski@redline-verlag.de

2. Auflage 2014

© 2014 by Redline Verlag, ein Imprint der Münchner Verlagsgruppe GmbH,
Nymphenburger Straße 86
D-80636 München
Tel.: 089 651285-0
Fax: 089 652096

© Stanislaw Belkowski 2013

Alle Rechte, insbesondere das Recht der Vervielfältigung und Verbreitung sowie der Übersetzung, vorbehalten. Kein Teil des Werkes darf in irgendeiner Form (durch Fotokopie, Mikrofilm oder ein anderes Verfahren) ohne schriftliche Genehmigung des Verlages reproduziert oder unter Verwendung elektronischer Systeme gespeichert, verarbeitet, vervielfältigt oder verbreitet werden.

Übersetzung: Franziska Zwerg
Redaktion: Jordan Wegberg
Umschlagabbildung: © Dietmar Dragunski
für Weiss Werkstatt München unter Verwendung Motiv Corbis
Satz: Carsten Klein
Druck: GGP Media GmbH, Pößneck
Printed in Germany

ISBN Print 978-3-86881-484-2
ISBN E-Book (PDF) 978-3-86414-438-7
ISBN E-Book (EPUB, Mobi) 978-3-86414-439-4

Weitere Informationen zum Verlag finden Sie unter
www.redline-verlag.de
Beachten Sie auch unsere weiteren Imprints unter
www.muenchner-verlagsgruppe.de

Inhalt

Einleitung 9

Kapitel 1
Die Reise des Okkupanten 21

Kapitel 2
Das Geheimnis seiner Geburt und eine seltsame Kindheit. Die Einsamkeit Wladimir Putins 41

Kapitel 3
Die KGB-Legende – James Bond oder der Schneider von Panama? 55

Kapitel 4
Auf der Suche nach einem Vater Teil 1: Anatoli Sobtschak 67

Kapitel 5
Krimineller Vergil – Putin und die Gangsterwelt von Petersburg 71

Kapitel 6
Sobtschaks Scheitern – die Reise von Sankt Petersburg nach Moskau 77

Kapitel 7
Auf der Suche nach einem Vater Teil 2: Putin und die Familie Jelzin 85

Kapitel 8
Auf der Suche nach einem Bruder – Roman Abramowitsch 89

Kapitel 9
Operation Nachfolger. Große und kleine Heldentaten: ein Flugzeug für Sobtschak und ein Revolver für den Generalstaatsanwalt 97

Kapitel 10
Die Philosophie von Putins Macht: Der Bewacher am Höhleneingang. Wladimir Putins Russophobie 103

Kapitel 11
Putin und seine Feinde 111

Kapitel 12
Chodorkowski – mein liebster Feind 129

Kapitel 13
Die tschetschenische Internationale 151

Kapitel 14
Putin und der Westen: Von Liebe bis Hass und zurück 191

Kapitel 15
Wladimir Putins Geschäft 201

Kapitel 16
Wladimir Putins Familie: »Ja, Herzchen, ich bin es!« 221

Kapitel 17
Sex mit Wladimir Putin: Geheimnisse aus allerhöchstem Bett ... 241

Kapitel 18
Wladimir Putins Gesundheit ... 261

Kapitel 19
Wladimir Putin: Unbegangene Verbrechen und tatsächliche Vergehen ... 271

Kapitel 20
Putin und die russische Opposition: Zwillingsbrüder ... 293

Kapitel 21
Der späte Putin: Die zweite Perestroika und der Aufstand des Bildungsbürgertums ... 321

Kapitel 22
Der Zusammenbruch der Oeconomia putina: wie und wann? ... 349

Über den Autor ... 365

Namensregister ... 367

Einleitung

Über Wladimir Wladimirowitsch Putin gibt es Dutzende Bücher, Tausende Artikel und Millionen interessanter, scheinbar kluger und zutreffender Bemerkungen, und zwar in allen Sprachen der Menschheit – von Deutsch bis Suaheli. Man könnte meinen, dass wir mittlerweile alles über diesen Mann wissen, abgesehen von dem, was prinzipiell nicht bekannt werden soll und was erst Jahre nach seinem politischen, physischen oder einem anderen, wissenschaftlich verifizierbaren Tod ans Licht kommt. Wozu dann noch ein weiteres Buch über ihn?

Dafür gibt es einen guten Grund.

Alle bisherigen Publikationen haben uns Putin nicht erklärt. Denn fast immer gehen sie von falschen Voraussetzungen und Vermutungen aus, nicht selten scheitern die Autoren auch an ihrer ideologischen Voreingenommenheit. Für die Mehrheit der Biografen des amtierenden russischen Präsidenten ist diese jedoch nicht äußerlich und marktorientiert, sondern erstaunlicherweise innerlich und ehrlich. Einige halten den zweiten demokratisch gewählten Präsidenten der Russischen Föderation für einen Retter und Erneuerer des Staates, für jemanden, der das Tor zu einer leuchtenden russischen Zukunft aufstößt. Und die Autoren passen alle Gegebenheiten aus Putins Leben, seien sie real oder fiktiv, dieser Einschätzung an.

Andere wiederum sind voller Wut und Hass auf den »Kreml-Tyrannen« und bezichtigen ihn der Zerstörung der jungen russischen Demokratie, auf deren Geschmack mein Land erstmalig Ende der 1980er-Jahre kam, als das scheinbar unerschütterliche Imperium von Lenin und Stalin buchstäblich im Handumdrehen zusammenbrach.

Sowohl die einen als auch die anderen sind im Unrecht – ob sie ihn nun vergöttern oder den Kreml-Herrscher hasserfüllt kritisieren. Keiner hat seinen Helden beziehungsweise Antihelden in erforderlicher Weise durchschaut. Ich werde es versuchen.

Dieses Buch wurde geschrieben, um auch die hartnäckigsten Mythen über Wladimir Putin zu widerlegen und ihn so zu zeigen, wie er ist, aus Staub und Erde, wenn auch nach vierzehn Jahren großer Macht von bester Qualität. Ich hoffe, Folgendes zeigen zu können:

- Putin war nie als Auslandsspion tätig, wovon alle Welt ausgeht. Mehr noch, er kann nicht einmal dem System des KGB der UdSSR zugerechnet werden. In diesem System war er ein Außenseiter. Der KGB hätte den künftigen Präsidenten der Russischen Föderation Ende der 1980er-Jahre fast zugrunde gerichtet, als er seine sowjetische Karriere zum Entgleisen brachte. Die politische Biografie Putins beginnt mit Anatoli Sobtschak, dem ehemaligen Vorsitzenden des Leningrader Stadtsowjets der Volksdeputierten (1990 bis 1991) und Bürgermeister der Stadt Sankt Petersburg (1991 bis 1996) – als leidenschaftlicher Gegner des Sowjetsystems und erklärter Antagonist und Zerstörer der Geheimdienstmaschinerie.

- Putin ist der wahre und getreue Nachfolger Boris Jelzins. Er hat den strategischen Kurs seines Vorgängers nicht zerstört, wie die russische (und internationale) liberale Öffentlichkeit gern äußert, sondern ihn, ganz im Gegenteil, bis an seine ursprünglich gesetzte, logische Grenze geführt. Jelzin sollte seinem Nachfolger vom Jenseits aus ebenso dankbar sein, wie er es auch im Diesseits war. Aber auch Putin hatte und hat allen Grund, dem ersten Präsidenten dankbar zu sein. Jelzin erwählte ihn im Sommer 1996 nach dem dramatischen Einbruch Sobtschaks bei den Bürgermeisterwahlen in Sankt Petersburg. Damals hatte das frisch gewählte Oberhaupt der ehemaligen russischen Hauptstadt im Norden, Wladimir Jakowlew, den einflussreichen Mitgliedern von Sobtschaks Clique die Tür gewiesen – allen voran Wladimir Putin. Daraufhin holten Jelzins Leute den leicht panischen Putin, der schmerzvoll ein erneutes Scheitern seiner gerade warmgelaufenen Karriere erwartete, nach Moskau. Und zwar in die Präsidialverwaltung auf einen Posten, der zwar klein war, seiner Karriere jedoch einen neuen Anstoß geben konnte. Jelzin im Jahr 1996 wurde für Putin das, was Sobtschak im Jahr 1990 für ihn gewesen war.

- Putin ist Geschäftsmann und ein Freund des Business. Nicht mehr und nicht weniger. Eine Auslegung dieser These findet sich weiter unten.

- WWP (wie man den russischen Präsidenten auch nennt) hat weder die unter Jelzin entstandene Oligarchie noch den Einfluss der mächtigsten Unternehmer der 1990er-Jahre zerstört. Im Gegenteil – die Oligarchen der Jelzin-Zeit wurden unter Putin noch stärker und reicher. Es gibt einige Ausnahmen, aber sie bestätigen nur die Regel.

- Putin hat nie die für Russland legendäre Machtvertikale geschaffen, über die so viel geschrieben und gesagt wurde. Unter ihm entstand eine Horizontale der Macht, die aus einer unzählbaren Menge von Gewaltzentren besteht. In jedem dieser Zentren, die das große Geld mit der zivilen und staatlichen Bürokratie vereinen, entsteht die russische Macht, hier lebt sie und stirbt von Zeit zu Zeit ab. Von vielen Entscheidungen, die an den Knotenpunkten dieser Horizontalen getroffen werden, erfährt Putin als Letzter oder nie. Die Philosophen der Postmoderne würden ein solches Machtmodell »rhizomatisch« nennen, ein Systemadministrator »verlinkt«. Auf keinen Fall jedoch kann man von einer strengen Hierarchie sprechen, an deren Spitze Putin steht, so wie heute die Mehrheit der Menschheit denkt.

- Putin war nie ein Imperialist und ist es auch heute nicht. Er ist ein Kleinbürger, dem imperiale Ausmaße Angst machen, wenn es um Ideen, Konzepte, Maßnahmen, Gegenmaßnahmen oder andere langfristige Entscheidungen geht. Keines der bisherigen russischen Staatsoberhäupter hat so viel zum Zerfall des Russischen Imperiums und zur Umwandlung des Landes in einen Nationalstaat europäischen Musters beigetragen, wozu die freiwillige und unfreiwillige Diskreditierung von imperialen Symbolen gehört, die den Russen bereits in Fleisch und Blut übergegangen sind. Darin liegt ja das Paradox: Indem er die imperialen Symbole konserviert, setzte er die zügellose Kraft des imperialen Zerfalls frei.

- Putin ist antisowjetisch. Alles Graue und Grässliche, was an die Sowjetunion erinnert, ist ihm zuwider. Und sei es nur deshalb, weil er in der Tragödie der UdSSR ein Pechvogel war, während er im Vaudeville der Russischen Föderation ein mustergültiger Glücksritter wurde.

- Putin ist russophob. Und zwar ganz klassisch und par excellence, als habe er sich aus einer wissenschaftlichen Broschüre materialisiert. Das russische Volk betrachtet er äußerst kritisch, er traut ihm keine kontinuierliche schöpferische Tätigkeit zu. Putin meint, die Russen seien untätige Schwärmer. Wahrscheinlich würde er der These zustimmen, dass die Russen Heilige sein können, dabei aber unredlich sind, wie der russische Denker Konstantin Leontjew es formulierte. Wie aber soll man einen modernen Kapitalismus aufbauen, wenn es an der banalen, langweiligen, bourgeoisen Ehrlichkeit mangelt? Putin meint, sowohl die Macht als auch die Philosophie in Russland müssten deutsch sein. Bleibt nur die Frage, wie man das erreicht.

- Putin hat keinen der Kriege gegen Tschetschenien angefangen. Er hat weder Anna Politkowskaja noch Alexander Litwinenko umgebracht. Generell ist er kein Mörder, weder von seinen Intentionen noch von seiner Mentalität her. Und wenn er dennoch Mordbefehle ausgegeben hat oder davon wusste, dass sie einem seiner Freunde erteilt wurden, hat er dabei stets Augen und Ohren verschlossen.

- Putin ist kein Macho und kein atemberaubender Liebhaber. Er ist ein Held der geschlechtlichen Einsamkeit mit unklarer (oder wie man es gebildet ausdrückt: amorpher) Sexualität. Die Mehrzahl der Gerüchte über seine Eroberungen und Affären sind Werbetricks, die mal besser funktionieren (wie zum Beispiel die Affäre mit der Kunstturnerin Alina Kabajewa, an der niemand zweifelt) und mal schlechter (die Affäre mit der Sängerin Anna Netrebko, an der sogar die zweifeln, die wissen, dass es eine solche Opernsängerin gibt).

- Putin ist Idealist. Er glaubt aufrichtig, für das gegenwärtige Russland und unter den gegebenen Umständen ein guter Regierungschef zu sein – kein großartiger, kein glänzender, sondern ein ordentlicher und solider. Er hat weder das Land betrogen noch diejenigen, die ihn in sein Amt gebracht haben. Vielleicht hat er damit gar nicht so unrecht.

- Von Putin ist alles Mögliche zu erwarten, nur keine radikalen Reformen. Die vorherrschende Idee seiner Staatsführung ist, nichts zu »verschütten«, damit er, gemessen an einer gewissen Auswahl formaler Kriterien, nach seiner Regierungszeit nicht schlechter dasteht als vorher. Boris Jelzin gab ihm die Worte mit auf den Weg: »Behüten Sie Russland!«, und WWP hat das ganz wörtlich genommen, ohne darin einen Hauch von Ironie oder Zynismus zu sehen. Deswegen muss man sich die hundertsiebenundzwanzigste Beteuerung des russischen Präsidenten, es stünden »Veränderung des russischen Wirtschaftsmodells« oder »massenhafte Verhaftungen korrupter Beamten« an, gar nicht mehr anhören. Putin ist ein träger Herrscher. Nie würde er das Alte gegen etwas Neues tauschen, wenn das Alte immer noch funktioniert, selbst mit gewissen Störungen, und wenn es wie eine Ölpipeline und der Ölpreis den Erfolg sichert. Selbstverständlich gibt es Ausnahmen von dieser These, zum Beispiel die Auflösung der Russischen Akademie der Wissenschaften, die von Putin und seinem Ministerpräsidenten Dmitri Medwedew 2013 zielstrebig durchgeboxt wurde. Aber auch hier bestätigt die Ausnahme nur die Regel.

- Putin ist ein Hüter oder, wenn man so will, ein Bewacher. Von einem solchen Menschen darf man nicht erwarten, dass er die geschichtliche Entwicklung vorantreibt.

- Sein Leben lang hat Putin einen Vater und einen Sohn gesucht. Nicht im biblischen, sondern im einfachen, menschlichen Sinn. Was das genau bedeutet, wird später in diesem Buch behandelt.

- Putin ist ein artifizieller »kleiner Mann«, »ein klitzekleiner Held« der großen russischen Literatur. Daraus schöpft er seine Kraft, wenn diesen Gedanken bisher auch nur wenige nachvollziehen können.

- Es gibt nichts Absurderes als die Idee, man müsse Putin oder die esoterische »Putin-Bande« (deren Zusammensetzung niemandem genau bekannt ist) beim Gerichtshof von Den Haag oder anderswo anklagen. Der zweite wie auch vierte russische Präsident hat eher Mitleid verdient als ein Gerichtsverfahren. Und wenn bemitleidet zu werden für einen Mann das härteste Urteil ist, dann steht ihm ein Mitleidsgericht zu.

- Und schließlich das Wichtigste für den deutschen Leser: Auf dem russischen Thron saß noch nie ein Herrscher, der für Westeuropa passender und vorteilhafter gewesen wäre als Putin. Der pragmatische Teil Europas hat davon Gebrauch gemacht, der unpragmatische Teil hat diese Tatsache einfach übersehen.

Erinnern Sie sich an den Hollywood-Film *The Man Who Wasn't There* der Brüder Ethan und Joel Coen? Die Hauptrolle wurde auf glänzende Weise von Billy Bob Thornton gespielt. Seinem Helden werden alle realen Vergehen und Fehler verziehen, aber man verurteilt ihn wegen eines Mordes, den er gar nicht begangen hat. Etwas in dieser Art versucht die Weltöffentlichkeit auch mit Putin zu machen.

Im Finale dieses Films stellt ein entfernter Verwandter des Protagonisten die rhetorische Frage: »What kind of man are you?« Auf diese Frage hat auch in Putins Fall seit seiner Inthronisierung niemand eine Antwort gefunden. Bereits im Februar 2000 auf dem Forum von Davos fragte die internationale Beobachterin und Kolumnistin des *Philadelphia Inquirer*, Trudy Rubin, die gesamte russische Delegation unter der Leitung des damaligen Ministerpräsidenten Michail Kassjanow, der imposant ist wie ein Vintage-Cadillac: »Who is Mister Putin?« Die Delegation blieb eine Antwort schuldig.

Wenn Sie die oben genannten Thesen glauben, brauchen Sie das Buch nicht weiterzulesen. Dann habe ich mein Ziel schon erreicht, und Sie und ich haben die Schlacht gegen die Zeit gewonnen, die Wladimir Putin übrigens dramatisch verloren hat. Seine besten Jahre, ab 47 bis etwa 60 und länger, hat er vollständig einer Sache gewidmet, die er nicht mochte: der Macht in Russland.

Sei es Krieg, sei es Pest, das alles wird bald enden
Ihr Richterspruch ist schon bekannt
Allein, wer kann den Schrecken wenden
Den wir den Lauf der Zeit genannt …

Anna Achmatowa

Wenn Sie aber weiterlesen wollen, dann tun Sie das unbedingt. Bevor wir uns die Last aufbürden, alle diese unglaublichen Thesen zu beweisen, stellen wir uns eine weitere, einleitende Frage: Wie kam WWP an der Wende des Jahrhunderts und des Jahrtausends überhaupt an die Macht?

Viele sogenannte Fachleute (im Wesentlichen Politologen) sind durch ein eindeutig konspiratives Denken befangen. Sie meinen, dass alle wichtigen historischen Entscheidungen im Verlauf eines tödlichen Kampfs mächtiger Clans um das große Geld und den Gebrauch tödlicher Waffen, um Viren und Gifte getroffen werden. Sie denken in den Kategorien einer Welt, in der die Freimaurer ständig die Rosenkreuzer schlachten und umgekehrt, die Rockefellers die Rothschilds und umgekehrt, und aus dieser endlosen Schlachterei schält sich letztlich die Weltmacht heraus, die sich von der Eingangshalle des Washingtoner Hotels Willard (wo, wie man meint, der moderne Lobbyismus entstand) bis in die Dschungel von Kambodscha erstreckt.

Deswegen gehen sie davon aus, dass Putin von einer geheimen KGB-Lobby in den Kreml geschleust wurde, welche die demokratischen »bösen« 1990er-Jahre überstehen konnte. Andere hängen ausnahmslos alles der Familie des ersten russischen Präsidenten Boris Jelzin an, die in Wladimir Putin unverhofft eine verwandte Seele erkannt hatte. Bei der Analyse derartiger Dinge halte ich mich an eine Regel, die ich ganz bescheiden das »Belkowski-Gesetz« nenne: In der Geschichte passiert immer das, was passieren muss.

Der bekannte russische Denker des 19. Jahrhunderts Konstantin Leontjew hat gesagt, dass die Zivilisation in den verschiedenen Stadien ihrer Entwicklung qualitativ verschiedene Typen von Herrschern braucht. Wenn sich eine Zivilisation im Aufstieg befindet, wenn sie wächst und an Kraft gewinnt, braucht sie große Reformatoren und mutige Abenteurer, die in der Lage sind, die Geschichte voranzutreiben. In derartigen Epochen braucht man einen Titanen wie Prometheus, der bereit ist, den Göttern das Feuer zu stehlen, es den Menschen zu geben und im Kaukasus seine Leber dem Adler Ethon preiszugeben.

Wenn sich jedoch eine Zivilisation im Niedergang befindet, braucht sie einen Herrscher, der behutsam, langsam und skeptisch ist. Er kann und will den Prozess eher einfrieren als in Bewegung setzen. »Nichts verschütten«, so haben wir bereits die inoffizielle Devise von Präsident Putin definiert. Er will viel eher auf die Bremse treten als aufs Gaspedal und ist also kein Prometheus, sondern ein Titan mit einer anderen Bestimmung. Er ist der Bruder von Prometheus – Epimetheus. Nicht der, welcher das Feuer bringt, sondern der, welcher den Herd hütet, in dem dieses Feuer bereits brennt – damit es nicht erlischt.

Wie wir aus der altgriechischen Mythologie wissen, hat Prometheus die Menschheit mit aller Entschlossenheit vorangebracht, ohne an die Risiken und Gefahren für seine eigene Person zu denken. Erstens brachte er den Menschen das Feuer und gab damit den Startschuss für die Entwicklung von Industrie und Wirtschaft. Zweitens beraubte Prometheus nach Aischylos die Menschen ihrer Vorahnungen und gab ihnen dadurch – die Hoffnung. Und die Hoffnung ist das Wichtigste, was den Menschen in seinem gesellschaftlichen Dasein vorantreibt. Im Grunde genommen besteht die wichtigste Funktion jeder Macht, ob sie nun totalitär oder demokratisch ist, in der Reproduktion von Hoffnungen.

Für alle seine Heldentaten, die Prometheus für die Menschheit vollbrachte, wurde er bekanntlich von Zeus an den Berg Elbrus gekettet. Ganz anders stand es um Epimetheus. Nie verließ er seinen angestammten Ort und war stark, vor allem im Langsamdenken. Allerdings verfiel er der unglücklichen Idee, sich mit einer Dame namens Pandora zusammenzutun. Und die öffnete im entscheidenden Moment ihre Büchse, aus der alle Plagen auf die Welt kamen.

Putin wurde ein solcher Epimetheus auf dem russischen Thron. In jenem historischen Moment, als die Sonne der Zivilisation, die ihren Weg mit der Anwerbung der Waräger ins Nowgorod von 862 begann, zielstrebig auf ihren Untergang zustrebte. Und auch hier gibt es eine Pandora mit ihrer Büchse. Ausgerechnet unter Putin wurde Russland zu einem Land der totalen Korruption. Die Russen haben sich dermaßen an die korrupten Mechanismen gewöhnt, dass man nicht weiß, wie man ihnen das wieder austreiben soll – und zwar ganz unabhängig davon, wie lange der amtierende Präsident noch an der Macht sein und wer ihn ablösen wird.

WWP ist ein klassischer Endzeitherrscher. Man kann sich darüber freuen, man kann es bedauern. Aber ein Ende zeichnet sich auch dadurch aus, dass es frei von Emotionen sein sollte.

Ohne Putin wäre das imperiale Russland schneller zusammengebrochen als mit ihm. Er ist es jedoch auch, der als eingefleischter Antiimperialist diesen Zusammenbruch unumkehrbar gemacht hat. Durch seine Konservierung der imperialen Symbole tat er nichts gegen die Zerstörung des Imperiums selbst. Das mag dem einen oder anderen paradox erscheinen: Er hat den Zerfall des Imperiums aufgehalten und ihn gleichzeitig beschleunigt? Wir werden später darauf zurückkommen.

Nach Putin wird das Land völlig anders aussehen. Es wird vielleicht noch so heißen, aber im Inneren verändert sein. Wie? Weiß der Himmel. Mein Prognose: Anstelle des euroasiatischen Imperiums, welches das russische Volk hat ausbluten lassen, wird ein europäischer Nationalstaat entstehen.

Es gibt mittlerweile weder Zeit noch Raum für eine Fortsetzung der kräfteraubenden Geschichte der Gewalt. Der Wecker des Imperiums kann sein infernalisches, hysterisches Schrillen fortsetzen, wird aber damit nur erreichen, dass die schweren russischen Traumgespinste weitergeträumt werden.

Oft wurde Putin sowohl von Freunden als auch von Feinden mit Napoleon Bonaparte verglichen. Meiner Auffassung nach gibt es zwischen diesen beiden Führungspersonen, dem greisenhaften Hüter des Russischen Imperiums und dem Pionier einer europäischen Union, fast keine Gemeinsamkeiten. Bis auf eine.

Napoleon war ein großer Entscheider. Er konnte die Brücke von Arcole betreten, wo ihn der sichere Tod durch eine österreichische Kugel erwartete, und aus den Händen des Papstes in der Kathedrale Notre-Dame in Paris die eigene Krone empfangen, um eine Sekunde später das Schicksal von Millionen von Menschen zu verändern, die zwischen dem Golf von Biskaya und der Baltischen Bucht beheimatet waren. Dieser kleinwüchsige Korse sagte völlig im Ernst, wobei er sich ein helles Tränchen von den schwarzen Wimpern wischte: »Nie habe ich eine eigene Entscheidung getroffen, immer war ich eine Geisel der Umstände.«

Diese Worte würde Wladimir Putin wohl ohne jede Einschränkung unterschreiben.

Kapitel 1
Die Reise des Okkupanten

Am 7. Mai 2012 geschah etwas gleichermaßen Erstaunliches wie Gewöhnliches – die Amtseinführung des Präsidenten der Russischen Föderation Wladimir Putin. Es war das dritte Mal seit dem Jahr 2000, dass WWP den Kreml-Thron bestieg.

Eine Amtseinführung auf die erste Maiwoche zu legen, ist für das moderne Russland keine besonders gute Idee. Denn die Zeit zwischen dem 1. und dem 8. Mai ist in meinem Land traditionell ein »verlängertes Wochenende«, an dem alle wegfahren, um sich vom beschwerlichen russischen Alltag zu erholen – die einfachen Menschen in ihre Datscha, die Vertreter der Elite meist ins Ausland an warme Meere, wo man surfen oder sich einfach nur sonnen und Mojito trinken kann. Die einen verlassen Moskau in Vorortbahnen mit ihren zerschlagenen Scheiben und zerbrochenen Holzsitzen, die anderen mit dem eigenen Businessjet.

Als Boris Jelzin am 31. Dezember 1999 vorzeitig in den Ruhestand ging, hatte er die Präsidentschaftswahlen für den 7. März 2000 ausrufen lassen. Außerdem sagt die Verfassung, dass die Amtseinführung des neuen Staatsoberhaupts am 30. Tag nach der offiziellen Verkündigung der Wahlergebnisse durch die Zentrale Wahlkommission der Russischen Föderation erfolgen muss, die wiederum einen Monat nach den Wahlen stattfindet. 1993, als das jetzige Grundgesetz geschrieben wurde, dachten Jelzins Juristen sich diese Vorschrift eigens für den Fall aus, dass der erste demokratisch gewählte Präsident die Wahl verlieren sollte: Man hätte dann Zeit gebraucht, um den Karren aus dem Dreck zu ziehen und die Spuren zu verwischen, nötigenfalls auch einen militärischen Umsturz anzuzetteln, wozu der Liebling der progressiven Öffentlichkeit, Boris Jelzin, von Zeit zu Zeit geneigt war.

Es ist also nicht möglich, einen neuen Präsidenten sofort nach der Niederlage seines Vorgängers in den Kreml zu lassen, solange »das Nest noch warm und der Vogel nah« ist. Und deswegen wird dem Präsidenten erst ganze zwei Monate nach der Wahl der Schwur abgenommen.

Selbstverständlich mussten sich alle geladenen Vertreter der Elite am 7. Mai in Moskau einfinden. Nicht einmal diejenigen, die mit Linienflügen kommen mussten, verspäteten sich. Alle wussten, wie wichtig es ist, sich in Gesellschaft des Präsidenten zu zeigen, der erneut sein Amt antritt, und, falls es sich ergibt, von ihm gesehen zu werden. Da durfte man nicht fehlen! Das Protokoll und der Sicherheitsdienst des Präsidenten hätten es dem Staatsoberhaupt auf jeden Fall gemeldet, und keine Ausrede wäre akzeptiert worden.

Zur Amtseinführung 2012 wurden fast zweitausend offizielle Gäste geladen. Darunter befanden sich gewohnheitsmäßig alle Abgeordneten beider Kammern des russischen Parlaments, Regierungsmitglieder und hochgestellte Mitarbeiter der Präsidentenadministration, die Richter der höchsten Gerichte, Vertreter der wichtigsten Konfessionen sowie die Vorsitzenden aller offiziellen Parteien einschließlich der parlamentarischen Opposition. (Die außerparlamentarische Opposition, die bei der Organisation von Großdemonstrationen gegen Putin mitwirkt, war natürlich nicht geladen.)

Der Präsident hatte auch alle seine sogenannten Vertrauensleute eingeladen – Künstler, Wissenschaftler, Sportler und sonstige lokale Größen, die Putin bei seiner Wahlkampagne zur Seite gestanden hatten, indem sie mit ihrer hohen Popularität die dankbare Wählerschaft bearbeiteten. Wohl kaum jemand im Westen kennt solche Namen wie Stass Michajlow oder Grigory Leps (der eigentlich Lepsweridse heißt und einer der wenigen Georgier ist, die Putin ertragen kann) – im heutigen Russland sind sie die angesagtesten Popsänger. Als Extraröschen auf der Torte fungierten der geschlagene Expräsident Dmitri Medwedew mit seiner Gattin Swetlana und das ebenso gestürzte, erste und letzte Oberhaupt der UdSSR, der Friedensnobelpreisträger Michail Gorbatschow.

Besonders pikant wurde die Veranstaltung auch durch die Anwesenheit persönlicher Freunde Wladimir Putins aus dem Ausland, von denen vor allem der ewige Gerhard Schröder und Silvio Berlusconi zu nennen sind. Für ihre Ankunft wurde im Regierungsflughafen extra ein Terminal reserviert. Schröder und Berlusconi nahmen am Empfang im Kreml entgegen der Amtseinweihungstradition statt, die sich bereits unter Boris Jelzin herausgebildet hatte: ausländische Gäste möglichst nicht zuzulassen. Damit zeigte Putin, dass ihm die persönliche Freundschaft um einiges wichtiger ist als Formalitäten oder Anstand.

Der offizielle Teil der Zeremonie verlief nach dem üblichen Muster und war langweilig. Die Organisatoren des Präsidialamts verwiesen darauf, dass eine Tradition erst entstehen muss und deshalb zunächst einmal nichts verändert werden sollte. Es begann damit, dass die russische Staatsflagge, die Standarte des Präsidenten, die Verfassung und die Kette mit dem symbolischen Anhänger des russischen Präsidenten feierlich in den Andrejewski-Saal des Großen Kremlpalasts getragen wurden.

Damit keine Missverständnisse aufkommen: Der Große Kremlpalast ist nicht der Ort, an dem der russische Präsident arbeitet. Die dunklen Interieurs aus Nussbaumholz, die man oft im Fernsehen zeigt, gehören zum ehemaligen Senatsgebäude des Imperiums. Der Palast dagegen wird heute vor allem für feierliche Zeremonien und

VIP-Exkursionen genutzt. Man kann ihn komplett für ein Fest oder eine Hochzeit mieten, und zwar zum Preis von etwa 1 Million Euro.

Dann legte der gewählte Präsident seinen Treueschwur gegenüber dem russischen Volk ab, wobei er beteuerte, die Verfassung »zu achten und die Rechte und Freiheiten des Menschen und der Bürger zu wahren« (die Versammelten fingen nicht an zu lachen, sonst hätte man es bis weit hinter die Kreml-Mauern gehört), wonach der Vorsitzende des Verfassungsgericht, Waleri Sorkin, den Eintritt Wladimir Putins in das Amt des russischen Staatsoberhaupts verkündete.

Waleri Sorkin ist überhaupt eine bemerkenswerte Figur der neueren russischen Geschichte. 1993 versuchte er, Boris Jelzin in den Ruhestand zu schicken, weswegen er aus der hohen Richterschaft entlassen wurde und in eine lang andauernde Ungnade fiel. 2002 holte ihn Wladimir Putin wieder aus der Mottenkiste hervor, und seitdem ist er für seine Fähigkeit berühmt, alle für den Kreml unabdingbaren Entscheidungen durchzudrücken, egal ob sie verfassungswidrig sind oder nicht. So befand das Hohe Gericht des Landes unter dem Vorsitz von Herrn Sorkin die Abschaffung der Gouvernementswahlen für verfassungstreu, obwohl sie sowohl dem Buchstaben als auch dem Geist des Grundgesetzes des föderalen Staates widersprach.

Nachdem er offiziell zum Präsidenten ernannt worden war, hielt Putin eine Rede, in der er nicht ohne Ironie Dmitri Medwedew für die Gewährleistung der Machtfolge dankte. Er bezeichnete die nächsten Jahre als entscheidend für das Schicksal der kommenden Generationen und sprach von der Notwendigkeit, das Land zum Zentrum der Anziehungskraft von ganz Eurasien zu machen, die Demokratie, die Menschenrechte, die Freiheit zu stärken und für die Einbeziehung der Bürger in die Lenkung des Landes zu sorgen. Keiner glaubte ihm.

Danach fand auf dem Kathedralenplatz der Aufmarsch der Präsidentenwache statt, die an diesem Tag ihr 76-jähriges Bestehen feierte.

Die Amtseinführung im Kreml endete mit einem epochalen Ereignis, das von vielen, wenn nicht allen Anwesenden mit hängendem Magen erwartet wurde – einem Bankett. Ein Bankett ist in Russland mehr als nur ein Festschmaus. Alle meine Mitbürger, die älter als dreißig Jahre sind, leiden, auch wenn sie wohlhabend oder sehr reich sind, am Syndrom einer kargen Kindheit. Ständig befürchten wir, in unserem Land, unserer Stadt oder unserem Dorf könnten die Nahrungsmittel ausgehen oder es könnte eine Zeit kommen, in der man Essen für kein Geld der Welt kaufen kann.

Die Älteren unter uns können sich noch an die Zeit unter Chruschtschow oder sogar an die späte Stalin-Zeit erinnern. Ich wiederum erinnere mich gut an die Jahre 1990/91 unter Präsident Michail Gorbatschow, als die Lebensmittel komplett aus den Regalen verschwanden und es nur noch Buchweizen und Hering in Tomatensoße gab. Und wenn auf einmal Wurst auftauchte, egal von welcher Qualität, musste man dafür eine Stunde oder länger in der Schlange stehen. Überhaupt nahm nach Angaben von Soziologen die Wartezeit eines Sowjetmenschen in Lebensmittelschlangen ungefähr 20 Prozent seiner Freizeit und 5 Prozent seiner Lebenszeit ein. Wenn also jemand siebzig Jahre lebte, stand er davon dreieinhalb Jahre in Warteschlangen.

Deswegen ist jeder Empfang oder jedes Bankett, bei dem man sich kostenlos bedienen kann, selbst wenn das Essen nur mittelmäßig ist, ein großes Glück und ein Fest für alle, die am Syndrom einer kargen Kindheit litten. Wir sind es, die Kinder des sowjetischen Hungers, die der russischen Sprache das Wort *chaljawa* eingepflanzt haben, was bedeutet: Man kann sich ungestraft und ungehindert auf fremde Kosten den Bauch vollschlagen.

Die *chaljawa* bei Putin 2012 war überaus erlesen, oder wie sich der Pressesprecher der Kreml-Küche ausdrückte: Es wurde die Crème de la Crème der russischen Küche gereicht, jedoch auf europäische Art serviert. Das ist so zu verstehen, dass die Kellner keinen Sekt in den Borschtsch schütteten und den Gästen keine Julienne auf die Knie kippten. Die kalten Vorspeisen: Kammmuschel mit Gemüse-blinys und einer Edelpilzsoße, geräucherter Heilbutt mit jungen Salatblättern, Rollbraten aus gebratener Ente mit Rosmarin an Kirschsauce, Meeresfrüchtesalat mit Avocadopüree. Warme Vorspeisen: gebratene Kamtschatkakrabbe mit Miniratatouille und einem Cappuccino aus Kokosmilch. Hauptspeise: Störsteak, gefüllt mit Gemüse und Sauce de Champagne.

Abgesehen von Fruchtsäften und anderen kühlen Getränken standen der Wodka Kremlin, der zehn Jahre gelagerte und ebenfalls in Russland hergestellte Cognac Kremlin sowie der russische Weißwein Pinot Aligote Selection Château le Grand Vostock 2009 und der russische Auslesechampagner Abrau Djurso 2008 zur Wahl. Alle genannten Getränke werden in Russland hergestellt und haben mit Cognac und Champagner im eigentlichen Sinne (also als Getränken, die in den französischen Provinzen Champagne und Cognac hergestellt werden) nichts zu tun. Ob man sie konsumieren kann, ohne den Verlust der Verdauung und später auch des Sehvermögens zu riskieren, weiß ich nicht, ich habe es nicht ausprobiert. Wenn Putin sein Amt antritt, ist wahrscheinlich alles möglich.

Ich kann nur sagen, dass der Abfüller des Abrau Djurso, Boris Titow, schon bald nach der Zeremonie mit dem Posten des Beauftragten für die Rechte der Unternehmer in Russland belohnt wurde. Das Amt ist fiktiv, es handelt sich um einen Ruheposten, da die Rechte der Unternehmer im gegenwärtigen Russland nur von korrumpierten Vertretern der staatlichen Organe gewahrt werden können und nicht von einem Sekthersteller. Aber Herr Titow hat sich sicher trotzdem gefreut – er konnte seinen Trank an den Mann bringen und hat sogar noch ein Pöstchen erhalten.

Übrigens wurde die *chaljawa* großzügig vom russischen Steuerzahler finanziert. Das Budget für das Bankett betrug 26 Millionen Rubel (fast 800 000 Dollar), das sind 400 Dollar für jeden Gast. Sie werden mir zustimmen, dass man selbst in Paris nach einem Restaurant mit drei Michelin-Sternen suchen muss, das solche Rechnung aufstellt. Organisiert wurde das Festmahl zu Wahnsinnspreisen von dem bekannten Moskauer Gastronom Arkadi Nowikow, dem Besitzer der allerteuersten Lokale der russischen Hauptstadt. Wenn Sie für Essen ein Vermögen ausgeben und dabei trotzdem hungrig bleiben wollen, sind Sie dort an der richtigen Adresse.

Das Wichtigste am 7. Mai 2012 war jedoch, dass Putin zur Amtseinführung aus seiner Vorstadtresidenz Nowo-Ogarjowo elf Kilometer durch eine absolut leere Stadt in den Kreml fuhr. Kein Mensch war in der Hauptstadt zu sehen. Das lag nicht nur daran, dass die Fahrtroute bis zum Spasski-Tor des Kremls lange vor Putins Fahrt für alle Formen menschlicher oder motorisierter Bewegung gesperrt worden wäre. Der Grund war auch, dass die gesamte Stadt Putin mit dieser vielsagenden Leere etwas zeigen wollte. Niemand wollte die Eskorte begrüßen, niemand schrie »Hurra«, niemand winkte mit Fähnchen. Niemand zeigte ihm auch nur den ausgestreckten Mittelfinger. Der Präsident befand sich in absoluter Einsamkeit – als fahre er durch die Hauptstadt eines okkupierten Landes.

Davon war in den staatlichen russischen Fernsehsendern natürlich nicht die Rede. Aber man konnte es an den Fernsehbildern leicht erkennen. Unsere Blogger luden in den sozialen Netzwerken Hunderte von Fotografien hoch, die Putins Amtseinführung ähnlichen Prozeduren in den USA oder in Frankreich gegenüberstellten, wo es große Menschenansammlungen und aufrichtigen Jubel gab. Am 7. Mai 2012 herrschte in Moskau Grabesstille.

Und all das geschah in der Stadt, wo nach offiziellen Angaben fast 47 Prozent der Wähler für Putin gestimmt hatten! Niemand ließ sein Wochenendgrundstück, sein Wodkagläschen oder den allerneusten Superthriller stehen und liegen. Das Volk zeigte für seinen gewählten Herrscher keinerlei erkennbares Interesse. Selbst in den sozialen Netzwerken – von Facebook bis Twitter – wird man kaum ein Grußwort für den zurückgekehrten Präsidenten finden. Zu 99 Prozent sind es bissige, ironische, sarkastische, teilweise offen beleidigende Anmerkungen und Kränkungen.

Vielleicht war es Putin auch gleichgültig – wer weiß? Vielleicht waren für ihn nur die Tatsache seines Sieges und seine absolute Unanfechtbarkeit in juristischer und amtlicher Hinsicht wichtig? Zumal ihm trotzdem alle Staatsoberhäupter weltweit gratulieren und alle Fragen der Legitimität seiner neuen Amtszeit im Kreml von selbst wegfallen würden. Und das Volk? Was soll mit ihm schon sein? Das Volk war schon immer das Volk.

Das mag so sein oder auch nicht. Putin ist ein zielstrebig alternder Autokrat. Und ein Regent dieses Typs möchte nicht einfach nur die Macht, deren er nach all den Jahren ohnehin überdrüssig ist. Er will Liebe. Doch stattdessen bekam er am 7. Mai nur die absolute Gleichgültigkeit seiner Hauptstadt Moskau zu spüren.

Es muss doppelt kränkend für ihn gewesen sein. Im Jahr 2000, als der Abkömmling der Sümpfe an der Ochta zum ersten Mal russischer Präsident wurde, gab es viele Erwägungen und Gerüchte über eine vollständige oder teilweise Verlegung der Hauptstadt nach Sankt Petersburg. Auch ich war ein Anhänger dieses Konzepts, und zwar aus einem einfachen Grund: Petersburg ist der russische Schlüssel zu Europa, die Stadt ist das Tor, das nach Westen weist. Moskau hingegen ist durch seine Hauptstadtfunktionen nicht nur überlastet, es symbolisiert auch viel zu deutlich die mongolische Herrschaftstradition und die Eigenarten des russischen Staatswesens. Schließlich geschah es ja unter der Mongolenherrschaft, dass Moskau zum politischen Zentrum wurde.

Deswegen hätte ich es sinnvoll gefunden, einige staatliche Organe in die nördliche Hauptstadt zu verlegen, die nicht jeden Tag tagen –

den Föderationsrat, den Sicherheitsrat, die hohen Gerichte. Gleichzeitig hätte ich es aus historischer, politischer, logistischer und infrastruktureller Sicht richtig gefunden, der Stadt den offiziellen Status einer Hauptstadt Nummer zwei zu verleihen, die formal der Hauptstadt Nummer eins gleichgestellt ist, und dort eine zweite Residenz des Staatsoberhaupts einzurichten.

Eine solche Entscheidung hätte dem Geist von Petersburg, der schönsten Stadt Europas, eine Renaissance beschert. »Wenn Petersburg keine Hauptstadt ist, dann ist es nicht Petersburg«, sagte Andrei Bely, der berühmte russische Dichter und Schriftsteller des sogenannten Silbernen Zeitalters (der ersten fünfzehn Jahre des 20. Jahrhunderts). Anna Achmatowa schrieb, dass der Verlust des hauptstädtischen Geistes die Stadt »St. Pete« schlicht und einfach zu einem »besiedelten Ballungsraum« gemacht hat. Lew Oserow, der heute halb vergessene Versdichter aus sowjetischen Zeiten, nannte Petersburg »eine große Stadt mit regionalem Schicksal«. Eine teilweise Verlegung der Hauptstadt in den Nordwesten hätte Petersburg geholfen, diesen Provinzfluch zu überwinden.

Putins Leute hatten sich bereits darauf vorbereitet, wobei ihre Motive selbstverständlich völlig andere waren als die des Autors dieser Zeilen. Wladimir Koschin, dem Leiter des Präsidialamts, lief das Wasser im Munde zusammen, wenn er sich auf Schmierzetteln ausrechnete, wie viele Milliarden Dollar man über das Projekt »Neue Hauptstadt« aus- und abschreiben konnte. (Damals konnte sich noch niemand vorstellen, welche Ausmaße das Projekt »Winterspiele 2014« in Sotschi haben würde, das mittlerweile fast mehr als 50 Milliarden Dollar geschluckt hat, wobei sich die tatsächliche Höhe der Ausgaben und Unterschlagungen erst nach Ende der Spiele zeigen wird.)

Aber Putin brachte es nicht fertig. Fast nicht fertig. Nach der Hälfte seiner zweiten Amtszeit (2006) genehmigte er nicht ohne Schwierigkeiten den Umzug des Verfassungsgerichts in die nördliche Hauptstadt. Und erst 2012, nachdem er zum dritten Mal Präsident geworden war, bewilligte er etwas weniger als 2 Milliarden Dollar für den Umzug zweier weiterer Gerichte nach Sankt Petersburg – des Obersten Gerichtshofs und des Höchsten Schiedsgerichts – nach Petersburg (eine lächerliche Summe im Vergleich zu den sonstigen Unterschlagungen von Staatsgeldern). Unter Putin war und blieb Moskau die Hauptstadt in vollem Sinne. Mehr noch – Putin brachte der großen und ihm fremden Stadt das Kapital seiner Petersburger Freunde, das sie durch Öl, Gas und andere wertvolle Bodenschätze unseres unendlichen Sibirien verdient hatten. Es waren Dutzende, Hunderte Milliarden von Dollar.

Moskau erwies sich als undankbar. Ausgerechnet hier bildete sich unter Putin eine neue soziale Gruppe heraus und ballte sich zusammen – die Gruppe der RuBiBü (Russische Bildungsbürger). An dieser Stelle ist ein kleiner Exkurs in die russische Geschichte angebracht.

Nach der vorherrschenden Geschichtstheorie wurde das russische Staatswesen 862 durch die Normannen (Wikinger) Rjurik, Truwor und Sineus gegründet. Damit gibt es also einen skandinavischen beziehungsweise westeuropäischen Ursprung. Doch die mongolische Eroberung des 8. Jahrhunderts und die folgenden zweihundert Jahre asiatischer Herrschaft veränderten die weitere Entwicklung. Es war im Grunde der Anfang des Moskauer Staatswesens, das folgende Voraussetzungen schuf: a) eine grausame Unterdrückung des Einzelnen durch den Staat und b) die ständige Vertiefung eines Schuldkomplexes des Einzelnen gegenüber der Macht, der von der Überzeugung genährt wird, dass der Mensch der Macht verpflichtet ist, die Macht jedoch nicht dem Menschen.

Die Russen waren seit der Mongolenzeit ihrer Freiheiten beraubt, sowohl im Alltag als auch in der Politik. Deswegen bildeten sich in Russland der Kult der »geheimen Freiheit« und ein diesbezüglicher

Mythos heraus. Gemeint ist jene Freiheit, die entsteht, wenn man vor dem alles sehenden Auge des Staates verborgen ist, wenn dieser einen nicht belauschen kann und man allein ist mit Gottvater. Das ist eine höchst innere Freiheit.

Als größter Europäisierer Russlands gilt Peter I., der erste russische Kaiser (1721) und Gründer von Sankt Petersburg (1703). Tatsächlich hat er dem Russland seiner Zeit viel Europäisches gebracht – von einer geordneten Bürokratie und Armee bis hin zur Ästhetik des russischen Adelsstandes. Dennoch kann man ihn keinesfalls einen Zaren und Befreier nennen. Er setzte die äußerliche Versklavung des Volkes fort, die Bekämpfung der Vorstellung vom Menschen als einem Träger von Werten, Ideen und Praktiken staatsbürgerlichen Verantwortungsbewusstseins.

Sowohl unter den Zaren als auch unter den Kaisern und den Kommunisten strebte der russische (von 1922 bis 1991 der sowjetische) Staat auf härteste Weise eine Kontrolle des Menschen in allen seinen Äußerungen und Bedürfnissen an: was er isst, trinkt, liest, hört, was er anzieht, welches Sexualleben er führt, was er träumt und so weiter. Der Staat war stets ein strenger Lehrer. Dem Volk hingegen kam die Rolle des notorisch nachlässigen Schülers zu: Schlägt man ihn mit dem Lineal auf die Finger, ist das ein Zeichen von Zuneigung. Schlägt man ihn nicht, dann wird nichts aus ihm. Dann verschwindet er in den unermesslichen Weiten des harten russischen Winters, der bei uns ein halbes Jahr dauert, in manchen Gegenden im Norden auch länger.

Der Russe ist historisch gesehen nicht daran gewöhnt, ein Staatsbürger zu sein. Und die Russen im Ganzen haben sich immer am ehesten als Bevölkerung gesehen, mehr als Verwaltungsobjekt denn als Volk, Subjekt und Machtquelle.

Obwohl das totalitäre Imperium 1991 gescheitert war, hatten sich die leibeigenschaftlichen Tendenzen unter dem ersten Präsidenten der Russischen Föderation, Boris Jelzin, aus Trägheit immer noch erhalten. 1990 gab es in vollem Maße ein aktives und passives Wahlrecht. Gleichwohl wurde es spezifisch angewandt: Nur äußerst zynische oder völlig blauäugige Beobachter sind nicht der Auffassung, dass die Präsidentschaftswahlen 1996, bei denen Jelzin zum zweiten Mal Staatsoberhaupt wurde, gefälscht waren.

Aber auch unter Jelzin war das russische Volk in vielem noch den alten Zwängen unterworfen. Denn über das postsowjetische Russland brach eine himmelschreiende Armut herein, der Feind Nummer eins für Freiheiten des alltäglichen Lebens. Die offizielle Propaganda, die, entgegen der späten liberalen Mythenbildung, in den 1990er-Jahren in Russland quicklebendig war, vermittelte mal deutlich, mal unterschwellig eine konkrete Botschaft: Wie schlimm es auch sein mag, die einzige Alternative zu Jelzin ist die kommunistische Hölle mit dem dazugehörenden Gulag.

Und dann tauchte zum Jahreswechsel 1999/2000 auf einmal Putin auf. Er wirkte wie ein gewöhnlicher Bürger, der wie ein moderner westlicher Mensch leben will. Natürlich konnte er das nicht richtig zum Ausdruck bringen, vor allem nicht am Anfang. Um sich als Träger einer bestimmten historischen Tradition zu legitimieren, musste WWP ständig zur imperialen Rhetorik greifen und demonstrativ dem unermesslichen Schlachtkörper Russland von den zerschundenen Knien aufhelfen. Das forderten die Spielregeln. Denn Putin war durch das Blut und den Schmutz der detonierten Hochhäuser der Moskauer Vorstadt und durch die Kanonade des zweiten Tschetschenien-Kriegs in den Kreml gedrungen.

Praktisch jedoch tat der zweite Präsident alles, um die russischen Bürger den Geschmack alltäglicher Freiheiten kosten zu lassen. Er führte eine einheitliche Einkommenssteuer von 13 Prozent ein – das war damals der niedrigste Steuersatz in Europa. Sicher kam dies vor allem den Superreichen und den Begünstigten der großen Privatisierung der 1990er-Jahre zugute, die nun einen Teil ihres Geldes innerhalb von Russland legalisieren konnten. Aber es waren auch die im Vorteil, die wenigstens etwas Geld verdienten oder verdienen wollten.

Putin erlaubte den Russen, im Ausland uneingeschränkt Konten zu eröffnen (unter Jelzin hatte es in dieser Hinsicht noch Einschränkungen gegeben). Damit rieselte auf das ungefestigte Haupt des russischen Bürgers das längst vergessene Geld: Der Erdölpreis begann zu steigen, und auch die Gehälter wurden wieder rechtzeitig ausgezahlt (unter Jelzin konnte sich die Zahlung bis zu einem halben Jahr oder länger verzögern). Und schließlich wurde auch ein System von Verbraucherkrediten geschaffen. Im Gegensatz zu vergangenen Zeiten oder den 1990er-Jahren musste der russische Mittelständler nun nicht erst lange für eine ausländische Waschmaschine oder ein Auto sparen – er konnte alles sofort haben, auf der Stelle.

Im Gegenzug bat Putin den russischen Bürger leise, aber deutlich vernehmbar, nur auf eines zu verzichten: auf ernst zu nehmende Wahlen. Wozu wollt ihr wählen und gewählt werden?, schien er seine Mitbürger zu fragen. Denn die Macht in Russland kommt schließlich auf eine außerirdische, marsianische Weise zustande und nicht in den Wahlbezirken. Und wenn ihr jemanden wählen wollt, was Gott verhüten möge, und es tatsächlich tut, dann wird alles nur schlimmer – denkt an Jelzin!

Putins Pakt der Nullerjahre des 21. Jahrhunderts bestand entgegen der Meinung vieler oberflächlicher Analytiker also durchaus nicht in einem Tauschangebot Freiheit gegen Wurst. Es war ein Tausch der Freiheit gegen Freiheit. Der Freiheit im Alltag, die das russische Volk vor Putin nie gesehen hatte, gegen die politische, von der es während Gorbatschows Perestroika (1987 bis 1991) gekostet hatte und trunken geworden war, wobei der Kater danach recht unerfreulich ausfiel.

Die Menschen, denen man diese Alltagsfreiheit zugebilligt hatte, fingen nicht nur an, ihre Socken in guten Waschmaschinen von AEG und Bosch zu waschen. Sie begannen auch zu reisen, und zwar durch die ganze Welt. Unter der sowjetischen Macht war das Reisen politisch reglementiert – es gab Ausreisevisa, und die bekamen nur wenige. Unter Jelzin gab es keinerlei Notwendigkeit für Reisevisa mehr, aber es fehlte das Geld. Daher blieben für den russischen Durchschnittsbürger nur Länder übrig, die die Visaregelung mit der Russischen Föderation rechtzeitig geändert hatten, um damit ihre eigene Tourismusbranche zu kultivieren: Ägypten, die Türkei und im besten Fall Zypern.

Unter Putin gingen wir dann schließlich auf große Fahrt: von Deutschland bis in die USA, von den Cook Islands bis nach Jamaika. Die Russen bekamen zum ersten Mal Europa zu Gesicht – im breiten, globalen Sinne des Wortes. Und wer Glück hatte, begriff über Europa die drei wichtigsten, unabdingbaren Tatsachen:

- Eine real funktionierende Demokratie ist möglich, sie macht aus dem Menschen einen Bürger und muss nicht unbedingt in Chaos und Zerstörung enden.

- Ein Mensch kann sich nur dann achten, wenn er sich selbst für einen Bürger hält und der Staat und die Gesellschaft es ebenso tun.

- Die grundlegende europäische Idee besteht in der Banalität des Guten. Um ein Gefühl der eigenen Würde zu entwickeln, muss man nicht unbedingt Heldentaten vollbringen und sich selbst ans Kreuz schlagen; es ist vollkommen ausreichend (und unabdingbar), sich um seine Kinder zu kümmern, rechtzeitig Steuern zu zahlen und den Müll zu trennen, die Verkehrsregeln und auch sonst alle Gesetze zu beachten, und zwar deshalb, weil man es für unabdingbar hält, und nicht, weil man bei einer Übertretung hart bestraft wird.

Letztere These war den Russen immer besonders schwer zugänglich. Nicht umsonst sagte der bekannte Denker Konstantin Leontjew, dass der Russe zwar ein Heiliger sein kann, aber dabei nicht redlich sein muss. Damit entstand ein qualitativ neuer Stand, den es kurz zuvor noch nicht gegeben hatte. Oft nennt man ihn den »zornigen Bürger«, aber ich würde einen soziologisch genaueren Begriff vorziehen: der Russische Bildungsbürger (RuBiBü).

Alle drei Wörter sind hier gleichermaßen wichtig.

Russisch – das heißt, sich der russischen Kultur zugehörig fühlend und das Russische als Muttersprache betrachtend, unabhängig von der ethnischen Herkunft: Zu den Russischen Bildungsbürgern kann man sowohl Juden als auch Georgier oder Aserbaidschaner zählen. Wichtig ist nur, dass das Russische Bildungsbürgertum den Mainstream bildet und keine Diaspora.

Bildung – sie verfügen über eine humanistische Bildung in dem Umfang, der in der sowjetischen Bildungstradition angelegt ist, darunter auch durch Autodidaktik, die in der russischen Gesellschaft schon immer eine besondere Bedeutung hatte. Die Nachfrage nach Bildung als höchster Ausdruck der europäischen Moderne war im sowjetischen Totalitarismus besonders groß, und zwar unabhängig davon, inwieweit die Sowjetmacht selbst bereit war, für das Bildungsniveau zu garantieren.

Bürger – das ist überhaupt das Schlüsselwort. Aus der europäischen Geschichte wissen wir, dass die Stadt als Zentrum sowohl der Entstehung als auch der Existenz eines Phänomens gilt, das wir als »bürgerliche Gesellschaft« kennen. Auf dem Dorf, wo die Zeit nicht nach Stunden, sondern nach dem Sonnenstand gemessen wird, kann es keine bürgerliche Gesellschaft geben.

Die Städte waren die Entstehungsorte des modernen Kapitalismus im ursprünglichen Sinn des Wortes. Entgegen der weit verbreiteten und allgemein bekannten Theorie von Max Weber bestand die Zauberquelle des Kapitalismus weniger in der protestantischen Ethik, die sich über alles ergoss, als vielmehr in der Wiedergeburt der italienischen Stadtstaaten (Florenz, Venedig, Mantua und andere). Die Stadt verhält sich zum Imperium primär und ist einerseits sein Antagonist und andererseits sein Prototyp und Vorläufer. Nicht umsonst wurden alle »alten« Imperien nach den Städten benannt, die sie hervorgebracht hatten (Römisches Reich, Byzantinisches Reich und so weiter).

Auch wir waren bis zu einem bestimmten Zeitpunkt zunächst die Kiewer Rus und dann eher Moskowien als Russland (und die Russen waren Moskowiter). Erst mit dem Zerfall des »ersten Kreises« der Imperien tauchte der Begriff »Land« auf, der seinem Sinn und Wesen nach »Außenbezirk«, »Provinz«, »Dorf« bedeutet. Das lässt sich ebenso leicht in den europäischen Sprachen nachvollziehen: *country, pays, paese* sind gleichzeitig »Land« wie auch »Dorf, ländliche Gegend«.

Zwei russische Modernisierungsbewegungen – die von Peter dem Großen und die der Kommunisten – begünstigten die Urbanisierung, wenn auch in verzerrter Form (eine unverhältnismäßig große Rolle und Aufmerksamkeit wurde den Hauptstädten zuteil, was zulasten einer infrastrukturellen Entwicklung anderer Städte ging). Die Sowjetmacht schaufelte Russland als Bauernland endgültig das Grab: Viele Millionen Menschen zogen aus den Dörfern in die Städte, es entstand eine große Anzahl städtischer Siedlungen. Während sich die Revolution von 1917 in einem Agrarland vollzog, waren es in der späten UdSSR bereits die klassischen Städte, von denen das Diktat der Mode und der grundlegenden Bedürfnisse ausging. Das führte schließlich zum Zerfall des sowjetischen Imperiums, das genetisch auf Autarkie und Isolierung gepolt gewesen war.

Die erste postsowjetische Macht in Russland, nämlich die von Jelzin zu Beginn der 1990er-Jahre, war eine städtische. Mit der Zeit jedoch hat sich die Situation qualitativ verändert. Die heutige Macht (Putin, »Einiges Russland« und andere Elemente dieses Machtgebildes) stützt sich im Wesentlichen auf das Dorf (das immer noch existiert, wenn auch in schwer depressivem Zustand bis hin zum augenscheinlichen Absterben), auf Desadaptierte der Stadt (das Lumpenproletariat und andere, die nicht in den modernen Kapitalismus integrierbar sind, auch wenn er dreimal so sozial wäre), auf nationale Randbezirke (also faktisch andere Länder im russischen Verbund).

Aktive, denkende Städter, die in diesem Staat die städtische Mentalität verkörpern, werden automatisch der Opposition zugerechnet und gehören sogar dann zu ihr, wenn sie selbst davon nichts wissen. Das trifft auch auf das RuBiBü zu. Zum ersten Mal nach langer Zeit gibt es in Russland echte Bürger, die fähig und bereit sind, eine bürgerliche Gesellschaft von unten aufzubauen. Allein. Ohne Kopfnuss und ohne in den Rücken geschubst zu werden. Ohne hysterisches Geschrei und ständige Mahnungen, für ein »kommendes Morgen« Entbehrungen zu ertragen.

Und so erklärten sie Putin am Tag seiner Amtseinführung den Boykott und Moskau zur »geschlossenen Stadt«. Warum? Weil die Präsidentschaftswahlen 2012 ein Witz waren, der ihre Würde verletzte. Und sie gaben Putin ihre Antwort, in vollem Bewusstsein ihrer eigenen Stärke und nicht mehr dem treu ergebenen Untertanengeist folgend, den er erwartet hatte.

Auch die Dumawahlen von 2011 hatten sie so eingeschätzt. Deswegen versammelten sich am 10. Dezember 2011 50 000 Menschen auf dem Bolotnajaplatz und am 24. Dezember 100 000 auf dem Sacharowprospekt, den beiden Schlüsselpunkten im Zentrum Moskaus. Weder die Regierung noch die Opposition hatte eine solche Zahl von Demonstranten erwartet. Die letzten Massenversammlungen hatte es in Moskau 1990 gegeben, als die von den Kommunisten schwer enttäuschte, spätsowjetische Gesellschaft auf dem Manegeplatz zusammengekommen war. Allerdings hatte es sich dabei noch nicht um einen durchdachten Protest des Russischen Bildungsbürgertums gehandelt, sondern um einen gewöhnlichen russischen Aufstand, der, wenn auch zutiefst friedlich, auf ein gewöhnliches russisches Wunder gehofft hatte, dessen Verkörperung zu diesem Zeitpunkt Boris Jelzin gewesen war. Seither hatte es nichts Vergleichbares gegeben.

Dem Kreml jagte das RuBiBü einen realen Schrecken ein.

Ich erinnere mich daran, wie ich am 10. Dezember 2011 nach der Demonstration auf dem Bolotnajaplatz halb Moskau zu Fuß durchquerte – von der ehemals legendären Schokoladenfabrik Krasnyj Oktjabr, wo sich der Kultsender Doschd der Russischen Bildungsbürger befindet, bis zu einer Reihe von Imbissen auf dem Twerskoi-Boulevard. Und nachdem ich insgesamt nicht weniger als eine Flasche Wodka getrunken hatte, geriet ich, ohne eingeladen gewesen zu sein oder ein Geschenk mitgebracht zu haben, in ein ehrenwertes Haus, wo ich bis in die Morgenstunden Gedichte rezitierte. In dieser Runde klang nicht einmal der sonst so schwergewichtige Chodassewitsch allzu pathetisch – »ach Russland, du Riesenreich, saugend deine Zitzen fassend, erwarb ich unter Qual das Recht, zu lieben dich oder zu hassen«. Aber meine Glanzrolle hatte ich mit Boris Slutzki:

Gut und Böse sitzen am Tisch.
Gut will gehen, und Böse steht auf …
(Den Bezugsschein habe ich frisch
für den Apfel, Erkenntnis zu kaufen.)
Gut trägt einen knittrigen Hut.
Böse zieht Dienststiefel an.
(Ich glaube, die Last bin ich los
Und alles auf der Erde ist klar.)
Ich höre, wie Böse laut redet:
– Diesmal hattest du Glück. –
Und reicht Gut die helfende Hand,

Und hört: – Ich brauche sie nicht.
Böse kneift die Lippen zu,
Gut zeigt seinen löchrigen Mund,
Zähne zerbrochen, oder sie fehlen,
eine Ruinenlandschaft ist da.
Gut reißt den Mund noch weiter auf,
Gut lacht mit zahnlosem Mund.
Und ich erlebe ein Glücksgefühl –
dass ich diesen Tag erleben darf.

Da begriff ich, dass Moskau nie wieder Putins Stadt sein würde. In seiner Hauptstadt war er nun ein einsamer Mann, nur in Gesellschaft seiner zwei Hunde, des Labradors Conny und des Schäferhunds Baffy, sowie zweier getreuer Gespenster, Gerhard Schröder und Silvio Berlusconi. Sie winken ihm aus der Ferne zu und flüstern mit satten Lippen: Lass es und halt durch, alles wird sich beruhigen und festigen!

Aber nichts beruhigt und festigt sich. Das russische Bildungsbürgertum nimmt Putin nicht mehr an. Sie werden einen Zusammenbruch des Putinismus erreichen, sowohl als politisches System wie auch als Philosophie der Lenkung der »Bevölkerung«. Wie viel Zeit ihm bleibt, das werden wir sehen. In der Geschichte ist die Qualität einer Entwicklung oft wichtiger als ihr Tempo.

Kapitel 2
Das Geheimnis seiner Geburt und eine seltsame Kindheit. Die Einsamkeit Wladimir Putins

Wenn ich die Weltpolitik und die internationale Geschichte studiere, neige ich zu der Annahme, dass Phobien, Frustrationen, Komplexe und andere seelische und psychische Probleme der staatlichen Lenker wie auch persönliche Motive bei maßgeblichen Entscheidungen eine nicht weniger wichtige Rolle spielen als strategische Visionen, politische oder religiöse Ansichten, nationale oder übernationale Interessen. Wie oft schon konnten wir in unserem postsowjetischen Leben beobachten, dass Entscheidungen, die das Schicksal von Nationen geprägt haben, unter dem Einfluss banaler Eifersüchteleien, von Neid und den Bemühungen (eines Mannes), vor einer Frau zu glänzen, getroffen wurden!

Aber was reden wir über das triviale Schicksal der UdSSR? Nachdem ich über viele Jahre die Geschichte Napoleon Bonapartes studiert habe, neige ich zunehmend zu folgenden Schlussfolgerungen:

a) Der Imperator stürzte sich in den für ihn vernichtenden Krieg von 1812 gegen Russland wegen einer oder mehrerer Frauen.

b) Der Imperator verlor den Krieg ebenfalls wegen einer Frau.

Punkt a): Erstens ärgerte sich Napoleon über die Weigerung des Petersburger Hofs, ihm die Fürstin Anna Pawlowna, Schwester des russischen Zaren Alexander I., die ihm insgeheim besser gefiel als Marie-Louise von Habsburg, zur Frau zu geben. Der zweite und wichtigste Grund jedoch war: Er war getrieben von einem Schuldkomplex gegenüber seiner inoffiziellen Geliebten, der polnischen Gräfin Maria Walewska, und ihrem gemeinsamen Sohn Alexandre – er konnte den geliebten, aber außerehelichen Sprössling nicht zu seinem Nachfolger machen und wollte deswegen den minderjährigen Alexandre unter der Regentschaft von Maria auf den polnischen Thron bringen. Das war nur machbar, wenn das Polnische Königreich in vollem Glanz und Gloria wiederhergestellt wurde, was wiederum eine unzweideutige militärische Vernichtung des Russischen Imperiums voraussetzte.

Punkt b): Napoleon hätte den Krieg von 1812 nicht verloren, wenn er rechtzeitig Unterstützung bei seinem geliebten Marschall Jean-Baptiste Bernadotte gefunden hätte. Der einst vertraute Feldherr Bonapartes war zu dieser Zeit mit Désirée Clary verheiratet, Napoleons erster Liebe, die dieser seinerzeit wegen Joséphine Beauharnais verlassen hatte. Im entscheidenden Moment kam Bernadotte seinem Patron nicht zu Hilfe, und später verbündete er sich auch noch mit der Anti-Napoleon-Koalition der europäischen Staaten und half ihr 1813/14 bei der Niederschlagung der Grande Armée. Man könnte die Rolle von Désirée Clary, der künftigen Königin Schwedens und Norwegens Desideria, bei diesen bitteren Kränkungen herunterspielen, aber ich würde das nicht tun.

Was soll man dann erst über die führenden Politiker sagen, die nicht einmal an den kleinwüchsigen Napoleon und seinen Degengriff heranragen!

Ich bin der Meinung, man kann Wladimir Putin nicht verstehen, dessen politische Entscheidungen oft völlig logisch und folgerichtig scheinen, aber auch nicht selten töricht und unberechenbar, wenn man nicht – natürlich mit dem gebotenen Respekt – die Geheimnisse seiner Geburt und Kindheit erforscht.

Nach offiziellen Angaben wurde Wladimir Putin am 7. Oktober 1952 in Leningrad (heute: Sankt Petersburg) im Rayon Ochta in die Familie des Arbeiters Wladimir Spiridonowitsch Putin und seiner Frau Maria Nikolajewna Schelomowa geboren. Aber es gibt auch eine andere Version.

Ihr zufolge ist der wirkliche Geburtsort unseres Helden das Dorf Terechino in der Region von Perm. Heute gibt es dieses Dorf nicht mehr, es ist ausgestorben. Dass in Russland Dörfer sterben, ist keine Seltenheit. Wladimir Putins Mutter ist Vera Nikolajewna Putina, geboren 1926, der Vater Platon Priwalow, Alkoholiker und Bigamist. Nach dieser Version wurde Putin bereits 1950 geboren. Bald darauf verließ seine Mutter Platon Priwalow und ging nach Georgien, wo sie bis heute lebt. Ihr neuer Mann wurde der Georgier Georgi Osipaschwili; in dieser Ehe wurden zehn (!) Kinder geboren. Allerdings wollte Osipaschwili Wladimir Putin nicht als sein Kind anerkennen.

Daraufhin schickte Vera den kleinen Wladimir nach Leningrad und bewirkte seine Adoption durch ihren kinderlosen Verwandten Wladimir Spiridonowitsch Putin. Während seiner Zeit in Georgien wurde aus dem kleinen Wladimir Putin, der praktisch ohne Vater und ohne die Liebe und Pflege seiner Eltern aufwuchs, ein verschlossenes und grimmiges Kind. Er entwickelte eine Leidenschaft für das Angeln, hasst jedoch seitdem die Georgier als Ethnie und als Gruppe mit bestimmten ethnokulturellen Zügen.

Damit ist seine allgemein antigeorgische Gestimmtheit und seine oft unmotiviert wirkende Politik zu erklären. Einige meinen, das Problem läge bei dem ehemaligen Präsidenten Georgiens Michail Saakaschwili, zu dem Putin ein höchst kompliziertes Verhältnis hat. Allerdings hatte der kalte russisch-georgische Krieg bereits unter Präsident Edward Schewardnadse begonnen. 2002 wurde eine Visumpflicht eingeführt – ein Novum für einen GUS-Staat, der dazu noch in so enger Verbindung mit Russland stand. Bekanntlich brach

Putin 2012 endgültig mit Patenkind und Ziehtochter Xenija Sobtschak, als er erfuhr, dass sie die Moderation einer Sendung im georgischen Fernsehkanal PIK übernommen hatte. Derartige Beispiele gibt es viele. Von einigen wird noch die Rede sein.

Das Geheimnis von Putins Kindheit ist eine der Antriebskräfte für sein Verhalten und letztlich auch für seinen Werdegang. Dieses Geheimnis versuchte als einer der Ersten der bekannte Journalist Artjom Borowik zu lüften. Er ist der Nachfolger und Schüler des legendären Julian Semjonow, Autor des Drehbuchs zu *Siebzehn Augenblicke des Frühlings*. Dabei handelt es sich um eine sowjetische Fernsehserie über einen Spion namens Stierlitz, die Putin einer Legende nach dazu motivierte, sich beim KGB zu bewerben.

Vermutlich stützte sich Borowik auf Quellen aus dem Umfeld des heutigen Nachrichtendienstes und dessen ehemaligen Chefs Jewgeni Primakow. Am 9. März 2000 kam Artjom Borowik bei einem Flugzeugabsturz ums Leben – der Privatjet, an dessen Bord sich außer ihm Sija Baschajew befunden hatte, Erdölunternehmer und Partner der Firma Rosneft, stürzte ab, kaum dass er von der Startbahn des Moskauer Flughafens Wnukowo abgehoben hatte.

Daraufhin übernahm inoffiziell Putins Assistent Igor Setschin (der dann später im JUKOS-Fall von sich reden machte) Baschajews Posten bei Rosneft. Oft schon habe ich den liberalen Journalisten empfohlen, dieses Thema näher zu beleuchten, aber bisher hat es niemand gewagt.

Ich weiß nicht, ob der selige Borowik in der richtigen Richtung geforscht hat. Aber es ist auffällig, dass sich unter Putins Freunden, die eine große Rolle bei seiner Erhebung auf den Kreml-Thron gespielt haben, zwei besonders hervorheben: Roman Abramowitsch, einer der reichsten Menschen Russlands, ehemaliger Eigentümer der Ölfirma Sibneft und Kassenwart des Jelzin-Clans, und Walentin Jumaschew, Jelzins Schwiegersohn und ehemaliger Chef der Kreml-Administration. Beide haben ihren Vater früh verloren. Lag es daran, dass sie Putin besser als andere verstanden und glaubten, er würde sie nicht betrügen und ihre Interessen nicht verraten, nachdem er allmächtiger russischer Zar geworden war, was ihm im russischen nationalen Verständnis das Recht gibt, sich nicht nur über das Gesetz, sondern auch über alle persönlichen Verpflichtungen zu stellen? Gab es etwa in der russischen Geschichte viele Herrscher, die jene nicht verrieten, die sie an die Macht gebracht hatten? Vor Putin fast keinen. Allenfalls Katharina die Große ist hier eine Ausnahme, aber in ihrer späten Regierungszeit spielten die Helden ihrer Inthronisierung keine große Rolle mehr.

Allem Anschein nach wurzelt hier das gesteigerte Interesse von Wladimir Putin an Waisen und Adoption. Ende 2012 wurde in den USA der berühmte »Magnitsky Act« verabschiedet, der es ermöglicht, korrupten russischen Geschäftemachern und Menschenrechtsverletzern die Einreise zu verweigern und gleichzeitig ihren amerikanischen Besitz zu beschlagnahmen. Einige Zeit lang suchte der Kreml nach einer angemessenen Reaktion auf diese Geste Washingtons, die man in Moskau als offene Beleidigung wertete. Und er fand sie.

Russland erließ ein spezielles Gesetz, das den Namen »Dima Jakowlew Act« bekam (nach dem russischen Jungen, der in einer amerikanischen Adoptivfamilie zu Tode kam) und das Bürgern der USA verbietet, russische Waisenkinder zu adoptieren. Es ist schwer zu verstehen, worin die Angemessenheit dieser Reaktion bestehen könnte. Denn gestraft wurde hier nicht Amerika, sondern die russischen Kinder, die in halb verfallenen Waisenhäusern leben.

Die faktischen Urheber des »Dima Jakowlew Act«, einschließlich des russischen Kinderbeauftragten, des Rechtsanwalts Pawel Astachow, hatten vor allem ihre eigenen merkantilistischen Ziele im Auge. Astachow wollte sogar (und will wahrscheinlich bis heute), dass die Adoption durch Ausländer in Russland generell verboten wird, damit er aus dem unerschöpflichen föderalen Budget gigantische Mittel für die Umsetzung seines Programms »Russland ohne Waisen« abziehen kann, um damit die Adoption von elternlosen Kindern innerhalb Russlands finanziell zu stimulieren. Das Programm, dessen Kosten auf 20 Milliarden Dollar geschätzt werden, erschien sogar der föderalen Regierung Russlands äußerst abenteuerlich, weswegen sie ein Veto dagegen einlegte.

Aber es geht hier ja nicht um Astachow, dessen Name in der Geschichte wohl kaum Spuren hinterlassen wird. Es geht um Präsident Putin. Warum hat er diesem für die Waisen ungünstigen Gesetz zugestimmt? Liegt es daran, dass das große Amerika ihn nicht adoptierte, nicht seine sorgende Mutter in der internationalen Arena wurde? Und weil sich Wladimir gegenüber dem fernen, starken und feindlichen Washington wie ein echtes Waisenkind fühlt?

Es ist kein Zufall, dass Wladimir Putin die meiste Zeit seines Erwachsenenlebens mit der Suche nach einem Vater zugebracht hat. Und er fand sogar zwei: Anatoli Sobtschak, den Ex-Bürgermeister von Sankt Petersburg, und Boris Jelzin. Diese beiden Väter haben unserem Helden die leiblichen Eltern ersetzt.

Ohne Putin unter diesem Aspekt zu betrachten, kann man weder die Logik seines Verhaltens als Politiker noch als Staatsmann verstehen.

Der amerikanische Psychotherapeut Dr. med. James L. Schaller beschreibt in *The Search for Lost Fathering* einige dominierende Begriffe und unausrottbare Gefühle, die für Waisen typisch sind:

- Wenn einem das Leben ein Bein stellt, kann man sich nur auf sich selbst verlassen.

- Wenn sich jemand um mich sorgt, verwundert es mich. (Daher rührt auch Putins übersteigerte Dankbarkeit gegenüber allen, die ihm jeweils auch nur ein wenig geholfen haben. Sogar gegenüber Boris Beresowski, der nach 2000 sein erklärter Feind wurde.)

- Ich denke viel darüber nach, wie ich den Verlust jener vermeiden kann, die ich liebe.

- Ich gebe mich mit Verlieren ab, weil ich mich selbst als solcher fühle. (Angewendet auf Putin ist diese These nicht wörtlich zu verstehen. Aber man kann sagen, dass sein Interesse an der Freundschaft mit den Parias in der internationalen Arena, einschließlich der skandalösesten Figuren der europäischen Politik wie Silvio Berlusconi, daher stammt.)

- Alles, was ich liebe, vergeht. Alle, die ich liebe, verlassen mich oder sterben. (Ist uns eigentlich bewusst, wie oft, wie rührend und auf seine Weise zartfühlend sich Wladimir Putin an Boris Jelzin und Anatoli Sobtschak erinnert? Er scheute sich nicht einmal, den in Ungnade gefallenen Boris Beresowski öffentlich zu beweinen.)

- Die Welt erscheint mir oft als verwirrender und unangenehmer Ort.

- Ich fühle mich verletzbar, besonders in finanzieller Hinsicht. (Daher kommt der pathologische Hang zur Kontrolle der Finanzflüsse und zum Zusammentragen der hohen Ölerträge in ein spezielles »Sparschwein« – also in Reservefonds, zu denen sich alle möglichen Lobbyisten und Spezialisten im Verbrauch staatlicher Gelder nur schwer Zugang verschaffen können. Denn das Geld kann einem schließlich jeden Moment ausgehen, zum Teufel.)

- Ich erinnere mich gut an die Zeiten, als ich mich auf niemanden verlassen konnte.

- Freunde bedeuten mir mehr als Eltern. (Putin neigt dazu, seinen Freunden alles zu verzeihen, solange sie ihre kameradschaftliche Loyalität bewahren. Weder Korruptions- noch andere Skandale haben einen nennenswerten Einfluss auf die Beziehung unseres Helden zu seinen Freunden.)

- Ich neige dazu, die Dinge schwarz-weiß zu sehen.

- Die Leute meinen, ich sei im Umgang zu heftig. (Wie oft, zum Beispiel, kriegten Journalisten etwas ab, wenn sie dem russischen Präsidenten bei Pressekonferenzen und bei lokalen Zusammenkünften unangenehme Fragen gestellt hatten!)

- Ich fühle mich mit Tieren wohler als mit Menschen. (Eine Megathese! Da haben wir die besten Freunde von Wladimir – den Labrador Conny und den bulgarischen Schäferhund Baffy, seine einzigen Mitbewohner in der Präsidentenresidenz Nowo-Ogarjowo. Und seinen aufdringlichen Umgang mit den ussurischen Tigern. Und den Flug mit den Schneekranichen. Wer diese platonische Zoophilie nur für einen Teil der zynischen PR-Kampagne für Putin hält, versteht die Seele des Präsidenten nicht.)

- Oft empfinde ich Langeweile oder Gleichgültigkeit gegenüber meinen Bekannten. (Man kann mit WWP nur schwer Gespräche über Menschen führen, die ihm nicht nahestehen und deren Interessen ihn nicht unmittelbar betreffen. Das merkt man unter anderem bei seinen öffentlichen Auftritten und Pressekonferenzen.)

- Manchmal wird mir klar, dass ich übermäßig anspruchsvoll bin.

- Wenn ich ein Bild meines Lebens zeichnen würde, wäre nur ich darauf abgebildet. (Einsamkeit ist ein wesentliches Kennzeichen von Putins Innenleben. 2003 sprach und schrieb nur ich darüber. Heute ist dies ein Gemeinplatz für Hunderte von Beobachtern, Experten, Journalisten.)

- Ich bin sehr stark auf Unterstützung angewiesen.

- Ich stelle fest, dass ich gern von meiner Umgebung bemuttert und versorgt werde. (Deswegen gewinnen die Figuren, die zu einer derartigen Bemutterung und Versorgung neigen, in WWPs Umkreis an Stärke. Ein charakteristisches Beispiel ist sein Pressesprecher Dmitri Peskow.)

- Ich liebe es, zu beraten und von meinen Vorgesetzten beachtet zu werden. (Auf diese Weise wurde er das, was er ist.)

- Wenn sich jemand von mir zurückzieht, bin ich verärgert oder erschrocken und beginne, übermäßigen Druck auf diese Person auszuüben.

- Ein enger Kontakt fügt mir oft Schmerz zu. (Deswegen sucht Putin nicht nach neuen Freunden oder Verbindungen – die alten genügen ihm. Er kultiviert auf seine Weise die Einsamkeit.)

- Oft kommt es mir so vor, dass die Leute mich benutzen wollen.

- Ich glaube, dass Nähe das Vorspiel von Verlust ist.

- Pläne sind mir wichtiger als Menschen.

- Ich beginne zu verstehen, dass alles, was ich »Liebe« nenne, nichts anderes ist als eine maskierte Flucht vor der Einsamkeit.

- Oft frage ich mich, wer sich um mich kümmert, wenn ich krank werde.

- Ich fühle mich in Sicherheit, wenn alles seinen geordneten Gang geht, und werde unruhig, wenn die Ordnung verletzt wird. (Hier liegt die Erklärung für Putins wohlbekannten Hang zu Stabilität um jeden Preis. Stabilität ist sein Idol, sein heidnischer Gott. »Lieber keinerlei Reformen als Reformen, die die Stabilität bedrohen« – das ist Putins Motto. Deswegen treten die meisten Reformen in Russland auf der Stelle und werden nicht zu Ende geführt, manchmal nicht einmal zur logischen Halbzeit.)

- Bei meiner Arbeit bin ich sehr aggressiv.

- Wenn man mich kritisiert, leide ich sehr darunter, derartige Vorfälle tauchen in meiner Erinnerung noch viele Tage später auf.

- Ich bin gerade erst umgezogen, ich habe noch nicht die nötige Unterstützung an meinem neuen Platz gefunden. (So war es sowohl 1996, als er erstmalig in den Kreml kam, als auch 2000, als er die mittelalterliche Moskauer Festung als vollgültiger Hausherr betrat.)

- Ich habe mich vor kurzem getrennt oder geschieden und fühle mich daher von allen abgeschnitten.

- Oft kommt es mir so vor, als hätte ich mich vollkommen verausgabt – ich habe den anderen nichts mehr zu geben. (Dutzende Male haben wir die Müdigkeit Putins in der Öffentlichkeit mit anschauen müssen.)

- Die meiste Zeit meine ich, Gott sei irgendwo weit entfernt.

- Obwohl ich bete, gefällt mir diese Beschäftigung nicht sonderlich.

- Ich hasse es, im Mittelpunkt zu stehen – ich fühle mich unwohl. (Erinnern Sie sich an Putins berühmten Ausspruch auf dem G8-Gipfeltreffen im schottischen Gleneagles 2007, dass sich »selbst vor einer einzigen Fernsehkamera der Kopf abschaltet«? Putin zwingt sich, eine öffentliche Person zu sein, aber jeder, der seine Auftritte vor Massen und Menschenmengen gesehen hat, konnte empfinden, wie wenig ihm diese Rolle passt.)

- Wenn mir jemand aufmerksam zuhört, ist das für mich jedes Mal ungewohnt.

- Manchmal scheint mir, die Leute werden bald merken, dass ich ihre Freundschaft nicht verdiene, und mich verlassen. (Von seinem Komplex eines Usurpators auf dem russischen Thron konnte sich Wladimir Putin immer noch nicht befreien, auch wenn er schon viele Jahre an der Macht ist. Manchmal scheint es, er wolle sich kneifen, um sich davon zu überzeugen, dass die präsidiale Realität um ihn herum echt ist. Allein bei einer Waise kann sich dieser Komplex des Usurpators mit Anklängen von Messianismus mischen.)

- Ich bin zu starkem Widerstand fähig – als warte der in mir angestaute Zorn nur darauf auszubrechen.

- Die Menschen tun nur so, als wollten sie mit mir zu tun haben; sie lügen alle.

- Die Welt ist ein sehr unangenehmer Ort.

Werden nun, lieber Leser, nach der Lektüre dieser Liste einige oder vielleicht sogar viele Entscheidungen und Angewohnheiten Putins verständlicher?

Die Medaille hat übrigens auch eine Kehrseite. Bekanntlich zeichnet und wählt der Herr nicht selten ausgerechnet die Waisen aus, indem er ihnen außerordentliche, sakrale, für die menschliche Geschichte unverzichtbare Aufgaben zuteilt. Das bekannteste Beispiel ist Mose, der das jüdische Volk aus der ägyptischen Sklaverei führte und zum wichtigsten Lehrer der Juden wurde. Er hat seinen biologischen Vater nicht gekannt. Und sein einziger echter Vater wurde für ihn der Herr, der ihm auf dem Sinai die zehn unvergänglichen Gebote gab.

Es gibt einen weiteren Aspekt, der nicht nur wichtig, sondern unabdingbar ist, um Putin zu verstehen – das ist sein Verhältnis zur Natur im Allgemeinen und zu Tieren im Besonderen.

Nietzsche sagte: »Warum liebe ich das Angeln? Weil ich dort das finde, was mir das übrige Leben mit seiner Tristesse, Routine, mit seiner schlechten Luft und dem Überfluss an nutzlosen Menschen, die in ihrer Mehrzahl böse, neidvoll, grob und kleinlich sind, nicht bieten kann.« Außerdem schrieb er: »In der Natur fühlen wir uns so wohl, weil sie kein Urteil über uns hat.«

Die Flucht in die Natur ist ein ideales Mittel, um eine passive Todessehnsucht zu sublimieren (nach Berne). Es stellt sich hier nur die Frage nach einer deutlichen Erkenntnis, wann eine solche »Flucht« und die dadurch erreichte Entspannung ineffektiver sind als die Aggressivität gegen die Quelle der Anspannung selbst, die Lösung des Problems.

Nun sprechen wir über den Fall, wenn eine solche Erkenntnis dem Menschen einen bösen Streich spielt. Wenn er ins Grüne fährt, glaubt er »sich mit der Natur zu vereinigen« und »sich von den Menschen zu erholen«, aber in Wirklichkeit läuft er vor seinen Problemen davon, anstatt sie zu lösen. Dabei kommt einem ein weiterer Ausspruch Nietzsches zum Thema »Erholung« in den Sinn, der etwa folgendermaßen lautet: Wir schätzen und mögen jene, mit denen wir uns zerstreuen und feiern, doch mit jenen, mit denen wir diese Erholung erarbeiten, sind wir nur selten befreundet. Anders gesagt, beim Jagen und Angeln sind vielleicht alle gleich, was für viele anziehend ist.

Darin liegt der ganze Putin. Er flieht vor den Menschen und vor seinen Verpflichtungen in die Natur. Deswegen gibt es so viele Aufnahmen von ihm mit Tieren. Man könnte annehmen, das sei eine PR-Kampagne, aber es ist eine reale Abbildung von Putins Vorstellungen, dass »Tiere besser sind als Menschen«, dass die Menschen den Tieren zuliebe auch etwas warten können.

Putin leidet in Bezug auf seine Regierungsverpflichtungen unter dem psychologischen Syndrom des Aufschiebeverhaltens, deswegen kommt er auch immer zu spät. In die Natur schafft er es jedoch immer rechtzeitig. Und die Natur ist für ihn nicht nur das Angeln und die Umarmung mit Tigern. Die Natur – das sind auch die primitiven Menschen, die außerhalb der manipulativen Logik machiavellistischer Lesart stehen.

Zum Beispiel der Abteilungsleiter der Waggonfabrik Igor Cholmanskich, den er zu seinem Generalbevollmächtigten am Ural gemacht und in einem Schloss untergebracht hat, oder das ungebildete Mädchen Sweta Kurizyn aus der Stadt Iwanowo, das mittlerweile Fernsehmoderatorin beim Sender NTW ist, oder auch die Teilnehmer der Mixed Martial Arts – zu Wettstreiten dieser Art kommt Putin komischerweise nie zu spät, auch wenn er die englische Königin im Rahmen des ersten offiziellen Staatsbesuchs in London seit Zar Nikolai I. (2002) vierzig Minuten warten ließ.

Ist vielleicht deshalb durch Putins gewohnte Selbstironie und erklärte Bescheidenheit hindurch ein Messianismus erkennbar mit der Botschaft, dass seine Rolle in der Geschichte und für das Schicksal Russlands nicht so einfach ist, wie es scheint? Wie oft – sowohl auf Pressekonferenzen als auch außerhalb – hat uns Putin zu verstehen gegeben: Ja, ich bin ein einfacher Mensch, aber immerhin hatte ich Russland beim Übergang vom 20. zum 21. Jahrhundert vor dem Zerfall zu retten! Das war ich, klein und still, und nicht der gewaltige und laute Recke Jelzin! Und ist es nicht dieser spontane, zeitweise aufkommende und dann wieder auf ebenso rätselhafte Weise verschwindende Glaube an die Vorsehung, die Putin einflüsterte, 2012 an die Macht zurückzukehren, was den Interessen vieler einflussreicher Eliten widersprach und unseren Helden für den aktiven Teil des russischen Volkes in eine unannehmbare Figur verwandelte, in einen »langweiligen Ehemann«?

Kapitel 3
Die KGB-Legende – James Bond oder der Schneider von Panama?

Nach der offiziellen Version, die gleichzeitig eine Legende ist (in der russischen Politik waren diese zwei Wörter schon immer Synonyme), wird behauptet, Putin habe seit seiner Kindheit vom KGB geträumt, und zwar nachdem er die Spionage-Kultserie *Siebzehn Augenblicke des Frühlings* gesehen und eine Vorstellung von den allmächtigen Geheimdiensten entwickelt habe.

Die zwölf Folgen der Serie wurden erstmals 1978 im sowjetischen Fernsehen ausgestrahlt. Der Protagonist ist ein Maulwurf, ein sowjetischer Spion, der sich als Standartenführer Stierlitz ausgibt, jedoch nach seinem sowjetischen Pass, den er tief in einem Moskauer Safe verbirgt, Maxim Maximowitsch Issajew heißt und den Rang eines Obersts trägt. Julian Semjonow, der Autor dieser Geschichte, war ein einflussreicher sowjetischer Journalist, der Gerüchten zufolge in enger Verbindung mit dem KGB der UdSSR stand.

In Wirklichkeit konnte Stierlitz-Issajew mit dem Komitee für Staatssicherheit gar nichts zu tun haben. Als Maulwurf, das heißt als nomineller Deutscher und Diener des Dritten Reichs, hätte er für die sowjetische Aufklärung arbeiten müssen. Dennoch hielt die Mehrheit der sowjetischen Fernsehzuschauer, die sich nicht allzu gut mit den Nuancen des Aufbaus und der Organisation der Geheimdienste auskannten, Stierlitz traditionell für einen KGB-Mann.

Die Schwarz-Weiß-Serie wurde unglaublich aufwendig gedreht – besonders was die nationalsozialistische Symbolik und die Uniformen betraf. Nach der Erstausstrahlung von *Siebzehn Augenblicke des Frühlings* fanden in den großen sowjetischen Städten Fanclubs der Hitler'schen Symbolik zusammen, die im Bann des Stylings à la Hugo Boss standen. Das altersschwache sowjetische Regime bekam davon jedoch nicht allzu viel mit. In dieser Periode der sowjetischen Geschichte litt das Regime an einer krankhaften Unterschätzung der Ästhetik und weigerte sich beharrlich, deren mögliche Überlegenheit über die Ethik in Betracht zu ziehen, ganz zu schweigen von den Vorteilen der Schönheit gegenüber einem System sowjetischer ideologischer Dogmen, die so trist waren wie das Novemberwetter.

Eine besondere Augenweide war der Protagonist selbst – Stierlitz in der Darstellung des legendären sowjetischen Schauspielers Wjatscheslaw Tichonow. Hunderttausende von Frauen in der gesamten Sowjetunion verliebten sich nach *Siebzehn Augenblicke* in Tichonow. Man überschüttete ihn mit romantischen Briefen. Nach offiziellen biografischen Angaben machte die Serie auf Putin den größten und unauslöschlichen Eindruck. Angeblich diente sich WWP sogar aus eigener Initiative bei den Sicherheitsorganen an. Dann kam er in die angesehene Erste Hauptabteilung des KGB der UdSSR (Außenabwehr) und wurde nach Dresden gesandt, als Direktor des sowjetischen Kulturhauses auf der Radeberger Straße.

Es gibt übrigens auch andere Versionen, die nicht weniger überzeugend wirken. Putin hat nie unmittelbar in der Aufklärung gedient – er war der sogenannten Fünften Hauptabteilung des KGB der UdSSR zugeordnet, die sich dem Kampf gegen Andersdenkende und der politischen Fahndung verschrieben hatte. Und Putins Hauptfunktion in Dresden war die Bespitzelung von sowjetischen Dienstreisenden und Studenten.

Ein schönes Märchen erzählt, dass Putin nach dem Fall der Berliner Mauer angeblich das Sowjetische Kulturhaus in Dresden vor Pogromen und Plünderungen bewahrt hat. Aber das ist wohl tatsächlich nur ein Märchen. Der KGB-Karriere des 37-jährigen Majors drohte Ende der 1980er-Jahre das Aus, als er sich mit einem DDR-Bürger namens Klaus Zuchold anfreundete. Sie tranken zusammen Bier, trieben Sport, plauderten über dies und jenes. Und dann stellte sich Ende 1989 heraus, dass Zuchold nicht nur für die Stasi arbeitete, sondern auch für den BND.

Zuchold gab dem westdeutschen Geheimdienst die Namen von fünfzehn Mitarbeitern der Geheimdienste der UdSSR preis, die er von niemand anderem als Putin erfahren hatte. Unseren Helden rettete nur der nahende Zerfall der UdSSR. Er wurde aus Dresden abkommandiert und bekam eine offenkundig erniedrigende Tätigkeit zugewiesen – als Assistent des Prorektors Juri Moltschanow an der Leningrader Universität. Und wäre die Sowjetunion nicht zusammengebrochen und hätte es nicht Anatoli Sobtschak gegeben, wäre Putin bis heute nicht mehr als ein kleiner Bediensteter.

Dennoch ist Putins wichtigster DDR-Freund, über den es gesondert zu sprechen gilt, ein anderer: Matthias Warnig. Der 57-Jährige ist heute eine der einflussreichsten Personen nicht nur auf dem russischen Energiesektor, sondern auch in der russischen Politik im weitesten Sinne. Warnig, den nach der geläufigsten Version 1990 ausgerechnet Klaus Zuchold mit Wladimir Putin bekannt gemacht hat, ist heute Mitglied des Direktorenrats des Energieunternehmens Nord Stream. Nord Stream setzt eines der Lieblingsprojekte von Putin im Energiebereich um – die Gasleitung Nordstrom, die auf dem Grund der Ostsee verläuft. Damit kann Russland als Gasexporteur endlich seine Abhängigkeit von den Transitländern Ukraine und Belarus abschütteln, die ständig versuchen, Putin ihre zusätzlichen Bedingungen zu diktieren. Darüber hinaus ist Warnig nicht-leitendes Mitglied der Bank Rossija, nicht-leitendes Mitglied des Direktorenrats der VTB Bank, der Firma Rosneft und UC RUSAL von Oleg Deripaska(Nr. 14 auf der *Forbes*-Liste)sowie Aufsichtsratsvorsitzender der Transneft.

Wie die Zeitschrift *Forbes* schreibt, hat Matthias Warnig bei der Hauptverwaltung Aufklärung der DDR gedient, die den Ruf hatte, eine der besten der Welt zu sein. Nachdem er für das Wachregiment Feliks Dzierżyński rekrutiert worden war – in die Eliteeinheit des Ministeriums für Staatssicherheit –, hatten die Anwerber der Stasi Interesse an dem stämmigen jungen Mann aus einer gebildeten Familie gezeigt. Nach seinem Wehrdienst immatrikulierte er sich an der Hochschule für Ökonomie (daher sein Spitzname Ökonom). In seiner freigegebenen Stasi-Akte, die Journalisten des *Wall Street Journal* einsehen durften, steht geschrieben, er habe in einem fünfjährigen Kurs gelernt, wie man in das westliche Bankensystem eindringt.

Danach wurde er ein ausgezeichneter Anwerber, der »methodisch keine Ideologie, sondern seine Freundschaften« nutzte, um andere zur Mitarbeit zu bewegen, erklärte sein ehemaliger Vorgesetzter. Und tatsächlich, unter dem Deckmantel einer Handelsvertretung in Düsseldorf stellte Warnig schnell die nötigen Kontakte her, unter anderem zur Dresdner Bank, und machte wertvolle Dokumente zugänglich.

Warnigs Anwalt stritt ab, dass sein Mandant die Absicht gehabt habe, in die Dresdner Bank einzudringen. Doch Mitarbeiter der Stasi-Unterlagenbehörde konnten einen Teil der bei der Liquidierung des Ministeriums für Staatssicherheit gelöschten Festplatten mit seinen Berichten wiederherstellen.

Als Deutschland wiedervereinigt wurde, bekam Warnig einen Posten bei der Dresdner Bank. 1990 stellte ihn der damalige Vorstand Bernhard Walter ein, der damals für die Aktivitäten der Bank in Osteuropa zuständig war. Auf Nachfrage von *Forbes* verweigerte Walter eine Antwort, und im Interview mit dem *Manager Magazin* 2005 behauptete er, von der Geheimdienstvergangenheit des »Referenten aus dem Wirtschaftsministerium der DDR« nichts gewusst zu haben; Warnig habe sich ihm erst einige Jahre später offenbart. Als 1995 das Verfassungsgericht die ehemaligen Agenten aus der Verantwortung für ihre Spionage entließ, hatte sich die Frage endgültig erledigt.

1991 fuhr der Mitarbeiter der Dresdner Bank nach Sankt Petersburg, um die Eröffnung einer Vertretung vorzubereiten. Dafür nutzte Warnig seine Bekanntschaft mit Putin, dem Vorsitzenden des Komitees für Außenbeziehungen der Stadtverwaltung, das über die Genehmigung für die Eröffnung von Büros ausländischer Firmen zu entscheiden hatte.

Mit der Zeit verdichteten sich die Beziehungen zwischen Warnig, der Dresdner Bank und Putin und nahmen einen privateren Charakter an. Die Bankergattin Irene Pietsch, Ljudmila Putinas deutsche Freundin, erinnert sich in ihrem Buch *Heikle Freundschaften. Mit den Putins Russland erleben,* wie Letztere 1994 einen schweren Autounfall hatte. Sie erzählt, dass ein hochgestelltes Mitglied »einer großen deutschen Bank ihre Behandlung in einer [deutschen] Klinik ermöglichte«. Aber auch mit der Familie Pietsch verband die Putins ein besonderes Verhältnis, allerdings nur so lange, bis Putin Präsident wurde. Familie Pietsch brachte den Putins einige (den sowjetischen Bürgern der 1980er-Jahre) verbotene Früchte des Kapitalismus nahe und bereitete Wladimir Wladimirowitsch damit auf seine Rolle des »Burger King« vor, des bürgerlichen Königs, des ersten auf dem russischen Thron innerhalb der Geschichte des klassischen europäischen Verbrauchertums, der Anfang der 2000er-Jahre freiwillig oder unfreiwillig das Entstehen der Klasse der russischen Bildungsbürger guthieß. Auch er selbst wäre ein typischer Vertreter dieser Klasse, gäbe es da nicht die Last monarchischer Verpflichtungen, die ihm die Familie von Boris Jelzin mitleidlos aufgebürdet hat.

Irene Pietsch erwähnte also eine Familie von Ostdeutschen in Moskau, »die Putin [bereits] in Dresden kennengelernt hatte« und deren Oberhaupt, ein hochgestellter Bankmanager, Ljudmila Putinas Behandlung organisiert hatte. Diese Aussage spricht eher dafür, dass sie sich bereits in Dresden kennengelernt hatten statt in Sankt Petersburg.

Währenddessen legte die Dresdner Bank in Petersburg ordentlich zu. Zu ihren Kunden gehörten nach Warnigs Aussagen das Nowgoroder Chemieunternehmen Akron von Wjatscheslaw Kantor (heute die Nummer 39 in der *Forbes*-Liste), Kirishinefteorgsintez von Wladimir Bogdanow (Nummer 34) sowie Severstal von Alexei Mordaschow (Nordstahl; Nummer 3). Die Bank verschmähte auch kleinere Transaktionen nicht. 1995 kaufte sie zugunsten einer Schweizer Firma einen Anteil am Grand Hotel Europa.

Dennoch zog es die deutschen Banker vor allem zu größeren Operationen hin. Als Gazprom auf den westlichen Markt drang, indem das Unternehmen 1 Prozent als American Depository Receipts auswarf, waren DrKW und Morgan Stanley die Organisatoren. 1997 erhielt das Monopol eine Kreditlinie über 2,5 Milliarden Dollar von einem Konsortium unter der Leitung der Dresdner Bank für den Bau der Erdgasleitung Jamal nach Europa und zog die DrKW als Berater für die Ausgabe von Wandelobligationen über 3 Milliarden Dollar hinzu.

Warum zog Gazprom die Dresdner Bank und ihre Tochter anderen oft vor? Der ehemalige Chef von Gazprom, Rem Wjachirew, erinnert sich daran, dass sie »die besten Bedingungen boten«. Die Politik der Dresdner Bank wird verständlich, wenn man sich die öffentlichen Ausschreibungen Ende der 1990er-Jahre anschaut. Als zum Beispiel die Föderale Agentur für die Verwaltung von Staatsvermögen Russlands 1998 die Privatisierung von Rosneft vorbereitete, gewann die DrKW gegen die Londoner NatWest Securities das Rennen, weil sie für ihre Arbeit zweieinhalb Mal weniger verlangte.

War es nur das Geld? Nicht umsonst nennt der Chefexekutivdirektor der Deutschen Bank Russland, Igor Loschewski, Warnig einen

»einzigartigen Relationship-Banker«. Die Dresdner Bank und Warnig als ihr Manager waren in der Lage, den Bedürfnissen des Staates gerecht zu werden. Hier einige Beispiele.

Anfang der 2000er-Jahre brauchte Wladimir Putin, der einen Krieg gegen einige Oligarchen (vor allem gegen Michail Chodorkowski) angezettelt hatte, einen Bankier, der bereit war, seinen Ruf und juristische Konsequenzen zu riskieren. Die Schlacht begann mit der Übernahme des Fernsehsenders NTW durch Gazprom im Jahr 2000. Nach erlangtem Sieg wurde Gazprom-Media trotzdem nicht froh – monatlich mussten nun 7 Millionen Dollar für den Sender aufgebracht werden. Daher wollte die Chefetage wenigstens einen Teil der Firma zum Verkauf ausschreiben, und man fand auch potenzielle Käufer: die Alfa-Group, Interros, die Meschprombank und die deutsche Kirch-Gruppe. Man wurde zwar nicht handelseinig, dennoch wurde eine Schätzung der Aktiva vorgenommen.

Zunächst beauftragte man die Deutsche Bank mit der Schätzung, wechselte dann aber bald zu einem Taxierer der Dresdner Bank, erinnert sich Loschewski, der damals bei der Deutschen Bank arbeitete. Warum? »Die vernünftige Verbindung von hervorragenden persönlichen Verbindungen sowie die Preisvorstellungen« hätten dabei eine Rolle gespielt, erklärte er. Das bedeutete: Keine Arbeit – keine Bezahlung, denn Gazprom hatte nicht vor, die Deutsche Bank für einen unerledigten Job zu bezahlen. Warnig zeigte sich dennoch als Meister des Kompromisses. Er bestand darauf, dass die Bank Geld bekommen sollte, der Deal war schließlich nicht ihretwegen geplatzt. Schließlich war also auch die Deutsche Bank zufrieden, erinnert sich Loschewski: Man hatte das Risiko einer Rufschädigung vermieden und trotzdem Geld verdient.

In Putins Umfeld wuchs das Vertrauen in Warnig. 2003 wurde der Bankier Mitglied des Direktorenrats der Bank Rossija, die Freunden des Präsidenten gehörte. Er war freundlich zu den Hauptaktionären und ein achtbarer Direktor mit Verbindungen zu anderen internationalen Banken. An Rossija verkaufte Gazprom 2004 den Eigenversicherer Sogaz, ein Unternehmen, das daraufhin schnell neue Kunden in Form von staatlichen Firmen gewann und wuchs. Über Sogaz erlangten sie die Kontrolle über Leader JSC, die über 43 Prozent der Gazprombank verfügte. Als der Aufsichtsratschef von Rossija, Juri Kowaltschuk, später Fernsehsender sowie Reklame- und Zeitungsvertriebe aufgekauft hatte, wurde er mit seiner Bank zum Medienmogul.

Warnigs Loyalität wurde jedoch erst mit dem »JUKOS-Fall« so richtig auf die Probe gestellt, als das Imperium von Michail Chodorkowski wegen Steuerschulden unter den Hammer kam. Zunächst stand 2004 das Herzstück von JUKOS, die Juganskneftegaz, zum Verkauf. Die Regierung bestellte die DrKW als Gutachter. Diesen Auftrag erhielt Warnigs Bank ohne eine vorherige Ausschreibung. »Ich bin nicht sicher, ob viele Investitionsbanken daran hätten teilnehmen wollen wegen des Risikos einer Rufschädigung«, meint die Analytikerin von Standard & Poor's Elena Anankina.

Indem sie sich der Begutachtung von Juganskneftegaz annahm, geriet die Dresdner Bank in eine heikle Situation. Nimmt man den Marktwert, ist der Auftraggeber unzufrieden. Senkt man den Preis, wird es einem die Wirtschaftswelt wohl kaum vergessen können. Die Dresdner Bank zog sich aus der Affäre, wenn auch nicht sonderlich elegant: Sie schätzte Juganskneftegaz auf 18,6 bis 21,1 Milliarden Dollar, jedoch ohne die Schulden zu berücksichtigen. Aber die Dresdner Bank war auf Nummer Sicher gegangen: Unter Berücksichtigung der Steuerforderungen konnte der Wert des wichtigsten Förderunternehmens JUKOS (Juganskneftegaz) auf 10,4 Milliarden Dollar sinken. Im Falle des Verkaufs eines Minderheitenpakets wurde ein Diskont von 15 bis 60 Prozent vorgesehen.

Selbstverständlich zogen die Beamten letztere Variante vor: 76,8 Prozent von Juganskneftegaz (100 Prozent gewöhnlicher Aktien) wurden für 8,6 Milliarden Dollar verkauft. Käufer wurde die Eintagsfliege Baikalfinanzgroup, die wenige Tage später von Rosneft aufgekauft wurde. Der Vorstandsvorsitzende von JUKOS, Steven Theede, nannte den Verkauf von Juganskneftegaz einen »von der Regierung organisierten Diebstahl als politischen Racheakt«. Dieselbe Einschätzung (»Raubüberfall am helllichten Tag«) gab Andrei Illarionow ab, der damals Putins Berater in Wirtschaftsfragen war.

Aber der Dresdner Bank wurden keine Vorwürfe gemacht, erinnert sich der ehemalige Jurist von JUKOS, Dmitri Gololobow: »Die Schätzung der Bank war marktnah, da gibt es nichts zu bekritteln.« Warnigs Bemühungen wurden honoriert. Die Dresdner Bank übernahm eine Beraterfunktion bei der anstehenden Verschmelzung des erstarkten Rosneft mit Gazprom (die dann aber doch nicht zustande kam). Warnig hatte danach noch des Öfteren staatliche Interessen zu befriedigen. 2005 war er beteiligt an der Syndizierung eines Kredits über 7,5 Milliarden Dollar für die staatliche Rosneftegaz. Für das Geld kaufte die Firma bei ihren »Töchtern« 10,74 Prozent der Aktien von Gazprom. Ein weiteres Jahr später war die Dresdner Bank Mitorganisator des Börsengangs von Rosneft.

Es scheint, als sei Warnig ein überaus erfolgreicher Mann: Er ist einflussreicher Chef der Nord Stream, der schnell wachsenden Gazprom Schweiz, Mitglied der Direktorenräte dreier großer staatlicher Unternehmen mit überschaubaren Funktionen. Dieses idyllische Bild wurde zerstört, als die En+ Group unter der Kontrolle von Oleg Deripaska Warnig in den Direktorenrat von UC Rusal holte. Der deutsche Fachmann für versteckte, stille Transaktionen fand sich wieder in der Hölle eines Korporationskrieges der größten Aluminiumfirma der Welt.

Dennoch wäre es naiv, wie viele zu glauben, dass Putin es war, der Warnig Oleg Deripaska aufgezwungen hat. Es war eher anders herum. Viele Jahre hatte Deripaska als Hauptaktionär von Rusal politische Rückendeckung durch die Familie Boris Jelzins erhalten: Im Jahr 2001 heiratete der Geschäftsmann Polina, die Tochter von Jelzins Schwiegersohn Walentin Jumaschew, der grauen Eminenz im Kreml. Man nannte ihn daraufhin verdientermaßen »Chefschwiegersohn« und »doppelter Schwiegersohn«. Doch zum Ende des letzten Jahrzehnts wurde offenbar, dass die elitäre Ehe bröckelt. 2011 wurde die Frage nach einer Scheidung von Oleg und Polina hochaktuell. Umso mehr, als Jumaschews Tochter schon einen neuen Freund hatte – Dmitri Rasumow, Top-Manager der Firma ONEKSIM, die von Michail Prochorow kontrolliert wird, einem Minderheitenaktionär von UC Rusal und Deripaskas Gegner. In diesem Fall brauchte man Warnig als Schutzschild und als direkten Kommunikationskanal zu Putin.

Aber das ist alles nur Geschäftemacherei, wenn auch in großem Maßstab. Von einer Wiedergeburt sowjetischer Geheimdienste auf russischem Territorium kann auf keinen Fall die Rede sein. Damit erinnert der amtierende Präsident der Russischen Föderation mit seiner KGB-Geschichte eher an Harry Pendel aus John le Carrés bekanntem Roman *Der Schneider von Panama* als an James Bond, den Geheimdienst-Superman Ihrer Royal Highness.

Bekanntlich wird Harry Pendel, ein Schneider, der Anzüge für den Präsidenten der zentralamerikanischen Republik Panama näht, von der britischen Aufklärung angeworben, die ihm mit kompromittierendem Material konfrontiert: dem Beweis, dass der Schneider entgegen eigener Aussagen nie ein Atelier in der Londoner Savile Row betrieben habe – dem Gral der Schneiderkunst. Lange Zeit gibt sich Pendel als Spion aus, der scheinbar vertrauliche Informationen bezüglich des Präsidenten von Panama liefern kann, tatsächlich aber nur seine Kleidergröße kennt. Schließlich gelingt es Pendel, seinen Anwerber davon zu überzeugen, er kontrolliere ein Netz von Aufständischen, die den Verkaufsvertrag des Panamakanals an China zunichtemachen und durch die Organisation der Verschwörung viel

Geld bekommen könnten. Nur durch ein Wunder schlägt die Situation nicht in einen Krieg um.

Zur Außenaufklärung hatte Putin immer ein vorsichtiges, argwöhnisches, zeitweise auch herablassendes Verhältnis. Vermutlich ging er sogar davon aus, der russische Auslandsnachrichtendienst (Nachfolger des PGU im KGB der UdSSR) habe Artjom Borowik die Papiere über seine Kindheit ausgehändigt. Denn eine der ersten großen Kaderentscheidungen Putins als Präsident war im Mai 2000 die Auswechslung des Direktors für Außenaufklärung Wjatscheslaw Trubnikow (eine Kreatur von Jewgeni Primakow) gegen Sergei Lebedew (ehemaliger sowjetischer Resident in der DDR). Und 2007 machte Putin den Ex-Ministerpräsidenten Michail Fradkow (genannt Winnie Pooh) zum Chef der Aufklärung – für die Veteranen im Ruhestand war das nur ein schlechter Witz.

Unter Fradkow erreichte die Degradierung der russischen Außenaufklärung endgültig einen skandalösen Zustand: Es kam zum »Chapmangate« (benannt nach der lockeren Frauenperson und Spionin russischer Staatszugehörigkeit Anna Chapman), als einige Menschen, die in keinerlei Verbindung zur Außenaufklärung standen, von amerikanischen Geheimdiensten als russische Spione verhaftet wurden. Danach stellte sich heraus, dass man auf ihre Namen einfach nur große Summen abgeschrieben hatte, jedoch keiner von ihnen einer ernsthaften Spionagetätigkeit nachgegangen war. Die Mittel waren also einfach gestohlen worden. Ungeachtet dessen haben Moskau und Washington den Fall vertuscht, und Fradkow durfte absurderweise seinen Posten behalten.

Putin ist der Totengräber des echten sowjetischen KGB, er ist der schwarze Rächer, den die Geschichte auserkoren hat, den Geheimdienst mit all seinem totalitären Glanz zu Fall zu bringen. Wer das nicht versteht, kann weder Putins Vergangenheit noch seine Gegenwart oder Zukunft angemessen analysieren.

Kapitel 4
Auf der Suche nach einem Vater
Teil 1: Anatoli Sobtschak

Putin kehrte Anfang 1990 aus Dresden nach Leningrad zurück. Sein Arbeitsplatz war nun ein schmaler Tisch in einem kleinen Zimmer für drei Personen an der Leningrader Universität. Mit ihm im Raum saßen ebenfalls rangniedere und halb verabschiedete Offiziere des Geheimdiensts. Wie bereits dargelegt, war entgegen den offiziellen biografischen Darstellungen Putins unmittelbarer Vorgesetzter nicht der Rektor der Leningrader Universität, sondern der Prorektor für internationale Beziehungen Juri Moltschanow.

Unter Putins Präsidentschaft wurden Juri Moltschanow und sein Adoptivsohn Andrei zu einflussreichen Politikern und Geschäftsmännern. Einer der Zöglinge von Moltschanow senior, Sergei Mironow, leitete von 2000 bis 2010 den Föderationsrat (Senat), die Höchste Kammer des russischen Parlaments. Heute ist er Chef der Partei »Gerechtes Russland«, die im Parlament vertreten ist und als »sozialdemokratische Opposition Seiner Majestät« gilt.

Mit Putins Karriere war es praktisch vorbei. Der Mann zählte 37 Jahre und war Major. Unter sowjetischen Verhältnissen, bei denen ein faktischer Rausschmiss aus den Staatssicherheitsbehörden einem Wolfspass gleichkam, hatte er nichts mehr zu erwarten. Zu Hause saß seine zänkische, zutiefst vom Schicksal und den fehlenden Zukunftsaussichten ihres Mannes enttäuschte Ehefrau Ljudmila, die bis dahin praktisch keiner Arbeit nachgegangen war, weil sie sich fast ausschließlich um die Erziehung der in der DDR zur Welt gekommenen Töchter Maria und Jekaterina kümmerte, ohne eine eigene Karriere anzustreben.

Putins Gehalt war miserabel, deshalb war er gezwungen, sich als Fahrer etwas dazuzuverdienen, und zwar mit dem unangesagtesten sowjetischen Auto überhaupt – einem Saporoschez des ukrainischen Herstellers SAS. (Fahrzeuge dieser Marke stellte der sowjetische Staat Veteranen des Zweiten Weltkriegs und Angehörigen der Sowjetischen Armee kostenlos für sieben Jahre zur Verfügung. Mein Vater war Versehrter der sowjetischen Armee, und ich erinnere mich noch gut daran, was das für ein Transportmittel war.) Hätte er also über eine etwas lebhaftere Psyche verfügt, wäre das der richtige Moment gewesen, um sich zu erschießen. Doch da tauchte am Horizont Anatoli Sobtschak auf, der frisch gewählte Vorsitzende des Leningrader Sowjets – des gesetzgebenden Machtorgans in der nördlichen Hauptstadt. Nach der offiziellen Version richtete er an den Rektor Merkurjew der Leningrader Universität die Bitte, ihm einen Assistenten für sein Empfangszimmer mit Aufgaben im Personenschutz zu empfehlen.

Zu diesem Zeitpunkt konnte sich Sobtschak nur schwer in seine neue Rolle einer öffentlichen Führungspersönlichkeit einleben, die dazu berufen und verpflichtet war, in ständigem Kontakt mit den nach Gnade und Versprechungen darbenden Volksmassen zu stehen. Nach eigenem Bekenntnis fürchtete er sich, sein Vorzimmer zu betreten, wo ihn theoretisch ein Irrer mit einem Beil oder eine exaltierte Verehrerin mit einem Glas Schwefelsäure in der Hand erwarten konnten. Glaubt man dieser Version, dann war es Merkurjew, der Putin empfahl, woraufhin dieser die Frage mit seiner Tschekistenleitung abstimmte und beim KGB kündigte.

Es gibt jedoch auch eine alternative Legende. Demnach war WWP im Frühjahr 1990 aus eigenem Antrieb nach einer Massenveranstaltung in Leningrad auf Sobtschak zugegangen und hatte ihm seine

Dienste als Fahrer angeboten, und zwar geradezu kostenlos (was nicht ganz zu unseren Vorstellungen über Putins materielle Schwierigkeiten in dieser Zeit passt).

Wie auch immer, im Sommer 1990 wurde Putin Mitarbeiter im Empfangsbüro des Vorsitzenden des Leningrader Stadtsowjets, und nun bekam er den Vater, den er sein Leben lang gesucht hatte. Nachdem er seine Vorzüge erkannt hatte, betrachtete Sobtschak seinen neuen Assistenten wie einen Sohn, er nutzte Putins beste Eigenschaften und ignorierte die schlechten. In nur vier Jahren machte WWP eine schwindelerregende Karriere: Der Referent mit Aufgaben im Personenschutz wurde bereits 1992 Vorsitzender des Komitees für Außenbeziehungen bei der Stadtverwaltung von Sankt Petersburg, 1993 stellvertretender Bürgermeister und 1994 erster Stellvertreter des Bürgermeisters und praktisch Sobtschaks rechte Hand. Dabei war Sobtschak ein Demokrat, der alles, was mit dem KGB zu tun hatte, ablehnte und sogar die schreckliche Abkürzung aus drei Buchstaben fürchtete.

Dazu war es aus verschiedenen Gründen gekommen, die wir später in diesem Kapitel analysieren werden. Zunächst jedoch sollten wir den Ausgangspunkt nicht aus den Augen verlieren. Wurde Sobtschak Putins Vater, so trifft auch das Umgekehrte zu. Putin tat alles, um für Sobtschak ein guter Sohn zu sein, der absolut treu ergeben ist und sich vor allem um den Komfort seines Chefs und Vaters kümmerte – physisch und, was noch wichtiger war, auch psychisch. Sobtschak hielt in der linken Hand stets die nötigen Papiere, und irgendwo rechts im Plüschpolster auf den hinteren Sitzen des Dienstwagens steckte ein Flachmann mit seinem Lieblingswhisky.

Die »professionellen Demokraten«, mehrheitlich selbstverliebte und nicht allzu gescheite Leute, die offensichtlich unfähig waren, sich psychologisch den Partnern und Situationen anzupassen, konnten Sobtschak hier nicht von Nutzen sein. Also nahm Putin wie eine

Flüssigkeit oder ein Gas nach und nach (und übrigens recht schnell) praktisch den gesamten ihm zugewiesenen Raum ein.

Auf dieselbe Weise und in derselben Zeit wurde Boris Jelzin von seinem Chefleibwächter Alexander Korschakow »in Gebrauch genommen«, nachdem er seinen »Leib« für viele andere Mitstreiter unerreichbar gemacht hatte. Vom Charakter ihrer Wechselbeziehung erinnert das Paar Korschakow–Jelzin überhaupt in vielem an die Allianz Putin–Sobtschak, insbesondere was die Anfangsphase ihrer Zusammenarbeit betrifft. Allerdings kam Putin danach noch ziemlich weit, während Korschakow sich mit seinem Chef überwarf und von der Bühne der Geschichte in den Orchestergraben hinabstürzte.

Nachdem die Rostwasserdusche sowjetischer Privilegien überstanden war, forderte die halbhungrige Zeit Anfang der 1990er-Jahre für eine neue Kaste von Herrschern ein Minimum an Komfort und Bequemlichkeit. Man wollte einen Biberpelz anstelle einer Kalbfellkappe und ein ordentliches Bankett mit einer Flasche Cognac pro Nase statt eines Herings für drei. Die Geliebte sollte nicht mehr in einem Schiguli herumkutschiert werden, sondern zumindest in einem gebrauchten, aber dicken Westauto. Deswegen waren nun Profis in Sachen Komfort und Bequemlichkeit gefragt, und zwar nicht einfach nur als Gehilfen, sondern als »Hausmeister« mit den Zusatzfunktionen eines Offiziers der Staatssicherheit.

Als Mitte der 1990er-Jahre der erste Hunger der neuen Landesväter der Russischen Föderation gestillt war, wurden die Massenmedien das Hauptproblem. Den etwas klügeren Kammerjunkern (Putin, Patarkazischwili) gelang es, sich kurzerhand umzustellen. Korschakow hingegen kam es nicht in den Sinn, im Juni 1996 aus eigenem Wunsch Pressesprecher der Familie Jelzin zu werden – sonst wäre ihm das Glück bis heute treu geblieben.

Kapitel 5
Krimineller Vergil – Putin und die Gangsterwelt von Petersburg

Diejenigen, die nach der derzeitigen russischen Klassifizierung dem »demokratischen« Lager zuzurechnen sind, vertreten üblicherweise die Auffassung, Wladimir Putin habe seinem politischen Vater Anatoli Sobtschak geholfen, einen Kontakt zu den Organen des KGB herzustellen, die im Juli 1991 angeblich die nördliche Hauptstadt kontrollierten. Das trifft wohl kaum zu, und zwar aus mindestens zwei Gründen.

Wie seltsam es für Uneingeweihte auch klingen mag: Der KGB der UdSSR hatte bei aller seiner äußeren Stärke in der späten Sowjetunion keine politische Macht. Bereits Josef Stalin hatte die Leiter der Geheimdienste wissen lassen, dass sie, selbst wenn ihnen ein breites Arsenal administrativer und technischer Möglichkeiten zur Verfügung gestellt wurde, politisch gänzlich von ihm abhängig waren – dem Lenker des Landes und Führer der Kommunistischen Partei. Ebenso war es unter Leonid Breschnew. Der KGB der UdSSR verfügte im August 1991 über eine ausgedehnte Machtstruktur, die durch die Verfassung und die Gesetze durchaus legitimiert war, tat aber nichts dafür, um die Katastrophe und den Zerfall des sowjetischen Machtapparats abzuwenden.

Als junger Mann habe ich es mit eigenen Augen gesehen: Am 22. August 1991 holte eine Menschenmenge die gigantische Statue des Gründers der »blutigen Staatssicherheit«, Feliks Dzierżyński, vom Sockel, und Tausende bewaffneter Tschekisten schauten schweigend durch die düsteren Scheiben des berüchtigten Gebäudes an der Lubjanka zu. Sie hatten keinen Befehl erhalten und konnten uns, den unbewaffneten Moskauern, die trunken waren von der unerwarteten Befreiung vom sowjetischen Totalitarismus, nichts entgegensetzen.

Im August 2001, als in Russland einigermaßen ausgiebig das zehnjährige Jubiläum des Putsches des Staatlichen Komitees für außergewöhnliche Zwischenfälle, also faktisch der Zusammenbruch der Sowjetunion gefeiert wurde, fragte ein Korrespondent der *Nesawissimaja gaseta* den letzten Vorsitzenden des KGB der UdSSR, Wladimir Krjutschkow: Und warum hat die allmächtige Lubjanka ihren Staat nicht gerettet? Er erhielt die Antwort, eine Entscheidung dieser Größenordnung hätte der Oberste Sowjet der UdSSR zu treffen gehabt, und der habe es nicht mehr geschafft, sich zu versammeln.

Später haben die Veteranen des KGB natürlich mündlich und schriftlich in unzähligen stolzgetränkten Interviews und verschrobenen Publikationen dargelegt, es sei ja ihr »Amt« gewesen, das sowohl Jelzin als auch Putin an die Macht gebracht habe, dass die KGB-Männer die Geschichte hundertzwanzig Jahre im Voraus und acht Kilometer in die Tiefe sehen können und so weiter.

Tatsächlich war der KGB 1991 ein gigantischer, vollgefressener, schwerfälliger und zum Mäusefangen unfähiger Kater, der sich seine stumpfen Krallen bereits am ausgeblichenen sowjetischen Teppich abgewetzt hatte und sich nicht entscheiden konnte, ob er sich jetzt auch noch über den Plüschsessel hermachen oder damit noch ein wenig warten sollte. Währenddessen wurde der Plüschsessel aus dem imperialen Wohnzimmer fortgetragen – für immer, wie es scheint. Es ist also völlig unglaubwürdig, dass der hilflose KGB in der Hauruck-Atmosphäre Petersburgs 1991 auf irgendetwas einen wesentlichen Einfluss ausüben konnte oder gar die Geschicke der Stadt entschied. Sobtschak war das damals genauso klar wie uns heute.

Wie aus dem bisher Gesagten hervorgeht, war Putin zur Zeit der hier beschriebenen Ereignisse innerhalb des KGB ein deprimierter Außenseiter. Er war ein Pechvogel, der aus Dresden mit einem großen Schandfleck auf seiner Reputation abkommandiert worden war. Konnte ein solcher Mann etwa dem Bürgermeister von Petersburg – in jener Zeit informell einer der einflussreichsten Politiker Russlands – irgendwelche unsichtbaren Türen zu den Geheimdiensten öffnen, hinter denen die einbalsamierten Geheimnisse der Macht schlummerten? Nein, alles war viel einfacher und gleichzeitig komplizierter.

Die Wirtschaft der Stadt wurde in jener Zeit zu zwei Dritteln (wenn nicht mehr) von der organisierten Kriminalität kontrolliert. Ihre einflussreichsten Vertreter waren die Gruppe der »Tambower« (Anführer: Wladimir Kumarin-Barsukow) und die »Malyschewer« (Anführer: Alexander Malyschew, Gennadi Petrow). Auf dem kriminell organisierten Spielfeld agierten auch noch andere, zum Beispiel ein Mann mit dem Spitznamen »Antibiotikum«, oder Konstantin Jakowlew (»Mogila«).

Das Schicksal all dieser Leute, mit deren Namen und Beinamen man in der nördlichen Hauptstadt in den 1990er-Jahren die Kinder erschrecken konnte, gestaltete sich im Weiteren sehr unterschiedlich. »Antibiotikum« und Konstantin »Mogila« kamen ums Leben. Malyschew und Petrow sitzen wegen Geldwäsche bei Immobilienankäufen Haftstrafen in Spanien ab. Kumarin-Barsukow, der einige Attentatsversuche überlebte und einen Arm verlor, befindet sich seit 2007 in Moskau in Untersuchungshaft. Wahrscheinlich würde Putin einerseits gern diese Seite der »tollkühnen« und »herrlichen« Neunzigerjahre des 20. Jahrhunderts vergessen, in die diese speziellen Helden mit ihren Kalaschnikows und den kiloschweren Goldketten an ihren nicht weniger massiven Stiernacken gehören. Andererseits bleibt »die Zeit rechtlos im Angesicht der Erinnerung« (Brodsky).

Als eingefleischter russischer Intelligenzler konnte Anatoli Sobtschak keinen Kontakt aufnehmen mit Menschen und Strukturen dieser Art. Es war ihm zudem unmöglich herauszufinden, welche Rolle sie für die Wirtschaft der Stadt wirklich spielten. An dieser Stelle konnte sich der beflissene Wladimir Putin nützlich machen, zusammen mit seinem neuen Mitarbeiterstab: Igor Setschin, Ilja Traber (genannt »der Antiquar«), Gennadi Timtschenko und so weiter. Außerdem konnte Putin etwas zuwege bringen, was Sobtschak nie gelungen wäre – den Zufluss von Schattengeld für die Bedürfnisse des Bürgermeisteramts zu sichern. Dabei kam es auch zu Dienstleistungen, die mehr oder weniger fragwürdig sind, zum Beispiel:

- Annahme von Bestechungsgeldern für überteuerte juristische Dienstleistungen Putin-naher Rechtsfirmen oder bei Verkauf von antiquarischen Gegenständen zu vielfach überhöhten Preisen;

- Kontrolle über die »schmackhaften« Unternehmen in Sankt Petersburg und im angrenzenden Leningrader Verwaltungsgebiet, zum Beispiel über das Öl verarbeitende Unternehmen Kirischinefteorgsintes;

- Schmuggel von Möbeln aus Finnland nach Sankt Petersburg über Karelien.

Durch alle diese Projekte und aufgrund seiner Fähigkeiten und Geschicklichkeit wuchs Putins Einfluss in Sobtschaks Umfeld rasch, wobei man natürlich den Faktor der persönlichen Ergebenheit nicht außer Acht lassen darf, ebenso wie die Fähigkeit, dem Boss das Leben angenehm zu gestalten: Darin war Wladimir Wladimirowitsch unschlagbar.

Nicht umsonst war es ausgerechnet Putin, der Anfang 1996 die Petersburger Regionalverwaltung der Regierungspartei »Unser

Haus – Russland« und Sobtschaks Wahlkampfstab leitete. Für den Mai war die Wahl des Gouverneurs angesetzt. Sobtschaks Lager zweifelte nicht an seinem Sieg, und niemand machte sich überhaupt Gedanken, ob Putin über ausreichend politische Erfahrung zur Lösung schwieriger Aufgaben verfügte.

Währenddessen fand in Moskau ein Treffen von Sobtschak und Jelzin statt, das dem Bürgermeister von Petersburg einen schicksalhaften Schlag versetzte und unseren Helden zum wiederholten Male um ein Haar unter die Erde brachte.

Kapitel 6
Sobtschaks Scheitern – die Reise von Sankt Petersburg nach Moskau

Anatoli Sobtschak war nicht nur einfach der »Hausherr« der nördlichen Hauptstadt, sondern auch eine Kultfigur des demokratischen Lagers. Viele waschechte Demokraten der ersten Welle, also die Säulen der Bewegung »Demokratisches Russland« von 1990/91, waren zum Ende von Boris Jelzins erster Amtszeit mehr als enttäuscht von ihrem einstigen Idol. Die einen störte Jelzins unkontrollierter Hang zum Alkohol, der nicht selten zu Blamagen und internationalen Skandalen führte. Man erinnere sich nur daran, wie der erste russische Präsident im Sommer 1994 in schwer alkoholisiertem Zustand anlässlich der Verabschiedung der nach dem Zweiten Weltkrieg in Deutschland stationierten russischen Streitkräfte in Berlin ein Militärorchester dirigierte. Vor dem Hintergrund der Trauerstimmung, in der sich an diesem Tag die Söhne des zusammengebrochenen Imperiums befanden, wirkte Jelzins Benehmen geradezu blasphemisch.

Oder 1995: Der Kremlherr wurde am Flughafen Shannon erwartet, aber er kam und kam nicht aus der Maschine und ließ das Treffen mit dem Premierminister von Irland platzen. Jelzins Leibwächter Alexander Korschakow erinnerte sich daran, dass der russische Präsident in der Luft auf dem Weg nach Shannon einen Mikroinfarkt erlitten hatte. Das russische Volk und die »progressive Öffentlichkeit« hingegen waren sich sicher, dass sein Alkoholmissbrauch das Problem gewesen war.

Nach dem Vorfall von Shannon erhielt Boris Jelzin einen besorgten Brief von sechs seiner Assistenten: Alexander Korschakow, Michail Barsukow (Leiter des Föderalen Dienstes für Bewachung, der sich um die Sicherheit aller hochgestellten Personen mit Ausnahme des Präsidenten sorgte), Viktor Iljuschin (engster Mitarbeiter, der für die wichtige Frage des Terminplans von Boris Jelzin zuständig war), Dmitri Rjurikow (Assistent und Chefanalytiker für internationale Angelegenheiten in der Kreml-Administration), Wjatscheslaw Kostikow (Pressesprecher) und Ljudmila Pichoja (Redenschreiberin). Der Hauptgedanke dieses Briefes war folgender: Der erste demokratisch gewählte Präsident der Russischen Föderation habe die Verbindung mit der Gesellschaft verloren, verschließe sich in seinem Elfenbeinturm und entferne sich von seinen wichtigsten Anhängern und Mitstreitern.

Faktisch wurde ihm damit gesagt: Hör auf zu trinken und auszuspannen, und kehre zurück zur politischen Aktivität der früheren »Blütejahre« (1990/91). Korschakow schreibt in seinen Memoiren *Boris Jelzin: Von der Morgendämmerung bis zum Sonnenuntergang*, der Präsident habe deutlich seine Verärgerung über den »respektlosen« Brief gezeigt, aber keinen der Beamten entlassen, die den besorgten Geheimbrief unterschrieben hatten. Allerdings ist anzumerken, dass keine der genannten Personen mehr zu Jelzins späterer Mannschaft gehörte, die sich dann zusammen mit Wladimir Putin in das neue politische Zeitalter hinüberrettete. Der erste russische Präsident, der später zu einem Mythos wurde, konnte nicht nur Größe zeigen, sondern auch Rachsucht.

Viele waren zu dieser Zeit verärgert über das Eindringen der alten kommunistischen Parteinomenklatura in Jelzins enges Umfeld. Exemplarisch dafür stand Viktor Tschernomyrdin, russischer Ministerpräsident von 1992 bis 1998. Zur selben Zeit gerieten andere, die mit der »Generation demokratischer Reformen« in Zusammenhang gebracht wurden, ins politische Abseits. Nein, die reformatorischen Ideen selbst – beginnend mit der »großen Privatisierung« bis hin zur Integration neuer Eliten in die westliche Welt – waren nicht verloren gegangen und wurden nach wie vor umgesetzt. Nur die Dividenden ihrer Umsetzung kamen häufig nicht denen zugute, die der Meinung waren, sie für sich beanspruchen zu können.

Der eigentliche Stein des Anstoßes jedoch waren selbstverständlich die Präsidentschaftswahlen 1996. Die Parlamentswahlen im Dezember 1995 hatten die Kommunisten souverän für sich entschieden, indem sie mehr als 22 Prozent der Stimmen erhielten. Die offizielle Regierungspartei »Unser Haus – Russland« erhielt fast ein Drittel weniger – nur etwas mehr als 8 Prozent der Stimmen. Und die Partei »Demokratische Wahl Russlands«, eine politische Struktur, welche die Liberalen hinter Gaidar vereinigte, schaffte es überhaupt nicht ins Parlament.

Der Anführer der Kommunistischen Partei, Gennadi Sjuganow, machte damals keinen Hehl daraus, dass er bereit war, Jelzins Platz im Kreml einzunehmen. Jelzins Umfragewerte sanken auf 2 bis 3 Prozent, das russische Volk war äußerst enttäuscht von dem Mann, den es wenige Jahre zuvor noch auf Händen getragen hatte. Jelzins Demokratie hatte sich nicht als Paradies auf Erden erwiesen, woran die Russen Ende der 1980er-Jahre aufrichtig geglaubt hatten. Stattdessen hatte sich das Lebensniveau jäh verschlechtert, und vor allem war das sowjetische Sozialsystem, das zuvor eine Selbstverständlichkeit gewesen war, in sich zusammengefallen.

In dieser Situation sank die Wahrscheinlichkeit, dass Jelzin auf demokratischem Weg die Wahlen gewinnen würde, gegen null. Im »demokratischen« Lager fing man an, über Alternativen nachzudenken. In diesem Zusammenhang fiel der wohlklingende Name Sobtschak, und auch der Bürgermeister der Stadt Sankt Petersburg selbst, ein äußerst ambitionierter Mann, der noch nie an Selbstunterschätzung gelitten hatte, war eigentlich nicht dagegen.

Die Apokryphen besagen, dass Sobtschak im Januar 1996 von Jelzin vorgeladen und ganz direkt gefragt wurde: Sollte der Präsident (Jelzin sprach des Öfteren in der dritten Person über sich) für eine zweite Amtszeit kandidieren? Die Antwort auf diese Frage war dem Präsidenten durchaus bekannt, aber er wollte Sobtschak mit dieser Heuchelei auf die Probe stellen. Wäre Sobtschak ein erfahrenerer Apparatschik gewesen und hätte er weniger an sich selbst gedacht, dann hätte er mit »Ja« geantwortet und wäre das Oberhaupt von Petersburg geblieben. Zusammen mit ihm wäre auch Putin der nördlichen Hauptstadt erhalten geblieben, und wir würden heute jemand völlig anderen auf der Bühne der russischen Politik des 21. Jahrhunderts sehen.

Aber Sobtschak beging vom Standpunkt der Logik des Staatsapparats gesehen einen schicksalhaften Fehler. Er gab Jelzin klar zu verstehen, dass dessen Chancen auf einen Wahlerfolg minimal seien und er, solange es noch nicht zu spät sei, bei den Wahlen besser auf … den Ministerpräsidenten Viktor Tschernomyrdin setzen solle, den altgedienten Kameraden des Petersburger Bürgermeisters in der Regierungspartei »Unser Haus – Russland«. (In seinem tiefsten Inneren meinte Sobtschak natürlich sich selbst und hoffte, Jelzin würde Vernunft annehmen.)

Und das tat dieser dann auch. Als er begriffen hatte, dass der Petersburger Bürgermeister ein unzuverlässiges Glied in der Kette war, beauftragte Jelzin seinen nächsten Vertrauten in dieser Zeit, den Chef des präsidialen Sicherheitsdienstes Alexander Korschakow, sowie den ersten Stellvertreter des Regierungschefs Oleg Soskowez, bezüglich der anstehenden Wahlen in Sankt Petersburg für Sobtschak einen starken Konkurrenten zu finden und einen Machtwechsel in der Stadt sicherzustellen.

Korschakow und Soskowez engagierten Wladimir Jakowlew, Sobtschaks ersten Stellvertreter, der für die Wirtschaft und die Bauvorhaben der Stadt verantwortlich war. Und auch wenn die liberalen Kreise aus Petersburg wie ein Mann hinter Sobtschak standen, verlor der Bürgermeister die Wahl. Die alleinige Verantwortung für diese ungeheuerliche, vielsagende Niederlage musste der formelle Leiter des Wahlkampfstabs, Wladimir Putin, auf sich nehmen.

Zu diesem Zeitpunkt brach über Putin erneut das Unglück herein. Seine Datscha bei Sankt Petersburg brannte ab. Dabei musste der künftige Präsident mit nur einem Morgenmantel auf der nackten Haut einen Koffer mit Bargeld retten – wie einige Quellen behaupten, waren darin nicht weniger als 15 Millionen Dollar. (Schon damals traute Putin den Banken nicht recht.) Kurz darauf erlitt Putins Frau Ljudmila einen Autounfall, der sich unabänderlich auf ihre Gesundheit auswirkte – somatisch und leider auch psychisch. Eigentlich war es dieser Unfall, der die Familie zerbrechen ließ. Wladimir und Ljudmila kamen sich als Mann und Frau danach nie wieder nah. Wie schon im Jahr 1990 war es Zeit, sich die Kugel zu geben.

Aber Putin überstand auch diese schrecklichen Prüfungen und zeigte einen unverwüstlichen Überlebenswillen. Er beschloss, Sankt Petersburg zu verlassen und sich einen neuen Ort zu suchen – das unbekannte, riesige, brodelnde, machtvolle Moskau. Dort musste er neue Verbindungen erst aus dem Nichts schaffen und alle bisherigen Karriereerfolge hinter sich lassen. Liberale aus Sobtschaks Umfeld halfen Putin, Arbeit in der »wirklichen« Hauptstadt zu finden, wenn auch ohne große Begeisterung (immerhin war er ein ehemaliger KGB-Mann und noch dazu schuld an Sobtschaks Sturz).

Die Apokryphen besagen, Alexei Kudrin, der Ex-Stellvertreter des Petersburger Bürgermeisters und verantwortlich für Wirtschaft und Finanzen sowie künftiger russischer Finanzminister, habe keine geringe Rolle in dieser Frage gespielt. Schon damals nutzte Kudrin das große Vertrauen von Anatoli Tschubais, damals einer der Leiter des Wahlkampfstabs von »Jelzin 1996«, der gleich nach den Wahlen zum Leiter der Präsidialverwaltung ernannt wurde. Auch fehlte es Putin nicht an einflussreichen Geschäftsleuten in der Hauptstadt, die mit dem künftigen Kremlherren Geschäftsbeziehungen knüpfen wollten.

Zum Beispiel war da der Präsident der Alfa-Bank, Pjotr Awen. 1992, als Putin Vorsitzender des Komitees für Außenbeziehungen im Bürgermeisteramt der nördlichen Hauptstadt war, leitete Awen das Ministerium für Außenwirtschaftsbeziehungen von Russland und kuratierte über diese Linie WWP. Es war kein Zufall, dass im ersten Jahrzehnt des 21. Jahrhunderts die Alfa-Bank und die in ihrem Umfeld agierende Finanz- und Industriegruppe Alfa-Konsortium zu den einflussreichsten Business-Holdings von Russland gehörten.

Zunächst wurde WWP das Amt des stellvertretenden Pressesprechers Jelzins angeboten. Putin lehnte ab und wurde Stellvertreter von Pawel Borodin, der Jelzins Präsidialamt leitete. Zu diesem Zeitpunkt akquirierte das Präsidialamt größere Finanzmittel für Renovierungsarbeiten im Kreml und in den vielen Datschas und Residenzen von Jelzin. WWP bekam erneut den verführerischen Duft frischer Valuta zu spüren. Und er sah neue Perspektiven. Das Leben begann von vorn, schon zum dritten Mal.

Jelzin gewann natürlich die Wahlen, und zwar teilweise aufgrund der mutigen, kreativen Ideen seines Wahlstabs. Bei der Generierung dieser Ideen spielten Leute wie der Ex-Präsident des Fernsehsenders NTW, Igor Malaschenko, und der später in Ungnade gefallene Oligarch Boris Beresowski die Schlüsselrolle. Dennoch dankte Jelzin seinen Erfolg vor allem der schonungslosen Manipulation der Abstimmungsergebnisse und der Billigung des furchtsamen Taugenichts und Top-Kommunisten Sjuganow, der die gefälschten Ergebnisse offiziell anerkannte.

Die Architekten von Jelzins Sieg, angeführt von Anatoli Tschubais, halten heutzutage der ganzen Welt gern Vorträge darüber, wie in Russland die Demokratie etabliert und eine totalitäre Revanche verhindert wurde. Wenn Sie bereit sind, ein ordentliches Sümmchen zu bezahlen, um sich einen solchen Vortrag anzuhören, dann sollten Sie Tschubais oder seine Kollegen unbedingt Folgendes fragen:

- Stimmt es, dass Jelzin im ersten Wahlgang in Wirklichkeit nicht mehr als 32 Prozent der Stimmen erhalten hatte und hinter Sjuganow zurückgeblieben war?

- Stimmt es, dass die Wahlkampagne 400 Millionen Dollar gekostet hat und Jelzin zwei Herzinfarkte einbrachte, von denen sich der Präsident nie wieder erholte, weil er fortan Geisel seiner schweren Erkrankung und damit seines Umfelds wurde, vor allem seiner Familie, die ihm als Nachfolger Wladimir Putin bescherte?

Kapitel 7
Auf der Suche nach einem Vater
Teil 2: Putin und die Familie Jelzin

Angeblich hatte sich Boris Jelzin immer einen Sohn gewünscht. Aber es hatte sich nicht ergeben, er bekam zwei Töchter. Deswegen suchte der erste russische Präsident seine Söhne nicht selten unter seinen Mitarbeitern. Eine Zeit lang war Alexander Korschakow ein solcher »Sohn«. Jelzin machte ihn innerhalb von drei Jahren vom Major zum Generalmajor. Ein weiterer »Sohn« war Walentin Jumaschew, ehemaliger Journalist der Zeitschrift *Ogonjok,* seit Ende der 1980er-Jahre Präsidentenbiograf und später auch Ehemann seiner Tochter Tatjana.

Jelzin, der sich unbewusst wie ein russischer Zar fühlte, wollte den Thron an einen »Sohn« weitergeben, einen Menschen der nächsten Generation, der nicht nur durch formelle Verpflichtungen und kühle Berechnung mit dem »Vater« verbunden wäre, sondern auch durch menschliche Nähe, die man, wie der russische Volksmund sagt, »nicht vertrinken kann«. Putin wiederum brauchte nach Sobtschaks Niederlage dringend einen neuen Vater. Und nun hatte er ihn gefunden.

Im Juli 1996 wurde Korschakow von Jelzin lautstark vor die Tür gesetzt. Dies erforderte die Logik des Wahlkampfes. Die Explosion des Apparates war ausgelöst worden durch die mittlerweile fast vergessene, aber damals das ganze Land erschütternde sogenannte »Kopierpapierkarton«-Affäre. Am Sonntag, den 19. Juni 1996 wurden zwei hochrangige Mitarbeiter aus Jelzins Wahlkampfstab,

Sergei Lissowski und Arkadi Jewstafjew, auf einem Korridor des Regierungsgebäudes der Russischen Föderation mit einem großen Kopierpapierkarton der Firma Rank Xerox festgenommen, in dem sich fast 500 000 Dollar Schwarzgeld befanden.

Wie die Stempel auf den Banderolen zeigten, stammte das Geld aus der Nationalen Reservenbank, die damals die finanzielle Stütze von Gazprom darstellte und offenbar einer der informellen Sponsoren von Jelzins Wahlkampf war. Jewstafjew und Lissowski wurden in einen Raum der Wachmannschaft des Weißen Hauses gebracht, wo Korschakows Leute sie einem ersten Verhör unterzogen: woher das Geld stammte und wohin sie damit wollten. Auf diese Fragen hatten die beiden Männer aus Jelzins Wahlkampfstab keine Antwort, obwohl man sie ziemlich einschüchterte: Arkadi Jewstafjews Blutdruck stieg so stark an, dass man ihm eine Spritze geben musste. Es drohte ein großer Skandal um die Aneignung und Geldwäsche von Mitteln aus dem gigantischen Wahlkampfbudget des russischen Präsidenten (zur Erinnerung: Es waren 400 Millionen Dollar).

Es ist durchaus denkbar, dass Korschakow & Co. die Geschichte mit dem Kopierpapierkarton dafür nutzen wollten, um die Leitung des Wahlkampfstabes auszuwechseln und an die Schalthebel zu gelangen. Der »liberale« Flügel des Wahlkampfstabes wiederum sah die Vorfälle im Regierungsgebäude als schicksalhafte Bedrohung für sich selbst. Man kam zu dem Entschluss, nicht nur mit allen Mitteln für die Freilassung der Inhaftierten mit ihrem Geld zu kämpfen, sondern auch für die Amtsenthebung der »Gruppe Korschakow«.

Der Plan der »Liberalen« ging auf. Sie brauchten weniger als 24 Stunden, um den Status quo wiederherzustellen und die Mitstreiter abzuschütteln. Die Geschichte im Weißen Haus nannte man von nun an »die erfolgreichste Werbeaktion von Rank Xerox im postsowjetischen Russland«. Bald darauf leitete Tschubais die Kreml-Administration.

In den Jahren seines bedrückenden Niedergangs (1998/99), als Jelzin seinem Arbeitsplatz immer öfter unter dem Vorwand des »Dokumentenstudiums« fernblieb (dieser Satz wurde sprichwörtlich und ein Euphemismus für den traditionellen russischen Quartalssuff), musste er, wenn er bei Auslandsbesuchen entweder auf Teppichläufern ausrutschte (Usbekistan 1998) oder die Sonne unumwunden als Mond bezeichnete (China 1997), immer wieder an den entlassenen Korschakow denken.

Immerhin war Jelzin eine sehr vielseitige Persönlichkeit, wenn auch intellektuell beschränkt. Er war in der Lage, Fehler zu verzeihen, auch die eigenen. Deswegen erwog der Präsident 1998, seinen »Sohn« Korschakow zu seinem Nachfolger zu machen. Es hätte eine durchaus biblische Geschichte von der Rückkehr des verlorenen Sohns werden können, der zum Gnadenbrotempfänger eines Vaters wird, welcher sich der Widerwärtigkeit der Geschichte bewusst ist.

Derartige Aussichten jagten Jelzins Familie und den ihnen nahestehenden Unternehmern Angst und Schrecken ein. Mit Korschakows Rückkehr zur Macht wären alle unweigerlich Opfer seiner teilweise sicher blutigen Rache geworden. An diesem Punkt begann die rasche Designierung Putins als »kultivierte« Alternative zu Korschakow.

Putin kam der Jelzin-Familie und dem mit ihr verbundenen Kapital durch die Art seines Denkens gerade recht. Nichts an ihm war mehr sowjetisch, und er zeigte auch kein sowjetisches Herrschaftsgebaren. Putin wusste, wozu ein Staat da ist: damit jene, die durch den Willen des Schicksal an die Macht gekommen waren, sich ausgiebig bereichern können – ohne imperiales Getöne. Genauer gesagt, es hätte imperiales Getöne geben können, aber nur als Propagandamaßnahme zur Einlullung der am Syndrom rudimentärer staatlicher Macht leidenden russischen Volksmassen. Nicht mehr und nicht weniger.

Aber da war noch etwas anderes. Jelzins Familie sah, in welchem Verhältnis Putin zu seinem ersten politischen Vater Sobtschak gestanden hatte und immer noch stand. Ein solches Verhältnis stellte tatsächlich ein gewisses Risiko dar, denn Sobtschak war nicht nur Opfer des maßvoll beflissenen Korschakows, sondern auch des im Zorne schrecklichen Boris Jelzins geworden. (Wie man weiß, ist der Bär das schrecklichste aller Raubtiere: Er brüllt nicht und fletscht nicht die Zähne, sondern lächelt den Dompteur an, doch dann schlägt er unerwartet mit der Tatze zu und zerschmettert ihm den Schädel. Ein solcher Bär war Jelzin.) Die Jelzins hofften, dass alle Interessen ihres Vaters und seiner Familie, im direkten und erweiterten Sinne, voll und ganz gewahrt würden. Ihre Intuition sollte sie nicht trügen.

1998 wurde Putin Direktor des FSB der Russischen Föderation, 1999 gleichzeitig Sekretär des Sicherheitsrats, einer nutzlosen, aber angesehenen Struktur, die es ihm ermöglichte, ein Büro im Kreml zu unterhalten und für den Präsidenten aus allen möglichen nichtigen Anlässen Spickzettelchen zu schreiben.

Viele, darunter auch der Autor dieser Zeilen, sind davon überzeugt, dass Jelzin in den letzten Lebensjahren von seiner Familie absichtlich mit allen möglichen Sedativa und sonstigen Präparaten gefüttert wurde, die zu einer Medikamentenabhängigkeit führten und damit den Menschen kontrollierbar machten, der, wenn auch mit angeschlagener Gesundheit, doch immer noch einiges Porzellan zerdeppern konnte. Der vorgezogene Rücktritt Jelzins am 31. Dezember 1999 sollte Putin nicht nur den raschen Sieg in der ersten Runde der Präsidentschaftswahlen 2000 sichern, sondern auch die ewige Angst vor den Kapriolen des »Opas« bannen – dass er zum Beispiel seinen Nachfolger Putin verjagt und sich einen neuen »Sohn« sucht.

Kapitel 8
Auf der Suche nach einem Bruder – Roman Abramowitsch

Putin hat eine Stärke, die viele unterschätzen. Wie Jelzin glaubt er an die Loyalität und nicht nur daran, dass zwischenmenschliche Beziehungen von eigennützigen Manipulationen beherrscht werden. WWP fand in der zweiten Hälfte der 1990er-Jahre in Moskau nicht nur die neue Liebe eines Vaters, sondern auch die eines Bruders. Sein Bruder wurde Roman Abramowitsch, ein postsowjetischer Geschäftsmann par excellence und exemplarisches Geschöpf der kriminellen Privatisierung der Jelzin-Zeit.

Eigentlich hatte Abramowitsch Anfang 1999 den damaligen Verkehrsminister Nikolai Aksjonenko für Jelzins idealen Nachfolger gehalten. Mit der Zeit jedoch schwenkte er auf Putin um. Der Glaube des Magnaten, WWP würde die Seinen nicht verraten, spielte für Putins gehobene Karriere eine bedeutende Rolle.

Sein erstes Geld hatte Abramowitsch als Soldat der sowjetischen Armee gemacht. Er diente in der Nähe der Stadt Kirschatsch im Verwaltungsgebiet von Wladimir, also buchstäblich im Herzen von Zentralrussland. Die folgende Geschichte erzählte Jelzins Tochter Tatjana Djatschenko in ihrem Blog auf der Website der Rundfunkstation *Echo Moskau*, und wir haben keinen Grund, sie nicht zu glauben: Abramowitsch war der heimliche Anführer einer Gruppe von Soldaten gewesen, die einen Wald abholzen sollten und mit dieser körperlich schweren Arbeit die ansässigen Bauern beauftragten. Daraufhin hatte er einen Teil des Holzes für brauchbares sowjetisches

Geld an eben diese Bauern verkauft und sich zum ersten Mal als Unternehmer in jeglichem Sinne dieses Wortes gezeigt.

Der Weg des erwachsenen Geschäftsmanns Abramowitsch begann mit der Genossenschaft Ujut, die Kinderspielzeuge aus einem gesundheitsschädlichen Kunststoff herstellte. Abramowitschs Partner Jewgeni Schwidler und Waleri Ojf wurden späterhin Top-Manager der Erdölfirma Sibneft, die auf Abramowitschs Initiative hin geschaffen und privatisiert wurde, und schließlich auch Milliardäre – und zwar jeder international zugelassenen Währung.

Den ersten Schritt zu echten, »ausgewachsenen« Geschäftserfolgen machte Abramowitsch jedoch 1992, wonach er von der Moskauer Staatsanwaltschaft des Raubes eines ganzen Eisenbahnzugs von 55 Tankwagen mit Dieselkraftstoff des Erdöl verarbeitenden Betriebs von Uchta beschuldigt wurde. Der Geschäftsmann verbrachte einige Tage hinter Gittern, aber die russischen Rechtsorgane waren schon damals wild auf alle möglichen Liebesgaben, und bald fragte niemand mehr nach dem Verbleib der 55 Tankwagen. Abramowitsch hingegen wandelte sich zum achtbaren Chef der Erdölfirma Nojabrskneftegaz.

1995 machte Michail Fridman, Inhaber des Alfa-Konsortiums und wichtigster Partner des Putin-Freunds Pjotr Awen, den 28-jährigen Abramowitsch (nach sowjetischen Maßstäben ein grüner Junge) mit dem damals mächtigen Boris Beresowski bekannt, einem der Architekten von Jelzins zynischem Sieg 1996. Die Bekanntschaft wurde auf den Karibischen Inseln geschlossen, wohin die vier – Beresowski, Abramowitsch, Fridman und Awen – von Moskau mit einem Privatjet geflogen waren.

Sie fragen sich, warum man dafür einen 14-Stunden-Flug auf sich nehmen muss? Der klassische russische Geschäftsmann jener Zeit würde Folgendes antworten: In Russland kann man geheime Angelegenheit nicht laut besprechen, alles wird abgehört, ringsum sind Feinde. Die eigentliche Antwort lautet indes ganz anders. Es gibt das russische Wort *pont,* das man ungefähr übersetzen kann als »Aktion zur Demonstration der eigenen Erlesenheit«. Diejenigen, die innerhalb weniger Jahre von Bettlern zu Milliardären aufgestiegen waren, wollten die anderen – und vor allem sich selbst – davon überzeugen, dass ihnen das schnell erworbene Geld quasi übernatürliche materielle Möglichkeiten eröffnet hatte. Die Sibneft-Frage auf den Karibischen Inseln zu diskutieren war wirklich cool. Im dreckigen und verschneiten Moskau wäre dasselbe Gespräch dagegen so banal gewesen wie ein Witz mit Bart.

Beresowski und Abramowitsch beschlossen, für sich die Erdölfirma Sibneft auf Grundlage eines Teils der Aktiva des staatlichen Rosneft zu gründen. Wie das alles vor sich ging, erzählten sie in aller Ausführlichkeit bei ihrem Gerichtsprozess 2011 in London, bei dem Beresowski versuchte, vom anderen 5,6 Milliarden Dollar zu erstreiten, die dieser für die Aktien des Unternehmens angeblich nicht vollständig bezahlt hatte. Die Verpflichtungen der Partner waren recht genau benannt. Beresowski hatte es übernommen, von Boris Jelzin den Erlass über die Schaffung von Sibneft zu erwirken und für den Schutz des Unternehmens auf der Ebene der föderalen Macht zu sorgen. Abramowitsch sollte die Loyalität der regionalen Machthaber und des in Sibneft zu übernehmenden Unternehmensmanagements sowie der örtlichen Gangster erwirken.

Und jeder erfüllte seine Aufgaben, auch wenn die Ex-Partner sie dann unterschiedlich interpretierten: Beresowski behauptete, er sei bei Sibneft ein vollberechtigter Partner gewesen, dem 50 Prozent des Eigentums und Gewinns zustanden, und Abramowitsch meinte, ihm gehörten 100 Prozent der Firma und Beresowski sei lediglich die Funktion einer *kryscha,* also eines Gewährleisters der formellen und informellen Sicherheit dieser Star-Partnerschaft zugekommen.

Dank des Londoner Prozesses, der für Beresowski im September mit einer totalen Niederlage endete, wird das russische Wort *kryscha* mittlerweile oft auch ohne Übersetzung benutzt und geht langsam in viele Sprachen ein, ähnlich wie zuvor Sputnik, Perestroika oder Pogrom. Bauernopfer von Sibneft wurde jedenfalls der Chef des Omsker Erdöl verarbeitenden Schlüsselbetriebs, Iwan Lizkewitsch, der 1995 überraschenderweise beim Baden im Irtysch ertrank. Lizkewitsch hatte sich gegen die Gründung einer neuen Erdölfirma ausgesprochen und auch ganz sicher gegen die Einbeziehung des von ihm geleiteten Betriebes.

WWP war nie ein Mörder, aber er schaffte es immer rechtzeitig, die Augen zu schließen. »Ich mache jetzt die Augen zu, und dann seid ihr alle weg.« Das betrifft natürlich nicht nur den glücklosen Lizkewitsch, den der amtierende russische Präsident sicherlich längst vergessen hat, sondern auch die Häuser, die 1999 in einigen russischen Städten explodierten, woraufhin der zweite Tschetschenien-Krieg ausbrach, der Putin an die Macht brachte. Und es betrifft sicher noch vieles andere mehr.

Ursprünglich schmiedete ihr Waisenstand Putin und Abramowitsch zusammen – beide waren ohne einen richtigen Vater aufgewachsen und hatten ihre Eltern in den höheren Rängen der damaligen Staatsordnung gefunden. Und wer versteht eine Waise besser als eine andere Waise? Zudem hatten sie ähnliche Funktionen übernommen – den Starken dieser Welt zu besonderem Komfort zu verhelfen. Putin trug Sobtschaks Aktentasche, Abramowitsch grillte auf Jumaschews Datscha Schaschlikspieße, denn dort versammelte sich die offizielle und inoffizielle Hautevolee aus Jelzins Umgebung zum Ausspannen.

Was immer man auch sagt, Roman Abramowitsch ist bis zum heutigen Tag der einflussreichste Geschäftsmann in Russland. Er kann sich alles erlauben. Als Putin Präsident war, wurde Abramowitsch 2001 formal Gouverneur des Autonomen Kreises der Tschuktschen, der nordöstlichsten Region Russlands. In der Permafrostzone mit geringer Bevölkerungsdichte beträgt das mittlere Einkommen eines Erwachsenen nicht mehr als 50 Dollar im Monat. Seine staatlichen Verpflichtungen und die mit ihnen verbundenen Rituale hielten den Magnaten nicht davon ab, in London zu leben, sich Paläste, Flugzeuge und Jachten zu kaufen und Besitzer des Fußballclubs Chelsea zu werden.

Ungeachtet des Kinderglaubens vieler Beobachter, besonders jener aus dem Westen, Putin schätze einen derartigen Lebenswandel nicht, wurde Abramowitsch vom Kreml niemals kritisiert. Er war immer ein gern gesehener Gast, sowohl auf den pompösen Sitzungen des Staatsrats im Kreml als auch bei den informellen Empfängen Wladimir Putins in seiner Residenz Nowo-Ogarjowo. Und im Herbst 2012 bat der russische Präsident Roman Abramowitsch, sich als Vermittler im Streit zwischen den Aktionären der größten Metallurgiegesellschaft Russlands, der Aktiengesellschaft Norilski Nickel, zur Verfügung zu stellen. Die beiden Haupteigner, Wladimir Potanin und Oleg Deripaska, die über etwa gleich große Aktienpakete verfügen, konnten sich fünf Jahre lang nicht darüber einig werden, wie diese zu verwalten seien.

Nun erhielt Abramowitsch die Sperrminorität der Mega-Korporation, die es ihm ermöglichte, die Partner zu versöhnen und, falls erforderlich, ein schwerwiegendes Urteil auszusprechen, wer von ihnen in menschlicher Hinsicht im Recht war. Putin selbst hatte sich nicht entschließen können, als Vermittler aufzutreten, auch wenn die an diesem Streit Beteiligten das lange Jahre gehofft hatten.

Falls Abramowitschs ausdrückliche Ergebenheit gegenüber dem Judaismus keine Erfindung ist, wird er sicher für Putin beten, denke ich. Gerüchte darüber, dass der Tyrann dem Oligarchen zürnt, verbreitet in der Regel der Oligarch selbst: damit man ihn nicht allzu sehr beneidet. Und wenn doch mal jemand wirklich neidisch wird auf seinen Lebensstil, dann ist es Putin selbst. Denn der russische

Präsident ist gezwungen, die vorsätzlich verschmutzten Gewässer des Schwarzen Meeres auf dem bescheidenen staatlichen Kutter *Kawkas* zu überschiffen.

Abramowitsch hingegen überquert den Weltozean auf Jachten des 22. Jahrhunderts. Im Sommer 2010 kam er zur Fußballweltmeisterschaft nach Südafrika auf einem »Kahn«, der kurz zuvor in der Hamburger Werft Blohm & Voss gebaut worden war. Die *Eclipse* misst 170 Meter Länge, und sie hat neun Decks und fünf Ausgänge, was sie zu einem der sichersten Ozeangefährte der Menschheitsgeschichte macht. Die Jacht ist sogar für den Fall eines großen Krieges gerüstet. Es gibt ein Raketenfrühwarnsystem sowie ein U-Boot und zwei Hubschrauber, falls jemand unerwartet die Flucht ergreifen muss. Ein besonderes Feature der *Eclipse* ist das »Antipaparazzi-System«, das jegliches Ansinnen aufdringlicher Fotografen, Genrebilder aus dem Leben Abramowitschs, seiner Familie oder von Gästen abzulichten, im Keim erstickt. Von derartigem Luxus kann Putin nur träumen.

Bereits 2004 wurde Abramowitschs Lifestyle zu einer europäischen Legende, und zwar während der Fußballeuropameisterschaft in Portugal. Er machte dadurch von sich reden, dass er jeden Abend in fünf verschiedenen Restaurants einen Tisch bestellte, aber nur eines von ihnen aufsuchte. Und für den Blumenschmuck im bekannten Lissaboner Lokal Gambrinus gab er 1 000 Euro aus, ohne überhaupt hinzugehen. 2009 wurde in amerikanischen Zeitungen eine Rechnung veröffentlicht, die ihm ein New Yorker Restaurant ausgestellt hatte. Vier Personen hatten für 50 000 Dollar gespeist, der Löwenanteil war für einen französischen Auslesechampagner ausgegeben worden.

»Putins Bruder« kann es sich hinter dem Steuer verschiedener Raritätsautos gut gehen lassen, wie zum Beispiel eines Ferrari FXX oder eines Rolls-Royce Corniche. Putin hingegen ist gezwungen, als scheinbar eingefleischter Autoliebhaber Reklame zu machen für die russische Billigmarke Lada Kalina, mit der er in Begleitung von Leibwächtern und Journalisten im Sommer 2011 durch Sibirien kurvte. Oder er muss das nicht existierende Hybridfahrzeug ë-mobil demonstrieren, die Erfindung eines russischen Geschäftsmanns, welche noch nicht produziert wird.

Auch wenn ich kein Paparazzo bin, habe ich trotzdem eine Story festgehalten. Es war im Sommer 2007 in Venedig, während der Biennale di Venezia. »Putins Bruder« kam dorthin auf seiner alten Jacht, die ein wenig schlechter ist als die *Eclipse*. Von den Ausmaßen her konnte es das Boot durchaus mit dem Ozean-Kreuzfahrtschiff aufnehmen, das ein paar Mal am Tag die Gewässer der venezianischen Lagune passiert. Die Jacht ankerte an einem günstigen Platz, direkt am bekannten Arsenale in der Nähe der Giardini, also dort, wo die Biennale stattfindet. Es konnte ja nicht sein, dass der russische Magnat weit entfernt vom Ziel seiner Reise anlegt! Noch weniger konnte er zulassen, dass Touristen und sonstige Gaffer nahe an seine Jacht treten und sie mit ihren unwürdigen Fingern berühren.

Deswegen wurde entgegen allen italienischen Gesetzen und venezianischen Gebräuchen die Anlegestelle des Boots mit einem Zaun abgegrenzt. Dieser hatte eine Pforte, in der sich ein Wachhäuschen mit einem Polizisten befand. Um diese Sondermaßnahme zum Schutz von Abramowitsch wenigstens irgendwie zu rechtfertigen, musste die Verwaltung von Venedig so tun, als würden Reparaturarbeiten durchgeführt. *Lavori in corso!*, drohte eine Aufschrift über dem Zaun, obwohl von Arbeiten dieser Art nichts zu sehen war.

Jedoch konnte nicht einmal der große Oligarch erreichen, dass man seinetwegen das Ausstellungsgelände für den Publikumsverkehr sperrt. Und so spazierte er in Jeans und T-Shirt durch die Gärten der Biennale, während das Glück dieser von der blauen Lagune durchwehten Minuten über sein undurchdringliches Gesicht huschte.

Auf all das muss WWP verzichten, egal wie reich, berühmt und mächtig er als Oberhaupt des weitläufigsten Landes der Welt auch sein mag.

Kapitel 9
Operation Nachfolger. Große und kleine Heldentaten: ein Flugzeug für Sobtschak und ein Revolver für den Generalstaatsanwalt

Die aktive Suche nach einem Nachfolger begann Anfang 1999, als offensichtlich wurde, dass Jelzin aus gesundheitlichen Gründen eine dritte Amtszeit nicht mehr durchstehen würde. Ein Tandem Primakow–Luschkow als Kollektivnachfolger war unannehmbar, weil sie sich Jelzin nicht verpflichtet gefühlt und seine Familie (im weiten Sinne dieses Wortes) vernichtet hätten – wirtschaftlich und dann vielleicht auch physisch.

Zunächst schlug Roman Abramowitsch, der zu diesem Zeitpunkt Boris Beresowski aus der Nische des Schatzmeisters des Jelzin-Clans verdrängt hatte, den Verkehrsminister Nikolai Aksjonenko als Nachfolger vor. Aber Aksjonenko passte aus einer ganzen Reihe von Gründen nicht. Einer von ihnen war, dass der Nachname eines russischen Präsidenten nicht auf »o« enden darf, denn dieser verräterische Buchstabe zeigt zumeist eine ukrainische Herkunft an. Daraufhin tauchte der erste Vize-Ministerpräsident und Innenminister der Russischen Föderation Sergei Stepaschin auf, der Jelzin den Großteil seiner Karriere innerhalb der Föderation zu verdanken hatte.

Aber Stepaschin, der im Mai 1999 Ministerpräsident und damit der Fast-Nachfolger geworden war, erlaubte sich grobe Verstöße gegen die Konventionen der Jelzin-Familie. Er stand in engem Kontakt zu

Primakow, Luschkow und dem sie unterstützenden Medien-Magnaten, dem Inhaber des Fernsehsenders NTW Wladimir Gussinski. Damit gab er zu verstehen, dass er großzügige Ansichten vertrat und bereit war, sich mit allen zu einigen. Das gefiel dem Kreml und der Jelzin-Familie ganz und gar nicht.

Obwohl Stepaschins Umfragewerte im August 1999 20 Prozent überstiegen, was es durchaus ermöglichte, den damaligen Anführer des virtuellen Wahlrennens Primakow herauszufordern, ernannte Jelzin am 9. August 1999 Wladimir Putin – den unbekannten Tschekisten mit seinen betont bescheidenen Manieren und dem Hundeblick – zum neuen Ministerpräsidenten und rief ihn bereits offiziell zu seinem Nachfolger aus.

1998/99 hatte Wladimir Putin der Familie Jelzin mehrmals bewiesen:

a) seine einmalige Ehrenhaftigkeit (gemessen an seiner Umgebung und deren bestialischen Spielregeln);

b) seine Zuverlässigkeit, die fast an einen Verlust des Selbsterhaltungstriebs grenzt.

Als die Generalstaatsanwaltschaft der Russischen Föderation 1998 unter Duldung von Jelzin beschlossen hatte, Sobtschak zu verhaften, organisierte Putin für ihn einen Privatjet und brachte ihn nach Paris, wo er bis zum Herbst 1999 in aller Ruhe abwartete, wann man ihn nach Russland zurückholen würde, um ein Vertrauter des Präsidentschaftskandidaten WWP zu werden.

Doch die höfische Geschichtsschreibung unterschlägt eine andere Tatsache. Anfang 1999 beschloss Jelzin, Generalstaatsanwalt Juri Skuratow seines Amtes zu entheben. Dieser hatte ein allzu freies Spiel begonnen und sich insbesondere für die Auslandskonten von

Familienmitgliedern des russischen Präsidenten interessiert, und zwar in der Hoffnung, der neue Präsident der Russischen Föderation könne der bereits gealterte, doch immer noch muntere und beliebte Ministerpräsident Jewgeni Primakow werden. Skuratow wurde heimlich in einer konspirativen Wohnung mit Prostituierten gefilmt, aber selbst in dieser Situation wollte der von Primakow und dem Sprecher des Föderationsrats Jegor Strojew ermutigte Generalstaatsanwalt seinen Posten nicht räumen.

Es war Putin, der Skuratow zum Rücktritt zwang, indem er ihn persönlich mit einem Revolver bedrohte. Später bat Putin in seiner Funktion als Ministerpräsident – anstelle des alten, kranken und (in jederlei Hinsicht) tödlich nervenden Jelzin – den Föderationsrat, Skuratow zu entlassen, und der Senat stimmte glückselig zu.

Diese Heldentaten erhöhten Putins Chancen auf Jelzins Nachfolge erheblich. Alle Figuren, die sich auf demselben Niveau befanden wie er, versuchten zwischen den verschiedenen Machtzentren zu lavieren und hatten dabei den über Russland dräuenden, mächtigen Alten Primakow und seinen Partner, den Moskauer Bürgermeister Juri Luschkow, im Sinn. Nicht so Putin. Er blieb seinen politischen Vätern uneigennützig treu und erhielt dafür den Hauptpreis, einen Preis, den er vielleicht gar nicht wollte, weil er stattdessen von etwas Bescheidenerem, aber dafür weniger Schrecklichem geträumt hatte.

Viele einflussreiche Vertreter der Landeselite, zum Beispiel der mächtige informelle Anführer des »liberalen« Lagers Anatoli Tschubais, stellten sich gegen Putins Kandidatur und versuchten Jelzin bis zum Schluss zu überreden, auf Stepaschin zu setzen. Aber die Jelzin-Familie, die Putin endgültig durchgesetzt hatte, erwies sich als stärker. Ihnen war das Hemd näher als der Rock.

Dennoch blieb Tschubais unter Putin nicht nur ein Mitglied der Elite, sondern auch ein einflussreicher, dem Staat nahestehender Geschäftsmann. Bei der Privatisierung vergoldete er das Energiemonopol von Unified Energy System, danach leitete er Rosnano, das für die Ableitung von Finanzmitteln aus den durch Erdöleinnahmen gemästeten föderalen Budgets gedacht war, und zwar unter dem Vorwand der Entwicklung und Einführung der sogenannten Nanotechnologien.

Auch das zeigt, dass Putin durchaus nicht so blutrünstig und rachsüchtig ist, wie ihn seine Freunde und die meisten seiner Feinde darstellen.

Am 9. August 1999 rollte die Lawine eines Sommergelächters durch Moskau. Niemand glaubte, dass Putin als Nachfolger irgendwelche Chancen habe. Die Mehrheit der staatlichen und gesellschaftlichen Vertreter äußerte gegenüber den Medien, Jelzin habe Putins politische Karriere aufgegeben. Seine Entscheidung über den Nachfolger wurde als trunkenes Gefasel gewertet, das zum Symbol und Maß der letzten Jahre seiner Herrschaft geworden war.

Mein Gott, wie sie sich irrten!

Am 16. August bestätigte die Staatsduma ohne Probleme Putin für den Posten des Ministerpräsidenten. Der glamouröse Weg von WWP in der neueren Geschichte des Landes und der Welt hatte seine wichtigste und brillante Wendung genommen, auch wenn das zu diesem Zeitpunkt durchaus nicht allen klar war.

Übrigens war die Operation »Nachfolger« keine leichte Übung gewesen. Denn ursprünglich hatte Putin bei den Umfrageergebnissen deutlich hinter Primakow gelegen, der wirklich gedacht hatte, er könne mit der Unterstützung von Luschkow und einer Reihe anderer einflussreicher Gouverneure Präsident werden. Der Vorschlag, den Primakow Jelzin machte, lautete so: eine Amtsperiode für mich, einen betagten, nicht sonderlich gesunden, aber immer noch vom Volk geliebten Mann, und dann ist Stepaschin an der Reihe (den der erste Präsident ebenfalls bereits abgelehnt hatte). Jelzin war beleidigt. Und er war fest entschlossen, Putins Kandidatur durchzudrücken.

Dafür geschah Folgendes:

- in Moskau wurden Häuser in die Luft gesprengt;
- der Zweite Tschetschenien-Krieg wurde entfesselt;
- man holte den anrüchigen Geschäftsmann Boris Beresowski aus der französischen Verbannung, der damals einen großen informellen Einfluss auf den Ersten Fernsehkanal (ORT) ausübte. Beresowski sollte mithilfe des bekannten »Fernsehkillers« Sergei Dorenko die Reputation des Duos Primakow/Luschkow schädigen. (Später, als man Beresowski nicht mehr brauchte, wurde er wieder aus Russland vertrieben – diesmal für immer.)

Als Putins Umfragewerte Anfang Dezember 1999 die heiß ersehnten und unabdingbaren 52 Prozent erreichten, stand die Entscheidung fest: Jelzin geht am 31. Dezember vorzeitig in den Ruhestand, die Präsidentschaftswahlen finden entsprechend nicht im Juni 2000, sondern drei Monate früher im März statt. Warum wurde das getan? Erstens, um nichts »zu verschütten«: Unter dem Einfluss unvorhersehbarer Faktoren hätten die Umfrageergebnisse des Nachfolgers leicht fallen können, und der ewige Sjuganow musste unbedingt im ersten Wahlgang besiegt werden, damit an der Legitimität des Novizen Wladimir Putin in der großen Politik niemand zu zweifeln wagte – weder in Russland noch im internationalen Maßstab. Zweitens – und das ist meiner Meinung nach der Hauptgrund – sollte Jelzin, der immer auf den politischen Erfolg anderer neidisch gewesen war, keine Gelegenheit mehr bekommen, es sich anders zu überlegen und einen anderen Nachfolger auszugraben, der für die Familie weniger annehmbar gewesen wäre.

Putin wurde am 14. März 2000 Präsident, und er ist es bis zum heutigen Tag. Eine halbe Ewigkeit!

Kapitel 10
Die Philosophie von Putins Macht: Der Bewacher am Höhleneingang. Wladimir Putins Russophobie

Die russische politische Opposition und die ihr zugeneigten Intellektuellen, mit deren Augen das Establishment im Westen nicht selten auf die Ereignisse in Russland und dessen jüngste Geschichte schaut, haben sich den Begriff »blutiges Regime« angewöhnt. Doch Putin ist alles andere als ein blutrünstiger Tyrann. Dafür gibt es zahlreiche Beispiele und Belege. Wenn das Projekt »Bürger Poet«[1], in dem der Tyrann auf literarischem Niveau gescholten wird, im Barvikha Luxury Village oder im Theater Estrada gastiert, dessen Direktor Gennadi Chasanow ein rührendes Verhältnis zum ersten Mann im Staat hat – was hat das dann zu bedeuten?

Putin ist nicht nur kein Tyrann, sondern streng genommen nicht einmal eine Führungspersönlichkeit. Er ist ein Markenzeichen, ein Symbol für den glamourösen Autoritarismus, der sich in der Zeit nach Jelzin herausgebildet hat. Seine Funktion als Markenzeichen erfüllt er zufriedenstellend. Der eine sichert sich mit dessen Hilfe Milliardenkredite bei staatlichen Banken (von denen WWP selbst in der Regel nichts weiß, und wenn er davon erfährt, wundert er sich nicht einmal), ein anderer rechtfertigt damit seine frühreife Oppositionshaltung.

---

1 Ein Projekt des Producers Andrei Wassiljew, bei dem der verdiente Künstler der Russischen Föderation Michail Efremow Gedichte zur »Bosheit des Tages« vorträgt, die von Dmitri Bykow als politische Satire im Stil bekannter russischer Schriftsteller und Lyriker geschrieben wurden.

Putins Problem indes liegt nicht in einer eigenhändigen Lenkung des Staates, wie viele denken. Der Staat wird eher von einer so großen Anzahl leichtfertiger Hände gelenkt, dass sie keiner mehr beaufsichtigen kann. Putins Problem ist, dass jedes Markenzeichen nur dann erfolgreich sein kann, wenn es zeitgemäß ist, was man über das Markenzeichen »Putin« mittlerweile allerdings nicht mehr sagen kann. Und deswegen muss er weg.

Aber abgesehen von Putin als Markenzeichen gibt es noch Putin als Mensch. Man sollte seine Möglichkeiten nicht überschätzen, und es liegt natürlich nicht an ihm. Aber wenn wir ihn schon in die Mangel nehmen, müssen wir auch versuchen, diesen Menschen zu verstehen.

Die vierzehn Jahre, in denen WWP in der einen oder anderen Weise an der großen Macht teilhatte, sowie seine vielen Worte und wesentlichen Schritte erlauben es durchaus, einige Schlussfolgerungen zu ziehen.

Putin ist weder ein Diktator, noch ist er machthungrig. Er hat lediglich einen leichten Hang zur Misanthropie im Allgemeinen und einen schweren zur Russophobie im Besonderen. In seinen relativ jungen Jahren (in der ersten Hälfte der 1980er-Jahre) hatte er ein schreckliches Erlebnis. Als er beruflich in der DDR war, traf er unerwartet auf reale Deutsche. Und das hat ihn umgeworfen. Ihm wurde auf einmal klar, dass es menschliche Wesen gibt, die fähig sind, auch ohne den vorgehaltenen Gewehrlauf zu arbeiten, die ein Ergebnis liefern können, ohne sieben Mal am Tag daran erinnert zu werden, und die sogar während der Arbeitszeit nüchtern sein können. Diese anthropologische Entdeckung stürzte Putin in tiefe Verlegenheit. Und anscheinend kam er zu dem Schluss, dass die Macht (nicht in Russland, sondern überhaupt) wie auch die Philosophie deutsch sein müssen – wenn möglich.

Allem Anschein nach denkt Putin ungefähr so. Die Russen sind natürlich gutmütig und nett, mitleidsfähig und kontemplativ, aber sie eignen sich nicht für eine kontinuierliche, zielgerichtete Tätigkeit und ein ausgewogenes, friedliches, schöpferisches Leben.

Der Russe ist eine Maschine, die Probleme generiert (und keine Lösungen dafür findet). Er fegt alles fort, was ihm im Weg steht, er ist ein unbezähmbarer Sämann der Entropie, eine Verkörperung des zweiten Grundsatzes der Thermodynamik. Er ist ein Teil der Kraft, die stets das Gute will, wobei letztlich doch alles beim Alten bleibt. Wie in diesem Witz: Kommt jemand ins Gefängnis und hat zwei Kugeln, die eine geht ihm kaputt, und die andere verliert er.

Einem solchen Menschen darf man kein freies Manövriergelände lassen. Man muss ihm deutlich einen schmalen Platz zuweisen, ihn vom Raum der Möglichkeiten isolieren und ihm von Zeit zu Zeit den Rotz mit einem Stofftaschentuch abwischen. Das nennt man Sozialpolitik, und man darf keinesfalls ein Seidentuch benutzen, sonst wird er überheblich. Von Zeit zu Zeit muss man ihn damit trösten, dass sich Russland wieder einmal von den Knien erhoben hat und es große Ehre und Glück bedeute, ein stummer Diener des Imperiums zu sein, was die fremdländischen Dummköpfe natürlich nicht verstehen können.

Putins Aufgabe besteht nicht darin, das russische Volk zu mobilisieren. Im Gegenteil. Er soll es weitgehend schwächen, damit es sich nicht erhebt. WWPs Rhetorik muss wirken wie sedierende Psychopharmaka. Denn er ist von einer Demarkationslinie umgeben, die den Namen des legendären Psychiaters Kaschtschenko trägt, mit dessen Namen man die bekannteste psychiatrische Klinik der UdSSR verbindet. Deswegen spielt auch der Inhalt seiner Rhetorik keine Rolle, über den man sich nicht den Kopf zerbrechen sollte (geschweige denn darüber reden, denn das Leben ist kurz, bis zum Weltuntergang bleibt wenig Zeit). WWP wäre der ideale Chefarzt einer sowjetischen Irrenanstalt gewesen, aber das Leben hat ihm einen anderen Weg gewiesen.

Ein einfaches Beispiel. Im Mai 2012, kurz nach seiner erneuten Wahl auf seinen Dauerposten, unterschrieb der Präsident der Russischen Föderation einen strategischen Supererlass »Über langfristige Ziele der staatlichen Wirtschaftspolitik«. Darin werden versprochen: die Schaffung und Modernisierung von 25 Millionen hochproduktiven Arbeitsplätzen zum Jahr 2020 sowie die Erhöhung des Investitionsvolumens auf nicht weniger als 25 Prozent des BIP zum Jahr 2015 und auf 27 Prozent zum Jahr 2018. Die Regierung (immer noch mit Dmitri Medwedew) stand vor der Aufgabe, bis zum Jahr 2018 die Arbeitsproduktivität um das Anderthalbfache im Vergleich zu 2011 zu steigern und den Anteil der Produktion von Hochtechnologie und forschungsintensiven Zweigen innerhalb des BIP bis 2018 um das 1,3fache.

Es versteht sich von selbst, dass Putin als durchaus vernünftiger Mensch nicht an die Erfüllbarkeit dieser Versprechungen glauben kann. Die Raumschiffe werden nach einem Ausspruch des bekannten sowjetisch-postsowjetischen Satirikers Michail Schwanezki nicht im Bolschoi-Theater landen. Damit meinte er, dass die beiden bekanntesten sowjetischen Markenzeichen – das Ballett und die Weltraumfahrt – der Putin'schen Wirtschaft zum Opfer gefallen sind.

Daher lautet die eigentliche Message dieses höchsten Erlasses: Liebe Bürger Russlands, geht in eure Sauna (fuck off!), hier habt ihr meinen Erlass, erfüllt ihn, falls ihr dazu in der Lage seid, meine törichten Untertanen.

Im Grunde haben die föderale Regierung Russlands unter der Leitung von Dmitri Medwedew und besonders das Finanzministerium unter Anton Siluanow bereits 2013 deutlich zu verstehen gegeben, dass die von unserem Helden im Wahlkampf 2012 umrissenen Perspektiven unrealistisch sind. Wie sagte in vielen ähnlichen Fällen der berüchtigte Boris Beresowski? »Wir hatten Geld und werden es haben, aber im Moment sind wir blank.« Ungeachtet des relativ hohen Preisniveaus für Erdöl schreitet die russische Legislative bereits zur Kürzung des föderalen Budgets für 2014 bis 2016, vorerst formal um 5 Prozent, was nach Meinung von Experten jedoch noch längst nicht das Ende der Fahnenstange ist.

Putin erbaut nichts und weist keinen Weg. Seine selbstgenügsame Überidee heißt Stabilität. Mit Russland ist (aus oben genannten Gründen) sowieso nichts anzufangen. Und wenn ich schon durch die Ironie des postsowjetischen Schicksals an der Macht bin, räsoniert WWP, ist das Einzige, was ich erreichen kann, dass nichts kaputtgeht. Das ist es, was ich tue. Wenn jemand es besser kann, dann soll er ans Werk gehen. Aber das kann niemand, denn ich bin von Gaunern und Schwindlern, von Alkoholikern und Tagedieben umgeben, zum Kuckuck mit ihnen.

Ich möchte ein weiteres Beispiel aus der neueren russischen Geschichte anführen. Anfang 2000 wirkte ich über meinen damaligen Boss Boris Beresowski an der Tangente des Wahlkampfstabs von WWP mit. Eines Tages formulierte ich für den Stab einige Themen und Ideen, die aus meiner Sicht geradezu gefährlich an Genialität grenzten. Sie sollten Putin helfen, seine fragilen Umfragewerte steigen zu lassen. Der Stab nahm das alles entgegen und antwortete mir ein paar Tage später: »Die Ideen sind hervorragend. Wladimir Wladimirowitsch hat alles abgelehnt.«

»Warum, wenn die Ideen gut sind?«, fragte ich etwas verdutzt (ich war noch jung, woher sollte ich es wissen!).

»Weil die Umfragewerte auch so schon für einen Sieg im ersten Wahlgang reichen. Und Wladimir Wladimirowitsch meint, das Wichtigste ist, nichts zu verschleudern.«

»Nichts zu verschleudern« ist der geheime Slogan von Putins Präsidentschaft. Daher kommt auch die Stabilitätsmanie.

Daraus folgt, dass Putin kein hemmungsloser Despot ist, sondern ein Politiker, der innerhalb der gegebenen Umstände agiert. Anfang der Nullerjahre stand er vor der Aufgabe, das Eigentum der herrschenden Jelzin-Klasse zu schützen – und diese Aufgabe hat er gelöst. (Worüber er sicher selbst erstaunt ist, auch wenn er sich wegen der abgelaufenen Verjährungsfrist wahrscheinlich nicht mehr kneifen muss.)

Wenn Putin heute wohl oder übel begreift, dass der aktuell andauernde und mit gewöhnlichen sedierenden Methoden unlösbare Konflikt mit dem RuBiBü seine geliebte Stabilität bedroht, dann ist er unter Umständen durchaus zu Zugeständnissen bereit, nicht nur in politischer, sondern sogar in psychologischer Hinsicht. Vor allem deshalb, weil das RuBiBü aus Menschen besteht, die nicht ganz seiner Vorstellung von Russland entsprechen. Das RuBiBü ist nämlich zu einem verantwortungsbewussten, europaorientierten und produktiven Leben bereit.

Deswegen hat der Kampf um die Macht gerade erst begonnen, keine Sorge.

Es ist anzumerken, dass Putin in unserer Geschichte einen Vorgänger hat – den Zaren Peter der Große. Nein, ich will sie nicht direkt miteinander vergleichen. Peter hatte großartige Pläne und Ambitionen, die WWP fehlen. Peter hat einen riesigen Staat aufgebaut, der von seiner Form her europäisch und seinem Gehalt nach asiatisch war. Putin hingegen reicht es, »nichts zu verschleudern«.

Aber es gibt auch etwas, was sie verbindet – ihr Verhältnis zum russischen Volk. Denn auch Peter hatte in seiner Jugend eine Begegnung mit »den Deutschen«, die ihm ebenfalls ein wenig den Mut nahm.

Wie wir wissen, ist der Zar mit seinem Volk unbarmherzig umgegangen. Aber das Übelste, was er den Russen angetan hat, war Sankt Petersburg – das jesuitisch wohl nicht nach seinem Gründer, sondern nach dem Heiligen Apostel Petrus benannt wurde.

Peter der Erste ließ die Reichshauptstadt auf Sumpfboden bauen, in einem depressiven Klima, um jeden Preis. In dieser klammen Atmosphäre muss jeder denkende Mensch früher oder später auf die Idee kommen: »Es ist Zeit, die alte Wucherin zu erschlagen, denn es ist längst sieben« (Dostojewski, Schuld und Sühne). Nicht zufällig rief die Symbolfigur der Slawophilen, Iwan Aksakow, dazu auf, Petersburg von ganzem Herzen zu hassen, worin er die Hauptaufgabe jedes echten Russen sah.

Als regierende Dynastie kann man sich für diesen Ort auch nur eine deutsche vorstellen. Kein Zufall also, dass die Hauptstadt nach Moskau verlegt wurde, kaum dass die deutsche Dynastie verschwunden war. Dort ist sie bis heute. Und das neu gewonnene Leningrad, die Stadt der Helden aus dem Poem ohne Helden[2], war nichts weiter als ein großer Siedlungspunkt.

Im Namen des wichtigsten Ortes der heutigen russischen Oppositionsbewegung liegt wahrhaft Gogol'sche Mystik. Denn mit dem Begriff Bolotnajaplatz (Sumpfplatz) verbindet man Sankt Petersburg in seinem ganzen Spektrum – die Stadt Dostojewskis, dämonisch und tränenreich. Wladimir Putin ist aus den Tiefen dieses Bolotnajaplatzes wie aus dem Plasma-Ozean von Solaris (dem gleichnamigen Roman von Stanilaw Lem) an die Oberfläche des russischen Staates gedrungen. Kann er die Emotionen jener nicht begreifen, die sich ihm heute entgegenstellen?

---

2 »Stadt der Helden« wurde Leningrad nach der Blockade der Wehrmacht. »Poem ohne Helden« ist eine Anspielung auf ein gleichnamiges Poem von Anna Achmatowa. Anm. d. Ü.

Kapitel 11
Putin und seine Feinde

Unter den russischen Liberalen und auch im Westen grassiert die Auffassung, Wladimir Putin habe sehr viele Feinde und könne deswegen nicht von der Macht lassen. Entzöge man ihm den Schutz der Tausenden von Wachschutzleuten unter der Leitung der Generaloberste Murow und Solotow, und entließe man ihn aus der internationalen, diplomatischen Immunität, würde Putin getötet werden oder in einer Folterkammer landen – oder beides: erst die Folterkammer (wie bei General Pinochet) und dann der Tod (wie Oberst Gaddafi).

Durch langwierige wissenschaftliche Nachforschungen bin ich zu einem anderen Schluss gekommen: Putin hat auch ohne ein Amt nichts zu befürchten, weil er keine gefährlichen Feinde hat. Sie werden lachen, aber er hat wirklich keine.

Beginnen wir mit den in Ungnade gefallenen Oligarchen.

a) Wladimir Gussinski, ehemaliger Eigentümer der Holding Media-MOST und insbesondere der Fernsehgesellschaft NTW, Ex-Präsident des Jüdischen Kongresses Russland, Bürger von Russland, Spanien und Israel.

1996 hatte er eine aktive Rolle bei der Wiederwahl von Boris Jelzin gespielt – einer der wichtigsten Ideologen und Kreativen in Jelzins Stab, der damalige Präsident der Fernsehgesellschaft NTW, Igor Malaschenko, war direkter Vertreter von Gussinskis Interessen gewesen.

1999 hatte Wladimir Gussinski aktiv die Allianz Primakow/Luschkow unterstützt und sich ernsthaft ausgerechnet, Jelzin würde letztlich erkennen, dass eine effektive Alternative fehlte und auf seinen betagten Premierminister setzen. Theoretisch gab es eine solche Möglichkeit noch immer. Es war kein Zufall, dass eine weitere Kreatur von Gussinski, Sergei Swerew, der spätere Leiter der großen PR-Firma KROS, von Mai bis August den Posten des stellvertretenden Leiters der russischen Präsidentenadministration für Innenpolitik innehatte. Im August jedoch wurde Swerew aus dem Kreml entlassen, und damit konnte Primakow nicht mehr Jelzins Nachfolger werden. Von diesem Moment an setzte ein Krieg auf Leben und Tod zwischen Gussinski und der Familie des ersten russischen Präsidenten ein.

Wie wir wissen, verlor der Magnat diesen Krieg. Im Jahr 2000 saß er drei Tage im Untersuchungsgefängnis Butyrka (einem der schrecklichsten Orte dieser Welt, wohin man niemanden wünscht). Er verlor sein Eigentum und stimmte dessen Verkauf an Gazprom für 300 Millionen Dollar zu – die entsprechenden Papiere wurden direkt in der Gefängniszelle unterzeichnet. Dabei war Putin wohl eher die Waffe und der Organisator der Racheaktion, nicht aber ihr Auftraggeber oder eigentlicher Nutznießer. Gussinski einen Denkzettel zu verpassen, war vor allem das Interesse der Jelzin-Familie und des dazugehörigen Leiters der Präsidentenadministration der Russischen Föderation (1999 bis 2003) Alexander Woloschin, der in den frühen Putin-Jahren größeren Einfluss auf die Entscheidung vieler politischer Fragen hatte als das Staatsoberhaupt selbst.

Nachdem man ihn aus dem Gefängnis entlassen hatte, emigrierte Gussinski in die USA, distanzierte sich von der Übereinkunft und strengte eine Vielzahl von Gerichtsprozessen an, von denen er die meisten verlor. Allerdings verbüßte er noch – nach einem Auslieferungsantrag der Generalstaatsanwaltschaft Russlands – eine mehrtägige Haftstrafe in einem spanischen Gefängnis, wonach man ihn mit der spanischen Staatsbürgerschaft belohnte. Dabei war unklar, was er mit ihr anfangen sollte: Das Haus des Oligarchen in Sotogrande, Costa del Sol, steht leer, er verbringt seine Zeit lieber im amerikanischen Connecticut auf seiner eigenen Jacht, die überall unterwegs ist, wo man es ihm erlaubt, oder in Israel (wo Gussinski als halachischer Jude mit einer ansehnlichen Dienstzeit ebenfalls Staatsbürger ist). 2003 kam Wladimir Gussinski über Dmitri Medwedew und seinen engen Mitstreiter Konstantin Tschujtschenko (früher Jurist bei Gazprom, seit 2008 Leiter der Kontrollbehörde des Präsidenten der Russischen Föderation) und mit offensichtlicher Zustimmung von Wladimir Putin mit dem verhassten Kreml erneut ins Gespräch. Das Ergebnis: NTW fing wieder an, Fernsehserien zu kaufen, die im Umfeld des »in Ungnade gefallenen Oligarchen« produziert wurden. *Und die Moral von der Geschicht': Putin lässt seine sogenannten Feinde leben und bringt sie fast niemals um.*

Als im November 2006 Dmitri Medwedew (inoffiziell bei den Lobbyisten und im Flüsterton) als Nachfolger von Wladimir Putin feststand, gab sich Gussinski dem Traum von einer Rückkehr hin, um sich erneut in die großen Intrigen von Russland einmischen zu können. Denn nur diese Intrigen bringen das große Geld – angefangen von eine Milliarde Dollar aufwärts. Bis heute wurde jedoch nichts daraus, auch wenn das ehemalige Oberhaupt des Jüdischen Kongresses in Russland 2011 seinen verlustbringenden internationalen Fernsehkanal RTVi, der sich verhältnismäßig großer Beliebtheit bei den russischsprachigen Emigranten in Israel und den USA erfreute, an den wenig bekannten, kremlnahen Geschäftsmann und nominalen Inhaber von TV Swesda, Ruslan Sokolow, verkaufte. Hat Putin diesen Deal gebilligt? Am wahrscheinlichsten ist, dass er gar nichts von ihm wusste. Hält sich Gussinski für Putins Feind? »Cholile wechaß«, wie erregte jüdische Mameles sich auszudrücken pflegen – »Verhüte Gott«. Für den kleinen Finger der Freundschaft reicht er ihm immer die ganze Hand.

b) Boris Beresowski und sein Tod

Der Ex-Oligarch, der politisches Asyl im Vereinigten Königreich und einen Nansen-Pass auf den Namen Platon Elenin erhielt, galt als Putins ärgster Feind und Lobbyist vieler Anti-Putin-Aktionen im Westen.

Das stimmte natürlich nicht oder, nichtssagender formuliert: Es traf fast gar nicht zu.

Am 23. März 2013 beging Beresowski Selbstmord (ich bin von dieser Todesursache überzeugt, warum, erkläre ich später), und zwar in einem Haus in Ascot, dass er einst für seine zweite Frau Galina Bescharowa gekauft hatte. Er erhängte sich, nachdem er auf zwei vertrauliche Briefe keine Antwort erhalten hatte, die Wladimir Putin über persönliche Kanäle direkt zugestellt worden waren. Zuvor hatte er sogar einige einflussreiche Journalisten gebeten, sie mögen darüber schreiben, dass BAB (Boris Abramowitsch Beresowski – mit diesem Akronym wurde der Magnat oft angesprochen) keine Gefahr für Putin in Russland darstelle.

Seltsamerweise reagierte das spätputinistische Russland auf den Tod des Oligarchen, der im Grunde als vergessener, ausgemusterter Spielertyp und »abgeschossener Flieger« galt, überaus heftig. In allen führenden Zeitungen erschienen Nachrufe. Oft waren sie kritisch, nahezu zornig, doch zu neunzig Prozent blieben sie respektvoll. Fast niemand zeigte Schadenfreude. Viele Politiker, Journalisten und einfache Beobachter sahen im verstorbenen Beresowski das Symbol einer ganzen Epoche.

Nachdem Beresowski im Herbst 2012 in London den Prozess gegen seinen ehemaligen Partner Roman Abramowitsch verloren hatte und praktisch ohne finanzielle Mittel, dafür mit gigantischen Schulden dastand, dachte er, wie die Menschen aus seiner Umgebung bezeugen, unablässig über zwei Dinge nach. Der eine Gedanke galt einem physischen Selbstmord, den er schließlich tatsächlich beging. Sein zweiter Gedanke war, gegenüber Putin Buße zu tun und nach Russland zurückzukehren, koste es was es wolle. Anfang 2013 schrieb er unserem Helden zwei Briefe, in denen er um Verzeihung bat und detailliert seine Pläne zur Transformation Russlands in eine konstitutionelle Monarchie darlegte. Beide Briefe haben ihren Adressaten seltsamerweise erreicht. Der eine wurde von Roman Abramowitsch übergeben, der andere von dem Deutschen Klaus Mangold, dem ehemaligen Vorstandsmitglied der Daimler-Benz AG. Dieser hatte Beresowskis Firma LogoVAS bereits Ende der 1980er-Jahre geholfen, Generalhändler der Marke »Mercedes Benz« auf dem russischen Markt zu werden. In den Nullerjahren des 21. Jahrhunderts wurde Herr Mangold als Vorsitzender des Ostausschusses der Deutschen Wirtschaft einer der Mittler zwischen Wladimir Putin und Gerhard Schröder. Putin hatte nichts dagegen, beide Briefe zu lesen, was er im Gespräch mit Journalisten kurz nach Beresowskis Selbstmord in Ascot bestätigte. Er sagte, seine Assistenten hätten ihm geraten, den Inhalt der Briefe seines alten Freundes bzw. Feindes an die große Glocke zu hängen, aber der Herr habe ihn vor diesem Schritt bewahrt. Über den Verstorbenen sprach der Präsident eher mitfühlend als gereizt oder gar hasserfüllt. Es wurde klar, dass sie in ihrem tiefsten Inneren immer Kameraden geblieben waren – auch wenn sie sich auf der Bühne der russischen Politik wie Erzfeinde dargestellt hatten.

Beresowski wurde mit Putin in der ersten Hälfte der 1990er-Jahre durch Pjotr Awen bekannt gemacht, der damals Stellvertreter des Bürgermeisters von Sankt Petersburg (Anatoli Sobtschak) für Fragen der Außenbeziehungen gewesen war. Heute ist Awen Präsident der Alfa-Bank, und 1992 hatte er als Minister für Außenhandelsbeziehungen Russlands Putins Bemühungen hinsichtlich der föderalen Machtorgane betreut. Beresowski ist übrigens von Awen zu verschiedenen Zeiten sowohl mit Roman Abramowitsch und Walentin Jumaschew vernetzt worden, was in vielerlei Hinsicht den steilen

Aufstieg und den langsamen, quälenden Fall des Oligarchen vorherbestimmte. Immer gern erzählte Beresowski die Geschichte von WWPs Zuverlässigkeit: Am 23. Januar 1999 hatte dieser sich nicht gescheut, den Unternehmer zu seinem Geburtstag aufzusuchen, auch wenn der Beresowski feindlich gestimmte Ministerpräsident Jewgeni Primakow, der in jenen Tagen bereits als Nachfolger von Boris Jelzin gehandelt wurde, derartige Schritte nicht begrüßen konnte. Und als unser Held im Januar 2000 zum diensttuenden Präsidenten des Landes wurde, fasste Beresowski das in vielerlei Hinsicht als seinen Sieg und sein Verdienst auf. Wie sich bald herausstellte, hatte er sich geirrt. Wie jedoch sein Tod zeigte, nicht zu 100 Prozent.

Der Konflikt zwischen Putin und Beresowski spitzte sich beim Untergang des Atom-U-Boots »Kursk« im September 2000 zu. Putin hatte seinen Urlaub in Sotschi nicht sofort unterbrochen, um zur Unglücksstelle zu eilen. Natürlich war das ein fataler politischer Fehler – ein Staatsoberhaupt ist verpflichtet, sich am Ort der größten Katastrophe seines Landes zu befinden. Sein Verhalten war unverzeihlich, aber wir sollten nicht vergessen, dass WWP Präsident geworden war, ohne dass er sich zuvor je einmal als Politiker in der Öffentlichkeit bewegt hatte. Ganz banal fürchtete er sich, vor den Kameraaugen zu Fragen über die Tragödie Rede und Antwort zu stehen. Er hatte Angst vor dem Umgang mit den erzürnten Seemannswitwen – nicht ohne Grund, wie sich herausstellte. Beresowski jedoch gab sich mit derlei Nuancen nicht ab, und außerdem ärgerte ihn die Reform des Föderationsrats (der höchsten Kammer des russischen Parlaments), die man ohne Rücksprache mit ihm, dem damals großen Oligarchen, im Mai 2000 initiiert hatte. Der von Beresowski persönlich kontrollierte Fernsehsender ORT (heute – Erster Kanal des Russischen Fernsehens) ließ seinen ganzen verbitterten Zorn an Putin aus. Die Nachrichtensendungen des Kanals sowie die analytische Sendung von Sergei Dorenko mit den höchsten Einschaltquoten äußerten sich gegenüber dem Präsidenten alles andere als freundlich. Besonders bemerkte Dorenko die Patek-Philippe-

Uhr des Präsidenten im Wert von 50 000 Dollar, die ausgerechnet die linke Hand des neugewählten Staatsoberhaupts zierte.

Putin wertete Beresowskis Verhalten als Verrat, der sich für ein Mitglied eines vereinten Machtkommandos nicht ziemt. Alle direkten Interessenvertreter des Oligarchen bei ORT – zunächst die Leiter für Informationssendungen Tatjana Koschkarjowa und Sergei Narsikulow und dann Sergei Dorenko – wurden entlassen. Danach empfing der Präsident seinen ehemaligen Freund im Kreml und teilte ihm mit, dass der Erste Kanal nun wieder der direkten Aufsicht des Staates unterstellt sei, also seiner eigenen, der von Wladimir Putin. »Leben Sie wohl, Boris Beresowski« waren die letzten Worte des Präsidenten, die aus dem Freund einen Feind machten.

Dennoch wurde mit Beresowski als jemandem, der einen erheblichen Beitrag zu Operation »Nachfolger« geleistet hatte, durchaus menschlich umgegangen und auch nicht ohne den für Putin charakteristischen Edelmut. Man nahm ihm sein Eigentum auf russischem Territorium nicht weg, sondern kaufte es für viel Geld. 1,3 Milliarden Dollar erhielt er für seinen Anteil an Sibneft, 250 Millionen Dollar für den an Aeroflot, 170 Millionen Dollar für ein absolut illiquides Minderheitenpaket (49 Prozent) der Aktien am Fernsehsender ORT, der ohne staatlichen Willen und Zustimmung absolut keinen Wert besaß. Es waren also insgesamt an die 1,7 Milliarden Dollar – nicht schlecht, besonders für die Jahre zwischen 2000 und 2002, als die Preise und Größenordnungen noch ein wenig anders waren als heute. Putin hatte Beresowski nicht einmal sein berühmtes Gästehaus in Moskau (Nowokusnezkaja 40) weggenommen, wo in ihren besten Zeiten die Hautevolee des Kremls und seiner Umgebung zum Schmieden von Ränken und Intrigen zusammengekommen war. Dort befand sich später die Kunstgalerie »Triumpf« der Angehörigen von Beresowski, und heute findet man dort ihr Restaurant unter dem schönfärberischen, wenn auch etwas anmaßenden Namen »Revolution«.

Die Feindschaft dauerte zwölfeinhalb Jahre und endete mit den bußfertigen Briefen und schließlich an dem Schal, mit dem sich der Oligarch in dem von innen verschlossenen Badezimmer im Haus von Galina Bescharowa erhängte.

Wir jedoch interessieren uns weniger für dieses Sujet, das vielen bekannt ist, als vielmehr für die politisch-psychologischen Zusammenhänge. Das Verhältnis zwischen Putin und Beresowski ist für sich genommen ein ziemlich gutes Szenario für einen psychologischen Thriller. Dabei kann ich mich selbst zu den Freunden von Boris Beresowski zählen, auch wenn sich unsere Freundschaft in vollem Sinne dieses Wortes erst nach seiner dritten Ausreise aus Russland ergab. Deswegen erlaube ich mir ein Urteil über die Nuancen, die für einen außenstehenden, wenn auch gut informierten Beobachter nicht leicht zu erkennen sind.

Wenden wir uns also vom Allgemeinen dem Besonderen zu, und nicht umgekehrt.

Als jemand, der die postsowjetische politische Landschaft bereits seit fast 20 Jahren beobachtet und studiert, kann ich mit hoher Gewissheit sagen: Nur selten gehen psychisch gesunde Menschen in die Politik, und zwar im direkten, klinischen Sinne des Begriffs »psychisch gesund«. Das Gehirn eines Politikers ist ein Sammelbecken für alle möglichen Manien und Phobien, mit denen ein sogenannter normaler Mensch (bei aller himmelschreiender Relativität dieses Begriffs) einfach nicht zurechtkommen kann.

Ich möchte sofort hinzufügen, dass ich im gegebenen Fall nicht die Bürokraten meine, die aus einem Missverständnis heraus für Politiker gehalten werden. Ein Bürokrat in einem politischen Amt ist nicht dasselbe wie ein echter Politiker, auch wenn bei der Bestimmung des einen wie des anderen manchmal Verwirrung entsteht.

90 Prozent der Politiker kann man also entweder zu den Schizophrenen oder zu den Paranoikern rechnen, oder genauer: zu denjenigen, deren Denken in schizophrenen beziehungsweise paranoiden Bahnen verläuft. Wir werden hier der Kürze und Einfachheit zuliebe die Wörter »Schizophrener« und »Paranoiker« verwenden, auch wenn wir damit ein wenig Genauigkeit einbüßen.

Die Schizophrenen sind Kreative und Antreiber, die Paranoiker Manager und Wächter. Erstere sind gut für Zeiten der Instabilität und großer Umschwünge. Letztere eignen sich, wenn Stabilität in Mode kommt und Kontrolle wichtiger als Entwicklung wird.

Der Schizophrene lebt streng und ausschließlich in einer von ihm erdachten Welt, in der seine eigenen Gesetze gelten. Deswegen fürchtet er sich nicht. Er kann an einem dünnen Fädchen hängen und auf Messers Schneide wandeln, ohne Panik oder wenigstens Unruhe zu empfinden. Seine Welt empfindet der Schizophrene nicht als feindlich, schon allein deswegen, weil es ein Wunderland hinter den Spiegeln ist, das in der vorhandenen materiellen Realität nicht existiert.

Ganz anders verhält es sich mit dem Paranoiker. Er denkt und handelt in der echten Realität dieser Welt, die er als kalt und feindlich empfindet. Vor vielem hat er Angst, und ständig hegt er irgendeinen Verdacht. Seine wichtigste Aufgabe ist es, sich »vorm Wind, vor der heiligen Lagune durch ein Tuch zu schützen«, wie der große russische Poet Alexander Blok Anfang des 20. Jahrhunderts sagte.

Während für den schizophrenen Politiker eine Leibwache ein Statussymbol und ein Alltagsvergnügen ist (schließlich ist es angenehm, wenn einem jemand die Autotür öffnet und ins nächste Geschäft rennt, um Whisky zu holen), ist sie für den Paranoiker eine Spiegelung seines wahrhaftigen Schreckens vor Erniedrigung und Tod.

In diesem Sinne war Beresowski ein typischer Schizophrener. Putin hingegen ist ein Paranoiker. Darin lag auch der wesentliche und fundamentale Grund für ihren Konflikt. Und zwar eher hierin als in der Politik oder gar beim Geld.

Putin konnte einfach nicht glauben, dass BAB den Skandal im Zusammenhang mit der im September 2000 gesunkenen »Kursk« nicht aus Hass oder aufgrund geheimer Pläne angezettelt hatte, sondern einfach aus Gedankenlosigkeit. Genauso wenig konnte Beresowski lange nicht begreifen, was er so Schlimmes angerichtet haben sollte. Verrat? Dieser Begriff kommt im Wortschatz eines Schizophrenen nicht vor.

Jahrelang habe ich Beresowski gesagt: »Boris, verstehst du nicht, dass die Jelzin-Familie sich von dir abgewendet hat, weil sie dich nicht mehr braucht? Putin ist nur die Waffe, aber nicht die Ursache deiner Probleme.«

»Mein Freund, nichts verstehst du«, antwortete er mir mit der ihm eigenen Gereiztheit eines in Ungnade gefallenen Oligarchen.

Erst 2006 schien er mir zuzustimmen. Damals war auch seine vorläufige Entscheidung gereift, Roman Abramowitsch als Symbol und Kassenwart der berüchtigten Jelzin-Familie den Prozess zu machen. Auch hier war es kein Hass, sondern die Kränkung, die unseren Schizophrenen antrieb. Hätte Abramowitsch BAB, sagen wir, eine Milliarde Dollar gezahlt, so wäre es nicht zu einem Prozess gekommen und wir hätten sie noch auf einem gemeinsamen Urlaub irgendwo auf Saint-Barthélemy gesehen (wo sich das vielen Vertretern der russischen Elite wohlbekannte Anwesen von Abramowitsch befindet).

Der Prozess jedoch gab Boris Beresowski den Rest. Dabei ging es nicht um die 5,5 Milliarden – die Chance auf sie war verschwindend gering, das sehen alle mir bekannten Experten des angelsächsischen

Rechts so. Das Problem lag darin, dass die Richterin des Hohen Gerichts der Stadt London, Baroness Elizabeth Gloster, ihn so bloßstellte, wie es bisher niemand getan hatte. Sie erkannte seine Schizophrenie und verkündete das mit aller Macht ihres Richterrechts. Im Verdikt der Baroness tauchte das schreckliche Wort »self-delusion« auf – das Gericht, das in der neuesten Geschichte seinesgleichen sucht, erkannte, dass BAB nicht nur andere, sondern auch sich selbst betrog. Und das ist bereits die Tragödie. Allerdings besteht die Tragödie nicht darin, dass niemand mehr etwas mit dem Opfer dieses Verdikts zu tun haben wollte, sondern darin, dass es der Ex-Magnat nach dieser Entlarvung mit sich selbst kaum noch aushielt. Wie soll man mit dem größten Betrüger aller Zeiten leben, wenn er in einem selbst sitzt wie ein infernalischer Alien aus einem Hollywoodfilm?

Oberflächlich gesehen meinte man, dass Beresowski ein großartiger Macher war, bereit und fähig, jeden zu überrollen, der sich ihm in den Weg stellte. In Wirklichkeit war es nicht ganz so – oder sogar umgekehrt. Ich kenne nicht wenige Leute, die Boris Beresowski ganz professionell übers Ohr gehauen haben, ohne dass er es gleich bemerkte. Von der Jelzin-Familie habe ich in diesem Zusammenhang schon gesprochen, aber es gab noch viele andere, die den »entflohenen Oligarchen« betrogen. Darunter befanden sich verhältnismäßig untergeordnete Figuren wie zum Beispiel Alexander Prochanow, der Eigentümer der konservativ-patriotischen und wichtigsten antisemitischen Zeitung des Landes, *Zavtra*. 2002 erhielt er von BAB 300 000 Dollar »für die Entwicklung seiner Zeitung«. Er hatte den Schizophrenen mit nebulösen Versprechungen verführt, er könne oppositioneller Präsidentschaftskandidat werden und 2004 gegen Putin antreten. (Damals meinte Beresowski, der charismatische Antisemit mit dem kommunistischen Flair könne den Kremlherrscher herausfordern.) In der Zeitung kam es zu keinerlei »Entwicklung«, stattdessen hatte Herr Prochanow die Bauarbeiten auf seinem Landsitz im Rayon Dmitrowski im Moskauer Verwaltungsgebiet ein gutes Stück vorangebracht. Die Mitarbeiter der Zeitung *Zavtra* traten damals mit leicht durchschaubaren

Andeutungen an mich heran: Warum ist dieser Beresowski so geizig? Wir bringen hier ein dickes, fettes Interview mit ihm und er macht keinen Finger krumm. Durch die Umstände zum Schweigen verpflichtet, konnte ich ihnen im Grunde nicht antworten und nur halbvernehmlich knurren. Heute kann ich, wie sich alte Kriegsveteranen der Spionage gern ausdrücken, »über alles sprechen«.

Doch BABs größter Fehler war meiner Ansicht nach sein Hauptpartner Badri (nach seinem Pass Arkadi Schalwowitsch) Patarkazischwili. Während er Ende der 1980er-Jahre Vertreter der Firma LogoVAS in Georgien gewesen war, stieg er Mitte der 1990er-Jahre im Status auf und übernahm die Funktion des Aktienverwalters von Beresowski. Aus welchem Grund Boris Beresowski ihn für ein Finanzgenie hielt, ist bis heute unklar. Das Genie richtete es scheinbar absichtlich so ein, dass Beresowskis Eigentum diesem nicht mehr gehörte. Das eindrucksvollste Geschäft, das Badri BAB aufschwatzte, war die Investition von 500 Millionen Dollar in die Aktien der Holding Metalloinwest, die vom reichsten Mann im heutigen Russland, Alischer Usmanow, kontrolliert wurde. Übrigens war es auch die Idee und Initiative von Herrn Patarkazischwili, dass Beresowski nur für die Erlaubnis, eine halbe Milliarde Dollar auszugeben, dem jüngeren Miteigentümer von Metalloinwest und Mittelsmann Wassili Anissimow ein Flugzeug schenkte. Genial, oder?

Zu Beginn des Jahres 2008 hatte sich Beresowskis Investition um das Fünffache vermehrt – auf 2,5 Milliarden Dollar. Und da starb Arkadi Patarkazischwili in London als verhältnismäßig junger Gentleman (mit 52 Jahren), ohne besonders krank gewesen zu sein. Das Interesse bestimmter Leute an seinem Tod war so offensichtlich, dass ich die Logik von Scotland Yard nicht recht verstehen kann: Immerhin stellte sich damals auch heraus, dass BAB seine Rechte auf die Aktien der Metall-Holding nicht geltend machen konnte (und es nie würde tun können). Warum niemand der Sache nachgeht, ist rational recht schwer zu begreifen. Schließlich pflegte Badri Patarkazischwili einigermaßen undurchschaubare Beziehungen zu verschiedenen Geheimdiensten, darunter nicht nur zu den russischen.

Im Februar 2008, gleich nach dem Tod von Badri Patarkazischwili, stellte sich heraus, dass Beresowski gar keine Ansprüche erheben konnte. Alle seine teuren Ankäufe – angefangen von der Märcheninsel Fisher's Island in der Nähe von Miami bis hin zu einem Schloss in Marrakesch (Marokko) gingen auf einmal in das Eigentum von Badris Verwandten über, als hätten sie sich das durch unvorstellbare Anstrengungen verdient. Besonders trauerte Boris Beresowski um seine georgischen Aktiva des Mineralwasserherstellers Borjomi und des Mobilfunkanbieters Magticom. Ganz Georgien war praktisch das letzte Land, dass ihm Hoffnung auf eine Rückkehr und auf das Recht gab, auch außerhalb seines Hauses Russisch zu sprechen.

Ungefähr vor einem Jahr, Anfang 2012, sagte ein gemeinsamer Bekannter von BAB und mir: »Da steige ich ins Flugzeug von Tel Aviv nach London und denke, ich bin verrückt: Da sitzt Beresowski! Ich schaute genauer hin: Er ist es wirklich ...«

Für einen Menschen, der seit 1993 nur mit Privatjets unterwegs gewesen war, ist ein Statusverlust überaus schmerzlich. Seine schizophrene Welt verwandelte sich aus einer bunten in eine verdächtig schwarz-weiße. Als habe jemand den verhohlenen Neid in den Augen seiner Gegner ausgeknipst.

Und die ukrainische Revolution des Jahres 2004, für die BAB 38 Millionen Dollar ausgab? Ganz zu schweigen von seinen intellektuellen Investitionen in den Maidan, den wichtigsten Schlüsselort der »orangenen Revolution«, auf dem sich der Machtwechsel und Epochenwechsel vollzog. Die Nutznießer des Maidan versprachen ihm das Kontrollpaket der Aktien der ukrainischen staatlichen Telefongesellschaft Ukrtelecom. Aber danach wollte ihn niemand mehr nach Kiew einladen.

Und der Tod von Alexander Litwinenko? Ja, wir haben die Geschichte vom Polonium und den blutrünstigen Giftmischern der Russischen Föderation schon millionenfach gehört. Aber warum denkt niemand darüber nach, dass Herr Litwinenko eng mit den spanischen Behörden zusammenarbeitete und gegen einige parakriminelle Partner von Patarkazischwili vor Gericht aussagen wollte? Warum? Immerhin hatte Patarkazischwili BAB mit Schaum vor dem Mund davon überzeugen wollen, dass der Ex-Major vom russischen Geheimdienst liquidiert worden sei. Und er schaffte es auch, ihn davon zu überzeugen. Beresowski begann erst im letzten Jahr seines Lebens daran zu zweifeln, als Patarkazischwilis wahre Rolle in seinem Leben unerwartet deutlich wurde, wie ein aufklarender Aprilhimmel.

Stunde des Lernens! Doch sehen und kennen
Wir anderes Licht – und im Morgenrot schon
Folgt ihm die andere, gesegnet zu nennen
Die Stunde der Einsamkeit – bitteres Los.

Marina Zwetajewa

Einer der Schöpfer und Symbol der vergehenden Epoche, BAB, machte in seinen letzten 13 Lebensjahren eine große Erfahrung. Danach folgte die unvermeidliche Einsamkeit. Aus der es nur einen Ausweg gab – den Schal.

Ein historisch-humanitäres Gesetz besagt, dass ein Mensch nicht wegen des Alters oder an seinen Krankheiten stirbt, sondern dann, wenn seine Lebensaufgabe erfüllt ist. Die ist in der Kartothek des Herrn festgehalten (die man nicht mit denen der Geheimdienste verwechseln sollte).

Es gibt schöpferische und parasitäre Epochen. Was immer man auch von BAB denken mag, er war ein Mensch der ersten Zeitkategorie, wie es sich für einen Schizophrenen gehört. In der Epoche des Parasitismus gab es keinen Platz für ihn. Ganz objektiv. Aber Menschen mit dieser Charakterprägung sind ja nicht in der Lage, objektiv zu denken. Beresowski richtete keine böse Verschwörung zugrunde, sondern die Paranoia der heutigen Zeit.

Ich beweine ihn, weil ich gern mit ihm zusammen war. Wir konnten zusammen nächtelang über die russische Literatur sprechen. Mit welchen Menschen seines Formats könnte man das sonst noch? Ich weiß es nicht.

Wohl kaum mit Wladimir Putin. Aber die Nähe von Putin und Beresowski blieb bis zu den letzten Tagen erhalten. Davon zeugen die unbeantworteten Briefe und WWPs Kommentare zum Ableben seines »Feindes«.

Trotz allem ist Putin eher ein Mensch als ein Politiker, das sollte man nicht vergessen.

c) Zu Putins Gegnern zählt man üblicherweise auch eine Gruppe russischer Geschäftsleute, die sich in ihrer Heimat durch ihr Vorgehen einigen Ärger eingehandelt haben.

Da wäre, zum Beispiel, Jewgeni Tschitschwarkin, der ehemalige Eigentümer von Ewroset, dem größten Netz von Mobilfunkgeschäftsstellen. 2010 wurde gegen Tschitschwarkin ein Strafprozess wegen des Verdachts auf Schmuggel von Mobilfunkgeräten angestrengt. Der Chef des Sicherheitsdienstes von Ewroset, Boris Lewin, kam deswegen sogar für einige Zeit ins Gefängnis. Tschitschwarkin selbst konnte mit seiner Familie unangetastet nach London, dem Mekka des russischen Großkapitals, ausreisen. Dort kehrte er lautstark den Gegner des »blutigen Regimes« von Waldimir Putin hervor. Die progressive Öffentlichkeit in Russland und außerhalb erkannte den Geschäftsmann praktisch als Opfer der Verfolgung durch den Kreml und Putins Feind an.

Tschitschwarkin trat oft bei oppositionellen Mahnwachen vor der russischen Botschaft in Großbritannien in Erscheinung (wobei er übrigens peinlich darauf achtete, dabei nicht zusammen mit Boris Beresowski gefilmt oder fotografiert zu werden.) Bald darauf stellte sich übrigens heraus, dass an der Firma Ewroset einfach nur deutlich einflussreichere Geschäftsleute Interesse gehabt hatten, insbesondere die Gruppe Alfa-Konsortium und Alexander Mamut. Als Tschitschwarkin seine Aktiva an die »richtigen« Käufer für den richtigen, das heißt, gesenkten Preis verkauft hatte, wurde die Strafanklage gegen den Top-Manager von Ewroset zwar nicht rasch, aber zielstrebig niedergelegt. Der Anführer des »blutigen Regimes«, Putin, blieb offensichtlich auch danach in Unkenntnis der ganzen Geschichte. Oder nehmen wir, zum Beispiel, Alexander Lebedew, den Inhaber der Nationalen Reservenbank, eben jener, der 1996 den Mitarbeitern von Boris Jelzins Wahlkampfstab den legendären »Kopierpapierkarton« zur Verfügung gestellt hatte. Herr Lebedew neigt zu allerlei Formen aufständischen Verhaltens. Er gilt als Eigentümer des Verlagshauses *Nowaja Gaseta*, das Putin und einigen Figuren aus seiner Umgebung durchaus kritisch gegenübersteht. Die dem Bankier gehörende Zeitung *Moskowski Korrespondent* versuchte 2007/08 das Geheimnis der angeblichen Affäre Putins mit der Sportlerin Alina Kabajewa zu lüften.

Lebedew erlaubte sich mehrfach ziemlich kritische Äußerungen über das in Russland herrschende politisch-ökonomische Regime. Schließlich brachte der Bankier als Minderheitsaktionär der Fluggesellschaft Aeroflot (die größte russische Fluggesellschaft hat überhaupt immer ziemliches Glück mit ihren oppositionellen Aktionären) 2012 einen der Organisatoren der Protestveranstaltungen auf dem Bolotnaja-Platz und dem Sacharowprospekt in den Direktorenrat – den bekannten Korruptionsgegner Alexei Nawalny. Kritiker des »blutigen Regimes« neigen dazu, Lebedews Schicksal vorzeitig zu beweinen und davon auszugehen, dass man den Geschäftsmann sicher bald verhaften und dann auch umbringen werde. Derartige Ereignisse lassen allerdings schon Jahre auf sich warten. Auf jeden Fall gibt es den Verdacht, Lebedews Aufmüpfigkeit werde sich in Luft auflösen (so wie Beresowskis Vermögen in der verzweigten Patarkazischwili-Familie), sobald die Aktiva der Nationalen Reservenbank an die staatliche Korporation Wneschekonombank – Entwicklungsbank verkauft sind.

Derartige virtuelle Als-ob-Feinde hat Putin viele. Nur hält Putin sie nicht für solche. Und auch die Quasifeinde würden einiges geben für ein geneigtes Lächeln des großmächtigen »Opponenten«.

Dennoch hat der Präsident einen ganz realen Gegner, der aus der Sphäre des großen Kapitals kommt, und dem man fast 13 Jahre russisches Gefängnis aufgebrummt hat. Er heißt Michail Chodorkowski. Anders als in vielen anderen Fällen mythischer »Feindseligkeit« liegt die Verantwortung für Chodorkowskis Schicksal voll und ganz bei Putin, unabhängig davon, ob der Präsident sie anerkennt oder nicht. Diese Verantwortung ist nicht nur eine moralische, sondern auch eine historische.

Kapitel 12
Chodorkowski – mein liebster Feind

Wie wir bereits gesehen haben, war Putin nie sonderlich hart gegen seine realen und erst recht nicht gegen die imaginären Feinde. Nehmen wir Michail Kassjanow, russischer Ministerpräsident von 2000 bis 2004. Im Jahr 2006 trat er wieder mit einigen scharfen, putinkritischen Äußerungen in Erscheinung und wurde einer der Gründer der radikaloppositionellen, gesellschaftlichen Bewegung »Anderes Russland«. Deren Hauptlosung lautet »Russland ohne Putin«. Im Jahr 2012 unterstütze er offen den amerikanischen Magnitsky Act, der bei Putin einen Empörungssturm auslöste. Was war los mit Kassjanow? Er verlor seine Datscha von 11 Hektar in der Nähe von Moskau, die von Putin 2004 privatisiert wurde. Das war alles. Andere Annehmlichkeiten hingegen blieben unberührt, auch seine Freiheit und Unabhängigkeit. Oder nehmen wir Boris Nemzow, den ehemaligen Gouverneur der Provinz Nischny Nowgorod (1991 bis 1997) und ersten Vize-Ministerpräsident der föderalen Regierung Russlands (1997 bis 1998), Ex-Favorit und Beinahe-Nachfolger von Boris Jelzin. Schon viele Jahre betitelt er Putin als Diktator und Tyrann. 2008 bis 2009 folgten kritische Vorträge unter der Bezeichnung »Putin. Ergebnisse«. Folgen hatte dies keine für ihn. Vielmehr lebte er wie die Made im Speck und ist außerdem mit durchaus systemtreuen Oligarchen wie Michail Fridman oder Michail Prochorow befreundet. Chodorkowski ist die Ausnahme.

2003 wurde er verhaftet. 2005 wurde er zu acht Jahren Gefängnis verurteilt, 2011 zu weiteren dreizehn Jahren (unter Anrechnung der bereits verbüßten). Sein Unternehmen JUKOS meldete in juristisch zweifelhafter Weise Ende 2006 Bankrott an, und seine Aktiva gingen faktisch kostenlos an Rosneft. Chodorkowski soll angeblich im August 2014 entlassen werden, aber sicher ist das nicht.

Chodorkowski muss unter unmenschlichen Bedingungen ausharren, die ein heutiger Europäer nicht überleben würde. 2003 bis 2005 und 2009 bis 2011 saß Chodorkowski in Moskau im Untersuchungsgefängnis Matrosskaja tischina, 2005 bis 2009 in Krasnokamensk, einer mikroskopisch kleinen und halb zerstörten Stadt 9000 Kilometer von Moskau entfernt, fast an der Grenze zu China. Mittlerweile sitzt er in Karelien, unweit der finnischen Grenze, in der Siedlung Segescha. Zusammen mit MBCh hatte außerdem ein Dutzend Manager von JUKOS zu leiden, vor allem natürlich Platon Lebedew, der wichtigste Finanzexperte der einst größten Erdölfirma Russlands. Lebedew wurde ebenfalls zu dreizehn Jahren Gefängnis verurteilt. Den gesamten unerträglichen Weg durch die Gefängnisse ist er zusammen mit Chodorkowski gegangen.

Im Jahr 2013 hatten wir zwei Jubiläen: der fünfzigste Geburtstag von Michail Chodorkowski (im Juni) und der zehnte Jahrestag seiner Verhaftung (im Oktober) sowie des Falls JUKOS überhaupt. Deswegen ist es heute sinnvoll, auf diese zehn Jahre zurückzublicken und genauer zu fragen: Was war da eigentlich los? Wie kam es zum Fall JUKOS, und welchen Gesetzmäßigkeiten unterlag (und unterliegt) er?

Einige Beobachter der Affäre sind durchaus geneigt, den Autor dieser Zeilen zu den Initiatoren der Hetze gegen Chodorkowski & Co. zu zählen, wobei sie sich auf einen Bericht des Rats für Nationale Strategien mit dem Titel »Der Staat und die Oligarchie« berufen, der im Mai 2003 veröffentlicht wurde. Der Rat für Nationale Strategien ist eine gesellschaftliche Organisation, die vom Autor dieser Zeilen zusammen mit neunzehn weiteren russischen Politologen 2002 gegründet wurde. Der Bericht »Der Staat und die Oligarchie«

beschreibt das System der Beziehungen zwischen der föderalen Macht und dem Großkapital. Unter anderem ist darin die Rede von den Plänen zu einer Transformation Russlands in eine parlamentarische Republik und einer Verminderung der Präsidialmacht, zu der MBCh oder zumindest seine nähere Umgebung im Verhältnis standen. (Davon bin ich auch heute, nach zehn Jahren, überzeugt.)

Platon Lebedew wurde am 2. Juli, Michail Chodorkowski am 25. Oktober 2003 festgenommen. Das war kurz nach der Veröffentlichung des besagten Berichts, weswegen einige bis heute nicht müde werden zu behaupten, »Belkowski hat Chodorkowski hinter Gitter gebracht«. Ich betone: Diese Auffassung ist völlig falsch und wurzelt vor allem darin, dass der Bericht seinerzeit viel Lärm auslöste und verurteilt wurde, obwohl nur wenige ihn gelesen haben. Das heutige Russland kann keine langen Texte ertragen.

Dennoch: Wer, wenn nicht ich, kann eine retrospektive Analyse dessen leisten, was mit Chodorkowski und seinem Umfeld in diesen zehn Jahren geschah? Ich werde versuchen, einige häufige Fragen aufzugreifen und meine Antworten darauf zu geben.

War Chodorkowskis Verfolgung politischer Natur? Hatte MBCh deswegen zu leiden, weil er die russischen oppositionellen Parteien finanziell unterstützte, wie einige Beobachter behaupten?

Ja und nein.

Argumentiert man mit den Begrifflichkeiten der offiziellen Politik (Parlamentswahlen, Finanzierung der Opposition und so weiter), dann handelt es sich um eine unpolitische Angelegenheit. MBCh half der linksliberalen Opposition in der Partei Jabloko in Abstimmung mit dem Kreml und der rechtsliberalen Union der rechten Kräfte (SPS) sowie den Kommunisten geradezu auf Initiative des Kremls.

Dabei verkündete Chodorkowski am 18. April 2003 in einer offiziellen Erklärung, die über die Kanäle der Nachrichtenagenturen verbreitet wurde, dass er als Bürger der Russischen Föderation beabsichtige, die »Partei der Macht«, also »Einiges Russland«, zu unterstützen. Damit war gemeint, dass die Opposition (auch wenn sie innerhalb des Systems agiert und sich loyal verhält) ein nicht obligatorisches Dessert darstellt, während man das Hauptgericht, die politische Stütze des Kremls, nicht zurückweist.

Der Kreml brauchte damals diese alternative Finanzierung der rechtsliberalen SPS, um den monopolistischen Einfluss von Anatoli Tschubais auf die von ihm gegründete Partei zu unterlaufen. Und was die KP der Russischen Föderation anbelangt, so hatte die föderale Macht von Ende 2002 bis Anfang 2003 zwei ungerechtfertigte Befürchtungen gegenüber den Kommunisten.

Erstens gab es die Sorge, die Kommunisten könnten bei den Wahlen zu viele Stimmen erhalten, zum Beispiel 30 Prozent oder mehr, was der KP unerwünschte Chancen gegeben hätte, mit dem Kreml um Regierungsposten zu feilschen. Aus diesem Grund entstanden in den Köpfen der machtnahen Denker verschiedene monströse Denkgebäude wie »Putin muss die KP anführen« – im April 2003 veröffentlichte der bekannte kremlnahe Intellektuelle Witali Tretjakow einen programmatischen Artikel dieses Inhalts in der *Rosskijskaja gaseta*.

Die zweite Befürchtung lag darin, die Kommunisten könnten Gelder von dem in Ungnade gefallenen Oligarchen Boris Beresowski erhalten. Verhandlungen dieser Art gab es tatsächlich seit Herbst 2002. Später behaupteten die Vertragspartner, ihnen sei das verfluchte Geld von Beresowski egal gewesen, sie wollten nur den Kreml provozieren, damit der ihnen schnellstens einen »genehmigten« Sponsor schickt.

Um beide Befürchtungen zu entkräften, musste die Kontrolle über die KP hinsichtlich Organisation und Finanzen verstärkt werden.

Und genau darum bat man nun MBCh, der seine Vertreter in das Lager der Kommunisten geschickt hatte und auf ihre Kandidatenliste vorgedrungen war: mit dem ehemaligen JUKOS-Präsidenten Sergei Murawlenko und dem Veteran der politischen Fahndung Alexei Kondaurow. Offiziell nannte man das: »Sie beteiligen sich aus eigener Initiative am Kommunismus und tragen die Kosten selbst.«

Von dieser Zeit an begann Alexander Prochanow, der Chefredakteuer der linksnationalen Zeitung *Zavtra,* Objekte von JUKOS aufzusuchen und wortreiche Artikel im Geiste von »nicht blut-, sondern ölbefleckt« zu schreiben. Es war also ursprünglich nicht nur Woloschin, sondern auch Wladimir Putin, der die Finanzierung der Kommunisten legalisierte. Andererseits zog Putin im Herbst 2003 seine Zustimmung zurück, was wiederum nicht der Grund, sondern nur der Anlass der verstärkten Attacken auf MBCh und sein Geschäftsimperium war.

Wenn man jedoch das schicksalhafte Jahr 2003 durch die Lupe des politischen Apparates betrachtet, ist der Fall Chodorkowski ein klar politischer, denn er steht in direkter Verbindung mit den Spielen der politischen Hinterzimmer – einem Schlüsselelement der russischen Politik damals und heute.

Zu Beginn des Jahres 2003 wurde denen, die Putin auf den Thron gebracht hatten (Alexander Woloschin, die Familie Boris Jelzins und andere), klar, dass einige »Tschekisten aus Petersburg«, die der zweite Präsident aus seinem Verschlag hervorgeholt hatte, gefährlich an Stärke gewannen. Anfangs hatte man diese Leute nicht sonderlich ernst genommen. An der Macht befand sich de facto ein reines »Familienkommando«. Putin spielte eher eine repräsentative Rolle und war der »mongolische Kosmonaut«, dem man eingeschärft hatte, ja nicht auf die falschen Knöpfe zu drücken, damit kein Alarm ausgelöst werde.

Dennoch kamen in Russland seit Januar 2000, als WWP die wichtigsten Büros des Kreml bezog, Dutzende »Enkel von Karl Marx«

zum Vorschein: Es handelte sich um Kommilitonen, Freunde und Verwandte des neuen Präsidenten. Doch diesen Schwindlern gelang es nicht, sich durch ihren Überfall irgendetwas von Wert unter den Nagel zu reißen. Und selbst Putins Durchbruch bei den Kaderentscheidungen im März 2001 änderte wenig am Erscheinungsbild des politischen Apparats.

Ein jähes Aufleben des Lobbyismus unter Putins Mannschaft vollzog sich im Frühjahr 2002, als der Inhaber der Meschprombank, Sergei Pugatschow (bekannt für seinen langen Bart und seine Gefängnisvergangenheit als »russisch-orthodoxer Bankier«), sich im Bündnis mit dem Präsidenten der Erdölfirma Slawneft, Michail Guzerijew, diese Firma plötzlich aneignen wollte. Dabei sollte sie nach dem staatlichen Plan des Systems gar nicht ihm, sondern Roman Abramowitsch zukommen, über dessen tatsächlichen und im Laufe der Zeit unveränderten Einfluss auf Putin wir ja bereits sprachen. Es wurde schnell und hart für Ordnung gesorgt: Man ließ Pugatschow abblitzen, Guzerijew verlor seinen staatlichen Posten, und Slawneft kam in die ihr zugedachten Hände – in die von Abramowitsch.

Woloschin & Co. konnte der interne Aufstieg einiger Figuren, die für die »Familien«-Gruppe völlig nutzlos und deshalb unannehmbar waren, nicht kaltlassen. Vor allem betraf das Igor Setschin, den Chef der Präsidentenkanzlei. Dieser Mann hatte als langjähriger Vertrauter Putins und dessen engster Mitarbeiter in den Jahren der Bürgermeisterschaft in Sankt Petersburg den Präsidenten immer mehr in seine verführerischen Netze gelockt. Oder Juri Saostrowez, stellvertretender Direktor des FSB für wirtschaftliche Sicherheit, der es zu diesem Zeitpunkt ernsthaft auf den Posten des Vorsitzenden des Staatlichen Zollkomitees (GTK) der Russischen Föderation abgesehen hatte.

Auf diese Weise entstand die Idee für einen Spielzug, der Wladimir Putin zwingen würde, seine übereifrigen Vertreter staatlicher Machtorgane aus dem großen Spiel zu entfernen. Ihr unverändert induktives Denken hatte der Kreml-Leitung einen üblen Streich gespielt: Wenn jemand in der Vergangenheit gut gearbeitet hat, dann tut er es auch jetzt. Schließlich wurde das Szenario von 1996 gewählt, das unter dem Arbeitstitel »Kopierpapierkarton« in die Geschichte eingegangen ist: Zunächst wird die Situation hochgekocht, es entsteht die Gefahr einer Diskreditierung des Präsidenten im Einzelnen und der Macht im Ganzen, wonach das Staatsoberhaupt die einzig richtigen Kaderentscheidungen fällt.

Aber zur Realisierung dieses Spielzugs brauchte man einen neuen Kopierpapierkarton, genauer gesagt, einen Rammbock. Man musste einen starken Spieler finden, der die Aufmerksamkeit Putins und der Welt auf die Unannehmbarkeit der neuen Träger verborgener Macht richtet und sich damit dem Beschuss stellt. Für die Rolle des Rammbocks wurde Michail Chodorkowski ausgewählt.

Ich meine keineswegs, dass MBCh von der Mannschaft Woloschin/ Abramowitsch ganz bewusst hinter Gitter gebracht wurde. Natürlich nicht. Sie waren aufrichtig davon überzeugt, Chodorkowski würde nichts geschehen, denn das war nach den Spielregeln einfach nicht möglich. Auf jeden Fall würde er nicht ohne Woloschins Zustimmung hinter Gitter kommen, er war schließlich an allen Entscheidungen dieser Größenordnung beteiligt. Was daraus wurde, wissen wir. Man wollte den Eigentümer von JUKOS als Schwergewicht benutzen, das Igor Setschin niederreißen sollte. Aber es kam ein wenig anders: Setschin konnte sich ducken, das Gewicht schnellte über seinen Kopf hinweg, schlug mit großem Krach gegen die Wand und traf beim Rückschlag Woloschin.

Das jedoch geschah erst im Herbst 2003. Anfang des Jahres sah für MBCh und seine Freunde alles viel rosiger und optimistischer aus. Man bereitete die Übernahme des von Abramowitsch kontrollierten Sibneft durch JUKOS vor. Parallel dazu wurde entschieden, dass Chodorkowski von kremlnahen Freunden belastendes Material über

Putins engstes Umfeld erhalten und es veröffentlichen sollte. Unter anderem sollte er es dem Präsidenten direkt ins Gesicht schleudern.

Der Machtapparat würde die Zähne fletschen, und dann ginge es nach dem Szenario von 1996 weiter: Putin müsste wählen zwischen Zukunft und Vergangenheit, zwischen Fortschritt und Korruption, zwischen der »transparentesten« Firma des Landes und den düsteren Geschäftemachern von Rosneft und dergleichen – im Großen und Ganzen also zwischen der Festigung seines guten Rufs bei den Eliten und damit gleichzeitig auch auf internationaler Ebene und dessen hoffnungsloser Schädigung. Putin ist klug, er musste das Erste wählen. Der Sieg gehört uns.

Zu Chodorkowski passte die Rolle des Rammbocks geradezu ideal. Jung, gutaussehend, reich, mit offensichtlich aufkeimenden, aber noch nicht ausgereiften politischen Ambitionen. Von Politik verstand er gar nichts, wollte sich aber bereits ins Gefecht stürzen. Ein solcher Mensch war über seine Bereitwilligkeit gut zu lenken.

Wäre es nicht auch ohne Rammbock gegangen? Nein, er war technisch notwendig. Es gibt Fragen, die im direkten Dialog unter vier Augen weder erörtert noch gelöst werden können. Woloschin und Abramowitsch konnten ihre Freundschaft mit Putin nicht aufs Spiel setzen. Sie mussten auf dem Höhepunkt des Konflikts aus dem Hinterhalt gesprungen kommen, nicht früher.

Verschiedene Beobachter haben davon gesprochen, dass MBCh Opfer seiner Pläne einer Umwandlung Russlands in eine parlamentarische Republik geworden ist. Ich denke, dass die Bedeutung dieses Faktors stark überschätzt wird. Dennoch bin ich von zwei Dingen überzeugt:

- Derartige Pläne wurden unter den Fittichen von JUKOS tatsächlich ausgearbeitet. Auf jeden Fall gingen bis zum 2. Juli 2003, dem Tag der Verhaftung von Platon Lebedew, Dutzende der Firma eng verbundene Vertreter durch Moskau und erzählten überschwänglich von einer kommenden Mehrheit im Parlament und Chodorkowski als Ministerpräsidenten. Nach dem 2. Juli wurden derartige Gespräche sofort eingestellt.

➤ Die Idee, dass Chodorkowski Ministerpräsident in einer halbparlamentarischen Republik werden könnte, stammte auch von der damaligen Präsidentenadministration – man musste die Idee an einem Versuchskaninchen ausprobieren.

Die Situation spitzte sich am 19. Februar 2003 zu, als Chodorkowski bei einer Zusammenkunft des Russischen Industrie- und Unternehmerverbandes mit dem Präsidenten im Kreml völlig durchschaubar auf die Rückläufe (Schmiergelder) anspielte, die im Zusammenhang mit dem Aufkauf von Rosneft durch die vergleichsweise kleine Erdölfirma Sewernaja Neft geflossen waren. Als Käufer war der Senator Andrei Wawilow in Erscheinung getreten.

Bei einem Marktpreis von etwa 150 Millionen Dollar ging Sewernaja Neft für ganze 400 Millionen über den Tisch, was verständlicherweise einige Gerüchte und unschöne analytische Einschätzungen aufkommen ließ. Putin reagierte geradezu rasend auf MBChs Worte. Denn Wladimir Putin ist ja ein durchaus gerechtigkeitsliebender Mensch, er lebt nach »Grundsätzen« (was dem Begriff der Moral im Gaunerjargon gleichkommt) und bemüht sich, diese nie zu verletzen. Faktisch gab er Chodorkowski folgende Antwort:

Verehrter Michail Borissowitsch! Sie machen die Andeutung, meine Leute hätten etwas gestohlen. Das kann schon sein. Aber haben Sie Ihr JUKOS etwa bei einer ehrlichen Auktion nach marktüblichen Preisen ersteigert? Nein! Ihr JUKOS ist mittlerweile 40 Milliarden Dollar wert. Und wenn meine Leute etwas stibitzt haben, dann waren es lächerliche 200 bis 250 Millionen. Wir befassen uns hier aber nicht mit einer Revision der »großen Privatisierung«. Wir wachen über unsere gemeinsamen Interes-

sen. Auch über Ihre, Michail Borissowitsch. Wenn ich mich nicht irre, hat Ihnen in den drei Jahren meiner Präsidentschaft niemand vorgeschlagen, Sie mögen mich an Ihrem Besitz teilhaben lassen. Ich habe mich nicht in Ihre Geschäfte eingemischt, oder? Warum stecken Sie dann Ihre Nase in meine Geschäfte, mit denen Sie nicht das Geringste zu tun haben? Lassen Sie uns Klartext reden. Entweder sind wir alle ehrliche Leute: Sie, ich und auch Setschin. Und wir schauen dem anderen nicht auf die Finger. Oder wir sind alle Diebe und Gauner. Aber dann werde ich beweisen können, dass auch Sie ein Dieb und Gauner sind, diese Möglichkeiten habe ich.

Das war die Message, die er aussandte. Sie wurde nicht gehört, weder von Chodorkowski noch von denen, die ihn als Rammbock gebrauchten. Sie alle waren Geiseln ihres wohlklingenden Szenarios und glaubten, alles würde gut gehen. Denn es schien, als hätten sie Geist und Moral auf ihrer Seite. Wie sich aber dann herausstellte, ist es nicht immer gut, wenn man den Geist auf seiner Seite hat. Ein entwickeltes Gehirn drückt nicht selten auf das Entscheidungszentrum. Und was die Moral betraf, war Putin der gegenteiligen Auffassung. Im Unterschied zu Jelzin war Putin kein alter sowjetischer Parteiarbeiter, sondern ein junger, gieriger Geschäftsmann. Er wollte nicht auf derart primitive Weise manipuliert werden.

Chodorkowski kam ins Gefängnis und wurde Opfer des Kampfes um die Macht zwischen den zwei einflussreichsten Gruppierungen des russischen Machtapparats in seiner Zusammensetzung des Jahres 2003. In diesem Sinne ist der »Fall JUKOS« zweifellos ein politischer.

Warum kam MBCh eigentlich ins Gefängnis?

Aus meiner Sicht hat er einfach nichts dagegen unternommen, dass man ihn einsperrt, obwohl er Schlimmeres hätte verhindern können.

Nach der ersten Zuspitzung des Konflikts am 2. Juli 2003, dem Tag der Verhaftung von Platon Lebedew, hatte Chodorkowski noch unbestimmt lange Zeit (mindestens einige Monate), um eine Einigung zu erzielen und den politischen Konflikt in eine Art Wirtschaftspakt innerhalb des Machtapparats zu verwandeln.

Aber offenbar war MBCh nicht an einer Einigung interessiert. Erstens schätzte er die Wahrscheinlichkeit seines Sieges in diesem Konflikt sehr hoch ein, und zwar wiederum kraft des Gefühls der geistigen und moralischen Überlegenheit. Aber das war es nicht allein. Wenn man sein jahrelanges Verhalten berücksichtigt, ist Chodorkowski ein Mensch, der bei seiner Vorgehensweise stets überdenkt, inwieweit seine physischen und sonstigen Kräfte für einen Sieg ausreichen. Auf seiner Seite standen damals der Leiter der Präsidentenadministration Woloschin und der Ministerpräsident Kassjanow. Das war eine ausreichend starke Rückendeckung, um den Kampf fortzusetzen.

Außerdem herrschte in MBChs Umgebung eine andauernde journalistische Hysterie zum Thema: Kein Schritt zurück! Der Feind wird besiegt! Die Atmosphäre, die diese Hysterie hervorgebracht hatte, spielte ebenfalls eine Rolle für das, was dann mit JUKOS geschah, sowie für die Entscheidungen der Noch-Eigentümer.

Zweitens schien sich Chodorkowski wirklich nicht vorstellen zu können, dass man einen Mann mit seinen Einflussmöglichkeiten und seinem Bekanntheitsgrad hinter Gitter bringen kann. Auf jeden Fall so lange nicht, wie Woloschin im Kreml bliebe. Man muss Chodorkowski deswegen auch nicht den Vorwurf der Naivität machen: Die meisten Vertreter der russischen Elite dachten damals so. Chodorkowski und Woloschin hatten den Gegner ein wenig unterschätzt, nicht hinsichtlich seines Verstands oder seiner Weisheit, sondern was seine Fähigkeit anbelangte, Entscheidungen zu treffen und diese umzusetzen.

Igor Setschin und der ihm in dieser Zeit nahestehende Generalstaatsanwalt Russlands, Wladimir Ustinow (Setschins Tochter war mit Ustinows Sohn verheiratet), wussten genau: Man musste Putin nicht fragen, ob Chodorkowski hinter Gitter sollte oder nicht. Zunächst musste man die Sache hinter sich bringen, dann konnte man das Ergebnis verteidigen. Denn die defensive Vorgehensweise ist für den zweiten Präsidenten der Russischen Föderation psychologisch viel organischer als die offensive.

So kam es zu der Situation vom 25. Oktober 2003. Die Verhaftung fand nicht zufällig am frühen Samstagmorgen am Flughafen der Stadt Nowosibirsk statt, deren Zeitzone um vier Stunden von der Moskaus abweicht. Man musste MBCh festnehmen, wenn in Moskau tiefe Nacht und Wochenende war, er also kaum eine Möglichkeit hatte, sich mit jemandem in Verbindung zu setzen und etwas zu ändern.

Hätte sich Chodorkowski nach seiner Verhaftung mit dem Kreml verständigen und das Gefängnis wieder verlassen können?

Theoretisch ja. Praktisch nein.

Indem er ihm den härtesten Schlag verpasste, war Setschin einfach verpflichtet, die Sache zu Ende zu führen, das heißt bis zur völligen Vernichtung von JUKOS und seinem Besitzer. Er handelte streng nach Machiavelli (auch wenn er ihn nicht gelesen hatte): »Man soll den Menschen entweder schmeicheln oder sie sich unterwerfen, denn wegen leichter Demütigungen rächen sie sich, wegen schwerer vermögen sie es nicht. Also muss der Schaden, den man jemand anderem zufügt, so groß sein, dass man keine Rache zu befürchten hat.«

Außerdem wurde Chodorkowski der Weg unfreiwillig durch einen anderen Oligarchen mit politischen Ambitionen versperrt – Wladimir Gussinski. Wie wir uns erinnern, hatte er 2000 im Butyrka-Gefängnis das geheime »Protokoll Nr. 6« über die Übergabe aller seiner Medienaktiva an den Staat im Tausch gegen die Freiheit und eine nicht unbedeutende Summe von 300 Millionen Dollar unterschrieben. Nach seiner Freilassung distanzierte er sich umgehend von dieser

Absprache, machte das Geheimprotokoll allgemein bekannt und beschuldigte den Staat der Russischen Föderation faktisch der Abzocke. Und dann gewann er beim Europäischen Gerichtshof für Menschenrechte auch noch den Prozess gegen Russland. Putins Leute wollten im Fall JUKOS also nicht in dieselbe Falle tappen wie bei Gussinski.

Selbstverständlich tauchte bald nach MBChs Verhaftung eine Zahl von Vermittlern auf: Sie erdachten verschiedene Möglichkeiten, wie man die Situation entschärfen könne (auf der Grundlage feingesponnener politischer Intrigen innerhalb des Apparats). Zu ihnen zählten nicht nur kleine Gauner, sondern auch einflussreiche, reiche oder zumindest bekannte Leute. Zum Beispiel Wladislaw Surkow, der damals für die Innenpolitik des Kreml verantwortlich war und noch Ende 2003 ernsthaft meinte, er könne Putin zu einem Akt des Erbarmens bewegen (wofür er nur 30 Prozent von JUKOS beanspruchte, nicht mehr). Ebenso gehörte Wladimir Gussinski dazu, der MBCh riet, zu schweigen, nichts aufzuschreiben oder öffentlich zu verlautbaren und vor allem nicht den Politiker herauszukehren, damit man eine geheime Intrige spinnen konnte, die zu seiner Freilassung geführt hätte.

Um eine Entschärfung der Situation bemühten sich auch absolut ehrliche und gewissenhafte Leute, zum Beispiel der ehemalige Vorsitzende der russischen Zentralbank Viktor Geraschtschenko, der 2004 Vorsitzender des Direktorenrats von JUKOS geworden war. Er hatte diesen Posten nicht einfach so angenommen: Der Bankier bekam seinen Segen von einem seiner alten Kreml-Freunde, der ihm zu verstehen gegeben hatte, dass eine glückliche Wendung möglich sei (sprich: die Freilassung Chodorkowskis und die Rettung der Firma im Tausch gegen etwas anderes). Aber Geraschtschenko hatte nicht berücksichtigt, dass in den heutigen Zeiten auch Kreml-Freunde unverantwortliches Geschwätz von sich geben können und dass Setschin fähig war, sich von ihnen zu distanzieren. Schließlich gelang es weder ihm noch irgendjemand anderem, JUKOS zu retten und die Gefangenen zu befreien.

Natürlich hatten Setschin & Co. von Chodorkowski nicht diese intellektuelle und lebenskräftige Widerstandsfähigkeit erwartet. Man meinte, der Ex-Oligarch würde nach seiner Verlegung nach Krasnokamensk irgendwo im Schnee des unendlichen Sibirien verschwinden und endgültig vergessen werden. Auf jeden Fall war eine PR-Kampagne ins Leben gerufen worden, um dem Volk und der Welt diese Botschaft zu übermitteln.

Dass Chodorkowski zehn Jahre nach seiner Verhaftung und acht Jahre nach dem ersten Urteil immer noch auf der russischen und internationalen Bühne steht, ist das große Verdienst des Häftlings und stellt für den Kreml einen Tiefschlag dar. Deswegen ist Putin auch immer so nervös, wenn er – schon seit mehreren Jahren – auf ein und dieselben Fragen zum Fall JUKOS antworten muss.

Aber es kann auch heute keine Einigung zwischen Chodorkowski und dem Kreml zum gegenseitigen Vorteil geben. Das Wichtigste, was Chodorkowski besaß – JUKOS –, hat man ihm schon weggenommen. Ansonsten verfügt Chodorkowski über nichts, was für den Kreml von Interesse wäre. Eine Entscheidung kann nur von einer Seite kommen – aus dem Kreml. Falls die russische Macht es für politisch vorteilhaft hält.

Welches Verhältnis hatten und haben die russischen Eliten zu Chodorkowski?

Wenn man unter Eliten diejenigen Menschen versteht, die an den wichtigsten Entscheidungen beteiligt sind, dann ist ihr Verhältnis wohl eher negativ. Die Meinung des großen Kapitals über MBCh wurde 2005 recht genau von Alfred Koch formuliert, dem ehemaligen Vorsitzenden des Staatlichen Komitees Russlands zur Verwaltung des staatlichen Vermögens, einem der Ideologen der »großen Privatisierung« der 1990er-Jahre und enger Mitstreiter von Anatoli Tschubais:

»… was Chodorkowski betrifft. Warum die Business-Community ihn verriet. Es ist ja so, dass ein erheblicher Teil des Establishments, insbesondere des intellektuellen Establishments, … erst nach Chodorkowskis Inhaftierung davon erfuhr, dass er Demokrat ist. Davor hatte man ihn (mit verschiedenen Abstufungen von Emotionalität) für einen erfolgreichen Geschäftsmann oder für einen geschickten Schwindler gehalten. Die Formulierungen waren unterschiedlich, aber im Prinzip meinte jeder ein und dasselbe. Deswegen war der Business-Community wohl bekannt, was die Menatep Group darstellte, die sich dann in Rosprom verwandelte und später in JUKOS. Wenn wir, zum Beispiel, mich nehmen, so habe ich zu genau den Genossen gehört, die Chodorkowski mit ihrer Anteilnahme unterstützt haben. Mehr noch, die Zeitschrift *Newsweek* betrieb eine Art ›Planspiel‹ – ein Prozess gegen Chodorkowski, in dem ich die Rolle des Verteidigers spielte und Michail Jurjew die Rolle des Anklägers. […] Ich kann sagen, dass Chodorkowski immer gegen unsere Mannschaft gekämpft hat. Ein bekanntes Beispiel für diesen Widerstand war das Jahr 1997. Nachdem sie Swjasinwest nicht bekommen hatten, wurde gegen uns eine Hetzjagd ausgerufen, und Chodorkowski ergriff für Beresowski und Gussinski Partei. Und auch später nahm er immer die Position derjenigen ein, die gegen unsere Mannschaft waren. Erst bei den Wahlen 2003 fand er eine Möglichkeit, mit uns zu kooperieren und uns zu unterstützen.

Deswegen hält niemand innerhalb der Business-Community, die zu Chodorkowski als Geschäftsmann ein sehr, sehr schlechtes Verhältnis hat, ihn für einen Menschen, der einer Unterstützung würdig wäre. Chodorkowski riskierte immer zwei Thesen. Die erste These: ›Wenn wir einen Staat hätten, säße ich schon längst hinter Gittern.‹ Und die zweite: ›Was mir gehört, das gehört mir, und was dir gehört, darüber ist noch zu reden.‹ Wir als Business-Community wollen jetzt nicht unsere schmutzige Wäsche vor anderen Leuten waschen – das sind unsere internen Querelen –, und vor allem wollen wir nicht über jemanden herfallen, der im Gefängnis sitzt. Die Russische Union der Industriellen und Unternehmer hat ihn unterstützt, die Union der rechten Kräfte ebenfalls. Dazu noch Tschubais, Nemzow, Koch und Gaidar persönlich. Er aber schreibt in seinen Briefen, wir hätten die liberale Idee zugrunde gerichtet usw. Wie uns M. B. Chodorkowski lehrt, sollte man sich rational verhalten. Jegliches Gejaule ist sinnlos. Was wäre denn geschehen, wenn die Business-Community ihn unterstützt hätte, woran ich kaum glauben kann? Sowohl aus den von mir aufgezählten Gründen, die meines Erachtens ehrenwert sind, als auch deswegen, weil es sinnlos ist, sich mit der Staatsmacht wegen Chodorkowski zu zerstreiten, der dieser Business-Community nicht nähersteht als irgendjemand sonst.«

Heute meint man üblicherweise, Dmitri Medwedew hätte zur Zeit seiner Präsidentschaft (2008 bis 2011) Chodorkowski auf freien Fuß setzen können, aber der verfluchte und allmächtige Wladimir Putin habe das nicht zugelassen. Ich denke, alles ist viel einfacher und zugleich komplizierter.

Medwedew hätte MBCh zusammen mit Platon Lebedew vielleicht freigelassen, aber es hätte so aussehen müssen, als ob er sich in nichts eingemischt und keine individuellen Entscheidungen getroffen hätte. Eine Entlassung auf Bewährung oder eine Entscheidung des Höchsten Gerichts über eine Strafverkürzung im zweiten Fall um einige Jahre wären hier denkbar gewesen. Eine direkte Demonstration der politischen Macht des Präsidenten in dieser konkreten Frage nicht.

Man sollte sich jedoch nicht ausschließlich auf Putin versteifen, auch wenn sein Einfluss auf das Schicksal des ehemaligen Oligarchen tatsächlich sehr hoch war. Innerhalb der Elite gibt es einige Leute, die kein besonders hohes Interesse daran haben, Chodorkowski auf freiem Fuß wiederzutreffen. Zu ihnen gehören nach meiner Ansicht die einflussreichsten Geschäftsleute des heutigen Russland und die Stützen der »Familie« von Boris Jelzin: Roman Abramowitsch und

Oleg Deripaska. Abramowitsch hat bislang keinen Finger gerührt, um Chodorkowskis Freilassung zu bewirken. Er wollte die strategisch wichtige Freundschaft mit Putin nicht gegen etwas so Unsicheres wie die Freiheit für MBCh tauschen. Wozu auch?

Überdies gibt es da eine sensible finanzielle Frage. Abramowitsch standen mehr als vier Jahre (vom Frühjahr 2003 bis zum Sommer 2007) 3 Milliarden Dollar zur Verfügung, die von JUKOS stammten, als es mit Sibneft fusionierte. Selbst bei einer konservativen Anlage dieser Summe auf dem russischen Finanzmarkt, der sich damals in einer wilden Wachstumsphase befand, muss sich die Summe mindestens verdoppelt haben.

Mitte 2007 wurden diese 3 Milliarden Dollar den anderen Aktiva von JUKOS zugeschlagen und gelangten in den Gemeinschaftstopf von Rosneft. Um diese hohe Summe zu legalisieren, fand ein Deal über eine gewisse LLC Prana statt, bei der das Moskauer Hauptquartier von JUKOS für eine Riesensumme verkauft wurde.

Eine noch dramatischere Rolle hatte auch Deripaska für das Schicksal von JUKOS gespielt. Ausgerechnet zu Beginn des Jahres 2006, als JUKOS unter Beobachtung gestellt wurde, entschied sich Oleg Deripaska, ins Ölgeschäft zu gehen. Er hätte dafür keine besseren Bedingungen haben können, als einen Teil der Aktiva von JUKOS zu übernehmen, an deren baldigem Bankrott kein Zweifel bestehen konnte. Natürlich hielten viele Geschäftsleute ein solches Szenario für übermäßig riskant, nicht jedoch Deripaska. Und dabei lag es nicht nur daran, dass der wichtigste Aluminiummagnat der Russischen Föderation an derartige Manöver am Rande eines Fouls und darüber hinaus gewöhnt war.

Denn 2001 hatte Deripaska geradezu einen Schutzbrief erhalten, als er die wohl weiseste Geschäftsentscheidung seines Lebens traf: Er heiratete Polina Jumaschewa und wurde auf diese Weise Teil der Familie Jelzin. Und alles, was mit dem ersten Präsidenten der Russischen Föderation zu tun hat, war und bleibt für den Kreml unantastbar – unter Putin, unter Medwedew und dann wieder unter Putin. Deswegen hatte Deripaska nicht die geringste Angst, er könne Verluste erleiden oder müsse gar das Schicksal von Chodorkowski teilen, und er tat recht daran. Die Frage war eine andere: Wie konnte er bei JUKOS einsteigen, um bei der Verteilung der verbleibenden Aktiva Einfluss nehmen zu können?

Es wurde folgender Plan erarbeitet: Man nehme einen ambitionierten Mitarbeiter von JUKOS aus dem oberen bis mittleren Segment, der den Ruf als »Manager eines Pleiteunternehmens« nicht gebrauchen kann und bei dem riskante Unternehmungen einen Adrenalinschub auslösen. Mit dem Versprechen, man werde denen das Leben erleichtern, die wegen des Falls JUKOS bereits einsitzen, wird dieser Mitarbeiter zum Leiter des Unternehmens gemacht, bevor es Bankrott anmeldet. Und dann beginnt der Handel, jedoch nicht zwischen diesem Mitarbeiter und der Staatsmacht, sondern zwischen Deripaska und Setschin. Damit geht JUKOS nicht auf einen über, sondern wird durch zwei geteilt. Ist das etwa ungerecht? Wenn einer der großen Nutznießer des Falls JUKOS ein wahrhaft treuer Putin-Anhänger ist, der zusammen mit dem zweiten Präsidenten aus den Tiefen des Petersburger Erzes stammt, dann muss der zweite logischerweise ein Familienmitglied des ersten Präsidenten sein.

Als Opfer wählte man, wie wir uns schon denken können, den Justitiar von JUKOS, Wassili Aleksanjan – Chodorkowskis Liebling, Absolvent von Harvard, ein Hätschelkind des Schicksals. Von seinen Ambitionen und seinem psychologischen Typus her passte er ideal. Damals sagte man, er rechne damit, durch seine Mitwirkung am JUKOS-Finale eine ganze Milliarde Dollar einzustreichen. Ich meine jedoch, dass das Geld nicht die wichtigste Rolle in seiner Wahl spielte. Wichtig war der Zugang zu freiem Manövriergelände.

Soweit es sich beurteilen lässt, fand das historische Treffen zwischen dem JUKOS-Justitiar und Oleg Deripaska Ende März 2006 statt. Im Verlauf dieser Zusammenkunft bekräftigte der VIP-Schwiegersohn die Ernsthaftigkeit seiner Absichten und garantierte, Aleksanjan befände sich in völliger Sicherheit, alles sei mit dem Kreml und der Generalstaatsanwaltschaft abgestimmt. Aleksanjans Aufgabe bestehe darin, den Prozess einer sanften JUKOS-Insolvenz zur allgemeinen Zufriedenheit und mit dem Resultat zu gewährleisten, dass die Familie von Boris Jelzin ein gleichwertiger Spieler auf dem so ungestüm anwachsenden Ölmarkt werden könne. Als Preis winkten die ersehnte Milliarde Dollar und der internationale Ruhm, was noch viel wichtiger war.

Am 1. April (ein übler Scherz!) 2006 gab der JUKOS-Vorstandsvorsitzende Steven Theede die Anweisung, Wassili Aleksanjan zum Vizepräsidenten des Unternehmens mit faktischer Vollmacht des Präsidenten zu ernennen – und gestand damit ein, dass er, Theede, an London gefesselt war und nicht nach Russland konnte, um den schwer verletzten Ölgiganten operativ zu lenken. Chef von JUKOS – als Letzter aus den eigenen Reihen – wurde Aleksanjan.

Der neue geschäftsführende Vizepräsident mit den Vollmachten eines Präsidenten machte sich eifrig an die Arbeit. Oberste Aufgabe war die Wiederherstellung der Lenkbarkeit des Unternehmens JUKOS-RM, das sich um den gesamten Absatz und die wesentlichen Finanzströme des Erdöl- und Gasunternehmens innerhalb des Landes kümmerte. Der Präsident von JUKOS-RM, Anatoli Nasarow, hatte zu diesem Zeitpunkt bereits begriffen, dass jeglicher Widerstand gegen Setschins Daumenschraube sinnlos war und eine Loyalität gegenüber Chodorkowski noch sinnloser. Er arbeitete offen im Interesse von Rosneft und bereitete sich auf die Übergabe von JUKOS-RM an die Angreifer vor.

Aleksanjan versuchte, diesen Prozess aufzuhalten. Unter Ausnutzung seiner neuen Vollmachten ernannte er innerhalb von JUKOS-

RM Roman Chomenko zum ersten Vizepräsidenten für kommerzielle Fragen – er war einer der letzten Manager, die noch nicht auf Setschins Seite gewechselt waren. Verständlicherweise musste die Entlassung Nasarows der nächste Schritt sein. Der Präsident von JUKOS-RM ging in den Untergrund und rechnete sich aus, dass die neue exzentrische Geschäftsleitung nicht lange durchhalten würde.

Die Rechnung ging auf. Am 6. April wurde Wassili Aleksanjan vor das Simonowski-Gericht geladen, wo er angeklagt war, sich Aktien von zwölf JUKOS-Töchtern, vor allem von Tomskneft, angeeignet zu haben. Im Gericht hatte man schon alles für seine Verhaftung vorbereitet, was man mit bloßem Auge erkennen konnte. Nachdem er von seinem Anwalt ein Warnsignal erhalten hatte, verschwand Aleksanjan. Von nun an war sein Mobiltelefon gesperrt. Er begann zu verstehen, dass Deripaskas Sicherheitsgarantien nichts taugten. Setschin betrieb wie 2003 ein Vabanquespiel. Für ihn war es wichtig, den Gedanken im Keim zu ersticken, außer ihm selbst könne sich noch jemand anderer im Recht wähnen, sich an den JUKOS-Aktiva vergreifen zu dürfen.

Aleksanjan wurde am nächsten Tag, dem 7. April, in einer Wohnung am Semljany wal verhaftet, wo er, der die Hoffnung auf einen Karrieresprung noch nicht ganz aufgegeben hatte, mit Deripaskas Boten das weitere Vorgehen besprechen wollte. Als die Polizisten kamen, um Aleksanjan zu verhaften, blieb die Tür verschlossen, als ginge man in der Wohnung davon aus, die Polizisten könnten den ganzen Tag warten und auch die Nacht ausharren. Die Tür wurde von einer Truppe des Katastrophenministeriums aufgebrochen. Vom Semljany wal aus begab sich der geschäftsführende Vizepräsident von JUKOS direkt ins Gefängnis Matrosskaja tischina. Deripaska wusch allem Anschein nach seine Hände in Unschuld und unternahm keinen Versuch, Aleksanjan aus dem Gefängnis zu holen. Na, dann hatte es eben nicht geklappt mit JUKOS, das konnte schon mal vorkommen. Der verhinderte JUKOS-Präsident erkrankte schließlich an Aids sowie an Tuberkulose und erblindete. Unter großer Anstrengung gelang es Aleksanjan, zunächst aus seiner Zelle ins Gefängniskrankenhaus verlegt zu werden, wo man ihn mit Handschellen ans Bett kettete. 2008 ließ man ihn schließlich auf Kaution frei. Erst 2010 wurde der Fall Aleksanjan eingestellt – nicht aufgrund einer Rehabilitation natürlich, sondern im Zusammenhang mit seinem Ableben.

Ein Jahr später unternahm Jelzins Schwiegersohn Walentin Jumaschew einen zweiten Versuch, in das Ölbusiness einzusteigen, und zwar durch den Ankauf von Russneft. Auch Guzerijew versuchte, sich kleine Brocken vom verwüsteten, doch immer noch reich gedeckten Tisch des Chodorkowski-Imperiums zu schnappen – was wiederum Deripaska und seinen zur Unzeit erwachten Ambitionen für den Ölsektor von Nutzen war.

Wieder einmal war Setschin kategorisch dagegen. Dennoch erwirkte Deripaska dank der Mitwirkung von engen Familienangehörigen Putins formales Einverständnis für den Megadeal. Aber das half ihm nicht. Guzerijew musste nach London fliehen. Doch das ist eine andere Geschichte ...

Die schöngeistige Rhetorik der Elite darüber, dass die gesamte russische Geschäftswelt sich nichts mehr wünsche als Chodorkowskis Freilassung, ist nur für Investmentkonferenzen in London und ähnliche Anlässe gedacht. Diesseits der russischen Grenze sieht die Realität ein wenig anders aus.

Welche Perspektiven für eine politische Karriere hat Michail Chodorkowski?

Ich meine, man sollte sie nicht zu hoch ansetzen. Als MBCh Politiker wurde – und gleichzeitig eine wichtige, selbstständige politische Figur –, saß er bereits im Gefängnis. Bis zum 25. Oktober 2003 mag er sich als Politiker gesehen haben, war jedoch wohl eher ein Instrument der Manipulationen anderer.

Chodorkowskis Politik in zehn Jahren Gefängnis hat gezeigt: Er ist ein systeminterner Spieler geblieben, der stets von seinen Möglichkeiten ausgeht. Man sollte aus Chodorkowski keinen systemfeindlichen Revolutionär machen, der das Volk zum Sturm auf den Kreml bewegen kann. Die Sprache der heutigen Eliten ist für ihn nach wie vor annehmbarer als eine radikale Rhetorik, egal wie sie beschaffen ist. In diesem Sinne ist Chodorkowski kein Nelson Mandela, der bereit ist, ewig im Gefängnis zu sitzen, weil seine Sache sowieso den Sieg davontragen wird. Und er ist auch nicht vergleichbar mit Julia Timoschenko, für die das Gefängnis nur ein weiterer Beweis ihrer Genialität ist, während sie alle anderen im Großen und Ganzen für Idioten hält. Seiner Mentalität nach ist Chodorkowski eher ein Manager als ein politischer Anführer. Aber Chodorkowski hat uns in diesen zehn Jahren eine unschätzbare Lektion in Tapferkeit und Würde erteilt. Als Symbol für Moral und als Bastion ist er unersetzlich.

Das alles kann man jedoch nicht mit Politik gleichsetzen. Deswegen möchte ich all jenen, die bereits an Websites »Chodorkowski for president« basteln, den Ratschlag geben, sich ein wenig zu beruhigen. Diese Übereiltheit täuscht uns und hilft ihm nicht im Geringsten.

Kapitel 13
Die tschetschenische Internationale

Tschetschenien ist für Putins Russland und für ihn persönlich etwas Heiliges, auch wenn es sich dabei um eine islamische Region handelt und das (zum Zeitpunkt der Entstehung dieses Buches) amtierende Oberhaupt des russischen Staates sich als russisch-orthodoxen Christen bezeichnet.

Übrigens sind sowohl die erste wie auch die zweite Behauptung relativ. In der Tschetschenischen Republik – der bekanntesten Region des russischen Nordkaukasus – herrschen bis zum heutigen Tag eher stammesartige, neoheidnische Bräuche, und der entsprechende Gesetzeskodex ist der Adat, der faktisch über dem islamischen Recht (Scharia) steht. (Dennoch kann man nicht leugnen, dass der Präsident der Republik, Ramsan Kadyrow, formal große Anstrengungen für eine Islamisierung der Region unternimmt.)

Ähnliches lässt sich über Putin sagen. Er ist weniger ein hundertprozentiger Christ als vielmehr ein Vertreter der klassischen russischen Religiosität, einer äußerlichen Orthodoxie mit heidnischen Einsprengseln, die darin eingelassen sind wie Brillanten und Rubine in die Zarenkrone. Dank des tschetschenischen Themas und des Wortes »Tschetschenien« wurde WWP überhaupt erst zum Präsidenten von Russland, und er fühlt sich auf dem russischen Thron bis heute recht sicher.

Dabei wissen wir, dass er anfangs gar nicht russisches Staatsoberhaupt werden wollte. Tschetschenien jedoch brachte ihn auf den

Weg dorthin, berief ihn auf seinen Posten, kann ihn nicht mehr entlassen. So wie auch er die Bergrepublik – rein formal – nicht aus dem Bestand der Russischen Föderation entlassen konnte.

Auch wenn es für ein weiteres Verständnis seiner Person unabdingbar ist, erinnert sich heute kaum noch jemand daran, dass Putin nicht einen der tschetschenischen Kriege begonnen hat. Beide Kriege (1994 und 1999) entsprachen dem politischen Willen von Boris Jelzin. Ja, der Krieg 1999 war ein Bestandteil der »Operation Nachfolger« und konnte in diesem Sinne geführt werden, um damit auch Aksjonenko oder Stepaschin zu nutzen. Aber eine Entscheidung dieses Niveaus konnte bis zu seinem Abpfiff (am 31. Dezember 1999) nur Jelzin treffen.

Wenn man also jemanden für die beiden »Anti-Terror-Operationen« in Tschetschenien vor das Kriegsverbrechertribunal in Den Haag bringen will, dann müsste es der selige Jelzin sein.

Faktisch gewann Tschetschenien den zweiten Krieg (1999 bis 2003), was Putin praktisch zugegeben hat. Der andere Krieg von 1994 sollte das Unmögliche möglich machen – eine Wiederwahl Boris Jelzins für eine zweite Amtszeit. Er wurde 1999 erneut entfacht, um Wladimir Putin den Weg in den Kreml als Jelzins Nachfolger zu ebnen.

Vielleicht geht er aber auch auf den Krieg zurück, den das russische Imperium bereits 1817 anzettelte und 1864 fälschlicherweise für siegreich beendet erklärte. Der Krieg um die Kontrolle des Nordkaukasus hatte fast zweihundert Jahre gedauert. Sein Sinn liegt auf der Hand: Für das Imperium war weniger der Nordkaukasus selbst von Bedeutung als vielmehr die verlässliche Verbindung zu dem von ihm kontrollierten Transkaukasus – Georgien, Armenien, das heutige Aserbaidschan. Damit der Hund nicht ausbüchste, brauchte man eine Leine – und zwar die Territorien, die heute zur Russischen Föderation zählen und Tschetschenien, Inguschetien und Dagestan heißen.

Die Geschichte der jüngeren Tschetschenien-Kriege begann 1991. Zu diesem Zeitpunkt erklärte Tschetschenien, das sich formal Tschetschenisch-Inguschetische Autonome Republik innerhalb des Verbundes von Russland nannte, seine volle staatliche Autonomie. Anführer und Aushängeschild dieses Prozesses wurde Dschochar Dudajew, Generalmajor der sowjetischen Luftstreitkräfte – nicht nur ein beispielhafter sowjetischer Offizier, sondern auch ein typischer Vertreter des »sowjetischen Volkes«. Dudajew hatte einige Jahre im kaukasusfernen Estland gedient, wo er auch eine estnische Frau namens Alla geheiratet und eine nach sowjetischen Maßstäben mustergültige interethnische Familie gegründet hatte. Dann kehrte er in heimatliche Gefilde zurück, um 1991 bei den Republikwahlen zu gewinnen und den Kurs auf eine vollständige Autonomie zu verkünden.

In seiner Entscheidung überwog das Sowjetische sowohl über das traditionell Tschetschenische als auch über das Islamische. Die UdSSR fiel unaufhaltbar auseinander, und der sowjetische Offizier erkannte die verbündete Russische Föderative Republik nicht als legitimen Rechtsnachfolger der Supermacht an. Das hieß: Seine kleine, aber sehr stolze Republik, Erbin des politischen und militärischen Ruhms von Imam Schamil und Scheich Mansur, die dem mächtigen Russischen Imperium im 19. Jahrhundert so viele Probleme bereitet hatten, verdiente die Unabhängigkeit nicht weniger als irgendeine RSFSR. De facto wurde sie ihr auch zugestanden – Ende 1991, Anfang 1992, als die Sowjetunion endgültig zu Gott heimgerufen wurde.

Von diesem Moment an begann der massenhafte Auszug der Russen aus Tschetschenien. Dazu muss man wissen, dass die Hauptstadt Grosny 1991 eine typisch sowjetische Stadt war. Ethnische Russen und Juden machten nicht nur einen bedeutenden Teil der Bevölkerung Tschetscheniens aus, sondern auch der lokalen Elite. In der Zeit von 1991 bis 1993 verwandelte sich Tschetschenien in eine monoethnische Enklave, die hervorragend mit sowjetischen Waffen ausgerüstet und bereit war, bis zu einem siegreichen Ende für die eigene Freiheit zu kämpfen.

Gegen Boris Jelzin wurden schwere Vorwürfe wegen des Verlusts eines Teils des russischen Territoriums erhoben, mit denen er sich nicht abfinden konnte. Also musste er sich etwas ausdenken und handeln. Doch die Vorbereitung entschlossener Schritte würde eine Weile dauern.

Der Kreml hatte viel Zeit damit zugebracht, die islamischen Regionen an der Wolga, Tatarstan (Tatarien) und Baschkortostan (Baschkirien), in den Dunstkreis seiner Kontrolle zurückzuholen. Später, nach dem Beschuss des Parlaments im Oktober 1993, mussten auch noch einige Anstrengungen unternommen werden, um sich die Loyalität des Gouverneurs der Region Primorje (informell das Zentrum des russischen fernen Ostens) Jewgeni Nasdratenko zu sichern, der sich ebenfalls als kleiner Zar einer selbstständigen Region wähnte.

Der Kreml konnte den Gouverneur des Gebiets von Swerdlowsk, Eduard Rossel, in die Schranken weisen, der eine Republik Ural mit unklarem Status innerhalb des russischen Bundes schaffen und in diesem neuen Quasistaat sogar eine eigene Währung namens »Uralfranken« einführen wollte.

Jelzin stand in jenen Jahren also nicht so recht der Sinn nach Tschetschenien. Vielleicht hatte Putins Vorgänger mit seiner animalischen Intuition auch begriffen: Tschetschenien und Dudajew sind ein äußerst schwieriges Problem, das man erst dann angehen kann, wenn die Lösung keinen Tag Aufschub mehr duldet.

Im Frühjahr 1994 wurde Arkadi Wolski zu Dudajew nach Grosny geschickt. Wolski war Präsident des Russischen Industriellen- und Unternehmerverbandes und Parteiapparatschik mit langjähriger Dienstzeit – früher hatte er im ZK der KPdSU die Abteilung Maschinenbau geleitet. Ende der 1980er-Jahre kümmerte er sich im Auftrag von Michail Gorbatschow um die Regulierung des Konflikts in Nagorny Karabach, einer von ethnischen Armeniern besiedelten, separatistischen Enklave von Aserbaidschan.

Im Namen von Boris Jelzin bot Wolski dem Anführer der Republik Itschkeria (wie sich Tschetschenien nun nannte) die jordanische Staatsbürgerschaft, eine ordentliche Summe Geldes in amerikanischen Dollars sowie eine Sicherheitsgarantie bei der Übersiedlung des Generals und seiner Angehörigen in den Nahen Osten an. Dafür sollte Dudajew zurücktreten und dem Kreml die faktische Kontrolle über die Republik geben.

Doch Jelzins Emissär stieß auf kategorische Ablehnung. Dudajew sagte ganz direkt, er wolle lieber in seiner Heimat sterben, als sich von der Idee der Unabhängigkeit zu verabschieden. Erzürnt rief er dem Emissär Wolski zu: »Ich habe mich in Ihnen getäuscht.«

Der Tag X, der »Tag der Schlacht«, der als Signal für die politische Kampagne des Jahres 1996 diente, war im November 1994 gekommen. Nach der »Schocktherapie« der Liberalisierungsreformen von Jegor Gaidar und seinen Nachfolgern, nach dem Einsetzen einer Massennostalgie nach der kommunistischen Zeit mit ihrem funktionierenden Sozialsystem und den Institutionen zur Sozialisierung des Menschen generell, nach dem Entstehen einer um sich greifenden Psychose zum Thema »Unter Stalin waren wir jung, da wusste man noch, was Liebe ist«, nach all dem Bedauern darüber, dass man die parlamentarische Demokratie in Russland unter Beschuss gesetzt hatte, konnte sich Boris Jelzin sicher sein, dass er die Präsidentenwahlen 1996 nicht so einfach gewinnen würde.

Was er brauchte, war ein »kleiner siegreicher Krieg«. Arena und Stoßrichtung sollten Tschetschenien sein. Man wollte das separatistische Regime von Dudajew zermalmen und die aufständische Republik in den Mutterschoß des föderalen Zentrums zurückführen – was hätte ein besserer Grund sein können, Jelzin für eine zweite Amtszeit zu wählen?

Viele Mitstreiter des ersten, demokratisch gewählten Präsidenten von Russland wollten ihn von voreiligen Entscheidungen abhalten. Es waren Menschen, die sich konträr gegenüberstanden – ideologisch, mental und kulturell: von Jegor Gaidar bis Alexander Korschakow. Aber Jelzin setzte seinen Willen durch. Erstens lag es daran, dass der »kühne Boris«, der es riskiert hatte, im August 1991 das Staatliche Komitee für außergewöhnliche Zwischenfälle mit seiner gesamten Machtmaschinerie herauszufordern, sein wahres politisches Glück nur in radikalen Lösungen fand und in revolutionären Entscheidungen einen Abglanz seines Leitsterns sah. Zweitens machte dem Kreml-Herren der Verteidigungsminister der Russischen Föderation, Armeegeneral Pawel Gratschow, den Krieg schmackhaft. In den Tagen des Putsches im August 1991 hatte der Oberkommandant der Luftlandetruppen der UdSSR als einer der ersten sowjetischen Offiziere hohen Ranges Jelzin die Treue gehalten und die Anweisungen des Staatlichen Komitees für außergewöhnliche Zwischenfälle ignoriert. Zum Dank wurde er 1991 zum ersten Verteidigungsminister der unabhängigen RSFSR ernannt.

Seine wesentlichen Pluspunkte holte sich General Gratschow jedoch etwas später – am 3. und 4. Oktober 1993 –, als das Staatsoberhaupt, das entgegen der russischen Verfassung das Parlament aufgelöst hatte, auf den bewaffneten Widerstand mehrerer feindlicher Gruppierungen stieß, die sich im Gebäude des Obersten Sowjets verschanzt hatten, dem berüchtigten Weißen Haus an der Krasnopresnenskaja nabereschnaja. Die Konfrontation mit dem aufgelösten Höchsten

Sowjet, dessen Anhängern das Weiße Haus als letztes Bollwerk geblieben war, konnte nicht friedlich enden. Das Weiße Haus musste gestürmt werden, andernfalls hätte Jelzin ernsthaft einen Machtverlust und einen Umsturz riskiert.

In diesem Moment gab ihm das Ministerium für Staatssicherheit – der Nachfolger des legendären KGB – zu verstehen, dass seine Interessen nicht mit denen von Jelzin übereinstimmten und es nicht bereit war, Befehle zum Blutvergießen auszuführen. Alle Hoffnung lag nun auf dem Verteidigungsministerium und Gratschows Getreuen. Sie ließen Jelzin nicht im Stich.

Das Weiße Haus wurde am 4. Oktober von Panzern beschossen, wonach Spezialeinheiten ungehindert das Gebäude betreten und alle Anführer der aufständischen Abgeordneten verhaften konnten, einschließlich des Sprechers des Höchsten Sowjets Ruslan Chasbulatow und des Vize-Präsidenten Alexander Ruzkoi. Der Präsident der Russischen Föderation hatte also allen Grund, Gratschow zu vertrauen.

Dieser versuchte nun, Jelzin, sich und die Nation davon zu überzeugen, man könne Grosny quasi mit den Truppen »eines Fallschirmjägerregiments« einnehmen. Dabei war Gratschow nicht nur ein außergewöhnlich gerissener Höfling, der dem politischen Führer lediglich das empfahl, was dieser wollte. (Wir erinnern uns an ein ähnliches Verhalten von Alexander Woloschin im Jahr 2000, als Putin nicht zum Katastrophen-U-Boot *Kursk* fahren wollte und seine Höflinge ihm erklärten, warum er mit seinem Aufschiebeverhalten absolut richtig lag.) Darüber hinaus muss jede Armee ab und zu einen wie auch immer gearteten Krieg führen, um das Land und die Gesellschaft an ihre Unverzichtbarkeit zu erinnern. Ohne Krieg rostet eine Armee und ähnelt früher oder später einem Nassauer, einem parasitären Gewächs am Staatskörper, das ziellos gigantische Mittel des Steuerzahlers verschlingt.

Im November 1994 setzten sich die föderalen Panzer Richtung Tschetschenien in Bewegung. Die Republik wurde geradezu dem Erdboden gleichgemacht. Vom Schauplatz der Kriegshandlungen kamen die Särge mit russischen Soldaten zunächst zu Hunderten, dann zu Tausenden zurück. Dennoch wollte sich kein Triumphgefühl einstellen, weder bei den Eliten der Gesellschaft noch in den Massenmedien.

Anfang 1996 wusste man, dass Jelzin mit dem Thema »kleiner siegreicher Krieg« politisch nicht weit kommen würde. Daraufhin wurde ein alternatives, zutiefst antikommunistisches Szenario der Wiederwahl des Präsidenten für eine zweite Amtszeit erwogen, erdacht von Boris Beresowski, Anatoli Tschubais und ihren damaligen Gleichgesinnten.

Was Tschetschenien betraf, so meinte Jelzin, ein »schlechter Frieden« sei besser als ein »gerechter Krieg«.

Bereits 1995 hatten in der formal befriedeten, aber in Wirklichkeit keineswegs untertänigen Bergrepublik Präsidentschaftswahlen stattgefunden, die der Günstling des Kremls, der ehemalige Erste Sekretär des Tschetscheno-Inguschetischen Komitees der KPdSU Doku Sawgajew gewann. Doch Herr Sawgajew wurde keineswegs das legitime Oberhaupt von Tschetschenien. Er war nicht einmal in der Lage, seine Residenz in dem von föderalen Fliegern zerbombten Grosny zu errichten, und hielt sich in einem extra abgesicherten Objekt auf – dem Militärflughafen Sewerny in der Nähe der tschetschenischen Hauptstadt.

Im April 1996 fand General Dschochar Dudajew in den Bergen seinen Tod. Er wurde von einer ferngesteuerten Rakete getroffen, die von einem Standort der russischen Truppen abgefeuert worden war. Man konnte Dudajew deswegen anpeilen, weil er im Moment des Angriffs über das System Iridium sprach (das damals als

Kommunikationsmittel zu schlecht erreichbaren Orten sehr beliebt war). Er telefonierte gerade mit dem marginalen russischen Politiker und ehemaligen Börsenbroker Konstantin Borowoi, der als einer der wenigen politisch aktiven russischen Bürger mit dem Führer des tschetschenischen Aufstandes sympathisierte. In Wirklichkeit wird Borowoi wohl eine delikate Mission der russischen Geheimdienste ausgeführt haben, wofür er auch die Verbindung zu Dudajew hergestellt haben dürfte.

In der Neujahrsnacht des Jahres 1996 stürmten die Truppen des unabhängigen Itschkerias Grosny und stellten die Kontrolle über ihre Hauptstadt wieder her. Der Kreml, dem die militärischen Argumente ausgegangen waren und der innerhalb der russischen Bevölkerung auf immer mehr Unzufriedenheit mit der militärischen Aktion stieß, musste nun feststellen, dass er den »Ersten Tschetschenien-Krieg« verloren hatte.

Nach Jelzins erzwungenem und fadem Wahlsieg für eine zweite Amtsperiode als Präsident ließ Moskau freie Wahlen in Tschetschenien zu, das nun ohne Dudajew existierte. Erwartungsgemäß siegten die Separatisten. Präsident der Republik und Regierungschef wurde Aslan Maschadow, Oberst der sowjetischen Armee und Leiter von Dudajews Stab. Als Zweiter erreichte der junge Anführer der aufständischen Einheiten Schamil Bassajew das Ziel, der dafür mit dem Posten des ersten Vize-Ministerpräsidenten von Tschetschenien geehrt wurde.

Maschadow und Bassajew mochten sich nicht und waren meist verfeindet, aber einig in ihrem Wunsch nach einer Separierung von Moskau und der Ablehnung einer Mitgliedschaft ihrer Republik in der Russischen Föderation. Gemeinsam lösten sie Dudajews nominalen Nachfolger Selimchan Jandarbijew ab, den Vize-Präsidenten von Tschetschenien, der einige Monate nach dem Tod des Generals die Präsidentenpflichten übernommen hatte.

Auffällig war, dass im Mai 1996, kurz vor dem ersten Durchgang der russischen Präsidentschaftswahlen, Selimchan Jandarbijew und seine tschetschenischen Kollegen Jelzin ganz reale Hilfe leisteten. Die nachvollziehbaren Gefahren missachtend, waren sie nach Moskau gekommen und hatten sich vor laufenden Kameras mit dem föderalen Präsidenten getroffen, wobei sie sich gehorsam und geradezu untertänig zeigten.

Die Anführer des unabhängigen Tschetschenien erwiesen sich als brauchbare Schauspieler – dem tschetschenischen Volk liegt die Verstellungskunst generell im Blut, wie die Geschichte zeigt. Jelzin ließ es im Äther donnern und krachen, schimpfte auf Jandarbijew und seine Gefährten wie ein Rohrspatz, und die tschetschenische Delegation, die kurzzeitig ihre kriegerische Unabhängigkeitsmoral vergaß, verteidigte sich nur matt. Dem russischen Fernsehzuschauer musste ein solches Schauspiel natürlich gefallen.

Wie auch nicht: Wenn Jelzin auch den »kleinen siegreichen Krieg« verloren hatte, machte er die Sieger dennoch nass wie kleine Jungs! Jandarbijew agierte durchaus pragmatisch: Er wusste bereits, dass Moskau nach den Wahlen Friedensverhandlungen führen und einer faktischen Unabhängigkeit Tschetscheniens zustimmen würde. Man hatte ihn vorweg informiert, bereits während der Vorbereitung des äußerlich seltsamen, aber seinem Wesen nach völlig logischen Staatsbesuchs im vermeintlich feindlichen Moskau.

Im Juli 1996 holte Boris Jelzin seinen nominalen Wahlgegner ins Boot, der in Wirklichkeit ebenfalls vom Kreml positioniert worden war, um dem Kommunisten Gennadi Sjuganow Stimmen wegzunehmen. Es war Alexander Lebed, ehemaliger Oberkommandeur der 14. Armee, die im nicht anerkannten Transnistrien der Republik Moldau stationiert war. Der charismatische und brutale General Lebedew, der in seinem tiefsten Inneren alles andere als töricht oder ungebildet war, wurde von Boris Beresowski und Wladimir Gussinski mit allen möglichen finanziellen, organisatorischen und informativen Möglichkeiten ausgestattet und erreichte im ersten Wahldurchgang 15 Prozent der Stimmen. Danach willigte er ein, unter Jelzin Sekretär des Sicherheitsrats und Assistent des Präsidenten für Nationale Sicherheit zu werden, nachdem er seinem älteren Konkurrenten seine Wählerstimmen überlassen hatte.

Teilweise funktionierte das. Denn neben dem langweiligen Sjuganow punktete Lebed beim oppositionellen Wähler durch seine Jugend (obwohl er nur sechs Jahre jünger war als der diensttuende Kommunist, wirkte er einer anderen Generation zugehörig), durch seine unbändige Energie und den groben Glanz seiner zerhackten Sätze. »Hinfallen – reinfallen«, »Wer zuerst schießt, lacht am längsten«, »Mit verbundenen Augen schwimmt es sich schlecht in Salzsäure« – Lebeds Aphorismen werden dem Land noch lange im Gedächtnis bleiben.

Bemerkenswerterweise war General Lebed ein heftiger Gegner von Pawel Gratschow und stellte bei seiner Ernennung zum Sekretär des Sicherheitsrats die Bedingung, der Verteidigungsminister müsse unverzüglich ausgewechselt werden. Im Sommer 1996 stimmte Jelzin der »Auslieferung« seines treuen Ministers leidenschaftslos zu. Die gegebenen politischen Umstände erforderten dies, und Jelzin war bis ins Mark Politiker: in Strategie und Taktik, bestrafend und begnadigend, in Treue und Verrat. Er unternahm wichtige und hoch wichtige Entscheidungen nur aus politischen Motiven, andere Gründe waren für ihn stets zweitrangig.

Dergleichen lässt sich über unseren Helden Wladimir Putin nicht sagen. Sein Leben lang scheint er sich von der Politik freizuboxen und trifft seine Entscheidungen in erster Linie nach persönlicher Sympathie oder Antipathie, aufgrund seines eigenen Verständnisses moralischer Normen (gemäß einem »Mafia-Kodex«, nach dem heute ganz Russland lebt) und natürlich im Hinblick auf die wirtschaftlichen Interessen – seine eigenen und die des Staates.

Bald nach Jelzins Amtseinführung machte sich der Sekretär des Sicherheitsrates auf den Weg nach Tschetschenien und initiierte das sogenannte Abkommen von Chasawjurt (einer kleinen Stadt auf dagestanischem Territorium), das am 31. August unterzeichnet wurde und das Kriegsende sowie die Parameter der tschetschenischen Unabhängigkeit festschrieb. Gemäß dem Abkommen wurden die föderalen Streitkräfte vollständig aus Tschetschenien abgezogen, wobei eine Entscheidung über den Status der Republik auf den 31. Dezember 2001 verschoben wurde. Die aufständische Region war damit nicht formal, aber faktisch unabhängig.

Alle waren vom Vorgehen General Lebeds begeistert – von den Ultraliberalen bis hin zu den patentierten patriotischen Kommunisten sowjetischen Musters. Es hatte sich gezeigt: Er war es, der ersehnte Nachfolger des Präsidenten, der künftige zweite demokratisch gewählte Präsident der Russischen Föderation.

Selbstverständlich musste Lebeds jäher politischer Höhenflug, der in vielerlei Hinsicht durch Jelzins Team begünstigt worden war, bei diesem bitteren Neid hervorrufen. Zum Herbstende 1996 schickte der Präsident den Sekretär des Sicherheitsrats in den Ruhestand. Die politische Karriere von Alexander Lebed war damit aber noch nicht vorbei.

Im Frühjahr 1998 gewann er nicht ohne Glanz die Gouverneurswahlen in der Region Krasnojarsk – einer der größten Regionen des russischen Sibirien, berühmt als »russisches New Hampshire«. Hier spiegelt das Wahlverhalten des Elektorats am meisten die allgemeine politische Stimmung in Russland wider. Das Land wollte damals einen coolen Machtmenschen, und in Person von Lebed forderte das »russische New Hampshire« ihn ein.

Die beiden Höhepunkte des Wahlkampfes waren Alain Delons Besuch in der Stadt Krasnojarsk – ihn hatte Lebed während einer Reise nach Paris im Herbst 1996 kennengelernt – und die Fernsehdebatten mit dem Amtsinhaber Gouverneur Waleri Subow, während deren der ehemalige Sekretär des Sicherheitsrats seinen Opponenten gekonnt Paroli bot (und damit die Vorstellung zerstreute, er sei dümmlich). Wieder kam Lebed als möglicher künftiger Präsident ins Gespräch. Im Sommer 1999 schlug Beresowski den General allen Ernstes als Chef des Pro-Kreml-Wahlblocks »Einheit« vor.

Aber der Jelzin-Clan wollte nichts mehr von dem charismatischen Mann wissen, in dessen völlige politische Abhängigkeit er geraten war. Dort, wo auf der Vorbühne eine Putin-Figur auftauchen sollte, konnte ein Politiker des Systems Lebed nicht mehr blühen und gedeihen. Ab dem Jahr 2000 begann Jelzins Nachfolger, den General still, aber konsequent abzudrängen, indem er ihn keinen übernationalen politischen Raum mehr gewinnen ließ. 2002 kam der Initiator des Abkommens von Chasawjurt bei einem Hubschrauberabsturz ums Leben, ohne seine zweiten Gouvernementswahlen erlebt zu haben.

Im Herbst 1996 wurde der gedanken- und willenlose Iwan Rybkin Sekretär des Sicherheitsrats. Er war Sprecher der ersten postsowjetischen Staatsduma gewesen, ein bescheidener Parteiapparatschik aus Woronesh und einer der nominalen Anführer der Agrarpartei. Sein offizieller Stellvertreter war immer noch Boris Beresowski. Dieser befasste sich vor allem mit dem Geiselproblem – der Befreiung von Menschen, die während des Krieges verschwunden waren. Es gelang ihm, einige Dutzend Menschen auszulösen.

Viele Beobachter meinten, die Planung des Zweiten Tschetschenien-Kriegs, der Putin in den Kreml beförderte, ginge auf Beresowski zurück. Daran habe ich meine Zweifel. Wohl kaum haben Jelzins Verwandte, ohne die der Zweite Tschetschenien-Krieg nicht hätte beginnen können, Beresowski eine derart geheime Information zukommen lassen, die, durch ein loses Mundwerk in aller Welt verbreitet, unausweichlich zum Scheitern des Plans geführt hätte.

Wahrscheinlicher ist, dass dieser Krieg ohne Beresowski geplant wurde. Sein Name wurde nur genannt, damit man »im Fall der Fälle«, zum Beispiel bei einem Scheitern, die gesamte Verantwortung auf den anrüchigsten der Beteiligten an diesem Unternehmen zur Sicherung von Jelzins politisch-wirtschaftlichem System abwälzen konnte.

Ich erinnere daran, dass der Zweite Tschetschenien-Krieg formal am 30. September 1999 begann, als die föderalen Streitkräfte wie im Mai 1996 auf das Territorium von Tschetschenien vorrückten. Dies geschah auf Erlass von Boris Jelzin vom 23. September. Der Erlass klang schwammig: »Zu den Maßnahmen einer Erhöhung der Effektivität von Anti-Terror-Maßnahmen auf dem Territorium der Nordkaukasus-Region der Russischen Föderation«. Das heißt, der Krieg wurde wie zuvor nicht offen als solcher bezeichnet und blieb eine »Anti-Terror-Maßnahme«. Dadurch musste der Präsident Russland nicht in den Kriegszustand versetzen oder, wie in der Verfassung vorgesehen, die Erlaubnis des Föderationsrats einholen, der höchsten Kammer des Parlaments, die dem Kreml gegenüber zu diesem Zeitpunkt weniger loyal war als heute. Der Föderationsrat hätte 1999 theoretisch die Ausrufung des Kriegszustandes ablehnen können und damit dem Szenario »Nachfolger« einen herben Schlag versetzt.

Doch Jelzins schicksalhafter Erlass kam nicht aus dem Nichts:

- Das Eindringen der Rebellen unter Schamil Bassajew und des Kriegsfürsten jordanischer Herkunft al-Chattab nach Dagestan (August 1999) war das erste Signal dafür, dass sich der Krieg auf andere Regionen Russlands ausbreiten konnte, wenn man »den Wurm nicht zertritt«, also Tschetschenien einen deutlichen Denkzettel verpasste, wobei diese Gefahr sich nicht auf die islamischen und kaukasischen Regionen beschränkte: aus Dagestan hätten die Rebellen durchaus in die Regionen Stawropol und Krasnodar vordringen können.

➤ Nach den Sprengungen einiger Wohnhäuser in Moskau sowie in den Kleinstädten Bujnaksk und Wolgodonsk schrieb die öffentliche Meinung, die bereits von Anspielungen der Politiker und Aussagen der Massenmedien vorgewärmt war, diese Aktionen sogleich den tschetschenischen Separatisten zu. Die Logik der damaligen Informationskampagne, die in ihrem hysterischen Ton und Tempo an Fahrt gewann, lautete: Man muss etwas tun, sonst sprengen uns die verfluchten Tschetschenen alle in die Luft!

Daraufhin fing man an, sich auf einen Krieg vorzubereiten, der im Schicksal von Wladimir Putin dieselbe Rolle spielen sollte wie der Putsch des Staatlichen Komitees für außergewöhnliche Zwischenfälle der UdSSR (1991) und der Beschuss des russischen Parlaments (1993) in der Karriere seines Vorgängers. Ja, Putin muss in diesem Sinne ein Präsident genannt werden, der über Leichen ging. Aber es gibt einen großen Unterschied.

Wladimir hatte es nicht nach Macht gedürstet – er willigte nur ein, Jelzins Nachfolger zu werden. Die blutigen Entscheidungen hatte nicht er getroffen, ganz im Unterschied zum Demokraten Jelzin, der niemals Halt machte vor dem Vergießen des menschlichen Lebenssafts. Das nimmt Putin nicht die Verantwortung, lässt den Machtwechsel aber in einem anderen Licht erscheinen.

Heute können wir mit großer Sicherheit davon ausgehen, dass hinter der Entscheidung für den Krieg sowohl formal als auch faktisch die »Familie« (im weitesten Sinne) von Jelzin stand, wie auch hinter allen vorbereitenden Schritten, die den Krieg vor Russland und der ganzen Welt rechtfertigten, um damit gleichzeitig die Aufmerksamkeit davon abzulenken, warum er in Wirklichkeit geführt wurde.

Ich weiß nicht, wer die Wohnhäuser tatsächlich in die Luft gesprengt hat, deren Bewohner Jelzins Erlass vom 23. September 1999 sowie die folgenden Ereignisse an der tschetschenischen Front mit ihrem Leben rechtfertigen mussten. Aber ich stelle mir seitdem einige Fragen:

- Wenn man der Theorie von der »tschetschenischen Spur« glauben will – warum haben die Terroristen dann Häuser am Stadtrand in die Luft gesprengt, die von armen, unbekannten Menschen bewohnt waren? Beim löchrigen Sicherheitssystem jener Tage hätte man schließlich auch elitäre Gebäude im Moskauer Stadtzentrum sprengen können, was die einflussreichen Russen weit mehr geschockt hätte. Vielleicht hatte da jemand Mitleid mit seinesgleichen?

- Wenn man außerdem glauben möchte, dass die Tschetschenen die russischen Städter einschüchtern wollten, warum haben sie dann nicht den logischen Weg gewählt zu den Wohnstätten jener, von denen viele politische Entscheidungen abhingen? Warum hörten die Sprengungen nach dem Beginn der »erneuten Phase der Anti-Terror-Operationen« auf? Aus Sicht der separatistischen Terroristen hätte man derartige Aktivitäten verstärkt fortführen müssen, um den Kreml damit zu einer Einstellung der Kampfhandlungen und neuen Verhandlungen mit den Aufständischen zu bewegen.

Die wenigen, denen die Antwort auf diese Fragen bekannt ist, möchten sie möglichst lange unter Verschluss halten.

Ich bin mir nicht sicher – obwohl ich es mir vorstellen könnte –, ob Schamil Bassajew und al-Chattab nicht nur deshalb »termingerecht« in Dagestan eingedrungen sind, weil es sie juckte, mal wieder in eine Schlacht zu ziehen. Es mag wohl auch daran gelegen haben, dass sie vor allem das Szenario von 1996 wiederholen wollten. Damals hatte Boris Jelzin die tschetschenische Seite um Hilfe für den Sieg bei den Wahlen gebeten – und im Gegenzug kam es zum Abkommen von Chasawjurt und einer faktischen Anerkennung der Unabhängigkeit der Republik.

Offenbar machte man Bassajew 1999 einen analogen Vorschlag: Du hilfst uns, den Nachfolger von Jelzin an die Macht zu bringen, und im Gegenzug nimmst du den Platz von Aslan Maschadow ein, wonach sich die ganze Arie mit der Anerkennung/Nichtanerkennung der Tschetschenischen Republik Itschkeria noch unbestimmt lange hinziehen kann. In der Frage der tschetschenischen Unabhängigkeit konnte man schließlich nach der Formel des bekannten europäischen Sozialdemokraten des 19. Jahrhunderts Eduard Bernstein vorgehen: Das Ziel ist nichts, die Bewegung ist alles.

Wladimir Putin ist in der Folge so manches Mal öffentlich zu diesem Satz zurückgekehrt, wenn er ihn auch manchmal im Eifer des Gefechts, aus Ermüdung oder Vergesslichkeit Lew Trotzki zuschrieb. Wie eine Analyse seines öffentlichen Auftretens zeigt, erinnert sich Putin oft an das, was in seinem Leben eine wichtige Rolle gespielt oder ihn wenigstens ein bisschen berührt hat.

Dennoch ist der Architekt dieses Krieges und aller seiner ihn begleitenden Vereinbarungen nicht Putin, sondern Jelzins »Familie«. Wenn die Explosionen der Wohnhäuser in den tristen Schlafstädten russischer Städte eine Provokation waren, mit der der Zweite Tschetschenien-Krieg gerechtfertigt werden sollte, dann sind sie wohl kaum von Vertretern, Strukturen oder Unterabteilungen der offiziellen Geheimdienste angezettelt worden. Jelzin und seine nächste Umgebung hatten viel zu wenig Vertrauen in die Staatssicherheit.

Dazu gab es allen Grund: 1991 hatte der KGB der UdSSR, der damals so machtvoll und sowohl im militärischen als auch im juristischen Sinne mit allen Möglichkeiten ausgestattet war, die Sowjetmacht einfach verraten und die Augen vor dem Zerfall der seiner Obhut anvertrauten Supermacht verschlossen. 1993 dann zogen sich die Tschekisten aus der Verantwortung für den Sturm des Weißen Hauses, nachdem sie deutlich gemacht hatten, dass ein Sturz des Präsidenten und die Machtübernahme durch Ruslan Chasbulatow und Alexander Ruzkoi für sie eine völlig normale Entwicklungsmöglichkeit der Ereignisse darstellen würde. 1998, am Vorabend der großen Erschütterungen in der russischen Wirtschaft, entließ Jelzin ohne sichtbare Gründe oder verständliche Erklärungen den KGB-Kader General Nikolai Kowaljow vom Posten des Direktors des FSB der Russischen Föderation und ernannte stattdessen Wladimir Putin in dieses Amt, von dessen Verhältnis zu seiner Alma Mater wir bereits gesprochen haben.

Nein, alle diese Menschen konnten eine so delikate Mission wie die Vorbereitung auf einen tschetschenischen Krieg Nummer zwei nicht den offiziellen Gewaltstrukturen überlassen. All das wurde von informellen Strukturen übernommen, deren Vertreter man danach vernichtete, um alle Spuren zu verwischen.

Nicht ohne Grund habe ich der Jelzin-Zeit, den Beziehungen zwischen Russland und Tschetschenien und der tatsächlichen Genesis des Zweiten Tschetschenien-Kriegs so viel Aufmerksamkeit gewidmet. Wenn wir Putin so weit wie möglich verstehen wollen, müssen wir uns bewusst sein, dass es keine eigenständige Putin-Epoche gibt. Es gibt eine allgemeine Jelzin-Putin-Epoche, wie es eine einheitliche Jelzin-Putin-Elite und eine durchgängige Logik der Macht gibt.

Jelzin war bereit, viel Blut zu vergießen, damit Putin Präsident werden konnte. Auch wenn Putin sich nicht um das Präsidentenamt riss, schätzte er Jelzins Vorgehen aufrichtig und vergaß es ihm nie. Das, was der zweite russische Präsident nach dem Rücktritt des ersten tat, stellt keine Abweichung vom Kurs seines Vorgängers dar, und schon gar nicht gab es eine »Revanche der Geheimdienste«, wie klischeeverklebte Hirne immer noch meinen, die propagandistische Konstruktionen anstelle der Realität analysieren.

Putin setzte all das fort, was Jelzin begonnen hatte – jedenfalls das, was objektiv durch den Umsturz im Oktober 1993 und die erzwungene Annahme einer neuen Verfassung im Dezember 1993 konstituiert worden war –, und führte es zu einem logischen Schluss. Das autoritäre Regime totaler Korruption, das wir Putin zuschreiben, ist eine direkte Folge aller Ereignisse, die sich zwischen dem 3./4. Oktober und dem 12. Dezember 1993 ereigneten. Der Zweite Tschetschenien-Krieg ist eine Etappe, kein Ausrutscher in der Gesamtgeschichte der modernen russischen Eliten, wie sehr sich die meisten von ihnen, die heute ihre Kinder in die euroatlantische Welt schicken, damit sie dort studieren und ein »zivilisiertes« Leben führen, auch vom blutigen Hintergrund ihres eigenen Werdegangs distanzieren.

Den eigentlichen Sinn des Zweiten Tschetschenien-Krieges ahnten oder kannten nur wenige. Die Generäle der sowjetisch-russischen Armee Viktor Kasanzew, Gennadi Troschew und Wladimir Schamanow, die den Angriff leiteten, waren ernsthaft davon überzeugt, dass dieser Krieg eine Sache der Ehrbezeugung gegenüber dem künftigen Nachfolger des Präsidenten sei, der den Streitkräften ihre frühere Autorität zurückgeben werde, wie auch einen besonderen Platz im System der Staatsgewalt. Ganz ehrlich sahen sie Putin im Gegensatz zu Jelzin und meinten, es bräche eine neue Epoche an, in der sich Russland »von den Knien erheben« werde.

Ein wörtliches Verständnis des Ausdrucks »Amtsnachfolger« kam ihnen nicht, beziehungsweise erst viel später in den Sinn, als man die durch föderale Fernsehsender stark popularisierten Generäle 1999/2000 auf dem Müllplatz der Geschichte entsorgte.

Viktor Kasanzew, der gewaltigste und erfahrenste von ihnen, befand sich 2000 bis 2004 auf dem herausragenden, aber ohne reale Befugnisse ausgestatteten Posten des Generalbevollmächtigten des russischen Präsidenten im Föderationskreis Südrussland, wonach er sich in der politischen Landschaft auflöste.

Der gewitzteste und feinsinnigste von ihnen – Gennadi Troschew – kam bei einem Flugzeugunglück in der Nähe von Perm 2006 ums Leben.

Der aktivste und aggressivste – Wladimir Schamanow –, der bereits 2000 gewisse Ambitionen auf den Präsidentenposten hatte verlauten lassen, vollzog 2001 eine durchdachte und zukunftsweisende politische Geste: Er stellte sich den Gouvernementswahlen im Gebiet Uljanowsk (einer depressiven Region an der Wolga, vor allem bekannt als Wahlheimat von Wladimir Iljitsch Lenin) und gewann sie bereits im ersten Wahlgang.

In Uljanowsk jedoch blieb Schamanow das Glück nicht hold. Auf dem Gouverneursposten gab er sich offen dem Alkohol hin und kooperierte mit einigen dubiosen Figuren des Business mit kriminellem Hintergrund. Die Sache endete damit, dass Schamanows Frau 2004 in einem Brief an Putin darum bat, ihren trinkfreudigen Mann vom obersten Posten des Verwaltungsgebiets abzuziehen.

Der Präsident kam der armen, notleidenden Frau sofort zu Hilfe: Der Held des zweiten tschetschenischen Krieges bekam einen bescheidenen Posten in der Hauptstadt als Assistent des Ministerpräsidenten Michail Fradkow. 2010 kehrte der General zwar als Kommandant der Luftlandetruppen zu den Streitkräften zurück. Aber da war er bereits ein anderer Schamanow: ohne Ambitionen und kämpferischen Glanz in den Augen.

Der Kreml tat alles, damit die Generäle, die man ohne besondere Mühe als wichtigste Polittechnologen von Putins Sieg 1999/2000 bezeichnen kann, sich nicht zu viel einbildeten und keine Wünsche hinsichtlich der politischen Macht hegten. Darin war er zweifellos überaus erfolgreich. In politischer Hinsicht haben in Russland nur zwei Menschen den Zweiten Tschetschenien-Krieg wirklich gewonnen – Wladimir Putin und natürlich Ramsan Kadyrow.

Ganz zu Beginn des Krieges gelang es Moskau, einige einflussreiche Tschetschenen auf die eigene Seite zu ziehen, die, angefangen bei Dudajews Zeiten, einen kompromisslosen Kampf für Russlands Unabhängigkeit geführt hatten. Darunter waren vor allem Mufti Achmat Kadyrow und Familie Jamadajew. Über diese außergewöhnlichen Persönlichkeiten ist gesondert zu sprechen – die meisten von ihnen kamen im ersten Jahrzehnt des 21. Jahrhunderts gewaltsam zu Tode, nachdem sie Ramsan Kadyrow den Weg zur absoluten Macht in Tschetschenien geebnet hatten.

Achmat-Hāddsch Kadyrow (»Hāddsch« bezeichnet einen Moslem, der den Haddsch, die Pilgerfahrt nach Mekka, unternommen hat) wurde wie die älteren Brüder der Familie Jamadajew in Kasachstan geboren. Dorthin waren 1944 einige Hunderttausend Tschetschenen auf Stalins Befehl deportiert worden – wegen ihrer Kollaboration mit den »deutsch-faschistischen Okkupanten«. Während der vegetarischen Phase des kommunistischen Regimes in den Tagen des Generalsekretärs des ZK der KPdSU Leonid Breschnew kamen sie alle in ihre ursprüngliche Heimat Tschetschenien zurück.

Dort wurde am 5. Oktober 1976 im Dorf Zentoroi Achmat Kadyrows jüngster Sohn Ramsan geboren, der heute weit über die Grenzen Russlands als Herrscher der Bergrepublik von sich reden macht. Die Kadyrows und die Jamadajews gehören zu ein und derselben Sippe – dem sogenannten Tejp Benoi (Tejps sind die ursprünglichen Formen der kollektiven Organisation der tschetschenischen Ethnie).

Während des Ersten Tschetschenien-Krieges waren die Brüder Jamadajew Militärkommandanten, die auf der Seite von Dschochar Dudajew gegen Russland kämpften – für die absolute Unabhängigkeit. Achmat-Hāddsch Kadyrow war ein Mufti, der Russland den Dschihad erklärte. In der Folge wollte man Kadyrow Senior den Vorwurf machen, er habe angeblich dazu aufgerufen, dass jeder Tschetschene 150 Russen töten solle. Der Religionsführer wusste sich zu verteidigen: Nach eigenen Worten hatte er nicht dazu aufgerufen, jede tschetschenische Seele solle eine konkrete Zahl von Subjekten vernichten, sondern das Maximum – so viele wie möglich.

Für seine großen Verdienste in der Sache des tschetschenischen Widerstands wählten die Imams der Bezirke der Republik Achmat-Häddsch Kadyrow 1995 zum Obermufti von Tschetschenien. Nach dem Tod von Dschochar Dudajew beschloss der ambitionierte Islamist, er könne Tschetschenien nicht schlechter lenken als der betagte Oberst. Er erreichte seine Wahl zum militärischen Amir – dem obersten Feldherren der Republik, dem der Idee nach alle Streitkräfte untergeordnet sind.

Maschadow erkannte eine solche Eigenmächtigkeit verständlicherweise nicht an und entfernte seinen aggressiven Opponenten vom Posten des Obermuftis. Gleichzeitig erklärte er ihn zum Feind des tschetschenischen Volkes, was in der Tradition des Bergvolkes einem Todesurteil gleichkam, das jeder tschetschenische Mann, der eine Abneigung gegenüber Abtrünnigen und Meuterern empfindet, vollstrecken darf.

Achmat-Häddsch Kadyrow erkannte seine Enthebung nicht an und erklärte, er könne nur von denen abgesetzt werden, die ihn gewählt hätten – also von den Imams der Bezirke, jedoch nicht von einem islamfernen Oberhaupt der Republik. Parallel brachte der Mufti eine propagandistische Kampagne ins Rollen, mit der er beweisen wollte, dass Aslan Maschadow die Situation in Tschetschenien nicht im Griff habe und man seinen Entscheidungen nicht unbedingt Folge leisten müsse.

In Wirklichkeit jedoch war ihm klar, dass das Spiel gegen Dudajews Nachfolger im Alleingang eine gefährliche und vielleicht sogar undankbare Angelegenheit war. Kadyrow Senior wurde bewusst, dass er verlässliche Partner brauchte – innerhalb von Tschetschenien und seines Tejps Benoi –, die Jamadajews. Zu dieser Zeit machten vor allem die beiden älteren Brüder Ruslan (Chalid) und Sulim (Sulejman) von sich reden. Außerhalb sollten die föderalen Streitkräfte seine Partner sein, die es gerade nach einem Krieg dürstete, der allerdings diesmal nicht so wie 1994/96, sondern siegreich enden sollte.

Bald nach Beginn des Zweiten Tschetschenien-Krieges erklärten Achmat-Hāddsch Kadyrow und die Jamadajews die tschetschenischen Bezirke Gudermes und Kurtschalojewsk zu Gebieten außerhalb von Maschadows Machtbefugnissen und übergaben den anrückenden föderalen Truppen die zweitgrößte Stadt der Republik Gudermes. Diese Ereignisse versetzten den sich zur Wehr setzenden Adepten der Unabhängigkeit einen herben moralisch-politischen Schlag. Von nun an standen Kadyrow und seine Partner auf der Seite Moskaus. Eine Ablösung Tschetscheniens von der Russischen Föderation brauchten sie nicht mehr.

Achmat-Hāddsch wurde bewusst, dass er viel mehr bekommen konnte als nur den formalen Status eines unabhängigen Staates auf einem heruntergewirtschafteten, zerschossenen und schwer lenkbaren Bergterritorium. Er konnte eine faktische Unabhängigkeit bekommen, die mit gigantischen finanziellen Geldflüssen aus Moskau fundiert war. Im Gegenzug musste er nur einen formalen Schwur der Loyalität gegenüber dem »weißen Zaren«, dem Hausherren des Moskauer Kremls tun.

Wie sagt der altchinesische Weise Kuàiliáng, eine Figur aus Luó Guànzhōngs bekanntem Roman *Die Geschichte der drei Reiche,* in dem er seinen Herrscher überredet, sich dem mächtigen Feind zu ergeben? »Gehorsam und Ungehorsam sind relativ, Stärke und Schwäche jedoch absolut.« Die Weisheit des mittlerweile verstorbenen Muftis Kadyrow lag darin, dass er sich optimal den Realitäten im russischen Nordkaukasus Ende des 20., Anfang des 21. Jahrhunderts anzupassen vermochte.

Entscheidend war nicht, die Unabhängigkeit auszurufen. Es reichte, Gehorsam anzudeuten und dafür irdisches Wohlergehen zu erlangen, von dem seine Vorfahren und auch er selbst, ein Kind der kasachischen Aussiedlung, nur hatten träumen können. Die Übersetzung der These von Kuàiliáng in die moderne Sprache der Monetokratie (der Allmacht des Geldes) konnte für Achmat-Häddsch lauten: Gehorsam und Ungehorsam sind relativ, das große Geld und sein Fehlen jedoch absolut.

Der Sturm von Grosny setzte kurz vor Neujahr 2000 ein und endete am 6. Februar 2001. Von der tschetschenischen Hauptstadt war nur ein Haufen rauchender Trümmer übrig geblieben. Aber wer trauerte schon um die zerstörte Stadt, wenn dank des Krieges Wladimir Putins Umfragewerte 52 Prozent erreichten? Und das bei einem Ausgangswert von 6 Prozent im August 1999! Das alles hatte der Zweite Tschetschenien-Krieg bewerkstelligt. Und der wollte nicht aufhören – es ging immer weiter. Aslan Maschadow, Schamil Bassajew und Ruslan Geljajew hatten Grosny im Februar 2000 verlassen und dachten nicht daran aufzugeben. Immerhin verfügten sie über die erfolgreiche Erfahrung des Ersten Tschetschenien-Krieges. Erfahrung ist ein schrecklicher Lehrmeister des Menschen.

Nach den Präsidentschaftswahlen 2000, die Putin als Präsidenten des Landes legitimierten, stellte sich endgültig die Frage nach den bürgerlichen Gewalten in Tschetschenien. Im März wurde die Republik – vorübergehend für die Zeit einer ausgedehnten Anti-Terror-Operation – einer direkten föderalen Verwaltung unterstellt. Wladimir Putin musste ein Oberhaupt für die Republik wählen. Und das tat er recht schnell: Achmat-Häddsch Kadyrow.

Der 48-jährige Mufti, der kurz zuvor noch als Ideologe des antirussischen Dschihad aufgetreten war, schlug ein System strenger Verabredungen nach dem »Mafia-Kodex« vor: Ihr im Kreml gebt mir das Mandat für eine ungeteilte Macht in Tschetschenien, die Lizenz, alle meine Feinde zu töten, sowie ein reichhaltiges Finanzierungsbudget. Ich werde stets den Anschein erwecken, dass die Republik ein unverzichtbarer Teil von Russland ist. Ihr lasst mich den Krieg de facto gewinnen, und ich gebe euch das Recht zu behaupten, dass ihr den Krieg gewonnen habt.

Der Mufti hatte Glück: Er musste sich nicht mit dem ersten demokratisch gewählten Präsidenten der Russischen Föderation abgeben, sondern hatte es bereits mit dem zweiten zu tun. Auch wenn Boris Jelzin während seines Lebens im Amt einige Transformationen hatte erdulden müssen, war er doch bis zum Schluss Ideologe geblieben. Wladimir Putin, der als Staatslenker den logischen Übergang von der sowjetischen Ideokratie zu einer postsowjetischen Monetokratie vollenden sollte, fühlte und wusste hingegen, dass Geld und »Mafia-Kodex« stärker sind als jede Ideologie. Darin waren sich der Kreml-Herr und der tschetschenische Mufti einig.

Allerdings sparte Selimchan Jandarbijew in jenen Tagen nicht mit Offenbarungen über die tiefgreifende Zusammenarbeit zwischen Kadyrow Senior mit dem KGB der UdSSR, die angeblich bereits in den 1980er-Jahren begonnen hatte. Äußerst seltsam war beispielsweise das Studium des künftigen Muftis in der Koranschule von Buchara (Usbekistan), die er ab 1981 besuchte und bereits nach zwei Jahren abschloss, obwohl die volle Ausbildung ganze sieben Jahre in Anspruch nahm. Da passte einiges nicht zusammen. Kadyrow behauptete, dass er die Mauern der Koranschule dreieinhalb Mal so schnell hinter sich lassen konnte, weil er sich seit seiner kasachischen Kindheit inbrünstig dem Koranstudium gewidmet hatte, doch das glaubten nur wenige.

Nach Jandarbijews Theorie hatten die Kriegsfürsten Schamil Bassajew und Ruslan Geljajew bei der Rückeroberung von Grosny während des Ersten Tschetschenien-Krieges das KGB-Archiv der Republik gefunden, in dem sich auch sehr viele den Mufti belastende

Dokumente befanden. Allerdings ist nicht klar, warum die Separatisten so lange schwiegen – vielleicht hatten sie in ihrem Kampf um die Macht gegen Aslan Maschadow auf Achmat-Häddsch gezählt? Wie auch immer, die Folgen seiner Offenheit bekam der ehemalige Vize-Präsident von Tschetschenien 2004 in vollem Maße zu spüren, als ihn russische Agenten in Doha, der Hauptstadt von Katar, in die Luft sprengten.

Zunächst meinte man, ein ethnischer Russe und direkter Abgesandter Moskaus könne als Ministerpräsident von Tschetschenien die Macht von Achmat-Häddsch Kadyrow halten, begrenzen und kontrollieren. Als Ersten in dieses Amt wählte man 2003 den stellvertretenden Gouverneur des Verwaltungsgebiets von Wolgograd Anatoli Popow. Doch das Oberhaupt der Tschetschenischen Republik zeigte ihm bald, was man im Nordkaukasus von Kontrolle und Rechenschaft hält.

Zwischen Kadyrow Senior und Popow kam es zu einem Zerwürfnis anlässlich der Finanzierung für den Bau einer großen Moschee aus dem föderalen Budget. Der Erste meinte, die Moschee müsse unbedingt gebaut werden, der Zweite hielt ihm entgegen, das Geld dafür sei im Budget nicht vorgesehen, und eine nicht zielgerichtete Verwendung von Staatsgeldern sei eine Straftat.

Das Ergebnis des Disputs: Auf einem Bankett in Grosny wurde Anatoli Popow vergiftet. Er konnte gerade noch gerettet werden, nachdem man ihn auf schnellstem Wege in ein Krankenhaus seiner Heimatstadt Wolgograd gebracht hatte. Sein Nachfolger auf dem Posten des Ministerpräsidenten der Republik Sergei Abramow zeigte sich hinsichtlich seiner Polemik bei Verhandlungen mit dem Präsidenten zu wichtigen wirtschaftlichen Fragen etwas zurückhaltender.

Zur selben Zeit wuchs auch die Bedeutung der Familie Jamadajew, in der neben Ruslan-Chalid und Sulim-Sulejman bereits jüngere

Brüder in Erscheinung traten – Issa und Badrutdin. Die Jamadajews integrierten ihre Brigaden in die föderale Armee: Sulim wurde Kommandeur des offiziellen Bataillons der Hauptverwaltung für Aufklärung beim Generalstab Wostok. Allem Anschein nach sollte er nach dem Plan seiner Brüder die Rolle des wichtigsten militärischen Führers der Tschetschenischen Republik übernehmen. Für die Liquidierung des in Tschetschenien kämpfenden, besonders gefährlichen arabischen Söldners Abu l-Walid durch die Truppe Wostok wurde er 2005 als »Held Russlands« geehrt.

Ruslan hingegen steuerte politische Macht an: 2003 wurde er Abgeordneter der Staatsduma von Tschetschenien und nahm damit die erste Stufe der Karriereleiter. Der Weg zur Herrschaft über Tschetschenien – zunächst parallel mit Kadyrow Senior, dann unabhängig von ihm – schien einfach und klar.

Die Jamadajews wussten noch nicht, dass aus dem fauligen Schatten der Geschichte bald Ramsan Kadyrow treten würde, der vielen seiner Opponenten ein baldiges Wiedersehen mit den Huris an paradiesischen Orten bescheren sollte. Doch noch war Ramsan ein bescheidener Bewacher seines Vaters, der eilig eine eigene Garde zusammengestellt hatte: Verständlicherweise konnte er weder den föderalen Streitkräften noch den ehemaligen tschetschenischen Kriegsfürsten trauen, die von Zeit zu Zeit mit dem Mufti-Präsidenten in einem Boot saßen.

Noch ergaben sich die Separatisten nicht. Am 23. Oktober 2002 nahmen 44 Terroristen unter dem Anführer Mowsar Barajew, einem getreuen Adepten der tschetschenischen Unabhängigkeit, während einer Vorstellung des beliebten Musicals *Nord-Ost* in Moskau mehr als 800 Geiseln. Der Anschlag erschütterte ganz Russland. Wladimir Putins Macht hing einige Tage buchstäblich am seidenen Faden. Wie ein aus meiner Sicht recht zuverlässiges Apokryph sagt, betete der Präsident in jenen Tagen in der Hauskirche des Kremls. Am

Abend des 25. Oktober stimmte der Leiter der russischen Präsidentenadministration Alexander Woloschin dem Plan zu, das Theaterzentrum zu stürmen.

Die Terroristen wurden mit einem Nervengift betäubt und dann erschossen. Aber auch viele Geiseln erlitten Gasvergiftungen. Die schwache Organisation von Krankentransporten führte dazu, dass 129 Opfer des Anschlags auf dem Weg in die Krankenhäuser oder in den Lazaretten starben. Die Ereignisse schockierten die russische Öffentlichkeit zutiefst. Dennoch hielt Putin stand. Und die »Befriedung« Tschetscheniens ging weiter.

Einen weiteren schweren Schlag musste WWP am 9. Mai 2004 hinnehmen. An diesem Tag fand im Stadion Dynamo in Grosny ein Konzert statt, das dem 59. Jahrestag des Sieges der UdSSR im Zweiten Weltkrieg gewidmet war. Die frisch renovierte VIP-Tribüne war von Präsident Kadyrow und seinem Gefolge besetzt. Noch bevor das Konzert begann, kam es hier zu einer starken Explosion. Sechs Menschen kamen ums Leben, darunter auch Achmat-Hāddsch Kadyrow und der Sprecher des tschetschenischen Parlaments Hussein Issajew. Sherlock Holmes, Hercule Poirot und Kommissar Maigret hätten endlos nach den Gründen für den Tod von Kadyrow Senior forschen können, ohne eine Antwort zu finden.

Die progressive Öffentlichkeit gibt immer gern den föderalen Streitkräften die Schuld an allem – angeblich wollten sie nicht die Kontrolle über Tschetschenien verlieren, was immer unvermeidbarer wurde, je mehr der Kadyrow-Clan sich festigte. Man weiß doch, dass seit Stalin und der Erschießung der Gruppe von hochrangigen Verschwörern beim Militär mit Marschall Michail Tuchatschowski an der Spitze im Jahre 1937 russische Offiziere keine Politik mehr machen – sie führen lediglich politische Entscheidungen aus, die sie nicht getroffen haben.

Ramsan Kadyrow, der an die Macht kam und sich dort mauserte, wies in Richtung Familie Jamadajew – sie seien es gewesen, die Achmat-Hāddsch Kadyrow schnellstens ablösen wollten. Quellen aus dem Umfeld der empörten Jamadajews hingegen deuteten auf eine mögliche Beteiligung von Kadyrow Junior selbst hin – angeblich habe sein Vater den zweiten Sohn nicht sonderlich geschätzt, und so sei Ramsan nur ein Weg geblieben, um handlungsfähig zu werden …

Nach offiziellen Angaben war der Mord natürlich von den übrig gebliebenen Separatisten geplant und durchgeführt worden. Bereits kurz vor seinem Tod 2006 hatte Schamil Bassajew auf der Internetseite Kawkas-Zentr erklärt, er übernehme die Verantwortung für dieses Verbrechen. Man weiß allerdings nicht, ob man diesem Geständnis Glauben schenken soll. Immerhin nehmen Terroristen ja immer ganz gern die Verantwortung für fremde Sünden auf sich – als weltweite Werbemaßnahme. Nach dem Verschwinden von Bassajew (der Ausdruck »Tod« kann hier nicht ganz zutreffend und richtig sein – wer weiß schon, ob der bekannte Terrorist tatsächlich getötet wurde?) konnte man dem »tschetschenischen Übeltäter« sowieso alles anhängen und alle realen und irrealen Beteiligten an diesem Drama zufriedenstellen. Zumindest bis zu einem bestimmten Zeitpunkt.

Am selben Tag, dem 9. Mai, wurde Ramsan Kadyrow von Putin im Kreml empfangen. Er erschien im wichtigsten Empfangszimmer des Landes in Trainingsanzug und Turnschuhen – als habe er es nicht geschafft, sich umzuziehen. Damit demonstrierte er ganz deutlich, dass er sich nicht für einen gehorsamen Ziehsohn der föderalen Macht hielt und es auch nie tun würde. Im Kaukasus haben derartige Zeichen, Symbole und Botschaften eine besondere Bedeutung.

Putin drückte Ramsan an seine liebende Brust und gab ihm zu verstehen, dass er in ihm die Fortführung der Sache des Vaters sehe, des Garanten und Wahrers des ursprünglichen »Mafia-Kodex« aus dem Jahr 2000. Intuitiv hat sich WWP kein bisschen geirrt. Sah er in Ramsan vielleicht auch einen eigenen Sohn? Konnte er sich endlich als Vater eines erwachsenen, starken Mannes fühlen? War dieses besondere Zusammentreffen nicht eine Bewusstwerdung seiner Pflicht als Waise gegenüber einer anderen Waise, die nun allein auf sich gestellt mit der harten Realität konfrontiert war? Ob dies zutrifft oder nicht – am 9. Mai 2004 begann die Epoche von Kadyrow Junior, die bis zum heutigen Tag anhält.

Man kann nicht sagen, dass die Mitstreiter und Weggefährten des entschlafenen Mufti-Präsidenten die Erhöhung von Kadyrow Junior mit Begeisterung aufgenommen hätten. Im Gegenteil. Sowohl die Brüder Jamadajew als auch andere Rebellen, die mit Beginn des Zweiten Tschetschenien-Krieges zur föderalen Seite gewechselt waren – der FSB-Offizier und Kommandant der Abteilung Gorez Mowladi Baissarow, der Leiter des Spezialbataillons Wostok der Hauptverwaltung für Aufklärung Bislan Elimchanow und einige andere –, stimmten darin überein, dass man Ramsan aufhalten müsse, solange es nicht zu spät sei.

Aber die föderalen Machtstrukturen verrieten im entscheidenden Moment sowohl Mowladi Baissarow, die Jamadajews als auch Elimchanow. Damit zeigte sich wieder einmal, wie trügerisch der Mythos vom »tschekistischen Russland« ist, das sein Präsident angeblich baut (oder nahezu fertiggestellt hat).

Kadyrow Junior konnte seine Macht recht schnell konsolidieren – sowohl in Fragen der Gewaltstruktur als auch in solchen der Wirtschaft. Ministerpräsident Sergei Abramow, der tschetschenischen Gesellschaft fremd und formal der direkte Vorgesetzte von Ramsan, störte ihn bereits nach kurzer Zeit. Aber Abramow verstand die Anspielungen nicht, die ihm andeuteten, dass er seinen Posten räumen solle. Im November 2005 hatte er einen Autounfall und wurde in kritischem Zustand in ein Moskauer Krankenhaus eingeliefert, von wo aus er Anfang 2006 das heiß ersehnte Entlassungsgesuch abschickte.

Bereits 2006 zeigte sich Kadyrow Junior als aktiv handelnde Person im großen russischen Maßstab. Im September entzündete sich im Norden Russlands unweit der finnischen Grenze in der kleinen Stadt Kondopoga ein Aufstand der Einwohner gegen die tschetschenische Diaspora, die einen unangemessenen Einfluss auf die lokale Wirtschaft gewonnen hatte. Die dort lebenden Tschetschenen waren mit einer realen physischen Bedrohung konfrontiert. Die Situation wurde von Ramsan reguliert, ohne dass dieser die im Süden seines Landes gelegene Stadt Grosny verlassen hätte. Im entscheidenden Moment formulierte er das Rezept eines richtigen Vorgehens.

Der Premier von Tschetschenien engagierte … russische Nationalisten, angeführt von dem zu dieser Zeit recht populären Spitzenmann der »Bewegung gegen illegale Immigration« Alexander Below (Potkin). Nachdem er von Ramsan eine Sicherheitsgarantie und sogar eine schriftliche Vollmacht in der Art »Alles, was vom Überbringer getan wird, geschieht auf meine Anweisung und zum Wohle des tschetschenischen Volkes« erhalten hatte, ging Below-Potkin nach Kondopoga und verteidigte unter dem Vorwand, die russische Bevölkerung schützen zu wollen, in Wirklichkeit die Tschetschenen, indem er die Protestierenden dazu überredete, sich zu zerstreuen.

Man kann mit ziemlicher Sicherheit sagen, dass Kadyrow seitdem einen bedeutenden Teil der russischen nationalistischen Bewegung kontrolliert. Mit ihrer Hilfe kann er jederzeit realen nationalistischen Protest neutralisieren, wenn dieser wie auch immer geartete tschetschenische Interessen bedroht. Es ist kein Zufall, dass Below-Potkin und der Nationalist Dmitri Demuschkin (Bewegung »Russkie«) 2011 eine regelrechte Werbetour nach Tschetschenien unternahmen, wobei sie Ramsans Politik über den grünen Klee lobten und sich die Bemerkung erlaubten, das russische Russland müsse sich hinsichtlich der Verteidigung seiner Interessen und der seiner Nation ein Beispiel an der Bergrepublik nehmen.

Durch den gekonnten und schlauen Einsatz von selbst ernannten Führern des russischen Straßennationalismus kann das Oberhaupt Tschetscheniens demonstrieren, dass die interethnischen Widersprüche zwischen Russen und Tschetschenen im modernen Russland eigentlich gar nicht existieren – es gibt lediglich Intriganten (wie zum Beispiel den Autor dieses Buches), die auf die Erfolge der Tschetschenischen Republik neidisch sind und versuchen, einen Konflikt ohne objektive oder subjektive Prämissen aus dem Nichts zu schaffen.

Am 7. Oktober 2006 wurde die bekannte Journalistin Anna Politkowskaja im Eingang zu ihrem Wohnhaus in Moskau getötet. Viele Jahre hatte sie sich mit Tschetschenien befasst und Kadyrow Junior offen der Menschenrechtsverletzungen und anderer Verbrechen bezichtigt. Wie aus den Machtstrukturen durchsickerte, richtete der Premier von Tschetschenien kurz vor dem Tod der Journalistin eine Anfrage an eine juristische Firma, die durch eine seltsame Verkettung der Umstände ebenfalls den einflussreichen russischen Nationalisten nahesteht.

Kadyrow wollte eine Einschätzung zu der Frage, ob man Politkowskaja für ihre Aussagen über Kadyrow vor Gericht zur Verantwortung ziehen kann. Die Antwort der Juristen war nicht sonderlich beruhigend für Ramsan: Nein, die Journalistin habe ausschließlich fachkundige, umschreibende Formulierungen gewählt, die keinen Anlass für eine formale gerichtliche Verfolgung böten. Kurz danach krachte der Schuss im Hauseingang.

Unter den nennenswerten Theorien zu diesem Verbrechen gehören sowohl ein Mord auf Bestellung Kadyrows als auch eine Provokation gegen ihn. Politkowskaja hatte in einem Interview gesagt, Kadyrow drohe ihr mit Mord. Kadyrow selbst stritt dies ab und meinte, dass »jene, die diesen Mord bestellt haben, ihn wieder einmal in den Dreck« ziehen wollten. Am 14. Dezember 2012 wurde im Mordfall Politkowskaja das erste Urteil gesprochen: Der ehemalige Leiter der Abteilung operativer Fahndung der Hauptverwaltung des Innenministeriums von Moskau D. Pawljutschenkow wurde zu elf Jahren Gefängnis verurteilt; der Auftraggeber des Mordes war zu diesem Zeitpunkt immer noch unbekannt.

Besonders pikant ist das Verbrechen durch den Umstand, dass Anna Politkowskaja ausgerechnet am Geburtstag Wladimir Putins getötet wurde. Viele Beobachter sahen das nicht einfach nur als Zufall, sondern als rituelle Opfergabe. Denn die Journalistin hatte sich oft kritisch über den russischen Präsidenten geäußert. Übrigens wurde dem tschetschenischen Anführer weder offiziell noch halb offiziell eine Beteiligung an diesem Mord zur Last gelegt. Die Auftraggeber dieses Verbrechens sind bis heute unbekannt.

Heute ist Ramsan bekannt und einflussreich, und es bleibt nur wenigen vorbehalten, ihn der Beteiligung an schweren Verbrechen zu verdächtigen. Er ist schließlich nicht Putin, dem nur ein äußerst träger Vertreter der russischen Opposition nicht längst alle schrecklichen Vergehen im Russland des 21. Jahrhunderts angehängt hätte. Zum Beispiel kann man heute bei uns ganz offen darüber räsonieren, dass Putin die Terroranschläge im Theaterzentrum an der Dubrowka *(Nord-Ost)* und in der Schule Nr. 1 im nordossetischen Beslan speziell in Auftrag gegeben hat, um damit seine Macht zu festigen, insbesondere durch Unterstützung der Gewaltorgane. Niemand, der so etwas behauptet, ist bisher umgekommen oder ins Gefängnis geraten. Man sollte einmal versuchen, etwas Ähnliches über Ramsan Kadyrow zu verbreiten!

In jenem schrecklichen Oktober des Jahres 2006 wurde Kadyrow Junior 30 Jahre alt. Damit war für ihn juristisch der Weg frei zum Posten des Präsidenten von Tschetschenien. Im Februar 2007 verkündete der amtierende Präsident Alu Alchanow völlig freiwillig seinen Rücktritt und wechselte auf den bescheidenen Posten des stellvertretenden Justizministers von Russland. Ramsan Kadyrow brachte daraufhin seine faktischen Befugnisse mit seiner formalen Stellung in Übereinstimmung. In den folgenden Jahren verschwanden alle Gegner des jungen tschetschenischen Anführers, die eine potenzielle Gefahr für ihn darstellten, mit fataler Unausweichlichkeit vom Antlitz dieser Erde.

- Als der Ex-Kommandeur der Einheit Gorez und Oberstleutnant des FSB Mowladi Baissarow am 18. November 2006 in Moskau aus seinem Auto stieg, wurde er erschossen. Fünf Tage zuvor hatte das tschetschenische Innenministerium ihn wegen Raubes und Mordes zur Fahndung ausgeschrieben. Vor seinem Tod wollte er angeblich in seiner Sache und gegen seine politischen Feinde eine Aussage bei der Hauptmilitärstaatsanwaltschaft machen. Nach Angaben der tschetschenischen Gewaltorgane war man gezwungen zu schießen, weil Baissarow angeblich eine Granate zünden wollte. Baissarows Anhänger und eine Reihe von Journalisten werteten den Vorfall als geplanten Mord. Am 29. November stellte der Südliche Verwaltungsbezirk von Moskau die Strafverfolgung ein und schloss, die tschetschenischen Milizionäre seien gesetzestreu vorgegangen. Allerdings konnte Sulim Jamadajew noch öffentlich aussagen, dass mit der Abrechnung niemand anderes betraut worden war als Adam Delimchanow, ein Vertrauter von Ramsan Kadyrow und seine »rechte Hand«. Delimchanow habe geschossen, ohne dass irgendjemand eine Granate hatte zünden wollen. Aber niemand wollte hören, was der »Held Russlands« und Offizier der Hauptverwaltung Aufklärung zu sagen hatte.

- Bei einem Entführungsversuch wurde am 13. Januar 2009 in Wien der ehemalige Mitarbeiter von Kadyrows Leibwache Umar Israilow getötet. 2008 war er nach Österreich geflohen und hatte erwähnt, es gäbe eine Liste mit 300 Feinden des tschetschenischen Anführers, die man vernichten wolle. Am 27. April 2010 erklärte die österreichische Staatsanwaltschaft, Ramsan Kadyrow habe die Entführung in Auftrag gegeben. 2011 befand ein österreichisches Gericht drei Personen des Mordes schuldig, einer von ihnen wurde zu einer lebenslänglichen Haftstrafe verurteilt. Nach Worten des Staatsanwalts kam die Anklage zum Schluss, der Überfall sei im Auftrag von Kadyrow erfolgt, aber es gäbe nicht ausreichend Beweise für eine Anklage gegen ihn.

- Am 15. Juli 2009 wurde in Grosny eine Mitarbeiterin der Menschenrechtsorganisation »Memorial« entführt – die Journalistin Natalja Estemirowa. Am selben Tag fand man ihre Leiche in einem Wald unweit des Dorfes Gasi-Jurt in Inguschetien. Der Vorsitzende von »Memorial« Oleg Orlow erklärte: »Ich weiß, wer den Mord an Natalja Estemirowa zu verantworten hat. Wir kennen diesen Menschen sehr gut. Er heißt Ramsan Kadyrow, er ist Präsident der Tschetschenischen Republik.« Kadyrow legte bei Gericht Klage gegen Orlow und »Memorial« ein, »Memorial« musste öffentlich dementieren. In inoffiziellen Gesprächen sagten Menschen aus dem Umfeld von »Memorial«, Estemirowa habe über das Schicksal der Ältesten verschiedener tschetschenischer Familien recherchiert, die Kadyrow ins Jenseits befördert habe. Ein Durchsickern solcher Informationen, zudem in der entsprechenden Form, hätte überaus schmerzlich für den tschetschenischen Anführer und für ganz Tschetschenien sein können, wo man die ältere Generation immer noch ehrt. Und der Tod ist in bestimmten Kulturen die beste Medizin gegen Schmerzen.

Schließlich waren auch Kadyrows gefährlichste Gegner an der Reihe – die Brüder Jamadajew.

- Im September 2008 wurde Ruslan Jamadajew auf der Smolenskaja nabereschnaja in Moskau getötet. Der Mörder hatte mehrere Male aus einer Maschinenpistole in das halb geöffnete Fenster des Mercedes gefeuert, in dem Jamadajew in Begleitung von Sergei Kisjun unterwegs war. Generaloberst der Hauptabteilung Aufklärung

Kisjun war früher Kriegskommandant von Tschetschenien und hatte die Schaffung der Bataillone Wostok, Sapad und Jug ermöglicht. Bemerkenswert ist, dass Ruslan Jamadajew und Herr Kisjun nicht von irgendwoher kamen, sondern aus dem Kreml. Dort hatten sie sich mit dem stellvertretenden Leiter der Präsidentenadministration für Innenpolitik Wladislaw Surkow getroffen. Einer der Theorien zufolge wurde über eine Begrenzung der sich auswachsenden Macht und der politischen Ambitionen von Ramsan Kadyrow gesprochen. Surkow, der aus seiner tschetschenischen Herkunft keinen Hehl machte (und sie sogar manchmal herausfordernd betonte), zeigt gegenüber dem Oberhaupt Tschetscheniens immer eine besondere Loyalität. Es ist nicht auszuschließen, dass der föderale Beamte den Inhalt dieses geheimen Gesprächs an Kadyrow weitergegeben hat. Auch danach kreuzten sich die Wege von Wladislaw Surkow und Ramsan Kadyrow noch öfter. Quellen aus dem Kreml behaupten, es sei Kadyrow gewesen, der Surkows Ernennung zum Assistenten des russischen Präsidenten für Kontakte mit den GUS-Staaten sowie mit den halb anerkannten Staaten Abchasien und Südossetien (September 2013) bewirkt habe, nachdem er bei Putin in Ungnade gefallen und aus den einflussreichen Strukturen entfernt worden war.

➤ Im April 2010 berichteten die russischen Massenmedien, Issa Jamadajew habe Aussagen gemacht, in denen er Ramsan Kadyrow der Organisation eines Mordversuchs gegen ihn (29. Juni 2009) sowie des Mordes an seinen Brüdern Sulim (ehemaliger Kommandeur des Bataillons Wostok) und Ruslan (ehemaliger Abgeordneter der Staatsduma) bezichtigte. Die mit Kadyrow verfeindeten Brüder Jamadajew, die sich im Zweiten Tschetschenien-Krieg auf Seiten der föderalen Streitkräfte hervorgetan hatten, waren die letzte große Kraft in der Republik geblieben, die sich gegen Kadyrow zur Wehr setzte.

Der verfassungsmäßige russische Präsident Putin, unter dessen strengem Blick sich Berge verneigen und Flussläufe verbiegen, wagt es nicht, auch nur ein Wort gegen Ramsan Kadyrow zu sagen. Nur der Generalbevollmächtigte des Präsidenten im Föderationskreis Nordkaukasus Alexander Chloponin wagte es Anfang 2010, kaum dass er diesen Posten eingenommen hatte, von Tschetschenien-Führer Kadyrow frech Rechenschaft über die Verwendung föderaler Mittel zu verlangen. Aber durch einen seltsamen Zufall kam es am 29. März 2010 zu den Explosionen in den Moskauer Metrostationen Lubjanka (ganz in der Nähe des allmächtigen FSB) und Park kultury. Seither interessiert sich der Generalbevollmächtigte des Kremls nicht mehr sonderlich für die finanziellen Flüsse zwischen Russland und Tschetschenien.

All diese Tatsachen kann man unmöglich mit Putins Wunsch erklären, dem Westen sein Verantwortungsgefühl für das Schicksal dieser kleinen Region Russlands zu demonstrieren. Die neuere Geschichte Tschetscheniens begann im Mai 2004 – am Todestag von Achmat-Hāddsch, der bei dem Bombenanschlag in einem Stadion in Grosny getötet wurde. Tschetschenien tat so, als habe Russland den Krieg gewonnen, ohne allerdings zu präzisieren, gegen wen. Als habe Russland einfach gewonnen und fertig, gegen »eine nicht identifizierte Person«, wie es in der UdSSR in den Milizprotokollen bei Festnahmen von Menschen hieß, die aus Dummheit bei eigens ausgesandten KGB-Provokateuren verbotene Westvaluta gekauft hatten. Dafür wurden die Tschetschenen zu einer privilegierten Ethnie innerhalb Russlands. In der Mehrheit der Regionen ist die tschetschenische Diaspora ein eigenständiges Zentrum, das in seiner Mächtigkeit viele andere übertrifft.

Wladimir Putin betrachtet Ramsan Kadyrow immer häufiger als eine Art Schiedsrichter, der bereit und informell berechtigt ist, größere Wirtschaftskonflikte zu lösen. Dabei geht es keineswegs immer um Konflikte, in die Tschetschenen oder Kaukasier involviert sind.

Wie es sich der unterlegenen Kriegspartei geziemt, zahlt Russland dem Sieger Tschetschenien Tribut aus dem föderalen Haushalt: fast 2 Milliarden Dollar pro Jahr, das sind 48 000 Rubel pro Kopf. (Zum Vergleich: Die Region Stawropol erhält 6 000 Rubel pro Einwohner.) Aber das ist noch gar nichts. Im Frühjahr 2011 erklärte der Minister für wirtschaftliche Entwicklung und Handel der Tschetschenischen Republik Abdulla Magomadow, dass seine Republik für die Realisierung verschiedener Investitionsprogramme von Russland 500 Milliarden Rubel (oder 18 Milliarden Dollar) erhalten müsse.

Der Anteil föderaler Mittel innerhalb der Einnahmen des Staatshaushalts von Tschetschenien beträgt 90 Prozent. (Zum Vergleich: in Moskau sind es 3,6 Prozent der Einnahmen, in Baschkirien 19 Prozent, in der Region Rostow 34 Prozent.) Dazu kommt, dass Tschetschenien für die Verwendung diese Mittel nicht rechenschaftspflichtig ist. Der Fuhrpark von Präsident Kadyrow besteht aus 50 Autos mit einem Gesamtwert von mehr als 3 Millionen Euro. Das wichtigste Gefährt ist ein Rolls-Royce. Dazu kommen acht Porsche Cayenne, acht Lexus LX 470 und noch einiges mehr. (Das ist um einiges abgehobener als bei Putin und Medwedew.) Bereits vor Langem wurden im Internet Fotos des neuen Palasts veröffentlicht, der nach glaubwürdigen Quellen für den tschetschenischen Präsidenten gebaut wurde. Schauen Sie sie sich an – er ist erheblich luxuriöser als die berühmte Residenz Praskowejewka am Schwarzen Meer, die Wladimir Putin gehören soll.

Ramsan Kadyrow erlaubt sich ein Pferde-Hobby und kauft die besten Galopper auf, die Siegen auf internationalen Wettbewerben entgegenstürmen. Deswegen wird in Grosny jetzt eine neue Pferderennbahn von 59 Hektar mit Ställen für 360 Tiere, einem Hotel, einem Parkplatz mit 2 000 Stellplätzen und zwei Hubschrauberlandeplätzen gebaut.

Die zweite Leidenschaft des Führers des Siegerlandes ist der Fußball. Als Trainer der Mannschaft Terek von Grosny wurde der legendäre Holländer Ruud Gullit eingeladen. Im Mai 2011 wurde in Grosny ein neues ultramodernes Stadion eröffnet, das zu Ehren von Achmat Kadyrow »Achmat-Arena« heißt und Platz für 30 500 Zuschauer bietet. Bei der Eröffnung trat die tschetschenische Auswahlelf, für die sich bekannte russische Politiker und Fußballveteranen eingesetzt hatten, gegen die »Auswahlmannschaft der Welt« an. Für sie spielten Fußballlegenden wie Maradona, Figo, Baresi, Barthez, Fowler, Papin, Costacurta. Nach unbestätigten Angaben bekam allein der große Argentinier für die Veranstaltung 1 Million Euro.

Können Sie sich jetzt vorstellen, wie die 500 Milliarden Investitionstribut ausgegeben werden? Ich auch. Für die militärische Niederlage werden wir uns nicht revanchieren können. Dafür fehlt es dem heutigen Russland mit seinen Selbstzweifeln an Kräften – sowohl Streit- als auch psychischen Kräften. Aber etwas müssen wir doch tun. Wir können ja nicht ewig Tribut zahlen und Augen und Ohren verschließen, wenn in Russlands Innerem erneut ein Scharmützel gegen jene stattfindet, die es den Siegern nicht recht machen.

Offenbar gibt es nur einen Ausweg. Man muss Tschetschenien das geben, was es schon so lange anstrebt und faktisch bereits erreicht hat – die Unabhängigkeit. Es ist Zeit, den zweihundert Jahre dauernden Krieg im Nordkaukasus zu beenden, der uns letztlich nichts gegeben hat außer Blut und Tränen. Zu Zeiten des Imperiums – unter den Romanows und den Kommunisten – konnte man wenigstens verstehen, wozu wir das Territorium brauchten: um die Kontrolle über Transkaukasien zu behalten. Aber nun, da es kein Imperium mehr gibt und wir Transkaukasien verlassen haben? Die frei werdenden Mittel könnte man nicht nur dafür ausgeben, um die wenigen, im Nordkaukasus versprengten Russen nach Russland umzusiedeln, sondern auch für die Entwicklung Zentralrusslands, des Nordens, Sibiriens und des Fernen Ostens. Das sind Gebiete, die wir tatsächlich verlieren können, wenn wir nicht aufhören, sie so gering zu schätzen wie jetzt.

Wenn diese Probleme nicht von der heutigen Generation von Politikern gelöst werden, dann werden sie an die folgenden weitergegeben. Und die werden es viel schwerer haben, sie zu lösen. Putin jedoch hat keine Feinde zu fürchten, denn im Großen und Ganzen hat er keine. Er kann gehen. Wenn sich die Umstände so fügen. Erinnern wir uns an die schicksalhafte Regel des modernen Autoritarismus: Man darf nicht zu lange verweilen, aber zu gehen ist ebenfalls unmöglich.

Kapitel 14
Putin und der Westen: Von Liebe bis Hass und zurück

Die zahlreichen Analytiker von Putins Talenten halten ihn für einen Gegner des Westens und Anhänger einer gewissen russischen »Eigenbezüglichkeit« sowie eines abgegrenzten, russischen Sonderwegs. Nichts ist seltsamer als eine solche Schlussfolgerung.

Eher noch war Jelzin ein Gegner des Westens, natürlich unbewusst: Eine Sammlung von Klischees und ideologischen Vorstellungen zu diesem Thema hatte er zusammen mit der Vorzugsmilch aus dem Spezialverteiler des ZK der Kommunistischen Partei eingesogen. Jelzin meinte, dass der Westen ihm verpflichtet sei, weil er die Hydra des Kommunismus höchstpersönlich zu Fall gebracht hatte. (In Wirklichkeit hatten sich die Köpfe der Hydra gemäß des Belkowski-Gesetzes, wonach in der Geschichte immer zur rechten Zeit das geschieht, was geschehen muss, vor Schreck gegenseitig aufgefressen. Aber Jelzin war nicht in der Lage, in derartigen Kategorien und so tiefschürfend zu denken. Immerhin war er früher Bauleiter gewesen und es geblieben, wenn auch in besonders großen Maßstäben.)

Jelzin hatte es fertiggebracht, das gesamte Kernwaffenarsenal der UdSSR in die Hände und unter Kontrolle des so gut wie demokratischen Russlands zu bringen, damit sie nicht an die schwer einschätzbaren kleinen Zaren fielen, deren Quasistaaten gerade mal den Windeln der historischen Nichtexistenz entschlüpft waren. Schließlich hatte der erste russische Präsident, indem er nicht nur seinen Ruf – dieses Wort war ihm schon immer recht schwülstig vorgekommen –, sondern auch seine Gesundheit aufs Spiel setzte, den Westen vor einer Revanche der stumpfsinnigen Menge unter der Führung aller möglicher Wahnsinniger bewahrt.

Jelzin erinnerte sich noch zu gut daran, wie am 19. und 20. August 1991 die führenden Demokratien der Welt, einschließlich der neu hinzugekommenen wie Tschechien und Ungarn, eine nach der anderen eilig die Legitimität des Staatlichen Komitees für außergewöhnliche Zwischenfälle der UdSSR anerkannten, weil sie grauenvolle Angst vor der immer noch zappelnden Supermacht hatten. Wie er sich selbst und der Menge überlassen gewesen war, die sein Weißes Haus, in dem damals die gesamte Macht Jelzins residierte, mit einer Menschenkette umringte. Was wäre denn gewesen, wenn der erste russische Präsident nicht auf den Panzer geklettert und seine Erlasse verkündet hätte, die alle Entscheidungen des Komitees für außergewöhnliche Zwischenfälle aufhoben?

Man hätte uns alle in Staub und Asche getreten. Uns – also auch mich, den 20-jährigen Systemprogrammierer, denn auch ich stand in jenen Tagen aufs Äußerste entsetzt am Weißen Haus. Und mich beherrschten dieselben Gefühle wie heute den Giganten Putin, der über ein Siebtel der Erde und einige anliegende Gewässer herrscht: Man kann weder gehen noch bleiben. So bizarr und eigentümlich sind manchmal die Koinzidenzen in der Geschichte zwischen den ganz Kleinen und den ganz Großen.

Nein, es war Jelzin, der die Sowjetunion zu Grabe getragen hat, wobei er in vielen Dingen gegen den Westen handelte, wenn auch in seinem Interesse. Deswegen hielt Jelzin in seinem Inneren noch eine offene Rechnung parat. Hatte er sich etwa mit Europa und Amerika beratschlagt, als er das Parlament im Oktober 1993 unter Beschuss stellte? Oder als er entschied, durch unverschämte Manipulationen 1996 auf dem Präsidentenposten zu bleiben? Oder als er am Terek Krieg führte, um dem im globalen Maßstab unbekannten Putin den

Weg auf den Thron zu ebnen, auch wenn der Westen ihm deutlich zu verstehen gegeben hatte, dass er Jewgeni Primakow auf dem Thron lassen sollte? Ja, Primakow war sowjetisch, ja, er war sozialistisch, aber im Gegensatz zu Putin schienen er und seine Motive durchschaubar.

Jelzin hatte nie jemanden um Rat gefragt, weder im eigenen Land noch außerhalb seiner Grenzen. Der ihm zum Dank verpflichtete Westen sollte alle seine Entscheidungen im Nachhinein akzeptieren. So dachte Jelzin und sprach es von Zeit zu Zeit auch aus. Und wenn wir von imperialen Komplexen reden, dann waren auch sie eher ihm zu eigen, dem Sprössling des Apparats einer Supermacht. Mit der einen Hand zog Jelzin die letzten russischen Streitkräfte aus Wünsdorf ab und zahlte dafür mit dem Gorbatschow-Wechsel. (Wer ist denn schuld? – Der Präsident der UdSSR Michail Gorbatschow ist schuld, so sieht es aus.)

Doch mit der anderen Hand sandte er 1999 während des Balkankriegs russische Fallschirmjäger nach Priština, ohne jemandem aus seinem Umfeld ein Wort zu sagen. Und Jelzins Ministerpräsident Primakow ließ am Tag des Luftangriffs der NATO-Truppen auf Belgrad (1999) sein Flugzeug über dem Atlantik umkehren, um seinen Amerikabesuch demonstrativ platzen zu lassen – in Abstimmung mit Präsident Jelzin selbstverständlich. Ohne derartige Absprachen unternehmen dinosaurierartige Veteranen wie Primakow nichts, darauf sind ihre Sinnesorgane nicht eingerichtet.

Putin kam mit einem ganz anderen Erscheinungsbild an die Macht, als »normaler Kerl«, der diesen sowjetisch-imperialen Affentanz schon lange satthatte, was ihn mit jenen verband, die ihn an die Macht brachten – die »Familie«, verschiedene Abramowitschs und so weiter. Putin wollte im Namen der regierenden Korporation, die sich in Russland zum 1. Januar 2000 herausgebildet hatte, zur euroatlantischen Welt Folgendes sagen:

Liebe euroatlantische Welt! Lass uns Folgendes vereinbaren. Zum innerstaatlichen Gebrauch und zur Beruhigung meines Volkes (ich kenne meines Volkes Geist, ihm ist des Zaren Leitbild heilig – Puschkin) werde ich erzählen, dass wir eine Art Supermacht sind und uns nach langer Zeit der erzwungenen Erniedrigung, die unter anderem wirtschaftliche Gründe hat, gerade von den Knien erheben. Nach außen jedoch werde ich wie euer Freund und Verbündeter handeln. Und ich will nichts weiter von euch, als dass ihr es mir mit der üblichen Gegenliebe vergeltet, menschlich und politisch. Nein, wir sind für euch zugegebenermaßen keine Konkurrenz mehr. Unsere Möglichkeiten sind erschöpft: militärisch, wirtschaftlich, territorial und auch menschlich. Aber zollt uns Achtung, und kommt uns dort entgegen, wo wir es tatsächlich nötig haben.

Diese Worte waren nicht nur an die G7-Staaten gerichtet, mit denen er das Kriegsbeil tief und für immer vergraben wollte, sondern auch an ihre Oberhäupter. Zu diesem Zeitpunkt konnte Putin Persönliches noch schwer von Politischem trennen und neigte zu der Überzeugung, dass der Charme seiner Werbung überall im Westen willkommen sei.

Die mir bekannten Journalisten des sogenannten »Präsidenten-Pools« (also der Gruppe, die das Staatsoberhaupt auf seinen offiziellen und seltener auch inoffiziellen Reisen begleitet) haben mir von Putins Auftreten bei dem Gipfeltreffen der APEC in Oakland (Neuseeland) im Jahr 2000 berichtet. Dort traf er mit dem leibhaftigen Bill Clinton zusammen und begriff sofort, dass er hier in einen Kreis von Menschen eingetreten war, denen eine besondere Götterspeise internationaler Beziehungen gereicht wurde, so perfekt wie der Himmel nach einem Gewitter. Er hatte Clinton persönlich begrüßt! Und sogar umarmt! Wahnsinn!

Bald darauf konnte er auf Gipfeltreffen der G8-Staaten ein ähnliches Verhältnis auch mit Jacques Chirac und besonders mit Gerhard Schröder herstellen, wobei Putin und Letzteren die deutsche

Sprache verband. (Sein geliebter Silvio Berlusconi tauchte ein wenig später auf.) In Putins Wörterbuch der Diplomatie ging das Wort »Anständigkeit« ein. Nach Berichten von Augenzeugen, denen mit Schulterstücken und denen ohne, maß WWP seine Partner an dieser Kategorie. Er meinte, dass die Vertreter stabiler politischer Systeme und Institutionen, die schon lange ohne einschneidende Katastrophen auskommen, wie es die russischen Revolutionen und Perestroikas gewesen waren, die so gut riechen und erlesene Krawatten tragen, dass diese Vertreter Anständigkeit wie ein Gebot achten, weil sie über ein entsprechendes Gen verfügen. Die Geschichte zeigte dann, wie rührend Putins Irrtum war. Er war schon immer rührend gewesen, unser Held, und bewahrt sich diese Fähigkeit bis heute.

2000/2001 versenkte Russland die Raumfahrtstation Mir und schloss die Radaraufklärungsstationen auf Kuba und in Vietnam. Jelzin hatte sich nicht dazu entschließen können, und das nicht nur aufgrund seines Legitimitätsmangels im eigenen Lande.

Am 11. September 2001 war Putin der Erste (!), der den USA und Präsident Bush Junior sein Beileid hinsichtlich der Tragödie ausdrückte und seine Hilfe anbot. Als die USA beschlossen, dass an allem die afghanischen Taliban schuld seien (was bis heute nicht bewiesen ist!), die Osama bin Laden und El Kaida in Höhlen versteckten, öffnete Russland den Amerikanern voll und ganz den Korridor nach Afghanistan.

Es hatte den Anschein, als könne Putin mit seinen westlichen Kollegen eine gemeinsame und allgemein gebräuchliche Sprache finden, eine Sprache normaler Interessen, auch wenn die westlichen Politiker qua Geburt, Bildung oder Erziehung cooler waren als er. Daran lag es nicht. Die Politik, besonders die internationale Politik, zwingt einen manchmal, das Wort »Anständigkeit« zu vergessen.

Der erste Riss entstand 2003. Putin konnte drei Dinge beim besten Willen nicht verstehen:

- warum der Irak unbedingt Prügel beziehen musste, wenn es keinerlei Beweise für die Beteiligung Saddam Husseins an der Produktion von Massenvernichtungswaffen gab;
- warum man demonstrativ die Position nicht nur von Russland – na gut, wir sind die Kleinen –, sondern auch von Frankreich und Deutschland ignorierte;
- warum man sich nicht menschlich aufführen konnte und über den UNO-Sicherheitsrat agierte, statt gleich die Füße auf den Tisch zu legen.

Putin hatte also auf einmal die amerikanische politische Moral durchschaut: Russland & Co. sollten den USA alles geben, was sie hatten, doch was ihnen die USA gaben, war situationsabhängig, hing also davon ab, mit welchem Bein sie gerade aufgestanden waren. Von diesem Moment fing unser »normaler Kerl« an, sein Vorgehen ein wenig zu korrigieren. Nein, im Kern konnte er strategisch nichts verändern. Denn Putins Ziel war und blieb die Anerkennung Russlands, der russischen Elite und seiner selbst im Westen. Wenn also der moderne, erfolgreiche Russe nicht in Europa oder Amerika leben, arbeiten und Urlaub machen kann und seine Kinder dort nicht studieren dürfen, dann ist Putin gescheitert, vor allem als Mensch. Hinter den kilometerlangen Zäunen der soliden Datschas in geschützten Moskauer Vororten leben nur die kriminellen Anführer, die über das FBI gesucht werden oder aus einem anderen Grund keine Einreiseerlaubnis in alle westlichen Länder haben. Keiner kann besser als sie vom russischen Patriotismus erzählen und wie sie den Westen verachten. Aber nur sie, bitteschön.

Das heißt, strategisch war, ist und bleibt Putin ein Westler. Was aber seine Taktik anbelangt, tauchten neue Fragen, Zweifel und Bedenken auf. Diese Zweifel wurden durch die sogenannten »Blumenrevolutionen« im postsowjetischen Raum auf die Spitze getrieben. Die »Rosenrevolution« in Georgien (2003) hatte Russland noch übersehen. Erstens, weil man den gestürzten Eduard Schewardnadse nicht sonderlich schätzte, zweitens, weil Putin generell eine irrationale Abneigung gegenüber den Georgiern hegt, wofür seine schwierige Kindheit der Grund sein mag, wie wir weiter oben erläutert haben.

Selbst der Sturz von Adscharien im Mai 2004, das de facto unabhängig gewesen war, löste in Moskau keine übermäßige Erregung aus. Doch dann ging es auch in der Ukraine los, und das war für WWP weitaus wichtiger, und zwar nicht nur deshalb, weil es bereits Absprachen im wirtschaftlichen Bereich gab, zum Beispiel über die für Gazprom und andere russische Erdgasförderer lebenswichtige Übergabe des ukrainischen Pipelinesystems in einen Modus indirekter Kontrolle durch russische Wirtschaftsagenten, sondern auch aus persönlichen Gründen.

Ideologe und Architekt der Wahlkampagne in der Ukraine war der Leiter der Administration des damaligen Präsidenten Leonid Kutschma – Putins Vetter Viktor Medwedtschuk. An Kutschma, der schon nach 150 Zentilitern Wodka die Kontrolle über sich verlor, verschwendete Putin keine ernsthafte Aufmerksamkeit. Das war eher Jelzins Klientel – ewiges Besäufnis und Liedgesang in einer Mischsprache aus Ukrainisch und Russisch, die man Surschyk nennt. Ganz anders verhielt es sich mit Medwedtschuk, zumal völlig klar war, dass er, der ein gewitzter Bürokrat, studierter Rechtsanwalt und von seiner Mentalität her Geschäftsmann war, unter Präsident Viktor Janukowitsch, dem offiziellen Nachfolger von Kutschma, zum eigentlichen Herrscher des Landes werden würde. Damals hatten – im Gegensatz zu Putin und Medwedtschuk – noch nicht alle Einblick in das intellektuelle Niveau von Janukowitsch.

Auch wenn Putin die internationale »Anständigkeit« auf seiner Seite neu bewertet hatte, verstand er dennoch einige Aussagen der Weltpolitik nach wie vor allzu wörtlich. Wenn zum Beispiel Präsident Bush Junior versprach, dass die USA in keiner Weise den legitimen Sieger der Präsidentschaftswahlen in der Ukraine daran hindern würden, Präsident zu werden, hieß das für Putin, sie würden es nicht tun. Was hätte es hier noch zu deuteln geben können? Und dennoch hat sich zwischen den Zeilen das Wort »legitim« verloren, und das ist in Bushs Aussage das Schlüsselwort. Denn kaum hatte sich Janukowitsch zum Sieger des zweiten Wahlgangs erklärt (22. November 2004), wurde klar, dass alles ungesetzlich und gefälscht war.

Hunderttausende gingen auf die Straßen von Kiew, vor allem auf den zentralen Platz der Unabhängigkeit. Eine Revolution! Wohl hatte man versprochen, es werde keine geben, und man hatte auch nicht an sie geglaubt, aber nun war sie da. Das Zureden von Putins Beratern, es drohe eine Kältewelle und alles würde sich in Nichts auflösen, brachte nichts mehr: Es war klar, dass »unser« Janukowitsch im Begriff war zu verlieren. Und dann lud man in dieser Situation auch noch den jämmerlichen polnischen Präsidenten als Vermittler ein, den ehemaligen Komsomol-Mitarbeiter Aleksander Kwaśniewski, ohne auch nur im Traum an den russischen zu denken.

Putin glaubt jedoch nicht an die Zufälligkeit oder Spontaneität einer Revolution oder daran, dass alles von selbst geschieht unter dem Druck der erniedrigten, gebildeten Bürgerschaft. Sein Bewusstsein ist genauso konspirativ, wie es sich für einen (wenn auch glücklosen) Zögling der Geheimdienste ziemt, egal, um welche Geheimdienste es sich handelt. Wenn es eine Revolution gibt, dann muss eine dominante Macht dahinterstehen. Und eine solche Macht gibt es in der Welt heute nur eine – die USA. Man hatte ihn also erneut betrogen.

Dann stellte sich auch noch heraus, dass der überaus abstoßende Beresowski über Julia Timoschenko 38 Millionen Dollar auf dem Majdan verpulvert hatte – und nun es ging los. Die kirgisische »Tulpenrevolution« 2005 mit dem Sturz des stillen Akademiemitglieds und Alkoholikers Askar Akajew, die ebenfalls mit Geld aus Russland und von Beresowski realisiert wurde, konnte das Bild qualitativ kaum noch ändern. Tiefe Kränkung machte sich in Putins Herz breit.

Er erlebte sie auch in Kananaskis, wo er übrigens zum ersten Mal zugab, dass sich sein »Kopf sogar vor einer einzigen Fernsehkamera abschaltet« (und das hieß, WWP ist kein öffentlicher Politiker, er liebt die Macht nicht als öffentliche Funktion und findet seine PR-Verpflichtungen lästig). Und in Heiligendamm. Die Kränkung fand ihren Höhepunkt bei der Münchner Rede (2007), die viele Analytiker geradezu als Erklärung eines neuen kalten Krieges auffassten. Heilige Einfalt! Die Münchner Rede war nur eine Anklage gegen Onkelchen Westen wegen dessen Ungerechtigkeiten. Wir legen euch unsere Seele zu Füßen, sagte Putin, mit riesigen Investitionen, mit geopolitischen Zugeständnissen, die die Welt noch nicht gesehen hat, und ihr … benutzt sie als Fußabtreter, als müsse das so sein.

Hier hätte der Westen Putin an seine liebende Brust drücken und alle Missverständnisse ausräumen müssen. Aber das unterblieb aus zwei Gründen:

- Wegen der Trägheit im Denken der westlichen Eliten: Sie räsonieren immer noch in den Kategorien der 1970er- und 1980er-Jahre, und das auch noch auf dem Hintergrund einer gespensterhaften El Kaida, die sich ständig in irgendwelchen Höhlen versteckt. Aber da gibt es ja noch Russland, den traditionellen Feind – gewichtig, grob und klar erkennbar. Solange der kollektive Brzeziński am Leben ist, wird dieser längst ausgedörrte Zweig immer wieder künstliche Blüten tragen.

- Wegen der Trägheit im Denken der Wählerschaft, und auch sie ist der Demokratie geschuldet. Viele Wähler in demokratischen

> Ländern denken wie eh und je, Russland sei ein Feind. Deswegen können auch die Politiker nichts anderes sagen, auch wenn sie sich beim Lunch in der Familie oder bei Sport und Spiel keineswegs so äußern.

Putin als Verkörperung der lebenswichtigen Interessen der russischen Elite muss das tun, was er tun muss: mit dem Westen befreundet bleiben und sich mit ihm versöhnen.

Zur Rettung der Situation wurde 2008 der Nachfolger Dmitri Medwedew entsandt. Er sorgte für einen »Neustart«, der, egal, was verschiedene Widersacher behaupten, nicht ganz erfolglos war. Doch dann kam es wieder hart auf hart. 2011 kündigte sich eine weitere Revolution an, diesmal der »arabische Frühling«, und wieder bekam Putin die knochige Hand des Weltgendarms zu spüren, die von den beiden weiter oben beschriebenen Arten von Trägheit geführt wurde. In dieser Situation musste Dmitri Medwedew abberufen werden und Putin auf den Präsidentenposten zurückkehren. Denn im Falle der Fälle (wenn also der arabische Frühling ein wenig slawische Züge angenommen hätte), wäre Dmitri Medwedew mit der Situation nicht klargekommen.

Auch im derzeitigen aktuellen Drama von Syrien arbeitet der »Hauptfeind« des Westens Putin dem amerikanischen Präsidenten Obama zu, egal welche formale Rhetorik von allen Seiten ertönt. Ein Krieg gegen Syrien wurde nicht wegen Russland aufgeschoben, dessen Position allen egal ist, sondern wegen Obama, der sich nicht zu einem Schlag entschließen kann, weil es sowohl bei den amerikanischen Eliten als auch unter den Verbündeten an einem Konsens fehlt. Und in dieser Situation kam die Friedensmission des Kremls gerade recht.

Kapitel 15
Wladimir Putins Geschäft

Bereits im Jahr 2005 hat der Autor des vorliegenden Buches im einflussreichen russischen Internetmagazin Lenta.ru einen Artikel zu »Wladimir Putins Geschäft« veröffentlicht.

Damals neigte die Mehrheit der Beobachter in Russland und außerhalb seiner Grenzen zu der Ansicht, Putin sei Fleisch vom Fleische des KGB der UdSSR und Protegé eines gewissen Tschekistenclans. Die Namen der geheimnisvollen KGBler, die Putin angeblich auf die Höhen der russischen Föderationsmacht gehievt haben sollen, konnte niemand nennen. Aber schließlich sprach man ja auch von einem Geheimdienst.

Dementsprechend ging man davon aus, dass Putin nach der Logik eines neu aufgelegten KGB mit neuimperialistischer Tendenz handele. Putin habe vor allem die Wiederherstellung der Positionen des Staates im Blick: den Wiederaufbau des russisch-sowjetischen Imperiums, die Unterdrückung wirtschaftlichen Unternehmertums, insbesondere desjenigen mit gesellschaftlich-politischen Ambitionen, eine Neutralisierung von Privatinitiativen und so weiter.

Niemand dachte über Putin als einen großen Geschäftsmann nach. Ich war der Erste, der das tat. Was heute praktisch ein Gemeinplatz ist, klang damals geradezu wie Spott über die Realität.

Wenn man sich in seiner Analyse nicht auf Putins Rhetorik beschränkt, die immer einen konjunkturellen Charakter hat und sich qualitativ mehrmals am Tag ändern kann, sondern auch die tatsächliche Kreml-Politik betrachtet, kann man keinerlei geopolitische Ambitionen entdecken.

Eine der frühen, wichtigen Entscheidungen von Putin als Präsident war die Liquidierung der russischen Kriegsflotte auf den Stützpunkten von Lourdes (Kuba) und Kamran (Vietnam). Dafür führte der Präsident folgendes Motiv an: Der Staat habe keine Möglichkeiten, die unermessliche Miete zu zahlen – insgesamt ungefähr 500 Millionen Dollar pro Jahr (weniger als 4 Prozent der Summe, die Gazprom vor Kurzem den Aktionären von Sibneft bezahlt hat). Man kann eine solche Entscheidung aus wirtschaftlicher Sicht für gerechtfertigt halten, aber sie hat Russland als Seemacht zweifellos ernsthaft geschadet. Ein imperialistisch gesinntes Staatsoberhaupt, dem die geopolitische Rolle seines Landes am Herzen liegt, hätte sich wohl kaum zu einem derartigen Schritt entschlossen.

Während der Regierungsjahre von Wladimir Putin wurde die Rolle Russlands im Bereich der ehemaligen UdSSR – also jenes Imperiums, vom dem der Oberste Befehlshaber angeblich träumt – deutlich geschmälert und keineswegs ausgebaut. In den 1990er-Jahren war es noch der Kreml gewesen, der die postsowjetischen Regimes objektiv legitimierte. Offen und aggressiv antisowjetische Staatslenker (zum Beispiel Swiad Gamsachurdia oder Əbülfəz Elçibəy) konnten sich nicht lange an der Macht halten. Neu gewählte Staatsoberhäupter der GUS hatten nichts Wichtigeres zu tun, als die Beziehungen zu Russland in Ordnung zu bringen, das so groß und edelmütig war wie Opa Jelzin.

Außerdem unterstützte Moskau die Lebensfähigkeit nicht anerkannter Staaten, indem man ihnen durch eine postsowjetische Konstruktion auf drei Ebenen Stabilität garantierte: Russland als Rechtsnachfolger der Kolonialmacht – die übrigen Länder der GUS – aufständische Enklaven mit unbestimmtem Status.

Nachdem sie, gemessen an der Größe ihres Territoriums und der natürlichen Ressourcen, unter Putin einfach nur zum größten Teil des ehemals gewaltigen Imperiums geworden war, hatte die Russische Föderation unwiederbringlich ihren Status als Quelle postsowjetischer Legitimität verloren. Aus der geopolitischen ersten Liga, in der regionale Mächte des Niveaus von Indien oder Brasilien mitspielen, sind wir in die zweite Liga abgestiegen, wo Staaten wie Paraguay oder Algerien um einen Platz im Waggon dritter Klasse der Geschichte kämpfen. (Die Menge des vergossenen Erdöls und der wahnsinnigen Offshore-Erträge haben in diesem Fall auf den Status des Staates keinen Einfluss.) Brauchte er eine Legitimierung, flog das Oberhaupt einer ehemaligen Sowjetrepublik nun direkt nach Washington und nicht nach Moskau.

Noch zu Beginn der ersten Amtszeit von Wladimir Putin hörte die Unterstützung der nicht anerkannten Staaten praktisch auf. Folglich verlor Putin seine politischen Einflussmöglichkeiten auf Moldau, Georgien, Belarus und die Ukraine. (Freilich kann der offenkundige PR-Bluff der Idee vom russisch-belorussischen Gemeinschaftsstaat, der jedes Mal aus der Mottenkiste geholt wird, wenn in Russland unliebsame Reformen anstehen, wohl nur einen sehr unerfahrenen Beobachter in Verwirrung stürzen.) Keiner der aufgezählten Staaten orientiert sich heute strategisch an Russland.

Was bleibt, ist die bedrohlich gekrümmte Gaspipeline, aber Putin als ihren Urheber zu sehen, fällt etwas schwer, und das Bild vom aggressiven Kreml-Untier, das Putins Administration dem Segen der Pipeline traditionell beifügt, kann am allerwenigsten zu einem Achtungszuwachs für Russland in den nahen und fernen Winkeln des ehemaligen Imperiums beitragen.

Der Kreml zeigte an den politischen Gefechten in Litauen in den Jahren 2002 bis 2004 nicht das geringste Interesse. Wären allerdings in diesem Land Kräfte an die Macht gekommen, die Russland gegenüber Loyalität zeigen, dann hätte man die schwierige Problematik des Transits nach Kaliningrad um einiges leichter lösen können. Aber die Hilferufe, die von der anderen Seite der litauischen Grenze drangen, wurden vom offiziellen Moskau ignoriert.

Überdies hat der Kreml keinerlei Erfolge beim Schutz von Landsleuten im Ausland zu verzeichnen. Die Verfolgungen und Erniedrigungen, denen der übermäßig emotionale Türkmenbaşy die Russen aussetzte, scheinen unbemerkt geblieben zu sein. Die Diskriminierung der russischen Minderheit, die fast 40 Prozent der Bevölkerung Lettlands ausmacht, rief beim Kreml von Zeit zu Zeit ein heiseres Knurren hervor, aber es reichte nie für reale Sanktionen oder überhaupt für Druckmittel gegen Riga. Mehr noch: Im Schulterschluss mit seinen sorgfältig ausgewählten Anhängern rief Wladimir Putin sogar dazu auf, die »lettischen Freunde« nicht zu dämonisieren.

Schließlich verließen die russischen Soldaten gleichermaßen kontinuierlich und ruhmlos die Territorien ihres vormaligen militärpolitischen Einflussbereichs. Russland zog seine Stützpunkte aus Georgien innerhalb von drei Jahren und kostenlos ab, obwohl von elf Jahren und einer Kompensation von 500 Millionen Dollar durch die georgische Seite die Rede gewesen war.

Alles in allem ist nichts aus einer effektiven Geopolitik geworden. Und wer Putin kennen, verstehen und seine Motivationen analysieren will, wird es nur können, wenn er ein recht einfaches Prinzip durchschaut: Der zweite und später vierte Präsident der Russischen Föderation ist seiner Natur nach kein Politiker und erst recht kein Imperialist. Er ist ein typischer Unternehmer. Alle seine Entscheidungen und Handlungen sind ausschließlich der Logik großer Geschäfte unterworfen, die auf die Erzielung von Gewinnen abzielt.

Wenn es einen Bereich gibt, in dem Wladimir Putin im postsowjetischen Raum erfolgreich war, so ist es die Lobbysierung von Interessen einiger wichtiger russischer Unternehmer. Bei seinen zahlreichen Staatsbesuchen fing der Präsident der russischen Föderation mehrmals Gespräche damit an, dass man diesen oder jenen Aluminiumbetrieb Oleg Deripaska geben müsse, dieses Telekommunikationsunternehmen Michail Fridman und jenes Stahlwerk Alexei Mordaschow.

Putins Gesprächspartner klimperten dabei weise mit freundlichen Augen. Denn im Gegenzug brachte der reiche Gast aus Moskau politische und wirtschaftliche Gaben dar, die in ihrem Umfang die begehrten Objekte um ein Vielfaches überstiegen. Zum Beispiel: Wir verkaufen das Kombinat X von Severstal, und dafür werden die Anti-Dumping-Sanktionen durch Russland für alle Stahlwerke in besagtem Land aufgehoben.

Bei dieser Vorgehensweise – wenn russische Staatsressourcen als Kompensation für die Einhaltung rein privater Interessen angeboten werden – war Wladimir Putin nicht selten erfolgreich. Natürlich kann man das kaum als Fortschritt für das russische Kapital bezeichnen: Die ausländischen Aktiva, um die Putin bemüht war, wurden schließlich von Offshore-Unternehmen gekauft und keineswegs von lebendigen Subjekten der russischen Wirtschaft.

Dennoch muss man einräumen: Als Unternehmer hat Putin tatsächlich Talent. Das von ihm erdachte (oder abgesegnete, was dasselbe wäre) Schema der Nationalisierung in Russland muss man durchaus als genial anerkennen.

Das Schema ist schlicht wie alles Großartige. Die Unternehmen, die in den 1990er-Jahren bei Pfand- und sonstigen fiktiven Auktionen zu symbolischen Preisen verhökert worden waren, sollten vom Staat und staatlichen Unternehmen zurückgekauft werden, allerdings maximal teuer. Dabei kamen zwecks Erhöhung des Wertes der auf diese Weise nationalisierten Aktiva sogar die heiklen Mechanismen des Wertpapiermarkts zur Anwendung.

Putin ist sich dessen, was er tut, vollkommen bewusst. Wenn in Russland in überschaubarer Zukunft eine neue Macht auftauchen sollte, wird diese unausweichlich die Frage nach der Legitimation (also der Revision) der Ergebnisse der Privatisierung stellen – anders kann es gar nicht sein bei dem Übergang aus dem postsowjetischen Zustand eines Staatsgebildes in einen postpostsowjetischen nach dem Ende der langjährigen Kleptokratie. Wenn sich also diese Frage stellt, wird der Anrufbeantworter des ehemaligen Präsidenten eine entfernte und dumpfe Antwort geben: »Vergessen Sie es, liebe Kollegen, es gab keine Privatisierung, alles ist wieder staatlich, da gibt es nicht zu revidieren oder zu legitimieren.«

Das erste Riesengeschäft im Rahmen des vorgegebenen Schemas war der Verkauf von Sibneft an Gazprom. Dabei wetteiferten sowohl Käufer als auch Verkäufer um eine Erhöhung des Preises: Das Aktienpaket von Sibneft, das Roman Abramowitsch gehörte, verteuerte sich buchstäblich am Vorabend des Vertragsabschlusses von 12 Milliarden auf 13,1 Milliarden Dollar. Dabei war 1995 das Kontrollpaket an Sibneft bei einer Pfandauktion für 100,3 Millionen Dollar verkauft worden.

Auf dem Hintergrund derartig gigantischer Abschlüsse verlieren sich fast die Nachrichten über den Ankauf der Vereinigten Maschinenbetriebe durch die dem Unternehmen Gazprom angegliederten Strukturen oder über die Pläne von Rosoboronexport, bei privaten Eigentümern gewisse Aktiva an Stahlwerken aufzukaufen. Aber sowohl die großen als auch die kleinen Operationen passen in diesen genialen Gesamtplan. Dabei dürfen wir nicht davon ausgehen, dass die Kreml-Herren von den Verkäufen Honorare erhalten, die in der Umgangssprache OTKAT (Cashback) genannt werden: Was sollen diese Leute damit, denen schon bald für ihre eigenen, vorerst 30 Prozent der Aktien an Surgutneftegas 10 Milliarden Dollar überwiesen werden? Das reicht für den besten Hafer für Pony Pedro sowie sieben Generationen seiner Nachkommen.

Also, die Nationalisierung nach Putin wurde zu einer Form der fast legalen Ausfuhr von 50 bis 70 Milliarden Dollar aus dem Land. Dieses Geld kam auf die Konten von Privatpersonen – den Gewinnern der großen Privatisierung von Jelzin und Putin (deren Lebenszyklus im russischen politisch-wirtschaftlichen Raum auf diese Weise endet).

Für Russland jedoch werden diese Milliarden zu Schulden innerhalb der staatlichen Strukturen, die der russische Steuerzahler zusammen mit den Gaskonsumenten zu tilgen hat. Also die Bevölkerung, die bereits 2007 für den »hellblauen Brennstoff« 50 Prozent mehr zahlen musste als heute. Die zynischen Kreml-Propagandisten haben die Gelegenheit, dem Land und der Welt zu erklären, dass die Nationalisierung im Interesse des Staates und des Volkes ist. Naive Zuhörer haben das Recht, ihnen zu glauben.

Das Businessgenie Wladimir Putin und seine Gefährten nehmen sich besonders grell auf dem Hintergrund der Schwachheit und Talentlosigkeit anderer slawischer Staatsoberhäupter aus, vor allem im Vergleich mit Viktor Juschtschenko. Der Präsident der Ukraine hat den größten Stahlproduzenten des Landes Kryworischstal für 800 Millionen Dollar in das Staatseigentum zurückgeführt und es gleich darauf bei einem transparenten Wettbewerb für 4,8 Milliarden Dollar an einen indischen Investor verkauft. Dabei verdiente er für seinen Staat auf einen Schlag 4 Milliarden Dollar (fast 20 Prozent des ukrainischen Staatshaushalts von 2005). Das ist doch nicht dumm, oder?

Wenn Juschtschenko bei Putin in die Lehre gegangen wäre, hätte er es genau andersherum gemacht: Er hätte den Staat gezwungen, den Privatisierern der ersten Stunde Rinat Achmetow und Viktor Pintschuk, die Kryworischstal im Juni 2004 für 800 Millionen Dollar besaßen, das Unternehmen für eben 4,8 Milliarden Dollar abzukaufen. Und das ordentliche Sümmchen wäre dann zwischen den drei Personen geteilt worden, im Namen von Landesfrieden, Einverständnis und Stabilität. Es ist kein Zufall, dass der Kreml seinen offiziellen und inoffiziellen Vertretern untersagt hat, den Wettbewerb um Kryworischstal zu kommentieren.

Verstehen Sie jetzt, warum sich der Kreml nicht für die Russen in Turkmenien einsetzte? Weil ihm das Gasgeschäft mit Türkmenbaşy unvergleichlich wichtiger ist. Warum ist er nicht für seine Landsleute in Lettland eingetreten? Weil bereits 2005 auf den Konten der lettischen Banken fast 4 Milliarden Dollar ruhten, die den Vertretern der politisch-wirtschaftlichen Elite des modernen Russland gehörten. Und eine Verbreitung der Information über diese Konten wäre für die wandelnden Symbole der Putin'schen Stabilität tödlich gewesen. Übrigens werden gerade Verhandlungen über den Kauf des lettischen Öltransitunternehmens Ventspils Nafta durch ein verehrtes russisches Unternehmen über eine deutsche Investitionsbank geführt. Wäre es etwa angebracht, in einer solchen Situation von den lieben lettischen Freunden noch mehr zu verlangen?

Und warum kapitulierte Russland, das objektiv über alle Schalthebel eines politischen und wirtschaftlichen Einwirkens auf Georgien verfügte, voreilig vor dem ungeliebten Micheil Saakaschwili und zog in einer Hauruck-Aktion die Militärstützpunkte ab? Weil der Kreml in der Tiefe seiner Krämerseele tatsächlich nicht versteht, wozu er diese Stützpunkte eigentlich braucht.

Sehr geehrte Herrschaften der internationalen Kreml- und Putin-Forschung! Lassen Sie von den Büchern über Mussolini und Fidel Castro und holen Sie sich lieber aus einer Universitätsbibliothek die Biografie des philippinischen Ex-Präsidenten Ferdinand Marcos oder, sagen wir, des ehemaligen Herrschers von Zaïre mit Namen Mobutu Sese Seko Kuku Ngbendu wa za Banga, was so viel heißt wie »Allmächtiger Krieger, der kraft seiner Zähigkeit und seines unerschütterlichen Siegeswillens vieles erobert und dabei Brandstätten zurücklässt«. Und alles wird auf der Stelle klar.

Jeder hat seine Ambitionen und seine Schrullen. Bloß gut, wenn diese Schrullen auf Kosten des Staates gehen, besonders wenn es sich dabei um Russland handelt, das über ausreichende Reserven verfügt, solange der Weltpreis für Rohöl nicht unter 80 Dollar pro Barrel sinkt.

Im Herbst 2007 bat mich die Zeitung *Die Welt* um eine Einschätzung, wie reich der russische Präsident sei. Ich antwortete ihnen, dass Putin meinen Berechnungen zufolge zu den reichsten Menschen Europas gehört. Geht man von der begründeten Voraussetzung aus, dass er als Begünstigter 4,5 Prozent der Aktien von Gazprom kontrolliert, die Hälfte des Kontrollpakets an der Ölfirma Surgutneftegas sowie 50 Prozent der Aktien des weltweit viertgrößten Energiehändlers Gunvor, dann kann man das Vermögen des Kremlherrn auf 40 Milliarden Dollar schätzen.

Kurz danach im selben Jahr 2007 untersuchte der bekannte britische Journalist Luke Harding dasselbe Thema für *The Guardian*. Daraufhin untersagte man Herrn Harding die Einreise nach Russland – aber ich denke, das lag nicht am Material, sondern am gesteigerten Interesse des Journalisten am Fortgang der Bauarbeiten für die Olympiade 2014 in Sotschi und dem ausgiebigen Diebstahl auf diesen Baustellen. Dennoch glaube ich nicht, dass Luke die »Saga von den 40 Milliarden Dollar« bedauert. Allein auf der Website des *Guardian* haben fast 500 000 Menschen seinen Artikel gelesen.

Nach alldem kam es im ausklingenden Jahr 2007 noch zu einem grandiosen Skandal. In Russland wurde der Inhalt der Artikel aus *Die Welt* und *The Guardian* von fast allen bekannten Verlagshäusern neu publiziert, sogar von jenen, denen allein die Nennung meines Namens aus politischen Gründen verboten war. Journalisten, die mich anriefen, begannen ihre Fragen mit dem traditionellen: »Haben Sie das wirklich gesagt?« Nach einer bestätigenden Antwort kam es zu einer kleinen Pause: Man konnte nicht glauben, dass ein einfacher russischer Bürger so etwas öffentlich sagen konnte. Und viele meiner Freunde und Bekannten berührten mich in dieser Zeit bei Zusammenkünften vorsichtig mit dem Zeigefinger, als wollten sie sich davon überzeugen, dass ich es wirklich bin, dass man mich noch nicht umgebracht oder ins Gefängnis gesperrt hat.

Nach Auskünften der russischen politischen Wochenzeitschrift *The New Times* (2012), die dem Klassiker unseres unabhängigen Fernsehens, der Gründerin von RenTV Irena Lesnewskaja gehört, wurde im Kreml wegen der »40-Milliarden-Dollar-Angelegenheit« eine Besprechung unter Beteiligung der Bosse der staatlichen Nachrichtenpolitik und von Vertretern staatlicher Gewaltorgane abgehalten. Bei der Besprechung standen vor allem zwei Fragen auf der Tagesordnung:

- Wie kann man das Durchsickern von Informationen über die Aktiva des Präsidenten stoppen?
- Was soll man mit Belkowski machen?

Nach einer langen und ermüdenden Erörterung sprach Putin höchstpersönlich das letzte gewichtige Wort. Nach der Version der *The New Times* beantwortete er die zweite Frage mit der ihm von Zeit zu Zeit eigenen lapidaren Brutalität: »Geh er doch zum T…!« Wonach beschlossen wurde, keine weltumfassende Aktion zur Reinwaschung Wladimirs von der ihm lieb gewordenen Geschäftemacherei zu unternehmen.

Dazu möchte ich anmerken, dass weder vom Kreml noch von Putins Verwandten, weder von Gazprom noch von Surgutneftegas oder gar dem zanksüchtigen Unternehmen Gunvor (das gern für seinen Ruf vor Gericht zieht) eine Klage kam. Weder gegen mich noch gegen den *Guardian* oder *Die Welt*. Sie wollten tatsächlich nicht, dass ein Gerichtsverfahren zusätzliche Aufmerksamkeit im internationalen Maßstab auf diese Informationen zieht.

Wie steht es heute um das Geschäft und die Aktiva von Wladimir Putin? Auf dem Höhepunkt der globalen Finanzkrise im Herbst 2008 sank der Wert der genannten Aktiva erheblich. Aber dieser Zeitpunkt liegt nun lange zurück, der Preis für Rohöl ist erneut auf 100 Dollar pro Barrel gestiegen, noch höher stehen auch die Finanzmärkte. Heute würden die in *Die Welt* genannten Aktiva bereits 60 Milliarden Dollar kosten. Und das ohne Berücksichtigung des Barbestands, der sich jedes Jahr auf den Konten von Gunvor anhäuft.

Übrigens ist Gunvor ein weiblicher Vorname, eine Figur aus der skandinavischen Mythologie. Nach verschiedenen Quellen heißt so die Mutter des wichtigsten legalen Partners von Gennadi Timtschenko, des Schweden *Torbjörn Törnqvist*. Auch wenn Timtschenko gewöhnlich stolz ist auf seinen längst vergessenen drittrangigen Posten in der sowjetischen Außenaufklärung, hat er die Staatsbürgerschaft von Finnland, das recht nah bei St. Petersburg liegt, und ist Deviseninländer der Schweiz, was ebenfalls angenehm ist zum Deponieren von Offshore-Einkünften.

Aber schlecht steht es um Geschäfte, die auf der Stelle treten und sich nicht entwickeln.

Im Jahr 2010 wurde Gennadi Timtschenko (der, wie er selbst sagt, nach 2000 ohne jede Hilfe von Putin und geradezu trotz seiner Freundschaft zu ihm zum Milliardär wurde – was wir ihm natürlich gern glauben) zum Miteigentümer des nach Gazprom zweitgrößten russischen Erdgasproduzenten Novatek. Von diesem Moment an verhielt sich Wladimir Putin ein wenig strenger gegenüber Gazprom und wurde den sogenannten unabhängigen Gasproduzenten gegenüber etwas loyaler. Aus dem Mund des »Anführers der Nation« wurden Ideen laut, die er kurz zuvor noch als umstürzlerisch bezeichnet hätte: dass man allen gasfördernden Unternehmen gleichberechtigten Zugang zur berüchtigten Pipeline (des Gastransportsystems von Russland, das es erlaubt, Gas zu allen Konsumenten zu transportieren, einschließlich der westeuropäischen, was am einträglichsten ist) verschaffen sollte oder sogar, dass man das GTS (Gastransportsystem) aus Gazprom ausgliedert, dem es derzeit gehört.

Es ist nicht auszuschließen, dass derartige Ideen, die im letzten Jahrzehnt in der Öffentlichkeit als potenziell skandalös, kompradorisch und antipatriotisch eingestuft wurden, in den kommenden Jahren zur Entscheidung reifen. Zum Beispiel vermittels der Übergabe der Pipeline von Gazprom an das Unternehmen Rosneftegas, das zu 100 Prozent dem russischen Staat gehört.

Der unterwürfige Diener hat auch bereits eine Vorgehensweise für diese Übergabe vorgeschlagen: Man tauscht das GTS gegen ein staatliches Aktienpaket der offenen Aktiengesellschaft Gazprom. In diesem Fall wird Gazprom wie das bereits erwähnte Novatek vollständig privat. Doch es verliert dabei den exklusiven Vorteil der Pipeline und die Möglichkeit, den Zugriff auf sie zu regulieren, und wird dann nur noch dem Umfang nach der größte russische Gasproduzent sein, mehr nicht.

Und dann stellt sich erst recht die Frage nach der Effektivität des Gazprom-Managements. Denn Milliarden aus dem Nichts zu zaubern, um sie danach geistlos zu verschleudern – das geht nicht. Die Privatisierung von Gazprom mit dem Verlust seiner Einflussmöglichkeiten auf die Transportmöglichkeiten innerhalb des Marktes bedeutet einen langsamen Tod für die derzeitige Leitungsebene unter Alexei Miller, dem ehemaligen Kassenwart von Putin. Miller & Co. wissen das nur zu gut, man kann also erwarten, dass sie sich bis zuletzt zur Wehr setzen werden.

Auch die Geschäfte von Gunvor sind im Aufwind. Während der sechs Jahre, die seit der »40-Milliarden-Dollar-Angelegenheit« vergangen sind, ist der Umfang der Energieträger, die das Unternehmen durchlaufen, um 70 Prozent gestiegen. Ob es wohl am gesteigerten Interesse des einflussreichsten Mannes in Russland liegen mag?

Surgutneftegas hat 2012 das erste Mal seit zehn Jahren seine Bilanzen nach internationalen Standards veröffentlicht (das erste und letzte Mal geschah dies 2001). Viele Zahlen in dieser Rechnungslegung sind nachvollziehbar und verständlich. Zum Beispiel lag der Reingewinn des Konzerns im Jahr 2012 bei 2 Milliarden Dollar.

Aber das Wichtigste und fast Einzige, was immer noch unverständlich bleibt, ist die Eigentümerstruktur des Energiegiganten. 67 Prozent der Aktien an Surgutneftegas unterliegen einem komplizierten Kontrollsystem gemeinnütziger Organisationen und nichtstaatlicher Rentenfonds. Als Manager all dieser juristischen Personen erscheinen Mitarbeiter des Konzerns, wobei diese nicht unbedingt hohe Positionen einnehmen – es gibt unter ihnen auch durchaus technisches Personal.

Aber der größte Witz liegt in etwas anderem. Nach der russischen Gesetzgebung teilen weder die gemeinnützigen Organisationen noch die nichtstaatlichen Rentenfonds ihre Gewinne unter ihren Gründern auf. Die Gründer wiederum haben keinerlei Recht auf eine Eigentümerschaft am Vermögen dieser Strukturen mit dem gegebenen juristischen Status. Das bedeutet, dass zwei Drittel der Aktien des drittgrößten Gasherstellers Russlands von irgendjemandem informell verwaltet werden. Dieser Jemand hätte schon längst die Aktien auf eigene Unternehmen umschreiben können, seien es russische oder ausländische. Aus irgendwelchen Gründen kann er es aber nicht. Noch nicht. Bis er von seinem Amt zurücktritt, wird sich daran auch kaum etwas ändern. Daher auch die verwirrenden und undurchsichtigen Besitzverhältnisse. Und was wird nach seinem Rücktritt sein? Wir werden sehen.

Auch das Motiv von Surgutneftegas, seine Bilanzen nach den International Financial Reporting Standards unerwartet zu veröffentlichen, macht einen nachdenklich. Warum war das jetzt notwendig, nach der elfjährigen Pause? Was hat sie dazu gebracht? Ist das nicht ein indirektes, aber sicheres Zeichen dafür, dass der Deal mit Rosneft in naher Zukunft zustande kommen wird? Und dann werden die vielzähligen gemeinnützigen Organisationen zusammen mit den nichtstaatlichen Rentenfonds etwa 20 Milliarden Dollar erhalten, und schalten und walten kann über sie nur …

Wie ein Sprichwort sagt, sind stille Wasser tief. Und wenn ein stilles Wasser fast so groß ist wie der Pazifik, dann kann man sich vorstellen, wie tief es ist und welche Überraschungen einen dort erwarten.

Lohnenswert ist außerdem ein genauerer Blick auf Rosneft, dessen Präsident 2012 Igor Setschin wurde – engster Mitstreiter von Putin noch im Bürgermeisteramt von St. Petersburg. Gerüchteweise wird behauptet, dass Russland solchen engen Mitstreitern die Entstehung der absolut ehrlichen Korruption zu verdanken hat.

Das finden Sie verwunderlich? Man muss dazu wissen, dass es Anfang der 1990er-Jahre in unserem Land üblich war, Bestechungsgelder in einem Koffer mit sich zu führen und die Präsente direkt in die Zimmer der Bürokraten oder zumindest in die Lobbys teurer Hotels zu bringen. Das Ergebnis war, dass sowohl die Empfänger von Bestechungsgeldern (Beamte) als auch die Geber (Geschäftsleute) nicht selten aufflogen: Konkurrenten hetzten ihnen die Rechtsschutzorgane auf den Hals, die an den entsprechenden Orten vorab Audio- und Videoüberwachungsgeräte für die Aufzeichnung des Korruptionsverbrechens installierten.

Völlig anders gestalten sich die »ehrlichen« Bestechungen. Das sieht dann folgendermaßen aus: Sie geben dem Beamten, der ehrlich ist, nichts. Sie nehmen nur für eine a priori überhöhte Summe (zum Beispiel 10 Millionen Dollar) die Dienste einer Rechtsanwaltskanzlei in Anspruch, die auf den ersten Blick nichts mit dem hochgestellten Bürokraten zu tun hat. Die Kanzlei bereitet dann derartig überzeugende Papiere vor, dass Sie einen Privatisierungswettbewerb einfach nicht verlieren können. Und das völlig gerecht und transparent. Daran ist nichts Verdächtiges, und man kann so viele Audio- und Videoaufzeichnungen machen, wie man will.

Oder es gibt die alternative Variante: Der Beamte gibt Ihnen, weil er Ihnen helfen möchte (denn die wichtigste Aufgabe jeglichen Beamten ist es, einem Bittsteller allein für sein staatliches Gehalt zu helfen), ganz beiläufig die Visitenkarte eines bestimmten, guten Antiquitätengeschäfts. Dieses gehört völlig zufällig einem, sagen wir, anderen guten Freund von Wladimir Putin – dem Petersburger Geschäftsmann Ilja Traber, genannt »der Antiquar«. Sie gehen dorthin und kaufen einen einzigartigen Tisch aus der Zeit der Zarin Katharina der Großen zum Katalogpreis von 1 Million Dollar. Wenn Sie allerdings zu Hause ankommen, stellen Sie fest, dass der Zarentisch eine Furnierschulbank aus sowjetischen Zeiten ist. Aber Sie machen sich nichts daraus. Denn nun ist es Ihnen beschieden, vom Bürgermeisteramt der Stadt St. Petersburg eine Erlaubnis zu bekommen, die ihnen ungleich viel mehr Einkünfte beschert, als Sie für die Schulbank ausgegeben haben.

Derartig schöne Vorgehensweisen gibt es also, um die sich der Überlieferung nach so manche Geheimnisse Putins, Setschins und ihresgleichen ranken. Deswegen sind diese Beamten nicht im Höllenfeuer der 1990er-Jahre umgekommen, sondern haben sich heute aus dem provinziellen Halbdasein zu nationalen Höhen aufgeschwungen.

Jetzt Rosneft. 2006 und 2007 schluckte diese einst unscheinbare und zweitrangige Ölfirma das ehemalige Imperium von Michail Chodorkowski und wurde zum größten Kohlenwasserstoffhersteller im Land. Die Operation selbst wurde allerdings technisch nicht sonderlich versiert ausgeführt. Sie geschah unter Hinzuziehung des nominellen Käufers Baikalfinansgrup, der die größte erdölfördernde Struktur von JUKOS, die offene Aktiengesellschaft Juganskneftegas, übernahm. Die Baikalfinansgrup war ein fiktives Unternehmen mit einem Stammkapital von 10 000 Rubeln (250 Euro), das sich kurz vor dem Deal in der kleinen Stadt Twer nordwestlich von Moskau registrieren ließ, in einem windschiefen Haus, in dem Journalisten nur eine Wodkakneipe mit dem charakteristischen, aussagekräftigen Namen »London« ausfindig machen konnte. Aber es gab ein Ergebnis – es war vollbracht.

2011 kaufte Rosneft der Alfa Group (Eigentümer: Michail Fridman) und der British Petroleum ihre gemeinsame Ölfirma TNK-BP ab. Für 60 Milliarden Dollar. Das war eine Operation, für die sich der Autor den Terminus »puting« ausgedacht hat – wenn der Verkäufer an dem Geschäftsabschluss mehr interessiert ist als der Käufer. Denn er wird seine Aktiva zu Bedingungen los, die der offene Markt nicht zu bieten hat. An die ersten und aufsehenerregendsten Abschlüsse dieser Art erinnern wir uns noch.

Es war das kleine Unternehmen Sewernaja Neft, das dem ehemaligen Ersten Stellvertreter des Finanzministers Andrei Wawilow gehörte und Anfang 2003 für 400 Millionen Dollar von Rosneft gekauft wurde. (Die Kritik an diesem Abschluss kam, wie wir wissen, Michail Chodorkowski teuer zu stehen.) Und es war der Erwerb von Sibneft beim Offshore-Unternehmen Milhouse für 13,1 Milliarden Dollar (Letzteres vertritt bis heute die Interessen von Roman Abramowitsch) durch Strukturen von Gazprom im Jahr 2005. Der Deal von Rosneft mit den Ex-Besitzern von TNK-BP ist also keine Ausnahme.

Dennoch erlangte Rosneft schließlich die unumstrittene Spitzenposition in Russland bei der Förderung von Erdöl (2,6 Millionen Barrel pro Tag im Jahr 2012) und bei der Anhäufung von Kapital (150 Milliarden Dollar). Sollten die Pläne für den Erwerb von Surgutneftegas und LUKOIL realisiert werden, mit denen sich die Mannschaft um Setschin trägt, dann wird daraus schließlich die größte Erdölfirma der Welt entstehen.

Auch wenn aus Wladimir Putin kein Politiker wurde, wie es seine KGB-Prägung erwarten ließe, hat er doch über viele Jahre gelernt, in den Kategorien großer Geschäfte zu denken. Hier geht es nicht mehr um einen Furniertisch für 1 Million Dollar. Der Einsatz liegt nun dreimal so hoch.

Doch letztlich sind nicht die absoluten Zahlen der Beteiligung des langjährigen russischen Staatsoberhaupts an den Kapitalerträgen des einen oder anderen Unternehmens wichtig. Wichtig ist in erster Linie das Format des Putin'schen Denkens selbst, die Frage, wie sein Gehirn funktioniert. Wer würde das strategische Verhältnis zur Ukraine und Belarus für den Gaspreis und die Kapitalisierung von Gazprom für alle Zeiten aufs Spiel setzen? Er hat es getan. Wer würde zulassen, dass die noch gestern brüderliche Ukraine durch den Mund des Moskau scheinbar freundschaftlich gesinnten (und es eigentlich abgrundtief hassenden) Präsidenten Viktor Janukowitsch das Projekt der Gaspipeline White Stream aus dem Iran und Zentralasien unter Umgehung des russischen Territoriums ausrufen lässt? Und dass das noch gestern freundschaftliche Aserbaidschan eine ähnliche Strecke über türkisches Territorium legen möchte, um sich mit der Russischen Föderation nicht bezüglich der Fragen seines Exports vom Ölfeld Schah Denis verständigen zu müssen? Wer konnte vermuten, dass die politischen Positionen im Baltikum aufgegeben werden im Tausch gegen Transit und ausgedehnte Möglichkeiten der Verwahrung russischen Kapitals bei Banken der ehemaligen »sowjetischen Republiken des Baltikums«, also de facto im Offshore? Und so weiter, siehe oben und unten.

Putin hat es mit internationalen Partnern leicht, in deren Denkweise die Business-Komponente gewichtig, wenn nicht gar dominant ist. Also mit Silvio Berlusconi und Gerhard Schröder. Und diese Berlusconis und Schröders haben das immer ausgenutzt, indem sie »Freund Wladimir« richtig zu motivieren wussten.

Gerüchteweise hört man, dass Schröder jetzt als Vermittler zwischen Präsident Putin und dem berühmten Häftling Chodorkowski auftritt. Der ehemalige Bundeskanzler soll angeblich garantieren, dass der in Ungnade gefallene Oligarch im Falle seiner Freilassung im Jahr 2014 aus dem Gefängnis nicht gegen seine Peiniger Krieg führen wird, sondern sich in einen langfristigen Urlaub und zu einer intensiven Kur außerhalb Russlands aufmacht.

Die anderen jedoch, die Putin als Tschekisten, Imperialisten und Falken eines neuen Kalten Krieges sehen, sind nicht in der Lage, ihn durch Motivationen zu lenken. Damit reizen sie seinen wachsenden Zorn und verstärken in sich die wachsende Angst vor dem »Tyrannen«. Statt sich WWP genauer anzuschauen und zu lernen, ihn zu friedlichen Zwecken zu gebrauchen, verbreiten sie Mythen, die mit der Putin'schen Realität rein gar nichts zu tun haben.

Das vor Kurzem vom Kreml angekündigte Programm der »Nationalisierung der Eliten« ist, wenn man die Rhetorik Putins und seiner Helfershelfer außer Acht lässt und den eigentlichen Kern des Geschehens erfasst, faktisch ein Programm zum Schutz der russischen Aktiva außerhalb der Grenzen der Russischen Föderation. Der wichtigste Geschäftsmann Russlands spricht mit den Angehörigen seiner Klasse, ob sie nun über die Insignien von Beamten verfügen oder nicht: Seid vorsichtig, ordnet euch den Gegebenheiten der modernen Welt unter, stellt keine Rechnungen und Immobilien auf eure Namen oder die eurer nächsten Verwandten aus, sondern nur auf Trusts im Offshore mit einem komplizierten System Besitzbegünstigter – und das Glück ist auf eurer Seite. Dann seid ihr für die westlichen Staatsorgane um einiges unverwundbarer, denn sie verstärken mit jedem Jahr ihren Kampf gegen Geldwäsche und überhaupt gegen die Vermehrung von Kapital zweifelhafter Herkunft im Wirtschaftsraum der euroatlantischen Länder.

Also: Who is Mr. Putin? Wer lernt, ihn richtig zu verstehen, dem wird sein vertrauensvolles Verständnis zuteil.

Putins größtes Problem besteht darin, wie er irgendwann dieses viele Geld ausgeben will. Innerhalb der Legalität im Westen ist das heute praktisch unmöglich. Das bedeutet, man muss über exotischere Möglichkeiten nachdenken, zum Beispiel über den Aufkauf eigener Rechtshoheiten im Offshore, insbesondere in der Karibik und im Stillen Ozean. Doch niemand kann dafür garantieren, dass Putins Schätze einmal seinen Kindern oder gar Enkeln zukommen. Und solange er den Präsidentenposten nicht verlässt, wird er ewig der Sklave des einfachen Kutters *Kawkas* sein, neben dem sich Roman Abramowitschs Jacht *Eclipse* ausnimmt wie Versailles neben dem Kulturhaus einer Kolchose.

Wieder ist es das Hauptproblem des Autoritarismus: gehen nicht bleiben – wo setzt man das Komma? In einer entwickelten, institutionalisierten Demokratie gibt es ein solches Problem nicht, wie es dort auch (zum Glück!) nicht das Problem einer Legalisierung von Milliarden gibt, von denen man nicht weiß, mit wem und auf welche Weise sie »erarbeitet« wurden.

Geld kann man nicht mit ins Grab nehmen, sagt ein Sprichwort. Und die alte schwarze Hexe in *Les Voleurs de Diamants* von Louis Boussenard schrie die Diamantensucher an: »Da habt ihr eure Brillanten! Esst sie! Trinkt sie!« – wobei völlig klar ist, was sie meinte.

Kapitel 16
Wladimir Putins Familie: »Ja, Herzchen, ich bin es!«

Vom ersten Tag seiner Regierungszeit an tat der Kreml alles, um das Image des neuen Präsidenten Putin gegen das seines Vorgängers abzusetzen. Während Jelzin ein alter Trümmerhaufen gewesen war, der jederzeit den Löffel abgeben konnte, wurde Putin zu einem Macho und geradezu zu einer Sexbombe stilisiert. Die Frage war umso aktueller, als die Ideologen im Kreml eine Lektion besonders gut gelernt hatten: Noch im September 1999 war der 70-jährige Jewgeni Primakow ungeachtet des Altersunterschieds von 23 Jahren um einiges beliebter gewesen als Putin. Als dann jedoch in einer bekannten Fernsehsendung gezeigt wurde, wie man Senioren die Hüftgelenke operiert, sanken Primakows Umfrageergebnisse dramatisch.

Die Sendung war gut gemacht und überzeugte Millionen von Zuschauern, dass auch Primakow schon recht alt war und krank wie Jelzin, es also sinnlos wäre, ein Übel gegen ein anderes zu tauschen. Mit Putin im Hintergrund, der den Tschetschenien-Krieg geradezu höchstpersönlich zu kommandieren schien (diesen Eindruck vermittelten unzählige Reportagen der wichtigsten Fernsehkanäle, auch wenn Putin in Wirklichkeit nur einige Male an der Front war, und auch das in vollkommener Sicherheit und ohne mit den Aufständischen in irgendeiner Form zusammenzukommen), wollte das Volk keinen Mann mehr an der Spitze sehen, der wie Jelzin seine Tage mit »Aktenstudium« in einem Sanatorium zubringt.

Man wollte etwas Junges, Frisches, man wollte Muskeln sehen. Man wollte, dass der Mann an der Spitze andere mit einem festen Händedruck begrüßt. Selbstverständlich kam die Vorstellung vom schönen, jungen, gesunden Mann nicht ohne eine gewisse sexuelle Mythologie aus. Aber mit Putins Ehefrau Ljudmila Alexandrowna eine solche Mythologie aufzubauen und am Leben zu halten war, gelinde gesagt, schon recht schwierig.

Ljudmila ist sechs Jahre jünger als ihr Gatte (sie wurde 1958 geboren), und die offizielle Legende besagt, dass die beiden sich Anfang der 1980er-Jahre kennenlernten, als die junge Dame Stewardess bei einer Kaliningrader Fliegerabteilung war. Archivfotos bezeugen, dass Ljudmila in der Anfangsphase ihrer Ehe mit dem künftigen Herrscher über ein Siebtel der Erde gut gebaut und attraktiv war. Doch zum Jahr 2000 hin war sie ziemlich füllig und welk geworden. Es ist überaus wahrscheinlich, dass sie zu diesem Zeitpunkt bereits ernsthafte Alkoholprobleme hatte. Sie sah nun älter aus als ihr Mann, manchmal hätte man sie fast für seine Mutter halten können. Dafür gibt es viele Ursachen.

Soweit es sich den Erinnerungen von Irene Pietsch und einigen unveröffentlichten Materialien anderer ehemaliger Freunde und Bekannte des Ehepaars Putin entnehmen lässt, hörte die sexuelle Beziehung zwischen den Eheleuten bereits Ende der 1980er-Jahre in Dresden auf, als WWP sich emotional auf »echte Männerfreundschaften« einstellte – mit Klaus Zuchold und Matthias Warnig. (Heute ist Warnig eine der Schlüsselfiguren des Energiesektors in Putins Russland, Mitglied von Aufsichtsräten einiger großer Energiekonzerne, einschließlich Transneft und der Nord Stream AG. Im Unterschied zu vielen seiner Mitstreiter und Opponenten weiß unser Held, wie man sich erkenntlich zeigt.)

Nach Rückkehr der Familie nach Leningrad kümmerte sich Ljudmila im Wesentlichen um die Erziehung und Ausbildung der Töchter Maria und Jekaterina, und Wladimir wurde vollständig von seiner Arbeit vereinnahmt, zuerst bei Sobtschak, dann bei Jelzin. Auch wenn ihre Ehe in Auflösung begriffen war, gab es keinerlei Gerüchte über Verbindungen oder gar anhaltende Affären von Putin – selbst die bunteste Regenbogenpresse der beiden russischen Hauptstädte kann nicht mit diesbezüglichen Erinnerungen aufwarten, und seien sie noch so unwahrscheinlich.

In ihrem Buch *Heikle Freundschaften* behauptet Irene Pietsch, Ljudmila habe Wladimir als Energieräuber charakterisiert, der ihr alle Kräfte aussauge, darunter auch den wichtigsten Lebenssaft – die sexuelle Energie. WWP seinerseits äußerte gegenüber Irene, mit seiner Frau auch nur zwei Wochen unter einem Dach zu leben sei eine Heldentat, die einen Orden verdiene.

Übrigens sind die Erinnerungen von Ljudmila Putina-Schkrebnjowa über das Erblühen und die Entwicklung ihrer Beziehung und die Ehe mit dem künftigen Präsidenten um einiges beredter. 2002 erschien kurz vor dem 50. Geburtstag des zweiten russischen Präsidenten das Buch des Journalisten Oleg Blozki *Wladimir Putin: Der Weg zur Macht*. Es war als absolut putinfreundliches Jubiläumsbuch konzipiert und geschrieben worden.

Am Vorabend des 7. Oktober 2002, als Russland mit nicht unerheblicher Begeisterung sein noch junges Oberhaupt feierte (zu seinem 60. Geburtstag war von dieser Begeisterung keine Spur geblieben, der Jahrestag verlief in einer seltsamen Atmosphäre verärgerter Gleichgültigkeit mit einer Duftnote von offenem Hass), trat Blozki in vielen russischen Fernsehsendungen auf, wo er in Debatten und Talkshows seinen Helden und Götzen in Schutz nahm: vor dem boshaften Stimmengewirr in Person anerkannter Liberaler sowie vor den von Putin enttäuschten, selbst ernannten Nationalpatrioten wie zum Beispiel dem Schriftsteller Alexander Prochanow, der zum Geburtstag noch schnell den putinfeindlichen Politthriller *Herr Hexogen* veröffentlicht hatte.

Dennoch verschwand Blozkis Apologie des Präsidenten recht bald aus den Buchläden. Die einzige Erklärung: Der Autor hatte unvorsichtigerweise ein Exklusivinterview mit Ljudmila Putina in das Buch aufgenommen, das dem Gatten überhaupt nicht gefiel. Es folgen einige Fragmente, die wahrscheinlich dafür verantwortlich sind, dass Blozkis Buch aus dem Verkauf genommen wurde.

»... Verabredungen – das war ein besonderes Thema. Ich kam nie zu spät, Wladimir Wladimirowitsch jedoch ständig. Eine halbe Stunde – das war vollkommen normal. Ich wusste das zwar, brachte es aber selbst nicht fertig, später zu kommen. Und wenn er nun heute plötzlich pünktlich ist, dachte ich. (Nebenbei bemerkt, kann ich mich mit Wladimir Wladimirowitschs Unpünktlichkeit bis heute nicht abfinden.)

Ich erinnere mich daran, wie ich einmal in der Metro stand. Die ersten fünfzehn Minuten, die er sich verspätete, ertrug ich mit Fassung, die erste halbe Stunde auch. Aber nachdem eine Stunde vergangen und er immer noch nicht da war, kamen mir die Tränen vor Gekränktheit. Nach anderthalb Stunden fühlte ich dann überhaupt nichts mehr ...«

Wladimir Putin – weniger als Mann denn als Bürokrat und Staatsmann – verspätet sich nicht nur leicht, er kommt zu allen Zusammenkünften und Veranstaltungen, die ihm in seinem tiefsten Inneren unangenehm sind, stets deutlich zu spät. In der Psychologie nennt man das Erledigungsblockade: eine betonte Unlust, rechtzeitig eine Sache zu erledigen, die man nicht machen will, aber unbedingt machen muss.

Ganz ähnlich verhält sich Putin zu Staatsangelegenheiten. Eine Stunde Verspätung zu einer wichtigen Besprechung ist wahrscheinlich noch das Günstigste, worauf Beamte und Geschäftsleute hoffen können, die mit erstorbenen Herzen auf ihren Patron warten. Zu Wirtschaftsforen kommt der Präsident gewöhnlich um zwei bis drei

Stunden zu spät. Wie die in Russland bekannte Society-Journalistin Boschena Rynska es zutreffend formuliert hat, »entschuldigt er sich dabei nicht einmal übermäßig«, sondern gibt dem Auditorium zu verstehen, dass seine Verspätung ganz in Ordnung sei, und wenn jemand trotzdem endlos warten will und kann, dann solle er das tun. Offensichtlich hat er auch zu seinen formalen Pflichten als Familienoberhaupt schon länger eine derartige Einstellung.

»Einmal gingen wir auf eine Party, wo ich mich wohl etwas ungezwungen benahm: Ich tanzte, hatte Spaß und lachte. Wladimir Wladimirowitsch gefiel das gar nicht, und er sagte mir klipp und klar, dass wir nicht länger zusammenbleiben können. In diesem Moment wurde mir klar, dass ich ausziehen sollte. Ich ging weg. Das war sehr schwer, das will ich nicht verhehlen. Als ich zwei Wochen später einmal nach Hause kam, hing an der Tür ein kleiner Zettel: »Ja, Herzchen, ich bin es.« Daneben stand eine Telefonnummer … .«

Was kann man über einen Menschen sagen, dem es nicht gefällt, wenn die geliebte Frau in guter Stimmung ist und Spaß hat? Besonders, wenn es sich nicht um einen fernöstlichen Menschen handelt, sondern um jemanden, der mehr oder weniger im europäischen Geist erzogen wurde? Ganz zu schweigen von dem Satz »Ja, Herzchen, ich bin es«, der in Russland schon lang ein Aphorismus ist. Er wird oft zitiert, wenn Rechtsorgane in staatliche oder kommerzielle Strukturen eindringen und das von Putin zwar gebilligt wird, aber aus Sicht der erbärmlichen russischen Gesetzgebung der Verdacht einer unkorrekten Amtsführung besteht.

»Dreieinhalb Jahre nach unserem Kennenlernen heirateten wir am 28. Juli 1983. Nebenbei bemerkt haben wir seither nie unseren Hochzeitstag gefeiert …

Obwohl ich nie auf eine Heirat angespielt habe, wussten wir genau, dass wir das früher oder später klären müssen …

Aber Wladimir Wladimirowitsch konnte es nicht ertragen, wenn ihn eine Frau unter Druck setzte, Andeutungen machte oder in Gesprächen das Thema Ehe berührte. Selbst wenn das Thema völlig zufällig aufkam, schnitt Wladimir Wladimirowitsch dem anderen augenblicklich das Wort ab. Er hatte zu solchen Themen ein ironisches Verhältnis und meinte, eine solche Entscheidung müsse vom Mann getroffen werden ... Wladimir Wladimirowitsch machte mir nach allen Regeln einen Heiratsantrag, auf ganz klassische Weise: Er erklärte mir seine Liebe und schlug vor, das Hochzeitsdatum auf Juli zu legen. Alles lief in der entsprechenden Form ab, es war sogar ein wenig künstlich.«

Jeder, der weiß, wie Putin seine Entscheidungen als Präsident trifft, kann bestätigen: Er zweifelt bis zum Letzten, aber wenn die Entscheidung nicht mehr aufschiebbar ist, dann fackelt er nicht länger und lässt sich selbst, der von Zweifeln zerfressen ist, auch kein Hintertürchen offen. Außerdem mag er es ganz und gar nicht, wenn man ihn unter Druck setzt oder antreibt. Eine Entscheidung soll erst dann gefällt werden, wenn es nicht anders geht – das ist Putins Prinzip. Und im Privaten hält er es offenbar genauso.

»Ich erinnere mich noch, wie das alles war. Ich saß bei Wladimir, und auf einmal sagt er zu mir: »Also, Herzchen, du kennst ja meinen Charakter. Mit mir hat man es nicht leicht. Und du musst jetzt im Prinzip entscheiden, was du willst.« Mir wurde eiskalt ums Herz. Als Wladimir Wladimirowitsch so das Gespräch anfing, war mir klar, dass er beschlossen hatte, unsere Verbindung zu lösen. Aber selbst in diesem Moment antwortete ich so, wie ich dachte: »Du weißt, dass ich mich entschieden habe. Ich brauche dich.«

Daraufhin sagte Wladimir: »Wenn das so ist, dann bitte ich dich, mich zu heiraten. Ich liebe dich. Bis du einverstanden?«

»Ja«, antwortete ich.

»Wenn du nichts dagegen hast«, schloss Wladimir Wladimirowitsch, »findet unsere Hochzeit am 28. Juli statt, in drei Monaten.«
So machten wir uns Ende April eine Liebeserklärung …
Ich weiß wirklich nicht mehr, ob auf unserer Hochzeit »Küssen, küssen!« gerufen wurde. Wahrscheinlich schon, warum auch nicht … Aber ich erinnere mich nicht daran, wie wir uns geküsst haben.«

Warum auch nicht! Das ist der ganze Putin. Etwas zu tun, weil man selbst es will – das ist nichts für ihn.

»Eigentlich habe ich mich immer den Wünschen von Wladimir Wladimirowitsch untergeordnet. Er war es, der mir riet, nach der Arbeiterfakultät Spanisch zu belegen … Dann sagte er: »Gleichzeitig solltest du noch Maschineschreiben lernen.« Die Hand an den Mützenschirm und ab zum Kurs für Maschineschreiben. Und das war im vierten Studienjahr, als ich mit Maria schwanger war … Als Maria geboren wurde, rief ich ihn am zweiten oder dritten Tag an, um mich mit ihm wegen eines Namens zu beraten. Ich wollte immer, dass wir ein Mädchen Natascha nennen. Ich hatte eine Freundin Natascha, und überhaupt gefiel mir dieser Name sehr. Wladimir Wladimirowitsch sagte: »Nein, sie soll Maria heißen.« Ich brach in Tränen aus. Ich wollte, dass sie Natascha heißt. Doch dann wurde mir klar, dass ich keine Wahl hatte und unser Töchterlein auf jeden Fall Maria heißen würde. Und ich dachte: ›Na gut, meine Lieblingstante hieß auch Maria …‹«

Übrigens behauptet die offizielle Putin-Geschichtsschreibung, dass die ältere Tochter nach der Großmutter väterlicherseits – Maria Petrowna – benannt wurde. »Kompensation« für Ljudmila wurde der Name der jüngeren Tochter Jekaterina, sie wurde nach der Großmutter mütterlicherseits benannt.

»Als ich nach Dresden kam, war ich im siebten Monat schwanger. Dabei war ich noch gar nicht beim Arzt gewesen, immer hatte die

Zeit dafür gefehlt. Ich erinnere mich, wie ich dann beim Arzt war und er mit mir schimpfte. Wie sich herausstellte, war mein Hämoglobinspiegel sehr niedrig. Wie hätte es auch anders sein können? Das müssen Sie sich mal vorstellen: Ich bin mit Jekaterina im siebten Monat schwanger, trage Maria auf einem Arm und in der anderen Hand eine Tasche mit Lebensmitteln, und so steige ich zum fünften Stock hoch. Und da kommen im Treppenhaus im ersten Stock ein Mann und seine Frau aus der Tür, und sie sehen, wie ich mich die Treppe hinaufquäle. Eine stumme Szene. Der Mann macht ganz große Augen und kann nur seufzen: »Ljudmila, das geht doch nicht!« Dann nimmt er Maria und die Tasche und bringt sie zum fünften Stock hinauf. Aber das war ja nur einmal so. Ich hatte jeden Tag mindestens drei solcher Gänge zu machen. Wie ich später erfuhr, hat sogar unser Nachbar mehrmals zu meinem Mann gesagt: »Wladimir, du musst ihr helfen!« Das änderte aber nichts, weil Wladimir Wladimirowitsch seine Prinzipien hatte: Eine Frau muss im Haushalt alles allein machen. Deswegen nahm er nie irgendwelchen Anteil an der Hauswirtschaft.«

Das ist ein allgemeines Prinzip, das sich auf den Staat, die Wirtschaft und die Familie erstreckt: Putin mischt sich nie in das ein, was ihn nicht direkt und unmittelbar betrifft. Deswegen ist es einigermaßen komisch, wenn man sich die Ausführungen der Analytiker und Beobachter durchliest, wonach Putin allen großen Geschäftsabschlüssen im Lande oder den Verläufen der großen Strafsachen nachspüre. Sein Prinzip ist es, sich nicht in irgendwelche Abläufe einzumischen. Alles muss seinen eigenen Gang gehen. Wenn man seine Finger einer Werkbank zu nahe bringt, können sowohl die Finger als auch die Werkbank verlustig gehen.

»Was das Schwarze Meer betrifft, so waren Wladimir Wladimirowitsch und ich 1981 das erste Mal in Sudak … Ich erinnere mich daran, dass ich dort gekocht habe, weil Wladimir Wladimirowitsch partout nicht in den Kantinen essen wollte. Zu dieser Zeit gab es in den Läden nichts zu kaufen, und man musste sich die Lebensmittel auf dem Markt besorgen, wo die Preise ziemlich hoch waren. Ich musste es schlau anstellen, um dort etwas zu kaufen und dafür nicht zu viel Geld auszugeben.

Ich kochte für zwei, aber von Zeit zu Zeit kamen seine Jungs vorbei [Wladik und Viktor, die Freunde von Wladimir Wladimirowitsch – Anm. d. Verf.]. Unsere Wirtin war verstimmt, denn normalerweise wurden die Zimmer in den Wohnungen ohne das Recht vermietet, sich in der Küche etwas zu brutzeln ...

Auf die Reise nahm Wladimir Wladimirowitsch ein Unterwassergewehr, Schwimmflossen, eine Tauchermaske und eine Matratze mit. Das Meer war weit von unserem Haus entfernt, ungefähr eine halbe Stunde Fußweg. Wie ich mich erinnere, gab es dort eine kleine Halbinsel. Es war schwer, vom Ufer aus dorthin zu gelangen, besonders mit dem Gewehr. Leichter konnte man schwimmend dorthin gelangen. Ich konnte mich zu diesem Zeitpunkt gerade so über Wasser halten, und auch das nur mit großer Mühe. Schwimmen habe ich erst später gelernt. Eigentlich riskierte ich mein Leben, als ich auf dieser Matratze zur Insel hinübergelangte. Wladimir schwamm neben mir her.

Tagsüber brannte die Sonne unbarmherzig, und man konnte sich nirgendwo verstecken – ringsum waren nur Steine. Ich bekam damals einen starken Sonnenbrand, dann ist mir die Haut auf den Schultern geradezu abgeblättert. Wladimir Wladimirowitsch blieb mit dem Gewehr länger als eine Stunde unter Wasser, bis er vor Kälte fast erfroren war. Die ganze Zeit versuchte er, einen Fisch zu schießen.

Auf einmal sah ich, wie er völlig glücklich aus dem Wasser kam und in den Händen einen Pfeil hielt, an dem ein kleiner Fisch von etwa zwanzig Zentimetern zappelte. Sein Gesichtsausdruck war geradezu triumphierend. Aber unter Wasser scheint ein Fisch ja immer fast zweimal so groß, als er in Wirklichkeit ist. Ich habe dann aus diesem Fisch eine Suppe gemacht. Das war also unsere Beute.

Ich weiß nicht mehr, wie es dazu gekommen war, aber ich schwamm allein zurück. Am ehesten war es wohl so, dass Wladimir Wladimirowitsch am Ufer entlangging, ich aber Angst hatte, weil es dort nur einen sehr engen Durchgang im Felsen gab. Offenbar habe ich gesagt, ich schwimme zurück. Da gab mir Wladimir das Gewehr und fragte: »Schaffst du das?« Im Wasser schien mir das Gewehr recht leicht zu sein. »Ja«, sagte ich. Aber als ich dann so ungeschickt schwamm, mit dem Gewehr über dem Kopf, merkte ich erschrocken, dass es für mich sehr schwer ist und ich es wahrscheinlich nicht schaffe. Mir ist völlig unklar, wie ich trotzdem am anderen Ufer angekommen bin.«

Nun ja, das sagt vieles! Gleichzeitig ist anzumerken, dass Putins Leidenschaft für riskante Sportarten schon sehr viel früher geweckt wurde und seine heutigen Experimente zu diesem Thema durchaus kein PR-Gag für das russische Volk sind, wie viele Beobachter meinen, sondern ein echtes Bedürfnis. Umso mehr, als der konservative Teil des russischen Volkes, an den sich der russische Präsident als öffentliche Person vor allem wendet, derartigen Eskapaden völlig gleichgültig gegenübersteht. (Ja wirklich, es steigen die Preise für Strom und Gas, für Lebensmittel und Benzin, und der Präsident, schaut her, kümmert sich um wichtige Angelegenheiten unter Wasser und in der Luft.)

Putin taucht am Meeresgrund und fliegt mit den Kranichen durch die Luft, weil er unter einem katastrophalen Adrenalinmangel leidet. Und der kommt daher, weil er sich sein Leben lang mit ungeliebten Dingen befassen muss und psychologisch in der Klemme steckt. Aber er kann den Teufelskreis nicht durchbrechen. Das ist wohl sein Schicksal.

Doch kehren wir zurück zu den Themen Liebe und Sex. Allem Anschein nach ist WWPs Desinteresse an seiner Gattin sogar ein wenig demonstrativ. Doch gleichzeitig bemerkten die nach Gerüchten süchtigen Gesellschaftskreisen der zwei Hauptstädte nichts von einem Interesse an anderen Frauen. Was ist los mit ihm? Liegt da eine Sublimierung vor?

Oder gibt es ein rein ästhetisches Interesse an einem Objekt des gleichen Geschlechts, ohne jeglichen sexuellen Hintersinn, etwa wie bei dem Protagonisten von Marcel Proust, Charles Swann, der sich in eine Frau verliebt, die ihn an Botticellis Madonna erinnert, die er seit seiner Kindheit nicht vergessen konnte? Eine klare Antwort gibt es nicht.

Kommen wir auf die berüchtigte Erledigungsblockade zurück. Wir haben ja schon erörtert, wie und warum Putin sich immer verspätet. Zu Wettkämpfen der Mixed Martial Arts oder den Bikern im Club Notschnye wolki (Wölfe der Nacht) kommt er geradezu auf die Minute genau. Bei Treffen mit anderen Staatsoberhäuptern, einschließlich des befreundeten Viktor Janukowitsch, sowie zur eigenen Braut kommt er Stunden zu spät. Auf diese Weise schiebt Putin das vor sich her, womit er sich nicht befassen möchte. Oder womit er sich befasst, weil man ihn dazu zwingt. Wer ihn dazu zwingt – ein Chef, das böse Schicksal, der Herrgott –, ist eine andere Frage.

Wie wir uns erinnern, hatte die Familie Putin 1996 drei schreckliche Schicksalsschläge auf einmal zu verkraften. Der erste war die Niederlage von Anatoli Sobtschak bei den Bürgermeisterwahlen in der nördlichen Hauptstadt Russlands und das nicht ganz ehrenvolle Ende der Petersburger Etappe in der Karriere unseres Helden. Dann brannte seine Datscha. Erinnern Sie sich – der nackte Putin mit einem Koffer, in dem 15 Millionen lagen? Schließlich der schreckliche Verkehrsunfall von Ljudmila Alexandrowna.

An jenem schicksalhaften Tag wollte Ljudmila Putina zusammen mit ihrer jüngeren Tochter Jekaterina zu einem Schulfest der älteren

Tochter Maria fahren. In ihrem Buch *Ot pervogo liza* behauptet Wladimir Putins Gattin, sie sei bei Grün gefahren, als ihr Auto mit einer Geschwindigkeit von 80 Stundenkilometern einen Pkw rammte.

Nach diesem Zusammenstoß verlor Ljudmila Putina für eine halbe Stunde das Bewusstsein, und als sie wieder zu sich kam, merkte sie, dass etwas mit ihr nicht stimmte. Unter größter Anstrengung gab sie einer zufälligen Unfallzeugin die Telefonnummer des Empfangszimmers ihres Mannes und bat die Frau, die verschreckte Jekaterina, die während des Unfalls auf dem Rücksitz geschlafen hatte, zu Wladimir Wladimirowitsch zu bringen.

Und dann kam das Schrecklichste. Da Ljudmila Putina nun keine Kraft mehr hatte, den Ärzten des Notfallwagens zu sagen, wer sie ist, kam sie in das schlimmste Krankenhaus von Sankt Petersburg, wo Menschen vor allem starben – auf den Fluren standen fahrbare Liegen mit Toten oder Sterbenden. Die Ärzte dieser medizinischen Einrichtung beschränkten sich darauf, der künftigen First Lady das Ohr anzunähen, wobei sie nicht bemerkten, dass sie eine Rückgratfraktur und einen Schädelbasisbruch hatte.

Wäre Ljudmila Putina in diesem Krankenhaus geblieben, dann wäre sie einfach verstorben, zum Beispiel an einer posttraumatischen Meningitis. Doch davon erfuhr sie erst später, als ihr alarmierter Mann Doktor Juri Schewtschenko anrief, den Chefarzt der Militärmedizinischen Akademie. Schewtschenko sandte augenblicklich den besten Chirurgen seiner Akademie, Waleri Parfenow, zu Ljudmila Putina. Der Chirurg untersuchte das Unfallopfer, nahm sie mit und führte einige virtuose Operationen an ihrem Rückgrat und ihrem Schädel durch. Soweit man es beurteilen kann, fuhr WWP selbst nicht ins Krankenhaus zu seiner Frau. Ihn hielten wichtige Staatsgeschäfte ab.

Juri Schewtschenko, der Ljudmila Putinas Leben gerettet hatte, wurde später Gesundheitsminister Russlands – von 1999 bis 2004.

Vermutlich hat sich das Verhältnis zwischen dem Arzt und seinen kaiserlichen Patienten erst 2011 verändert. Der Patriarch von Moskau und ganz Russland, Kirill Gundjaew, ein Nachbar von Doktor Schewtschenko, reichte bei Gericht eine Klage gegen den Arzt ein. Er wollte beweisen, dass aufgrund von Renovierungsarbeiten seines Nachbarn seiner Privatbibliothek ein Schaden von 666 000 Dollar (sic!) zugefügt wurde. Der Patriarch gewann den Prozess. Die endgültige Entscheidung fällte das Gericht im November 2011. Putin half dem Arzt nicht, obwohl der an einer onkologischen Erkrankung zugrunde gehende Juri Schewtschenko versucht hatte, ihn telefonisch zu erreichen.

Nun ja, WWP war offenbar der Meinung gewesen, er habe seine Pflicht und Schuldigkeit bereits getan, indem er Schewtschenko für fünf fette Jahre zum föderalen Minister gemacht und ihm erlaubt hatte, das große private medizinische Zentrum im gepflegten Moskauer Nordwesten unter seine Kontrolle zu nehmen.

Es kann auch sein, dass der Präsident sich doch eingemischt hat, aber zugunsten der Gegenseite. Die Interessen des Patriarchen Gundjaew vertrat bei Gericht niemand anderes als Jelena Sabralowa, Putins persönliche Rechtsanwältin. Sie hatte kurz zuvor, im Februar 2011, beim Sawelowski-Gericht von Moskau die persönliche Ehre und Würde des russischen Präsidenten gegen einigermaßen bekannte russische Oppositionelle wie Boris Nemzow, Wladimir Milow und Wladimir Ryschkow verteidigt, die Autoren des für WWP nicht sonderlich schmeichelhaften Vortrags »Putin. Ergebnisse«.

Darin ging es um die aus Sicht der Oppositionellen trostlosen Resultate von Putins langjähriger Regierungszeit. Rechtsanwältin Sabralowa ist dafür bekannt, dass sie fast nie einen Prozess verliert. Vielleicht liegt es an ihrer Nähe zum ersten Mann im Staat. Juri Schewtschenko kommentierte den Ausgang des Prozesses folgendermaßen: »Ich bin schwer krank, nach dem Essen stehe ich selten aus dem Bett auf. Ich hätte kaum auf irgendetwas Einfluss nehmen können. Im Gegenteil, ich möchte meine weltlichen Dinge abschließen. Meine Wohnung hatte ich auf meine Tochter Xenija und ihre vier Kinder überschrieben, von denen zwei adoptiert sind. Und nun ist die Schenkung annulliert.«

Als Putin gerade Präsident geworden war, versuchte die Mannschaft von Jelzin, die mit der Kreml-Administration identisch ist, aus Ljudmila Alexandrowna eine Figur des öffentlichen Lebens zu machen. Auf Rat alter Bekannter der Putins aus Petersburg wurden Ljudmila zwei bekannte Imageberater zur Seite gestellt. Aber das war vergebliche Liebesmüh. Im Jahr 2000, während des Staatsbesuchs des russischen Präsidenten in Kanada, überschüttete Ljudmila Putina ihren Mann mit lautstarken Vorwürfen, und zwar im Zimmer des Fünf-Sterne-Hotels, wo das Paar abgestiegen war. Der Lärm drang bis zur Gastgeberseite, so dass man die Teilnahme von Ljudmila Alexandrowna an den Veranstaltungen innerhalb des Staatsbesuchs absagte.

Von diesem Zeitpunkt an tauchte die offizielle Ehefrau Putins immer seltener in der Gesellschaft ihres rechtmäßigen Gatten auf, im Wesentlichen nur noch bei religiösen Festen und »nationalen Zeremonien« wie der Volkszählung. Und auch allein war Ljudmila nur noch selten zu sehen. Es gab unbestätigte Gerüchte, sie sei in ein Kloster gegangen.

Die tatsächliche Lage der Dinge trat mehr oder weniger am 6. Juni 2013 zutage. An diesem Tag erschienen der Präsident und seine offizielle Ehefrau unerwartet zusammen im Kreml-Palast, um eine Ballettvorstellung von *Esmeralda* zu besuchen. In der Pause traten sie vor eine angeblich zufällig aufgestellte Fernsehkamera des staatlichen Nachrichtensenders Rossija 24 und teilten einer erstaunten jungen Korrespondentin mit: »Wir lassen uns scheiden. Unser offizielles Familienleben ist beendet.«

Die 55-jährige Ljudmila erklärte die Scheidung ganz einfach: »Mein Mann ist so beansprucht von den Staatsgeschäften, dass er selten zu Hause ist, und das kann einer treuen Hausfrau und Gattin, die sich nur hin und wieder mit den Problemen der Entwicklung der russischen Sprache im Land befasst, überhaupt nicht gefallen.« Der 60-jährige Wladimir Wladimirowitsch hatte gegen die Argumente seiner Frau nichts einzuwenden und fügte nur hinzu, dass die Scheidung ein gemeinsam gefasster Beschluss sei. Also ohne Überredung oder gar Gewaltanwendung.

Für die Mehrheit der Vertreter der russischen Elite, ganz zu schweigen von den breiten Volksmassen, kam die Nachricht über die Veränderung des Familienstands des unabsetzbaren russischen Anführers gelinde gesagt unerwartet. Der treu ergebene Pressesprecher des Präsidenten, Dmitri Peskow, beeilte sich zu erklären, man solle keine Phantasien bezüglich Putins Privatleben hegen, das Staatsoberhaupt habe dafür einfach keine Zeit, und um einen Ausspruch der englischen Königin Elizabeth I. zu paraphrasieren: Er sei mit Russland verheiratet.

Doch wenn man von den Mächtigen gebeten wird, sich bei einem derart delikaten Thema keine Phantasien zu erlauben, wird damit der gegenteilige Effekt erreicht: Die Phantasie bricht von allein in den ungehörigen russischen Kopf hinein. Sofort entstanden unzählige Theorien, was mit Wladimir und Ljudmila gleich nach der Scheidung passieren würde. Heute können wir folgende Ansichten für einigermaßen überzeugend und nachgeprüft gelten lassen:

- Die Scheidung ging von Ljudmila Putina aus, die den formalen Stand der Dinge mit dem faktischen in Übereinstimmung bringen wollte – nachdem das Paar seit fünfzehn Jahren praktisch getrennt lebte.

- Möglicherweise gibt es in Ljudmilas Leben einen neuen Mann, einen älteren Geheimdienstgeneral, worüber sich der Präsident von Russland nur freuen könnte; denn die beste Methode, um sich von den Ansprüchen seiner Frau freizuhalten, ist es, sie mit einem neuen Objekt der Aufmerksamkeit zu beschäftigen.

- Die Töchter der Putins haben mittlerweile ein eigenes Familienleben, sie brauchen keine tägliche elterliche Fürsorge mehr.

Putin hatte keine Angst vor den Folgen der Scheidung in der Öffentlichkeit, weil er einen psychologischen Wendepunkt durchschritten hat; in einer bestimmten Lebensphase in unmittelbarer Nähe der sechzig Jahre hatte er klar erfühlt, dass niemand mehr zwischen ihm und dem Herrgott steht, und »nach dem Tod von Mahatma Gandhi gibt es niemanden mehr zum Reden«. Ihm ist es egal, was die Eliten sagen, für die er sowieso der (noch) unauswechselbare Moderator bleibt, und erst recht, was das Volk meint, das entgegen aller slawophilen Bodenständigkeit und Einfachheit stets ein recht kühles Verhältnis zu den wahrhaften familiären Werten hatte.

Für einen Russen ist die wirkliche Härte des Lebens, der Grundstein des sozialen Lebens nach wie vor der Staat mit allen seinen Instrumentarien und Attributen, nicht die Familie. Der unserem Volk fehlende Familiensinn – der eher den Deutschen und Angelsachsen zu Eigen ist – ist vielen russischen Denkern aufgefallen, vor allem dem bekannten Philosophen Konstantin Leontjew in seinem Essay *Byzantismus und Slawentum;* wobei dieser fehlende Familiensinn nicht nur für Männer typisch ist, die a priori etwas leichtfüßiger sind, sondern auch für die Frauen. Leontjew sagte auch, dass bei einer Legalisierung der Freudenhäuser sich die deutsche Frau empören und versuchen würde, sie zu schließen, während die russische Frau sich diese Auswüchse wohl eher von innen und mit eigenen Augen würde anschauen wollen. Und schließlich: Warum sollte man eine Verurteilung einer Scheidung auf höchster Ebene in einem Land erwarten, in dem *Anna Karenina* von Lew Tolstoi der wichtigste Familienroman ist – die Erzählung vom Ehebruch der Protagonistin.

Die russischen Zaren waren daran gewöhnt, ihre Frauen auf Biegen und Brechen zu betrügen (zum Beispiel Alexander I., Nikolai I., Alexander II.) oder sogar zu töten (Iwan der Schreckliche, Stalin). Dasselbe gilt für die weiblichen Monarchen. Man erinnere sich nur daran, welche Rolle die Zarin Katharina die Große bei der Entthronung und dem Mord an ihrem rechtmäßigen Ehemann Pjotr III. gespielt hat, in dessen Adern eigentlich das Blut der Romanows floss.

Das alles hatte jedoch kaum Auswirkungen auf die Autorität der Herrscher. Putin musste also am Tag seiner Scheidung weder sinkende Umfragewerte noch einen tiefen Seufzer eines enttäuschten Volkes befürchten.

So ist Putin also allein geblieben, in der Stille seiner Residenz Nowo-Ogarjowo bei Moskau, wo einst Ende der 1980er-Jahre der letzte Regierungschef der UdSSR, Michail Gorbatschow, als Herrscher des untergehenden Imperiums wohnte.

Übrigens reagierten einige Truppenteile und Scharen der Elite im Unterschied zum Präsidenten auf das Ende der langjährigen Ehe der Putins nervös. Und auch das ist erklärlich.

Die Ballettvorstellung *Esmeralda* und die Ankündigung der Scheidung ergaben sich ausgerechnet am Vortag der schicksalhaften verfassungsgebenden Sitzung der Gesamtrussischen Nationalen Front – der großen Schirmorganisation, die dazu berufen ist, alle oder fast alle Mitstreiter Putins zu vereinigen, ob sie nun zur Partei »Einiges Russland« gehören oder nicht. Die Gesamtrussische Nationale Front hatte von Anfang an erklärt, dass sie fest beabsichtige, auf traditionelle familiäre Werte zu setzen, weil sie zu den wichtigsten geistig-materiellen Grundfesten der Russischen Föderation gehörten. (»Grundfesten« ist ein Wort, das die Kreml-Politikmacher aus der Mottenkiste geholt haben, um damit die Nation zusammenzuschweißen. Damit soll dem russischen Volk, das in der postsowjetischen Zeit durch eine in seiner Geschichte einzigartige Periode der Individualisierung und Atomisierung gegangen ist, eine gewisse einheitliche mental-inhaltliche Form gegeben werden.)

Ganz offen litt auch die legendäre Abgeordnete der Staatsduma Jelena Misulina, die in den 1990er-Jahren ihre Karriere in der linksliberalen Partei »Jabloko« begann (deren Chef und Gesicht Grigori Jawlinski ist) und mittlerweile der kremlnahen, wenn auch nominell oppositionellen sozialdemokratischen Partei »Gerechtes Russland« angehört. Mit ihrem eigenwilligen Verständnis der Vorbildfunktion von Wladimir Putin sowie der Aufgaben, die ein Anführer seinem Land bei einer weiteren Etappe seiner öden Entwicklung vorstellen soll und kann, erarbeitete Frau Misulina 2012/13 ein in aller Welt bekannt gewordenes Gesetz gegen die Propaganda von Homosexualität. Außerdem ist die Abgeordnete Misulina Urheberin des Programms zur Stärkung familiärer Werte in Russland, zu dessen Schlüsselpunkten die Bekämpfung von Scheidungen zählt. Und nun dieser Affront!

Ja, und der Vorsteher der Russisch-orthodoxen Kirche des Moskauer Patriarchats Kirill (Gundjaew) hatte sich auch ziemlich aus dem Fenster gelehnt. Viele Monate vor dem schicksalhaften Kreml-Ballett hatte Patriarch Kirill in Predigten, in den Zeitungen und im Fernsehen, im Internet und in privaten Gesprächen auf alle eingeredet, dass ein ordentlicher russisch-orthodoxer Mensch nicht das Recht habe, sich von seiner gesetzmäßigen Gattin zu trennen. Denn Mann und Frau müssten bis zum Ende ihrer Erdentage Freud und Leid miteinander teilen.

Nach dem 6. Juni 2013 muss der Kirchenfürst nun Wladimir Putin als unordentlich und unorthodox bezeichnen (schrecklich auszusprechen, noch schrecklicher zu denken!) oder seine früheren Ansichten über das Übel einer Scheidung desavouieren. Er zog einen normalen Kompromiss vor, wofür die russisch-orthodoxe Kirche in schwierigen Situationen schon immer gerühmt wurde – er schwieg. Als hätte es keine Putin-Scheidung gegeben. Der Patriarch war im entscheidenden Moment zu beschäftigt, um sich mit derartigen Kleinigkeiten abzugeben.

Mit seiner radikalen Geste hatte der Präsident natürlich einmal mehr bewiesen, wie sehr er seine formalen Mitstreiter und Wegbegleiter schätzt und welcher Preis für seine Gala-Rhetorik zu zahlen ist. Was soll's, jeder, der in den Genuss der Kreml-Vorzüge unter den Bedingungen des modernen Russland kommen will, sollte rechtzeitig die Kunst der Selbsterniedrigung lernen.

Diejenigen, denen aufgetragen ist, sich um Putins Image als Macho und Sexbombe zu sorgen, versuchen dennoch, dem Bewusstsein der Welt ein ganz anderes Bild einzupflanzen.

Kapitel 17
Sex mit Wladimir Putin: Geheimnisse aus allerhöchstem Bett

Im Jahr 2002 tauchte die Legende von Alina Kabajewa auf, der Olympiasiegerin in der Disziplin Rhythmische Sportgymnastik. Ich erinnere mich noch gut daran, wer mir wann und unter welchen Umständen das erste Mal von der angeblichen Affäre Putins mit der 19-jährigen Kabajewa erzählte. Ort der Handlung war eines der seinerzeit entstehenden »elitären« Cafés im Stadtzentrum Moskaus und die Informationsquelle ein (damals) offizieller Mitarbeiter von Präsident Putin, wobei anzumerken ist, dass er in keinerlei freundschaftlicher oder kameradschaftlicher Verbindung zum Autor dieser Zeilen steht.

Die Umstände des Zusammentreffens der Informationsquelle mit ihrem Adressaten sind absolut zufällig; man war einfach zur selben Zeit in einem Café und saß eine Weile an einem Tisch. Ich weiß noch, dass ich mir einen Ricard bestellt hatte, mein Lieblingsgetränk zu dieser Zeit; was mein Gesprächspartner trank, weiß ich nicht mehr.

Ja, ich war gern bereit zu glauben, dass Putin schon länger etwas mit dieser Sportlerin hat und sie sogar zwei Kinder von ihm zur Welt gebracht hatte. Warum eigentlich nicht? Dennoch gab es da einige Versprecher und Anlass zu zweifeln. Jeder, der sich halbwegs mit der Ethik des Kreml-Hofes auskennt, wird verstehen: Eine untergeordnete Hofschranze würde eine derartig heikle Angelegenheit nicht in aller Welt ausplaudern (zumal ich ein zufälliger Gesprächspartner war und dem Präsidentenhof nicht nahestand). Ich hatte den Verdacht – nein, ich war mir ziemlich sicher, dass der Patron persönlich daran interessiert war, diese Information durchsickern zu lassen.

Nun gibt es schon seit zehn Jahren Gerüchte über eine inoffizielle Putin-Kabajewa-Familie, und niemand schert sich darum, dass der russische Präsident, der normalerweise sehr verschlossen ist, wenn es um Privatangelegenheiten geht, sich erzürnen und böse rächen könnte. Von den beiden gemeinsamen Kindern des Monarchen und der Sportlerin kann man in den Redaktionen oppositionell-liberaler Verlagshäuser alles Mögliche hören, ohne dass jemand einen Hehl daraus macht. Nach der geheim-offiziellen Version leben beide Kinder in Putins Residenz Nowo-Ogarjowo, also genau dort, wo auch der völlig reale Labrador Conny und der Welpe der bulgarischen Schäferhündin Baffy zu Hause sind, die schon viele Menschen hundertfach im Fernsehen gesehen haben.

Sogar die Verkäuferinnen im Pelzgeschäft auf der Bolschaja Dmitrowka (eine Straße im Moskauer Stadtzentrum, zehn Minuten vom Kreml entfernt) können Ihnen erzählen, dass sich Alina Kabajewa bei ihnen regelmäßig mit Pelzmänteln ausstatten lässt und dabei nicht verheimlicht, dass man sie nach wie vor regelmäßig »zu Putin fährt«. Hier gibt es allerdings einen fatalen Widerspruch: Warum wird die Mutter zweier Kinder zu ihrem Mann gefahren, wenn die glücklichen Eltern und ihre Nachkommen angeblich zusammenleben?

Glaubwürdige Informationen über die Töchter des russischen Staatsmannes - Maria (geboren 1985) und Jekaterina (geboren 1986) - waren ebenfalls stets rar. Jahrelang hat Wladimir Putin sie vom großen Publikum ferngehalten. Und das nicht nur wegen seiner allgemeinen Verschlossenheit und seines Argwohns, sondern auch deshalb, weil er seine Töchter nicht zu Geiseln der Politik und einem potenziellen Hebel machen wollte, mit dem man ihn unter Druck setzen könnte. Zumal es stets ausreichend Personen gab, die ihre Kontakte zu den geliebten Zöglingen des Staatsoberhaupts zur Erzielung von durchaus konkreten materiellen Dividenden nutzen wollten.

Erst in der letzten Zeit ist einiges über Maria und Jekaterina Putina an die Oberfläche gedrungen, was vornehmlich mit dem in Putin erwachten »Mahatma-Gandhi-Syndrom« zu erklären ist - dass zwischen ihm und Gott (fast) niemand mehr steht - sowie mit der Tatsache, dass die Töchter erwachsen sind und eigene Familien haben.

Die ältere Tochter Maria ist mit dem niederländischen Staatsbürger Jorrit Joost Faassen liiert. Der studierte Architekt arbeitete Ende der 2000er-Jahre als einer der Top-Manager bei Stroytransgaz, einer Tochtergesellschaft von Gazprom. Vom Architekten Faassen und seiner Verbindung mit der Familie von Wladimir Putin erfuhr man im Herbst 2010 in Zusammenhang mit einem gewalttätigen Vorfall, der sich auf der Rubljowskoe-Chaussee in Moskau ereignete, an der sich die Residenzen der größten russischen Beamten und die Häuser Hunderter Vertreter der russischen Elite befinden.

Jorrit Joost Faassen saß ganz bescheiden am Lenkrad seines BMW, als ihn unter Verletzung aller möglichen Regeln einschließlich der Geschwindigkeitsbeschränkung eine luxuriöse Wagenkolonne gepanzerter Fahrzeuge überholte. Die Wagenkolonne drängte Putins Schwiegersohn in den Straßengraben, woraufhin einige schwarz gekleidete Männer mit furchterregendem Äußeren auf den Architekten zutraten. Es waren typische Bodyguards eines großen postsowjetischen Geschäftsmanns. Sie bedrohten den verschreckten Holländer und schlugen dabei einige Male mit Baseballschlägern auf seinen BWM ein. Nachdem sie damit dem Auto deutlichen materiellen und dem Besitzer moralischen Schaden zugefügt hatten, rasten sie weiter.

Der wichtigste Passagier der Wagenkolonne war der seinerzeit verhältnismäßig bekannte Banker Matwei Urin, der nicht wusste, mit wem er sich da eingelassen hatte und wie die Geschichte für ihn enden würde. Bereits fünfzehn Minuten später hielt die Polizei die Wagenkolonne im Moskauer Stadtzentrum auf der Straße Nowy Arbat an. Urin und seine Bodyguards wurden verhaftet. Bald stellte sich heraus, dass der Finanzier, der nicht die Gewohnheit hatte, an den angesagtesten Orten von Russland auf die Verkehrsregeln zu achten, sich größerer Geldwaschaktionen und der vorsätzlichen Ruinierung einiger Banken schuldig gemacht hatte, die Mitarbeiter seiner Security-Firma hingegen der Ausübung des Faustrechts. Matwei Urin wurde zu vier Jahren Gefängnis verurteilt und hat jetzt ausreichend Gelegenheit, sich an den stillen niederländischen Architekten zu erinnern.

Um die rasche Verhaftung von Urin & Co. kümmerte sich der Polizeigeneral Wladimir Kolokolzew, der damalige Chef der Hauptverwaltung Innere Angelegenheiten von Moskau. Putin ernannte Kolokolzew im Mai 2012 zum russischen Innenminister. Dabei traf der vorsichtige Präsident diese Entscheidung gegen die Meinung eines erheblichen Teils der polizeilichen Generalität, die sich um den ehemaligen Minister Raschid Nurgalijew scharte und 2010/2011 die sogenannte »Medwedew-Reform« der Polizei durchführte.

Man geht davon aus, dass die Geschichte mit Faassen und Urin bei der unerwarteten Beförderung von Kolokolzew keine geringe Rolle gespielt hat. Der General hatte schnell, ehrlich und gekonnt reagiert. Putin zeigte wieder einmal, dass er etwas von Dankbarkeit versteht, auch wenn eine solche Dankbarkeit selbstverständlich recht wenig mit der europäischen politischen Logik zu tun hat.

Der Lebensgefährte von Jekaterina, der jüngeren Tochter des Herrschers, ist der 30-jährige Kirill Schamalow, Sohn von Nikolai Schamalow, dem langjährigen Freund von Wladimir Putin und Teilhaber der legendären Datscha-Kooperative Ozero (See). Der Name von Nikolai Schamalow erlangte im Jahr 2010 wahrhaft internationale Berühmtheit, als sich der Skandal um die sogenannte Residenz am Cape Idokopas entzündete – einen luxuriösen Palast in der Ortschaft Praskowejewka am Ufer des Schwarzen Meeres, nicht weit von Sotschi entfernt.

Dabei handelt es sich um einen im Bau befindlichen »Erholungskomplex« am Meeresufer mit einer Fläche von 87 Hektar, der nach Plänen des bekannten italienischen Architekten Lanfranco Cirillo entsteht (und wohlbemerkt keineswegs nach denen von Jorrit Joost Faassen). Seit einiger Zeit heißt es, die Residenz sei für Putin persönlich bestimmt, und er sei nachgerade der Besitzer (über ein System von Offshore-Firmen).

Als Erster machte dies der Sankt Petersburger Unternehmer Sergei Kolessnikow im Dezember 2010 öffentlich – und zwar in einem auf Englisch und Russisch verfassten Brief über die Korruption, der an Medwedew adressiert und im Internet frei zugänglich war. In dem Brief hieß es, für Ministerpräsident Wladimir Putins private Nutzung entstehe am Ufer des Schwarzen Meeres in der Umgebung der Siedlung Praskowejewka seit 2005 ein »Erholungskomplex« sowie seit 2007 ein Weinberg zur Herstellung von Spitzenweinen. Das alles nannte Kolessnikow »Projekt Süden«, die Kosten des Projekts hatten nach Aussagen des Autors dieses offenen Briefes 1 Milliarde Dollar erreicht. Kolessnikow sagte, er habe diesen Brief geschrieben, damit die »russischen Bürger und der Präsident die Wahrheit erfahren«, und er erwartete von Dmitri Medwedew eine Antwort, die nie kam.

In diesem Brief an Medwedew sowie später in einem Fernsehinterview mit dem Sender RTVi (im Februar 2011) und anderen Medien legte Kolessnikow auch den Finanzierungsplan für die Bauarbeiten der Residenz offen. Nach seinen Angaben wurde unter Beteiligung von Putin im Jahr 1992 die Firma Petromed gegründet, die Projekte im Bereich Gesundheitsfürsorge realisiert und an der der Autor des Briefes Aktien hält. Als Putin im Jahr 2000 Präsident wurde, trat eben jener Nikolai Schamalow der Firma bei. Die Firma schaffte mit Spendengeldern von Oligarchen medizinische Geräte in Höhe von Dutzenden Millionen Dollar für russische Gesundheitseinrichtungen an. Dabei wurden 35 Prozent der Einnahmen auf ausländische Konten überwiesen. Schließlich hatte sich auf den von Schamalow kontrollierten Konten eine Summe von mehr als 148 Millionen Dollar angesammelt.

Nach Angaben des Autors der skandalösen Enthüllungen beauftragte Schalamow Kolessnikow 2005, die Firma Rosinwest zur Realisierung von Schiffbauprojekten, Bauvorhaben und Holzverarbeitung zu gründen. Die Eigentumsverhältnisse wurden hinter anonymen Inhaberaktien verborgen, wenngleich der grundlegende Teil der Aktien dieser Firma im Interesse von Putin verwaltet wurde.

Eines der Projekte von Rosinwest, das von Nikolai Schamalow persönlich geleitet wurde, war die Planung eines kleinen Komplexes in der Umgebung der Siedlung Praskowejewka. Das ursprüngliche Budget lag bei 400 Millionen Rubeln (14 Millionen Dollar). Für den Bau des Komplexes stellte die russische Regierung 73,96 Hektar eines Naturschutzparks zur Verfügung. Anfang 2007 wurde dann ein zweites Projekt gestartet – die Schaffung eines Weinbergs zur Herstellung von Spitzenweinen im Gebiet von Praskowejewka.

Mitte 2009 verfügte Putin nach Angaben von Herrn Kolessnikow den Stopp der Arbeiten an all diesen Projekten, um sich ausschließlich mit dem »Projekt Süden« zu befassen, für das er alle vorhandenen Mittel einsetzte. Im Oktober 2009, als Kolessnikow die Papiere zum letzten Mal sah, lagen die veranschlagten Kosten bereits bei 1 Milliarde Dollar.

2009 wurden alle Objekte und der Grund und Boden des »Projektes Süden« in das Eigentum der Privatfirma Indokopas GmbH überführt, die wiederum Nikolai Schamalow gehört. Den Unterlagen zufolge wurde der Komplex als seine Privatresidenz gebaut, der Name Putin taucht hier nirgends auf. Von hochrangigen Beamten ist nur der Name des Leiters des Präsidialamts Wladimir Koschin genannt, dessen Unterschrift unter den Papieren steht. Obwohl das Projekt einen privaten Charakter hat, werden die Bauarbeiten des Palasts von Spezstroy Rossija realisiert, und die Überwachung und Leitung hat der Föderale Dienst für Bewachung (FSO) übernommen.

Zwischen 2005 und 2010 wurden Mittel aus dem Staatshaushalt zur Finanzierung des Baus von Bergstraßen, Einrichtung von Überlandleitungen und einer speziellen Gaszufuhr zur Residenz verwendet. Um die Kosten, die Menge und das Sortiment der gelieferten Materialien geheim zu halten, habe Schamalow nach Worten von Kolessnikow beschlossen, sie unter Umgehung der üblichen Verzollung zu importieren, und sie mit Bargeld oder mit Geld von ausländischen Konten bezahlt.

Der Pressesprecher des Kreml wollte den Brief von Sergei Kolessnikow nach seiner Veröffentlichung Ende Dezember 2010 nicht kommentieren, und der Pressesprecher des Ministerpräsidenten Dmitri Peskow erklärte, Putin habe nichts mit diesem Palast am Schwarzen Meer zu tun. Nikolai Schamalow und sein Partner Dmitri Gorelow gaben auf die Anfrage der Zeitung *Wedomosti* keine Antwort, und auch die Firma Petromed lehnte es ab, Kolessnikows Brief zu kommentieren.

Der Leiter des Präsidialamts Wladimir Koschin dementierte entschieden die Nachrichten vom Bau neuer Residenzen für das Staatsoberhaupt Dmitri Medwedew und den Ministerpräsidenten Wladimir Putin: »Ich habe verschiedene Veröffentlichungen über irgendwelche Paläste gelesen, die gerade am Ufer des Schwarzen Meeres im Bezirk Gelendshika gebaut werden oder bereits gebaut wurden. Das alles hat nichts mit dem Präsidialamt oder dem Staatsoberhaupt zu tun. Wir haben derartige Baumaßnahmen nicht geführt, führen sie auch jetzt nicht und haben dies auch nicht vor«, erklärte Koschin, dessen Unterschrift unter den Baudokumenten steht. Am 18. Oktober 2012 erklärte Wladimir Koschin erneut, dass die Eine-Milliarden-Dollar-Residenz Putin nicht gehöre, und wem sonst, das wisse er nicht.

Informell bekräftigen die der Familie von Schamalow nahestehenden Quellen Folgendes: Sergei Kolessnikow hat höchstwahrscheinlich keine reine Weste. Seine Auseinandersetzung mit seinem Geschäftspartner entzündete sich durchaus nicht daran, dass Herr Kolessnikow sich auf einmal als kompromissloser Kämpfer gegen die Korruption zeigte, sondern weil beim Bau der Residenz »Idokopas« 120 Millionen Dollar verschwunden sind. Nikolai Schamalow verdächtigte – und beschuldigte offenbar auch inoffiziell – seinen jüngeren Partner.

Daraufhin begriff Kolessnikow, dass es für ihn brenzlig geworden war, und er wollte Russland verlassen. Gleichzeitig sorgte er für die Voraussetzungen, um im Westen politisches Asyl zu erhalten. Um als Opfer realer oder potenzieller Verfolgungen von Seiten der russischen Macht dazustehen, veröffentlichte er den berüchtigten Brief an Dmitri Medwedew. Gleichzeitig beteiligte er sich 2011/2012 verstärkt an der Finanzierung russischer oppositioneller Projekte, zum Beispiel des Systems für die Internetabstimmung »Demokratie-2«, dessen Initiator Putins unversöhnlicher Feind, der Ex-Schachweltmeister Garri Kasparow war. (Die Programmierer wurden von dem IT-Manager Leonid Wolkow gestellt, der daraufhin Leiter des politischen Stabs des neuen Stars der russischen Opposition Alexei Nawalny wurde). Außerdem hatte er das öffentlich-rechtliche Netzfernsehen SoTV initiiert, dessen Chef der vormals als liberaler Journalist in Russland bekannte Igor Jakowenko wurde, der früher den Posten des Sekretärs des Russischen Journalistenverbands innehatte. Damit kam also ein Teil der sakramentalen 120 Millionen Dollar den Kreml-Kritikern zugute – klar und in bar.

Allerdings stellte Kolessnikow 2012 fest, dass Schamalow & Co. dem Skandal keinen internationalen oder darüber hinaus politischen Charakter zuerkennen wollten. Schon allein deswegen nicht, weil auch dem höchsten Boss Wladimir Putin eine solche Entwicklung der Ereignisse überhaupt nicht gefallen hätte. Er musste also bei den mitleidigen Ländern des Westens nicht um politisches Asyl bitten. Deswegen stellte er sowohl die Finanzierung von SoTV (geschlossen Herbst 2012) als auch von »Demokratie-2« (existiert noch, aber ohne Kolessnikow, vor allem dank Herrn Nawalny) ein.

Der Palast in Praskowejewka ist nicht für Putin selbst bestimmt, der auch so genügend staatliche Residenzen besitzt, einschließlich »Botscharow rutschej« direkt in Sotschi. Er ist für seine jüngste Tochter gedacht. Damit ist auch das gesteigerte Interesse von Nikolai Schamalow an diesem Projekt zu erklären.

Schließlich die angenehmste, wenn auch offiziell unbestätigte Neuigkeit: Wladimir Putin ist Großvater geworden. Letztes Jahr hat Maria Putina ein Kind zur Welt gebracht. Die Geburt fand am Morgen des 15. August 2012 in Bulgarien statt (nein, nicht in Russland, wo es um die Geburtshilfe mittlerweile schlecht bestellt ist!). Die Mitteilung mit dem Vermerk »fast geheim« stammt aus den bulgarischen Massenmedien. Bis heute gibt es keine offizielle Bestätigung oder ein Dementi dieser Information.

Das Kind kam per Kaiserschnitt zur Welt. Wie die russische Nachrichtenagentur Ura.ru mit Verweis auf die bulgarische Internetseite btvnews.bg mitteilte, wurde den russischen Massenmedien geraten, keine Details über die Geburt des Kindes in Umlauf zu bringen. Die bulgarischen Journalisten behaupten, Wladimir Putin sei kurz entschlossen nach Bulgarien aufgebrochen, habe die Geburtsklinik aufgesucht und seiner Tochter gratuliert. Der Enkel wurde angeblich Wladimir genannt – Wladimir Jorritowitsch Faassen. Das klingt gut, vor allem für russische Ohren, die alles Ausländische verzaubert.

Allerdings ist alles, was wir hier über die Sprösslinge und Erben des russischen Oberhaupts erzählen, Klatsch und Tratsch. Nicht mehr und nicht weniger.

Putin vermeidet nicht nur alles, was die allgemeine öffentliche Aufmerksamkeit auf das Leben seiner Angehörigen lenken könnte, er bemüht sich auch, sie von jeder aufdringlichen Beachtung abzuschirmen. Die Mitglieder der allerhöchsten Familie haben keinerlei offizielle Verpflichtungen, die es ermöglichen würden, ihr öffentliches oder privates Leben unter die Lupe zu nehmen. Man kann ihnen auch keine unbequemen Fragen stellen, wie sie gewöhnlich an Figuren des öffentlichen Lebens gerichtet werden.

Die bereits erwähnte Alina Kabajewa hingegen lebt wie auf dem Silbertablett. Sie ist Abgeordnete der Staatsduma (die zweite Legislaturperiode hintereinander), Stammgast bei Prominentenpartys und Wohltätigkeitsauktionen, ihr Gesicht ist ständig auf den Titelseiten von Hochglanzzeitschriften zu sehen. Wie konnte der zurückhaltende und verschlossene Putin etwas Derartiges zulassen? Warum reißen die Gerüchte über seine Zweitfamilie und seine unehelichen Kinder nicht ab, die dem Präsidenten eines derart konservativen Landes wie Russland offensichtlich schaden? Russland ist schließlich nicht Frankreich, wo Präsident François Mitterrand im Élysée-Palast vierzehn Jahre lang nicht nur seine Ehefrau Danielle, sondern auch seine uneheliche Tochter Mazarine und deren Mutter beherbergte. Ganz offensichtlich stimmt an der Geschichte von Putin und Kabajewa etwas nicht.

Ähnlich wie ich gestimmte Kritiker erinnern gern an die Geschichte der im Jahr 2008 geschlossenen Zeitung *Moskowski korrespondent*. Es gab eine solche Wochenzeitung, die der Bankier, Politiker und Eigentümer der Nationalen Reservebank (NRB), Alexander Lebedew, im Herbst 2007 gegründet hatte. Die *Moskor* genannte Zeitung verdankte ihre Existenz einem einzigen Grund: Lebedew wollte bei den Wahlen zur Staatsduma die Liste der Oppositionspartei »Gerechtes Russland« in der Hauptstadt Moskau anführen, und er brauchte ganz dringend ein Presseorgan, das absolut unabhängig war von dem damals übermächtigen Bürgermeister der Stadt, Juri Luschkow. Letztlich kandidierte Lebedew dann doch nicht: Der Kreml hatte ihm davon abgeraten, angeblich auf Bitte von Luschkow.

Und dann veröffentlichte *Moskowski korrespondent* im Frühjahr 2008 einen Leitartikel über die bevorstehende Hochzeit von Wladimir Putin und Alina Kabajewa. Man nannte sogar den Namen der Event-Agentur: das Art-Management-Center Karnawal-stil, dem die Heiratswilligen die feierliche Zeremonie anvertraut hatten. (Heute möchte ich nicht ausschließen, dass diese Firma an einer skandalösen Publikation interessiert war, um für sich lautstarke und gleichzeitig preisgünstige Werbung zu machen.) Sofort nach der Publikation wurde der Bankier Lebedew offenbar in die Lubjanka vorgeladen und in aller Härte auf die Unzulässigkeit derartiger Veröffentlichungen hingewiesen. *Moskowski korrespondent* wurde auf der Stelle geschlossen. Nach der offiziellen Version (von Lebedew) wegen des »Durchsickerns von Informationen, die im Widerspruch stehen zu Putins persönlichen wichtigen Interessen«.

Meine Nachforschungen hingegen brachten mich auf einen völlig anderen Ablauf der Ereignisse. Nachdem Alexander Lebedew davon Abstand genommen hatte, für Moskau zu kandidieren, verwandelte sich die Zeitung für ihn in einen Koffer ohne Griff. Das heißt, er brauchte sie einfach nicht mehr. Dennoch konnte der Bankier das nicht offen zugeben und die glücklose Zeitung auf ehrliche Weise schließen. Das macht man eben nicht in der Welt der russischen Oligarchen. Daher wurde die Intrige mit dem Scheinskandal um Kabajewa erdacht – nach dem Motto: Wir wollten den *Moskow-*

ski korrespondent ja nicht schließen, wurden aber dazu gezwungen. Der Urheber und Vollstrecker dieser Intrige war der stellvertretende Chefredakteur dieser Zeitung und Veteran der russisch-sowjetischen Regenbogenpresse Igor Dudinski. Es ist nicht auszuschließen, dass jemand sogar ein Honorar von der Event-Agentur bekommen hat, die durch diese Publikation zur Berühmtheit wurde.

Aber auch das kann nicht ganz stimmen. Die Ehegeschichte von Alina Kabajewa erinnert ohnehin sehr an ein Hollywood-Melodrama. 2004 wurde bekanntgegeben, dass sie den Hauptmann der Miliz Dawid Musseliani heiraten wolle (der aus irgendeinem Grund kurz danach schon kein Hauptmann mehr war, sondern Oberst). Und so romantisch schrieb im Oktober 2004 die zu dieser Zeit überaus einflussreiche Boulevardzeitung *Shisn* darüber:

»Alina Kabajewa hat das Datum für ihre Hochzeit festgelegt. Sie soll im nächsten Sommer stattfinden. Wie Alina gegenüber *Shisn* äußerte, hat sie schon immer davon geträumt, im Sommer zu heiraten. Kabajewa wollte eigentlich schon in diesem Jahr den Bund der Ehe eingehen. Wegen ihrer Teilnahme an der Olympiade musste die Eheschließung jedoch auf den Sommer des nächsten Jahres verschoben werden.

»Natürlich hätte ich schon im Winter oder Frühling heiraten können, aber ich wollte keine Hochzeit in aller Eile«, gestand die Olympiasiegerin gegenüber *Shisn* ein. »Vor meinem endgültigen Abschied vom großen Sport möchte ich noch an einigen Wettkämpfen teilnehmen, die sehr wichtig für mich sind, zum Beispiel will ich zu einem Turnier nach Japan fliegen. Und dann kann ich mich in aller Ruhe um die Festvorbereitungen kümmern. Dawid und ich freuen uns sehr auf diesen Tag!«

Ungeachtet der Proteste ihrer Eltern, die sich entschieden gegen diese Ehe ausgesprochen hatten, zog Alina in die Wohnung ihres Verlobten im Moskauer Stadtzentrum.

»Sie bekannte, sie habe sich nicht vorstellen können, zu einer so leidenschaftlichen Liebe fähig zu sein. Ihren Auserwählten nennt die junge Frau »mein Süßer« und »mein Liebster«. Wenn sie zusammen sind, kann sie ihren begeisterten Blick nicht von Dawid abwenden ... Sogar ihre Trainerin Irina Winer drückte beide Augen vor den Launen und Grillen der verliebten jungen Frau zu. Als sich Alina einmal fast zum Abflug nach Athen verspätete, sagte ihre Trainerin verärgert zu ihr: »Konntet ihr euch wieder nicht aneinander sattsehen!«

Obwohl beide sehr beschäftigt sind, telefonieren sie stündlich miteinander, nur um die Stimme des anderen zu hören. Kabajewa lässt alles stehen und liegen, nur um für eine Minute ihren Liebsten zu sehen, der ein hollywoodmäßiges Aussehen und aristokratische Manieren hat. Wenn es ginge, würden die Verliebten tagelang zusammenbleiben.«

Das süße Pärchen stellt seine Beziehung nicht zur Schau, man zeigt sich zusammen nur bei nahen Freunden. Aber Alina macht keinen Hehl daraus, dass sie ihren Verlobten auf seiner Arbeitsstelle, der Abteilung der Miliz im Bezirk Presnenskoe, besucht:

»Alle merken, dass die berühmte Kunstturnerin da ist, wenn ihr luxuriöses Auto in den Hof fährt. »Unsere Alina ist da!«, scherzen die Milizionäre. Dabei hat die Mannschaft höchsten Respekt vor den Gefühlen ihres stellvertretenden Chefs Dawid Gageniewitsch Museliani.

›Man sieht sofort: Das ist wahre Liebe«, sagte einer der Mitarbeiter aus der Miliz-Abteilung Presnenskoe gegenüber der *Shisn*. »Als die Olympiade stattfand, war Dawid sehr aufgeregt. Und dann ist er nach Griechenland zu seiner Verlobten geflogen. Auch hier haben alle mit Alina mitgefiebert. Wir haben uns schon an sie gewöhnt. Sie ist ein sehr gutes Mädchen.‹«

Ohne die Hochzeit abzuwarten, schenkte der Verlobte ihr ein azurblaues Mercedes-Coupé. Doch Mitte 2005 stellte sich heraus, dass die Hochzeit verschoben wurde. Die Regenbogenpresse verbreitete zwei Versionen. Entweder hatte sich Dawid Musseliani noch nicht ganz von seiner vorherigen Frau Olga getrennt und Nana, seiner Tochter aus erster Ehe, zu viel Aufmerksamkeit geschenkt, was Alina verletzte. Oder die Sportlerin hatte einen neuen Verehrer, der reich und einflussreich war – den Baumagnaten Sergei Polonski, den man in Begleitung von Alina Kabajewa bei den Feierlichkeiten von »Stil-City 2005« antraf. Trotz allem bekräftigte die Olympiasiegerin im Dezember 2006 vor den Medien erneut, sie sei mit Oberst (ehemals Hauptmann) Musseliani zusammen und basta.

Später verlor sich ihre Spur. Wie einige Beobachter meinten, war das Paar mitsamt dem Tischinskaja-Platz verschwunden und hatte sich in Richtung Rubljowka entfernt, wo die teuersten Prestigesiedlungen der Moskauer Vororte liegen. Jedenfalls hätte diese Seifenoper wohl kaum stattfinden können oder so lange gedauert, wäre Alina Kabajewa schon seit 2002 (wie mir der Kreml-Beamte versicherte) die ständige Freundin des heutigen russischen Präsidenten, der so machtvoll und eifersüchtig ist.

Ich neige zu der Auffassung, dass die Liebesgeschichte von Putin und Kabajewa nur ein Ablenkungsmanöver ist (hier waren unserem Helden seine Erfahrungen als Tschekist von Nutzen). Ziel der Operation war die Vertuschung der Wahrheit, für die es zwei Versionen gibt:

- Putin sind Sex und ein Sexualleben fremd.

- Putin ist latent schwul.

Die Ränkespiele um Kabajewa werden schon viele Jahre mithilfe des einflussreichen Geschäftsmanns usbekischer Herkunft, Alischer Usmanow, am Leben gehalten. Er ist in der Russischen Föderation

Hauptsponsor für Rhythmische Sportgymnastik. Seine ehemalige Ehefrau, Irina Winer, ist die wichtigste Trainerin der russischen Auswahlmannschaft dieser Sportart und außerdem Coach der schönen Alina. Im Hintergrund erscheint dann noch Sergei Jastrschembski, ein alter Freund von Usmanow und sein ehemaliger Kommilitone am staatlichen Moskauer Institut für Internationale Beziehungen. Er war auch Boris Jelzins Pressesprecher und Putins Assistent bei der »Berichterstattung über die Antiterrormaßnahmen in Tschetschenien«. Usmanow, der über Verbindungen zu kriminellen Kreisen verfügt, ist offensichtlich der Garant dafür, dass nie jemand die ganze Wahrheit erfährt. Und dass Alina Kabajewa nicht zu gesprächig wird.

Eine ähnliche Legende versuchten Putins Leute um die Operndiva Anna Netrebko zu spinnen. Das spielte sich vor allem 2009 bis 2010 ab, als die Kabajewa-Nummer sich ein wenig erschöpft hatte und nicht mehr ganz glaubwürdig wirkte. Wieder einmal waren in Moskau kremlnahe »Informanten« unterwegs, die von einer neuen Affäre des »Führers« erzählten – diesmal mit einer etwas erwachseneren Liebschaft. Die Netrebko-Version fand allerdings kein Gehör. Man hörte endgültig auf, an sie zu glauben, nachdem die Sängerin ihre Allianz mit dem uruguayischen Tenor Erwin Schrott und die Geburt ihres Kindes öffentlich gemacht hatte.

Besondere Beachtung verdient die Geschichte der Beziehungen zwischen Wladimir Putin und den überaus brutalen Bikern, insbesondere mit denen aus dem Club Notschnye wolki (Wölfe der Nacht) mit ihrem Anführer Alexander Saldostanow, genannt »der Chirurg«. In den entsprechenden Kreisen hält man den Club Wölfe der Nacht für ein Nest und eine Brutstätte andersartiger sexueller Neigungen.

Mein Bekannter A. A., ein einflussreicher Vertreter der Moskauer Schwulen-Community, ist davon überzeugt, Putin sei homosexuell, wenn vielleicht auch nur latent (was man *closet gay* nennt). Rein äußerlich gibt es gut zu beobachtende Verhaltensmuster eines *closet gay,* zum Beispiel WWPs rührende platonische Liebe zu dem bekannten Filmregisseur Alexander Sokurow, dessen Filme dank Putins persönlicher Fürsprache finanziell unterstützt werden. Aber das ist noch nicht alles. Nach einem in Kinokreisen verbreiteten Gerücht hat der Kreml-Herr einige lobbyistische Anstrengungen unternommen, damit Sokurows Film *Faust* auf dem venezianischen Filmfestival 2011 den Goldenen Löwen erhält.

Mir geht außerdem folgende Geschichte nicht aus dem Sinn. Zeit der Handlung: Mai 1999. Sergei Stepaschin, dem der Ruf, schwul zu sein, hartnäckig folgt, ist gerade anstelle von Jewgeni Primakow zum Ministerpräsidenten von Russland ernannt worden. Von vielen wird er bereits als überaus wahrscheinlicher Nachfolger von Boris Jelzin gehandelt. Ort der Handlung: das Büro eines zu diesem Zeitpunkt einflussreichen russischen Oligarchen. Handelnde Personen: der Oligarch und ich, sonst niemand. Der Oligarch fragt mich: »Was meinst du, wenn wir unseren Mann in den Kreml bringen, wie können wir ihn dann kontrollieren?« »Gar nicht«, antworte ich. »Der Status und die Befugnisse des russischen Präsidenten sind so umfassend (vor allem in der Vorstellung des Volkes), dass der von Ihnen eingeschleuste Nachfolger jederzeit seine Verpflichtungen vergessen beziehungsweise wie einst Zarin Anna Iwanowna ›die Konditionen zerreißen‹ kann.« »Das meine ich auch«, sagt der Oligarch. (Später stellt sich heraus, dass er nicht so dachte, sondern mir nur aus Höflichkeit zustimmte.) »Da fällt mir nur eines ein: die gleichgeschlechtliche Liebe. Ja, nur sie.« Er meinte damit, dass nur kompromittierendes Material bezüglich einer Homosexualität ein mehr oder weniger effektives Mittel sei, um im Fall der Fälle Druck auf den künftigen russischen Präsidenten auszuüben.

WWPs Ruf als Schwulen-Ikone festigte sich im Sommer 2007, als er mit Prinz Albert von Monaco nach Sibirien zum Angeln fuhr. Das Angeln endete mit einer wahrhaftig erotischen Fotosession, bei der

Putin und Albert oben ohne posierten und ihre Angelruten in den Händen hielten. Die Fotos wurden in allen großen Zeitungen der Welt veröffentlicht. Die Schwulen-Community in Moskau war begeistert. Mir ist nicht genau bekannt, wie es um Alberts Ruf in dieser Hinsicht steht, auch wenn es verschiedene Gerüchte gab und gibt. Aber kurz danach wurde auf einmal bekannt, dass seine Geliebte auch eine junge Russin und Sportlerin ist, allerdings im Eiskunstlaufen – es handelte sich um Marina Anissina. Das Schema Putin–Kabajewa wurde also praktisch eins zu eins übertragen.

Fast jeder in der Expertengemeinschaft des Sports spricht davon, dass Prinz Albert, der eine bedeutende Figur in der internationalen Sportbewegung ist, seinem Freund Wladimir Putin geholfen hat, Sotschi als Austragungsort der Olympischen Winterspiele 2014 zu begünstigen, obwohl Sotschi im Vergleich mit objektiv stärkeren Konkurrenten – Salzburg und das koreanische Pyeongchang – zunächst kaum Chancen hatte.

Eine Sensation war das persönliche und öffentliche Zusammentreffen Wladimir Putins mit der 45-jährigen Masha Gessen, einer herausragenden Figur der LGBT-Community und bekannten Aktivistin im Kampf für die Rechte sexueller Minderheiten. Das Treffen fand am 11. September 2012 statt, am elften Jahrestag des schrecklichsten Terrorangriffs der Menschheitsgeschichte, und zwar in der Vorstadtresidenz des Präsidenten in Nowo-Ogarjowo. In den letzten Jahren regiert Putin ziemlich schwach und richtet seine Aufmerksamkeit eher auf seine persönlichen Probleme und Vorlieben – angefangen von den Bikern bis hin zu Tigern und Kranichen. Viele einflussreiche Personen – föderale Minister, Oberhäupter der Regionen und Milliardäre – können manchmal monatelang nicht zu ihm vordringen, um Fragen der staatlichen Lenkung zu besprechen.

Für Masha Gessen fand Putin jedoch sofort Zeit. Der Grund ihres Zusammentreffens übersteigt jegliche Vorstellungskraft. Im Januar 2012 leitete Frau Gessen die Zeitschrift *Wokrug sweta* – das Organ der Russischen Geografischen Gesellschaft (RGO), einer gesellschaftlichen Institution, als deren Patron Präsident Putin in Erscheinung tritt. Am 1. September trat Gessen von ihrem Posten zurück – angeblich als Zeichen des Protests gegen die Nötigung der Zeitschrift, von Putins Flug mit den Kranichen zu berichten. (Aus meiner Sicht war das ein durchaus beachtenswertes Ereignis. Allerdings stellte sich bald darauf heraus, dass Masha Gessen alles nur vorgetäuscht hatte: Ihr war in Wirklichkeit ein einträglicherer Posten bei der Rundfunkstation Swoboda angeboten worden, und die Geschichte mit Putins Flug hatte sie nur benutzt, um die kühne Oppositionelle zu mimen.)

Welchem Thema also widmete WWP eine ganze Stunde seiner kostbaren Zeit? Er redete auf Masha Gessen ein, sie solle bei der Zeitschrift bleiben! Dennoch konnte er sie nicht umstimmen, die LGBT-Aktivistin blieb unbeugsam, denn der Chefsessel im Moskauer Büro von Swoboda ist nun einmal wirklich attraktiver. Das Ereignis vom 11. September 2012 wird vor allem dadurch pikant, dass Masha Gessen zu Beginn des Jahres im Westen ein überaus kritisches Buch über ihren Gesprächspartner Putin herausgegeben hatte. Der Präsident musste von diesem Buch wissen – aber auch dieser Umstand hinderte ihn nicht daran, die Journalistin zu sich einzuladen und ihr geradezu militärische Ehren zuteil werden zu lassen, was sich schwerlich durch etwas anderes erklären lässt als durch seine krankhafte Neigung für kultverdächtige Vertreter sexueller Minderheiten.

Was an den Legenden von Wladimir Putins sexuellem Erscheinungsbild wahr ist und was nicht, wird nur die Zeit zeigen. Aber ich habe in diesem Punkt meine eigene Version. Putin ist ein äußerst verletzbarer Mensch, der nichts mehr fürchtet als Verrat. Deswegen öffnet er sich kaum und tut sich schwer, an die Aufrichtigkeit eines anderen Menschen zu glauben. Zu lieben und geliebt zu werden birgt immer das Risiko des Verrats in sich. Man kann kein vollwertiges Privatleben führen, wenn man sich mit dem Panzer einer perfekten psychologischen Sicherheit schützt. Und viele Beobachtungen zeigen, dass Putin diesen Panzer nicht abzulegen bereit ist.

Liebe und Verrat gehen oft Hand in Hand. Putin jedoch kann nicht einmal die Möglichkeit eines Verrats zulassen, egal, um wen oder was es sich handelt. Wenn es jemanden gibt, den er so sehr hasst, dass er ihn züchtigen will, dann ist es der Verräter. Deswegen ist sein Bett entgegen aller Erfindungen wahrscheinlich so wüst und leer wie die Welt vor der Erschaffung des Lichts.

Er ist einsam. Nur wer das ganze Ausmaß dieser Einsamkeit nicht kennt, kann diesen Mann beneiden, der zwischen den Attributen der gewaltigen, doch im Grunde nutzlosen russischen Macht verloren gegangen ist.

Kapitel 18
Wladimir Putins Gesundheit

In den Jahren 1999 bis 2000, als man Putin gerade zum »Führer der Nation« machte, setzte der Kreml auf das Bild des jungen und kerngesunden Präsidenten, der sich grundlegend vom kranken, trunksüchtigen und im Gehen sturzgefährdeten Vorgänger Boris Jelzin unterscheiden sollte. Man erinnere sich nur, wie Putin demonstrativ hinter dem Steuer eines Jagdflugzeuges in das kriegsgebeutelte Tschetschenien flog (Januar 2000), sowie an seine regelmäßig im Fernsehen gezeigten Judo-Kämpfe. Bereits 2003 gab es jedoch erste Gerüchte, der zweite Präsident der Russischen Föderation sei schwer an Mastdarmkrebs erkrankt.

Ein ehemaliger Mitarbeiter der Analyseabteilung der Ersten Hauptverwaltung des KGB der UdSSR, Oberstleutnant Wjatscheslaw Trubizyn, mutmaßte damals, es handele sich um eine Folge von Putins Einsatz in Wünsdorf (einer Siedlung südlich von Berlin, wo in Deutschland die Residentur der Außenaufklärung des KGB stationiert war). Trubizyn hält es für durchaus wahrscheinlich, dass die »Erkrankung durch den direkten Kontakt mit psychotronen Technologien oder radioaktivem Plutonium hervorgerufen« wurde.

Niemand nahm diese Gerüchte ernst, was vielleicht ein Fehler war. Denn es gibt die Version, dass die Verhaftung Michail Chodorkowskis im Oktober 2003 und der übereilte Rücktritt der Regierung von Michail Kassjanow im Februar 2004, die mit der Auswechselung des Ministerpräsidenten gegen die politisch offenkundig zukunftslose Figur des Michail Fradkow einherging, ganz klar von der Krankheit des Präsidenten diktiert worden waren. Dabei ging es nicht nur um den psychischen Zustand des real oder scheinbar Kranken.

Putin, der bekannt ist für seinen Argwohn, hegte die Befürchtung, auf dem Hintergrund seines ungünstigen Gesundheitszustands könne Kassjanow mit Chodorkowskis Unterstützung auf den Präsidentenposten Anspruch erheben, umso mehr, als er »im Fall der Fälle« als zweiter Mann im Staat die Pflichten des ersten hätte übernehmen müssen. Laut Informationsquellen aus Kassjanows Umgebung beschuldigte Putin unmittelbar vor dem Rücktritt des Kabinetts seinen Regierungschef, er habe im Januar 2004 während der Neujahrsferien derartige waghalsige Möglichkeiten mit dem österreichischen Kanzler Wolfgang Schüssel erörtert.

Ernsthafte Besorgnis über Putins Gesundheit machte sich 2012 breit, als der russische Präsident seine Teilnahme an mehreren offiziellen Veranstaltungen absagte, ohne dass man der Öffentlichkeit dafür verständliche und greifbare Gründe mitteilte. Im Mai fuhr er nicht zum G8-Gipfel und schickte stattdessen Ministerpräsident Medwedew. Die Geschichte wiederholte sich im Juni – Putin ignorierte die Eröffnung der Olympischen Sommerspiele in London. Statt seiner bemühte sich wiederum der liebe und hilfsbereite Medwedew dorthin. Das alles erinnerte den aufmerksamen Betrachter an die Zeit von Boris Jelzin: Auch er hatte nach mehreren Herzinfarkten oft andere zu wichtigen internationalen Treffen von Regierungsoberhäuptern geschickt, weil er weder ausgedehnte Flüge noch ermüdende Zeremonien mit anderen Staatsoberhäuptern durchzustehen vermochte.

Das Gipfeltreffen der GUS-Staaten in Aschchabad war für den 1. und 2. November angesetzt, aber buchstäblich am Vorabend des Ereignisses verkündete der Exekutivsekretär der GUS, Sergei Lebedew, die Verschiebung auf den 5. Dezember – ohne klar bezeichnete, wichtige Gründe. Abgesagt wurden bis Dezember auch andere Reisen Putins in die Türkei, nach Bulgarien und nach Indien, die für Oktober und November geplant gewesen waren.

Nach dem 7. Oktober – seinem 60. Geburtstag – hat Putin seine Residenz in Nowo-Ogarjowo für Fahrten zu offiziellen Veranstaltungen nur drei Mal verlassen, während er früher zwei bis vier Mal monatlich in die Regionen der Russischen Föderation sowie ins Ausland gereist war.

Zum Gipfeltreffen der APEC auf der Insel Russki konnte unser Held nur mit großer Mühe erscheinen, wobei er sichtbar hinkte. Sofort tauchten verschiedene neue Mutmaßungen darüber auf, was mit dem nicht mehr ganz jungen Organismus des »Anführers der russischen Nation« los sei. Die Nachrichtenagentur Reuters teilte mit, Putin habe Rückenschmerzen und müsse operiert werden. Der Pressesprecher des Präsidenten, Dmitri Peskow, dementierte dies. Er erklärte das Hinken des Staatsoberhauptes beim Gipfeltreffen der APEC mit einer banalen Sportverletzung.

Am weitesten verbreitete sich jedoch die Version, der Grund für die Beschwerden sei Putins Flug mit den Kranichen gewesen. Am 6. Oktober hatte sich Putin an einem sehr exotischen ornithologischen Experiment mit dem Namen »Flug der Hoffnung« beteiligt. Höchstpersönlich war er auf einem Motordrachen einer Schar von Schneekranichen vorangeflogen und hatte den Vögeln die Richtung auf ihrem Flug in ihr Winterquartier gewiesen. Nach Meinung von Ärzten und einfachen Sympathisanten war der russische Präsident unglücklich auf der Erde aufgekommen und hatte sich ernsthaft die Wirbelsäule verletzt.

Viele, die Putin schlecht gesinnt sind, reagierten auf diese Neuigkeit mit üblen Scherzen. In einem russischen Blog war zu lesen: »Böse Zungen behaupten, der höchsten Gottheit seien nach dem Flug mit den Schneekranichen Schwanz und Federn gewachsen! Der unumkehrbare Prozess der Reinkarnation als Kranich zu Lebzeiten ist typisch für Bodhisattva, Fisch und Avatar.«

Der bekannte Schriftsteller und radikale linke Politiker Eduard Limonow äußerte als einer der Ersten den Verdacht, Putin könne einen Bandscheibenvorfall erlitten haben. Folgendes schrieb er in seinem Artikel auf Slon.ru:

»Das Einzige, was als langwierig, übel und völlig unheilbar gilt, ist diese ekelhafte Sache, die die Medizin als Bandscheibenvorfall kennt. Ein Bandscheibenvorfall bildet sich entweder allmählich heraus, durch unbequemes Sitzen bei der Arbeit im Laufe von vielen Jahren, oder durch eine jähe Verletzung, die durch eine starke physische Einwirkung auf das Rückgrat hervorgerufen wird. Zum Beispiel durch das plötzliche Heben einer großen, die Kräfte übersteigenden Last oder, das ist eine [...] Vermutung, durch das ungeschickte Aufsetzen eines sechzigjährigen Präsidenten mit einem Deltagleiter.

Die Symptome eines Bandscheibenvorfalls im Lendenwirbelbereich des Rückgrats sind folgende (ich zitiere aus einem medizinischen Wörterbuch): Taubheit der Zehen, Schmerzen im Unterschenkel oder in der Ferse, Taubheitsgefühl in der Leistengegend, Schmerzen im Bein, meist dorsal, seltener ventral oder lateral bis in den Oberschenkel hinein, ständiger Schmerz im Lendenwirbelbereich.

Ja, mit einer solchen Ansammlung von Schmerzen lässt es sich nicht so munter durch die Provinz und ins Ausland reisen. Wodurch werden diese Schmerzen konkret hervorgerufen? Durch ein posttraumatisches Hervortreten der Bandscheibe mit einem daraus resultierenden Riss des Faserrings und Verschiebung oder Ausfließen des Gallertkerns – das klingt bedrohlich.

Im Weiteren wird es noch düsterer. In der Struktur des Faserrings entstehen radiale Risse, die Höhe und Festigkeit der Bandscheibe ist herabgesetzt, […] allmählich bildet sich ein Ödem, und die Durchblutung in diesem Bereich ist gestört. […] Mit der Zeit werden die Schmerzen, die in der eingeklemmten Nervenwurzel entstehen, so wahrgenommen, als entstünden sie im Bein.

Die Schmerzen können einhergehen mit Empfindungs- und vegetativen Störungen (erhöhte Schweißabsonderung oder Trockenheit der Haut, Kälteempfindung und mäßige Schwellung) sowie mit einer wachsenden Muskelschwäche. Manchmal sind die Funktionen der Beckenorgane gestört, weil ein Teil des Nervs durch den Druck nicht funktioniert. Die klinischen Erscheinungsformen der Krankheitssymptome zeigen sich im Frühstadium als Reizung und im fortgeschrittenen Stadium als Funktionsausfall.

Von welchen Funktionen hier die Rede ist, habe ich nicht verstanden. Aber die Gereiztheit von Wladimir Wladimirowitsch über uns alle, über die ungehorsame, störrische Bevölkerung, habe ich schon oft in seinem Gesicht beobachtet.

Die Chinesen, eine alte Zivilisation, die für alle Zwischenfälle des Lebens eine Reihe von Übungen weiß, empfehlen bei einem Bandscheibenvorfall entweder »Zigun« oder »Tai Chi«. Wenn ich mich also in meiner Diagnose nicht geirrt habe, werden wir bald einige Besuche unseres Präsidenten in der Volksrepublik China erleben können. Wir werden sehen.

Ich bin also folgender Ansicht: Bei seiner Landung kommt es beim Piloten (oder den Piloten, denn Wladimir Wladimirowitsch flog nicht allein) unvermeidlich zu einer großen Belastung der Wirbelsäule, und zwar im Lendenwirbelbereich. Es gibt einen jähen Aufprall, die Wirbel der Wirbelsäule stoßen aufeinander, es kommt zum oben erwähnten »Hervortreten der Bandscheibe mit einem daraus resultierenden Riss des Faserrings« und zu allem Weiteren, an dem der Präsident der Russischen Föderation leidet.«

An der Polemik beteiligte sich auch der gut informierte Chefredakteur des einflussreichsten politischen russischen Radiosenders *Echo Moskau*, Alexei Wenediktow. Wie man weiß, hat dieser Mann, der über recht gute Quellen innerhalb des Kremls verfügt, zu Putin ein etwas zauderndes Verhältnis – er ist dem Präsidenten dafür dankbar, dass er im Großen und Ganzen die redaktionelle Freiheit von *Echo Moskau* faktisch nicht einschränkt, obwohl die Anteilsmehrheit der Aktien am Radiosender zu Putins Domäne gehört, nämlich der Firma Gazprom. Wenediktow sagte in einer Sendung seiner Radiostation Folgendes:

Da Putin oft im Fernsehen gezeigt wird, konnte jeder sehen, dass der Präsident seine Rückenprobleme bereits vor dem Flug mit den Schneekranichen bekam. Ich möchte unsere Hörer nur an eine Geschichte erinnern. Anfang September überreichte der Präsident Regierungsauszeichnungen (es war eine lange Liste), was auf Westi 24 übertragen wurde. Mir fiel auf, dass er stand und sich dabei die ganze Zeit an seinem Pult festhielt. Er heftete die Orden an, dann stellte er sich wieder an sein Pult und legte seine Hand darauf … und hielt sich fest … Dann verließ er die Veranstaltung nach der Hälfte, was aus meiner Sicht beispiellos war. Sergei Borissowitsch Iwanow überreichte die restlichen Auszeichnungen … Danach wurde mir klar, dass es tatsächlich Probleme gibt und sie ernsthaft sind, denn Putin ist in diesem Sinne ein duldsamer Mensch, der bereits alle möglichen Sportverletzungen überstanden hat. Es ist also ernst. Das war für mich die erste Alarmglocke.
Die Geschichte mit den Schneekranichen – ich weiß einfach, dass jede Menge Leute versucht haben, diejenigen, die Einfluss auf seine Entscheidungen nehmen, nicht nur zu überreden, die Sache abzusagen, sondern ihnen geradezu zu Füßen lagen und darum baten, er möge es nicht tun, und zwar wegen des Rückens. Wie gewöhnlich blieb er unnachgiebig, und beim Training stürzte er ziemlich hart. Es gab einen Aufprall, einen starken Schmerz, wie man mir erzählte. Und trotzdem beharrte er darauf zu fliegen …

Wenediktow ist aus meiner Sicht der niemandem genau bekannten Wahrheit näher als Limonow. Schon allein deswegen, weil die systematischen Ausfälle und Verschiebungen von Putins Auslandsreisen schon lange vor dem Flug mit den Schneekranichen angefangen hatten – man denke an den G8-Gipfel, die Olympiade in London und so weiter.

Einige russische Beobachter sind auch der Überzeugung, der »Anführer der Nation« habe einen Schlaganfall gehabt. Im Oktober 2012 tauchte im Twitter-Mikroblog der Moskauer Stadtratsabgeordneten Natalja Tschernyschewa die Mitteilung auf, der russische Präsident Wladimir Putin habe einen Schlaganfall erlitten. Dieser Tweet stieß auf starke Resonanz. »Telegramm! Gerade wurde mitgeteilt, dass ein Gerücht verbreitet wird, Putin habe einen massiven Schlaganfall erlitten. Das Gerücht kommt aus der Präsidentenadministration. Die Quelle berichtet, die Bosse packen ihre Koffer«, schrieb Tschernyschewa und merkte dabei an, dass die »Information unsicher« sei. Diese »Neuigkeit«, die keine auch nur halboffizielle Quelle bestätigte, wurde von multinationalen Bloggern aufgegriffen und kommentiert.

Damals erinnerten sich auch viele daran, dass Putin 2010 in der Funktion als Ministerpräsident seines zeitweisen Nachfolgers Medwedew bei seinem Kiew-Besuch mit deutlich sichtbaren blauen Flecken an den Schläfen auf der Pressekonferenz erschienen war. Dabei hatte man Putin gut geschminkt – auch das war dem wissbegierigen Auditorium aus ukrainischen und internationalen Journalisten nicht entgangen. Aber die massiven Hämatome konnte man durch die Schminke hindurch sehen.

Der dienstbeflissene Pressesprecher Peskow hatte gemäß seiner Gewohnheiten und seiner trägen Fantasie verkündet, sein Patron habe bei seinem Judo-Training einige leichte Schläfenprellungen beim Sturz auf die Matte erlitten. Dabei blieb völlig unklar, wie man sich auf einer weichen Matte derartige Prellungen zuziehen kann, die auch noch symmetrisch angeordnet sind – an beiden Schläfen gleichzeitig. Nach der Logik von Dmitri Peskow hätte man meinen müssen, der Kampfgegner habe das Gesicht Putins von verschiedenen Seiten so lange auf die Matte gestoßen, bis der gewünschte Effekt erzielt war.

Allerdings erklärten mir am selben Tag die ukrainischen plastischen Chirurgen, die sich um die Behandlung von Expräsident Viktor Juschtschenko gekümmert hatten, überaus einleuchtend, was die Ursache gewesen sein kann. Die blauen Flecken, sagten sie, sind ein deutliches Symptom für die Anwendung von Botox, das aus dem Gift Curare hergestellt und zu Entfernung und Vermeidung von Falten verwendet wird. Von da an fiel fast allen auf, dass Putins Gesicht übermäßig glatt und blutarm geworden war und das russische Staatsoberhaupt sich selbst nicht mehr ähnlich sah. Nun kann er nicht mehr wie früher breit lächeln, selbst wenn er etwas sehr komisch finden sollte. Ja, das Gesicht ist glatt geworden, wirkt dabei aber nicht mehr lebendig.

Seither hat die russische Opposition für den »Anführer der Nation« einen neuen Spitznamen: »Mister Botox«. Viele gut informierte Quellen gehen davon aus, Putin habe sich bei der Korrektur seines äußeren Erscheinungsbildes von einem seiner besten politischen Freunde und Partner im Westen leiten lassen. Silvio Berlusconi, der 16 Jahre älter ist als Putin und sich eifrig um ein Image als Playboy bemüht, nahm die Dienstleistungen plastischer Chirurgen mehr als einmal in Anspruch.

Vielen aufmerksamen Beobachtern ist nicht entgangen, dass Putin oft nicht mehr wie er selbst aussieht. Wenn sie ausreichend Wodka getrunken haben, erzählen die Mitarbeiter von Putins Sicherheitsdienst, dem sogenannten Föderalen Dienst für Bewachung, Putin nutze ein System von Doppelgängern. Damit könne er seine chronischen Krankheiten und seine gesundheitlichen Probleme verbergen.

Man muss sich nur folgende Links anschauen, um zu sehen, dass die Menschen, die auf den Fotos mit Putins Namen abgebildet sind, wenig Gemeinsames haben.

- http://aangirfan.blogspot.de/2011/10/putins-double.html

- http://raznesi.info/blog/post/2297

Auf dieser Website kann man vier völlig verschiedene Menschen erkennen. Sie haben unterschiedliche Schädelformen (Breite der Augenhöhlen, Form des Kinns, Form der Wangenknochen), der Umfang des Weichteilgewebes und der Gesichtsknorpel differiert (Nasenflügel, Lippen, Wangen), sie haben verschiedene Haaransätze (Kopfhaar und Augenbrauen), Farbe und Ausdruck der Augen unterscheiden sich. Was kann man zu diesen Fotos sagen, wenn auf den offiziellen Websites der Regierung offenbar verschiedene Menschen gezeigt werden? Auf dem Foto- und Videomaterial, das der Kreml nach 2000 zur Verfügung stellt, sind mindestens vier verschiedene Menschen zu sehen, die unterschiedlich viel Ähnlichkeit mit Putin aufweisen.

Ich möchte noch einmal wiederholen, dass diese Ansicht nicht von mir, sondern von den betrunkenen Mitarbeitern des Sicherheitsdienstes stammt. Und wenn sie stimmt, dann ist nicht ganz zu verstehen, warum man die Doppelgänger nicht zum G8-Gipfeltreffen, zur Eröffnung der Olympischen Spiele in London oder zur Konferenz der GUS-Staaten nach Aschchabad geschickt hat. Denn einen sakralen Text vom Papier ablesen, wie es Putin selbst tut, kann schließlich auch ein Doppelgänger, besonders wenn er noch in der sowjetischen Zeit irgendeine Hochschulbildung erwerben konnte.

Das heutige Schicksal von Wladimir Putin im Kontext seines instabilen Gesundheitszustands erinnert immer mehr an das Los des unvergesslichen »geliebten Führers« von Nordkorea, Kim Tchen

Ir. Viele Jahre lang erzählte man sich, der Diktator der Demokratischen Volksrepublik Korea, der 1994 an die Macht gekommen war, leide an Krebs. Offiziell hat Pjöngjang das dementiert, auch wenn Kim Tchen Ir sichtlich abmagerte. Als der »geliebte Führer« im Dezember 2011 mit 69 Jahren starb, konnte man es kaum glauben. Damals trauerte ganz Nordkorea; nach Aussagen der Staatsführung schluchzten in den Wäldern sogar Bären und Eichelhäher. Aber das Wichtigste war: Die Truppen der Republik Korea (Südkorea) und Japans wurden im Zusammenhang mit Kim Tchen Irs Ableben in erhöhte Alarmbereitschaft versetzt, als fürchteten sie, die Armee der Demokratischen Volksrepublik Korea könne ohne ihren Führer die psychoemotionalen Ufer übertreten und einen lokalen, aber blutigen Krieg anzetteln.

Ich denke nicht, dass irgendwelche starken Veränderungen von Putins Zustand bestimmte Länder dazu bringen, ihre bewaffneten Streitkräfte in Kampfbereitschaft zu versetzen. Die russische Armee, die ein durchaus kühles Verhältnis zu ihrem Oberbefehlshaber pflegt, wird sich ganz sicher nicht von der Stelle bewegen. Auch ist es noch zu früh zu mutmaßen, ob die russischen Bären oder gar die Schneekraniche in ein allgemeines Klagelied ausbrechen werden. Aber die Einheiten des Föderalen Diensts für Bewachung und des russischen Innenministeriums wird man in den Kasernen sammeln können. Der Krieg um Putins Erbe innerhalb der Eliten wird alles andere als spaßig werden.

Kapitel 19
Wladimir Putin: Unbegangene Verbrechen und tatsächliche Vergehen

Viele, sehr viele Menschen in Russland und außerhalb seiner Grenzen sind gewohnt, unserem Helden einen Standardsatz an Vorwürfen entgegenzuhalten. Wenn man sich nicht zu sehr in Details verliert, kann man diese Anschuldigungen im Großen und Ganzen in vier grundlegende Gruppen einteilen.

- Putin hat in Russland eine Art Diktatur von »Menschen mit Schulterklappen« geschaffen, womit vor allem Abkömmlinge des KGB-Systems der UdSSR und anderer sowjetischer Geheimdienste gemeint sind. Für diese »Diktatur« wurde eigens der Begriff »Militärokratie« erdacht – die Macht militarisierter Menschen.

- Wladimir Putin hat einen Hang zu politischen Morden – in erster Linie der Journalistin Anna Politkowskaja (Oktober 2006), des ehemaligen Majors des FSB von Russland Alexander Litwinenko (November 2006), des in Ungnade gefallenen Magnaten und Emigranten Boris Beresowski (März 2013).

- Putin hat eine selbst für die russische Geschichte beispiellose Korruptionsmaschinerie geschaffen, in der seine Freunde aus dem KGB der UdSSR oder aus dem Leningrad der sowjetischen Zeit die Schlüsselpositionen einnehmen.

- WWP arbeitet beharrlich und kontinuierlich an der Rekonstruktion eines neosowjetisches Imperiums – analog zu der 1991 untergegangenen UdSSR, in den Grenzen des postsowjetischen Raums (Gemeinschaft Unabhängiger Staaten, Eurasische Wirtschaftsgemeinschaft usw.)

Nach meiner Überzeugung kann man ohne eine Analyse und Widerlegung dieser Anschuldigungen weder Putin noch Putins Russland verstehen. Also:

Die Militärokratie

Urheberin dieser Konzeption wie auch des Begriffs selbst ist die Soziologin Olga Kryschtanowskaja, Leiterin der sogenannten Lehranstalt für Eliten der Russischen Akademie der Wissenschaften sowie Direktorin des fiktiven Instituts für angewandte Politik (de facto existiert diese Quasi-Forschungseinrichtung gar nicht).

Mit der Entwicklung ihrer Theorie der Militärokratie begann Kryschtanowskaja 2003, und 2006/2007, als sich der Kampf um die Nachfolge von Wladimir Putin zuspitzte, hatte sie konkrete Formen angenommen. Dabei befanden sich einige einflussreiche internationale Massenmedien eine Zeit lang unter dem Eindruck des »militärokratischen« Diskurses. Hier einige Headlines aus den Jahren 2006/07:

»Militär und Sicherheitsoffiziere ›kolonisieren‹ die russische Elite« *(Le Monde)*, »Geheimdienst gegen die ›Familie‹ (*Berliner Zeitung*, gemeint ist die Familie des ehemaligen Präsidenten Boris Jelzin), »Wie Putins Mitstreiter vom KGB die Macht in ihre Hände nehmen« *(Der Spiegel)*, »Arbeit für kleine Jungs: Die neue ›Militärokratie‹ von Putin« *(The Wall Street Journal)*.

Die Arbeit von Kryschtanowskaja basiert auf zwei quantitativen Ausgangsparametern, die sie der Öffentlichkeit präsentierte:

a) Zum Jahr 2006 wurden 70 Prozent (!) der bürokratischen Ämter in Putins Russland von »Menschen mit Schulterklappen« bekleidet, die der Militärgeist einer Körperschaft einte und verband, welcher auch ihre Psychologie und Mentalität bestimmt.

b) Zum Jahr 2001 konnten als Folge der dramatischen Finanzkrise von 1998, die einen erheblichen Einfluss auf den Zustand der russischen Wirtschaft ausgeübt hatte, nur 15 Prozent der Großunternehmer (Oligarchen) der Jelzin-Zeit ihren Einfluss wahren; 85 Prozent der Posten auf der Kommandoebene gingen an Vertreter des Putin-Gefolges über, die militarisierten Strukturen angehörten.

Die Autorin führt dabei keinerlei Belege für die Richtigkeit dieser Zahlen an und legt auch nicht dar, wie sie erhoben wurden. Das Einzige, was der Autor dieser Zeilen als ungefähre Antwort von Frau Kryschtanowskaja auf die direkt gestellte Frage nach den faktischen Quellen für ihre Theorie der Militärokratie bekam, war: Alle Beamten mit Lücken in der Biografie, also mit geringfügigen Leerstellen in ihren offiziellen CVs, sind eingefleischte Geheimdienstler. Sic! Das nennt sich also Soziologie. Oder auch wissenschaftliche Logik.

Ich wage zu behaupten, dass die Theorie der Militärokratie ein ausgemachter Bluff ist, der sich aus gewissenlosen Manipulationen von statistischen Angaben speist.

Erstens ist es eine recht zweifelhafte Herangehensweise, die Zugehörigkeit eines staatlichen Funktionärs zur Militärkaste auf Grundlage von Lücken in seiner Biografie festzustellen. Typisch sind solche »Leerstellen« in CVs für Menschen mit einer kriminellen Bilanzgeschichte und keineswegs für solche mit gigantischen Geheimdiensterfahrungen. Außerdem ist nicht erkennbar, dass sich im modernen Russland die Abkömmlinge des KGB-Systems der UdSSR für ihre Vergangenheit überaus schämen und gezwungen sind, wichtige Details ihrer Biografie zu verschweigen.

Zweitens haben im Unterschied zur Türkei von Atatürk, dem faschistischen Spanien oder einigen Länder Lateinamerikas die »Menschen mit Schulterklappen« des sowjetischen und postsowjetischen Russlands nie eine einheitliche Körperschaft mit gemeinsamen Interessen und einem standardisierten ethischen Kodex gebildet. Die Geheimdienste standen dem Innenministerium stets feindlich gegenüber, und jede dieser Strukturen hasste eigentlich das Militär, also das System des Verteidigungsministeriums Russlands. Sowohl die kommunistische als auch die postkommunistische politische Leitungsebene hetzte traditionell und bewusst die verschiedenen Zweige und Abteilungen der staatlichen Gewaltorgane gegeneinander auf, um zu verhindern, dass sie gemeinsam und solidarisch Anspruch auf die reale Macht erheben oder sich in kritischen Situationen illoyal verhalten. Man erinnert sich noch gut daran, wie im Oktober 1993, als Boris Jelzin den Obersten Sowjet der RSFSR auflöste, sich das damalige Ministerium für Staatssicherheit (der Rechtsnachfolger des KGB en miniature) eines Sturms des Parlamentsgebäudes, das Tausende von Menschen umringten, vorsichtig und höflich enthielt.

Dafür wurde der Befehl blutig und tadellos – unter Panzerbeschuss – vom Militär ausgeführt, das Jelzins Vertrauter, der Verteidigungsminister General Pawel Gratschow, befehligte. Die verschiedenen Strukturen sind also nicht imstande, eine wie auch immer geartete einheitliche Lobby zu bilden, um ein gemeinsames Ziel zu verfolgen. Und von einer »Militärokratie« als einem umfassenden Entscheidungssystem zu sprechen ist zumindest amüsant.

Drittens lässt sich die Anzahl von Militärpersonen innerhalb des Staatsapparats nicht mithilfe von Durchschnittswerten bestimmen. Wenn zum Beispiel im Verteidigungsministerium die »Menschen mit Schulterklappen« 90 Prozent der Belegschaft ausmachen (was durchaus natürlich ist) und im Landwirtschaftsministerium 10 Prozent, heißt das dann etwa, die Hälfte des Agrarsektors befindet sich unter der Fuchtel von Abkömmlingen von Armee und Geheimdiensten?

Viertens war unter Wladimir Putin nicht nur ein Zustrom von Vertretern des militärischen Milieus in staatliche Ämter zu beobachten, sondern auch ein Weggang, und zwar oftmals bei den oberen Etagen des Verwaltungsmechanismus. Im Verteidigungsministerium von Anatoli Serdjukow (2007–2011) zum Beispiel befanden sich innerhalb der Leitung der Militärbehörde nicht selten Vertreter ziviler Herkunft (einschließlich des Ministers selbst), zu deren zentralen Aufgaben durchaus nicht die Erziehung der demoralisierten Armee und des entmilitarisierten Volkes zu einem Samurai-Geist gehörte, sondern die Erlangung der Kontrolle über die Finanzflüsse zur Deckung des maß- und bodenlosen Militärbedarfs. Damit kamen sie auch bedingt zurecht, bis sie mit begründeten Anschuldigungen schwerer Korruption konfrontiert wurden (die Herzensdame und Vertraute Anatoli Serdjukows, Jewgenija Wassiljewa, befindet sich bis heute unter Hausarrest, und einige andere einflussreiche Leute aus Serdjukows Umkreis sitzen ganz banal in einem russischen Gefängnis).

Fünftens gibt es keinerlei Grundlage für die Behauptung, die Oligarchie sei in den 1990er-Jahren verschwunden oder habe ihren Einfluss im Land eingebüßt. Zu den einflussreichsten russischen Geschäftsleuten unserer Zeit gehören: Roman Abramowitsch (Ex-Sibneft), Oleg Deripaska (Chef von RUSAL und des Energiegiganten E+), Michail Fridman (Gruppe Alfa-Konsortium), Viktor Wekselberg (Präsident des Fonds Skolkowo, der berufen ist, bei Moskau ein Silicon Valley zu schaffen), Wagit Alekperow (Chef des Ölgiganten Lukoil), Wladimir Potanin (Kontrollaktionär von Norilsk Nickel), Michail Prochorow (Chef der Holding ONEKSIM und der politischen Partei »Bürgerplattform«), Wladimir Lissin (wichtigster russischer Stahlproduzent von Novolipetsk Steel), Alexei Mordaschow (Severstal), Suleiman Kerimow (Hauptaktionär der

Bank von Moskau und der WTB Bank, informelle zentrale Figur der größten Gruppierung mit Einfluss auf den Nordkaukasus insgesamt und die Republik Dagestan im Besonderen) und schließlich der laut Nachrichtenmagazin *Forbes* reichste Mann der Russischen Föderation, der Hauptaktionär der Holding Metalloinvest und Eigner einer Reihe von Aktiva in der Telekommunikation, Alischer Usmanow.

Sie alle sind Abkömmlinge der Jelzin-Zeit, der Periode der ursprünglichen Privatisierung der größten Objekte des sowjetischen »sozialistischen Eigentums«. Ja, natürlich haben sich bereits auffällige Vertreter der Putin-Rotte unter sie gemischt: Gennadi Timtschenko (Begünstigter des weltweit viertgrößten Energietraders Gunvor), die Brüder Arkadi und Boris Rotenberg, Igor Setschin (Präsident der Ölfirma Nummer eins in Russland Rosneft). Das könnte auch gar nicht anders sein: Der Wechsel eines Staatsoberhaupts zieht immer eine bestimmte Rotation der Wirtschaftselite nach sich.

Besonders in Russland, wo Besitz und Macht eng miteinander verwachsen sind (der Autor dieses Buches schlägt den Begriff »Besitzmacht« vor, der die organische Einheit und Untrennbarkeit der Begriffe in der heutigen Russischen Föderation unterstreicht). Aber: Die »alten Oligarchen« herrschen immer noch über die »neuen«, sowohl in ihrer Zahl als auch hinsichtlich ihrer Gesamtressourcen des politisch-administrativen Einflusses. Und im Jahr 2001, das Frau Kryschtanowskaja als Meilenstein im Schicksal des postsowjetischen Großkapitals auf dem russischen Territorium bezeichnet, war auch noch Michail Chodorkowski am Ruder, der reichste Mann im damaligen Russland (dessen Vermögen *Forbes* auf 7 Milliarden Dollar schätzte). Von einem Einbruch des Jelzin'schen Megabusiness auf armselige 15 Prozent kann also nicht annähernd die Rede sein.

Was können wir also über den Ursprung der offenkundig marktschreierischen Theorie der »Militärokratie« sagen? (Möge mir Olga Kryschtanowskaja verzeihen, die trotz allem ein ganz gescheiter Kopf ist.)

In den Jahren 2003 bis 2007 kämpfte die Familie von Boris Jelzin (im engeren wie im weiteren Sinne des Wortes) aktiv mit den »Neuputinianern« um die Kandidatur des Präsidentennachfolgers 2008. »Familienkandidat« war Dmitri Medwedew – als Gegengewicht zu Sergei Iwanow und Michail Fradkow, die Putin von verschiedenen Leningrader Kameraden empfohlen worden waren. Schließlich wurde bekanntlich Medwedew der Nachfolger, die Familie hatte gesiegt. Doch bis zu einer endgültigen Entscheidung musste der Familienkreis den Westen mit einer »Geheimdienstrevanche« erschrecken, um Putin einsichtig zu machen gegenüber der Unausweichlichkeit der Wahl eines Nachfolgers mit dem Image eines zutiefst liberalen Bürgers (erinnern Sie sich nur an die Aussage des ehemaligen Präsidenten und jetzigen Ministerpräsidenten der Russischen Föderation: »Freiheit ist besser als Unfreiheit«). Genau dafür war die »Kryschtanowskaja-Doktrin« notwendig.

Es war kein Zufall, dass die Leiterin der Lehranstalt für Eliten der Russischen Akademie der Wissenschaften 2008 nach Medwedews Inthronisierung Mitglied der Kremlpartei »Einiges Russland« wurde und 2012 nach Putins Rückkehr auf den Thron die Partei verließ. Dabei kann man bei ihr keine Vorliebe für die Opposition feststellen. Heute leitet sie einen gewissen »Klub der Besten« – eine Vereinigung von sozial und finanziell aktiven Frauen, die der Partei »Einiges Russland« zugeneigt sind, aber (wegen der verminderten Autorität und Popularität der »Machtpartei«) ihren Hang nicht immer zu Schau stellen möchten.

Politische Morde

Die Berichterstatterin der *Nowaja gaseta* Anna Politkowskaja wurde am 7. Oktober 2006, dem 54. Geburtstag von Wladimir Putin, im Eingang zu ihrem Wohnhaus in Moskau erschossen. Ein schlimmeres Geschenk hätte Putin zu seinem Feiertag nicht erwarten können. Außerdem wurde der Mord genau am Vorabend des Staatsbesuchs des russischen Präsidenten in Deutschland verübt – es war eine wichtige Reise, bei der WWP über die Schaffung eines paneuropäischen Zentrums für die Distribution von russischem Gas verhandeln wollte, unseres Exportschlagers Nummer eins. Überflüssig, daran zu erinnern, dass das Vorhaben platzte – und zwar vor allem wegen des skandalösen Todes der Journalistin. Viele Vertreter des deutschen Establishments wollten den Staatsbesuch sogar ganz absagen.

Putin verkündete damals ungeschickt, politisch unkorrekt und taktlos, dass ihm der Tod Politkowskajas viel mehr geschadet habe als ihr Leben und ihre professionelle Tätigkeit. Auch wenn der russische Präsident seine Worte äußerst undiplomatisch gewählt hatte, kann man nicht umhin, sie im Kern als zutreffend anzuerkennen. Natürlich ist WWP der Letzte, der am Tod Politkowskajas ein Interesse gehabt haben könnte.

Was war also wirklich geschehen? Eine genaue Antwort auf diese Frage gibt es bis heute nicht, die Strafverfolgung in Russland ist in eine Sackgasse geraten, wie es bei der Aufdeckung von folgenreichen Verbrechen in der Russischen Föderation oft der Fall ist. Aufmerksamkeit fordern alle Umstände in Zusammenhang mit Leben und Wirken von Anna Politkowskaja.

Die Beobachterin der *Nowaja gaseta* hatte sich in den letzten Jahren vor allem mit der Untersuchung von Verbrechen in Tschetschenien und im Tschetschenien-Krieg befasst. Wichtiges Objekt ihrer Untersuchungen war das tschetschenische Staatsoberhaupt Ramsan Kadyrow gewesen. Dieser ist heute einer der Schlüsselfiguren in der russischen Politik (darunter der gesamtnationalen, nicht nur der kaukasischen). Damals war er neu in seiner Führungsposition und hatte mit Schweiß und Blut (im direkten wie im übertragenen Sinne) versucht, in die Fußstapfen seines Vaters Achmat Kadyrow zu treten, einem ehemaligen Mufti und Anführer Tschetscheniens, der am 1. Mai 2004 durch eine ferngesteuerte Sprengladung in einem Stadion der Stadt Grosny ums Leben gekommen war.

Kurz vor Politkowskajas Tod bestellte Kadyrow ein Rechtsgutachten über die Möglichkeit einer gerichtlichen Verfolgung der Journalistin aufgrund von Diffamierung und Verleumdung des jungen tschetschenischen Staatsoberhaupts. Von einer juristischen Firma bekam er eine negative Antwort: Offiziell und streng im Rahmen des Gesetzes sei es nicht möglich, die Beleidigerin zu belangen.

Im Weiteren wurde bekannt, dass Anna Politkowskaja 2005/2006 viel mit Kadyrow-Gegnern in Tschetschenien und Umgebung verkehrte. Dabei deckte sie einige Namen von Personen auf, die versuchten, Ramsan loszuwerden, und zwar um selbst seinen Platz einzunehmen. Das konnte der brutalste Lenker des russischen Kaukasus seinen Gegnern nicht verzeihen. Diese wiederum hatten allen Grund, Frau Politkowskaja wegen ihrer unnötigen Offenheit und ungehemmten Verbreitung von Informationen zu grollen. Und das umso mehr, als im Nordkaukasus die Blutrache bevorzugtes Mittel zur Klärung von Beziehungen und zur Konfliktlösung darstellt. Deswegen bin ich nach wie vor der Auffassung, dass in der fernen Zukunft und unter nicht-totalitären Bedingungen (wenn Stalin'sche Methoden nicht mehr möglich sein werden) die islamischen Regionen des Kaukasus – Tschetschenien, Inguschetien und Dagestan – nicht mehr zu Russland gehören können. Sie sind eine andere Zivilisation, und das muss man irgendwann anerkennen.

Der ehemalige Major des russischen Geheimdiensts und Offizier des Personenschutzes von Boris Beresowski, Alexander Litwinenko, starb Ende November 2006 in einer Londoner Klinik nach einer Vergiftung mit radioaktivem Material – Polonium. Viele verdächtigten den Ex-Offizier der Kreml-Garde Andrei Lugowoi der unmittelbaren Vorbereitung des Verbrechens; er war in der ersten Hälfte der 1990er-Jahre Beresowskis Leibwächter gewesen.

Sowohl in Russland als auch im Westen verbreitete sich augenblicklich die Auffassung, die russischen Geheimdienste stünden hinter dem Mord – die allmächtige Lubjanka, die sich für Litwinenkos »Verrat«, sein Überlaufen auf die Seite des damals längst in Ungnade gefallenen Beresowski und für seine Flucht nach Großbritannien, hatte rächen wollen. Diese Version ist bis zum heutigen Tag aktuell und wird von dem Umstand erhärtet, dass Lugowoi bald nach Litwinenkos Tod als Hätschelkind der russischen Macht galt, da er 2007 Abgeordneter und 2008 sogar Vize-Sprecher der Staatsduma wurde, der ersten Kammer des russischen Parlaments.

Aber es gibt dabei auch noch einige auffallende Widersprüche und Unstimmigkeiten.

Erstens wurde Major Litwinenko – das sage ich in voller Überzeugung – von der Lubjanka nie übermäßig ernst genommen. Man hielt ihn weder für gefährlich noch für schädlich. Zwar war er ein zorniger und umtriebiger Mensch, aber nicht sonderlich helle.

Zweitens ist die Mordwaffe merkwürdig – das Polonium. Es hinterließ Spuren an vielen Orten von London, einschließlich der Sushi-Bar Itsu, wo sich Litwinenko im November 2006 mit Lugowoi und dessen Partner Juri Kowtun traf. Sehen so etwa heutzutage Vergiftungen aus? Die Geheimdienste bedienen sich normalerweise nicht nachweisbarer Gifte, die beim Opfer einen schweren Infarkt oder Schlaganfall hervorrufen. In solchen Fällen ist es sogar für erfahrene Spezialisten in den besten Labors einigermaßen schwer, die wahre Todesursache festzustellen. Das altertümliche Polonium wurde jedoch benutzt, um erst recht die Aufmerksamkeit auf das Verbrechen zu lenken und deutlich auf den Auftraggeber hinzuweisen – die Geheimdienste. Als angeblich abgeschriebenes radioaktives Material, das schreckliche grüne Spuren hinterlässt, hergestellt in irgendeinem Geheimbetrieb im tiefen Russland.

Drittens ist vielen aufgefallen, dass Andrei Lugowoi 2006 immer noch eine private Überwachungsstruktur leitete, die in ziemlich enger Verbindung zum einflussreichen jüdischen Geschäftsmann georgischer Abstammung Badri (Arkadi) Patarkazischwili steht – dem Partner von Boris Beresowski, der sich ebenfalls zu diesem Zeitpunkt in London niederließ. Patarkazischwili (der im Februar 2008 starb) unterhielt seinerseits engen Kontakt mit einigen georgischen kriminellen Autoritäten, die von den spanischen Behörden der Geldwäsche und des ungesetzlichen Erwerbs von Immobilien in ihrem Land beschuldigt wurden.

Viertens arbeitete Litwinenko mit den Rechtsorganen Spaniens zusammen. Das wurde auch von spanischer Seite zugegeben. Und er hatte vorgehabt, gegen jene kriminelle Autoritäten vor Gericht auszusagen. Die Aussage des ehemaligen Majors der Lubjanka hätte Patarkazischwilis Freunden und Geschäftspartnern das Leben erheblich erschweren und ihre Haftstrafen verlängern können.

Es ergibt sich also im Ganzen ein recht interessantes Puzzle mit vielen verschiedenen Elementen – ein reich gedeckter Tisch für die unterschiedlichsten Hypothesen. Nur unser Held Wladimir Putin tritt im Zusammenhang mit dem Mord an Litwinenko nicht in Erscheinung. Schaut man genau hin und urteilt logisch und gibt man sich nicht den augenblicklichen gesellschaftspolitischen Emotionen hin, kann man auch nicht die geringste Spur seiner Beteiligung an dieser seltsamen Polonium-Vergiftung entdecken.

Boris Beresowski war 1996 bis 1998 der wohl einflussreichste Geschäftsmann Russlands und (neben Tschubais) einer der Architekten des skandalösen Siegs von Boris Jelzin bei den Präsidentschaftswahlen 1996. Er war der Ideologe des politischen Kreml-Blocks »Einheit« vor den Parlamentswahlen 1999 (auf der Basis von »Einheit« entstand 2002 die berüchtigte Partei »Einiges Russland«). Im Jahr 2000 verließ er Russland – vorgeblich wegen einer Auseinandersetzung mit Putin, faktisch jedoch kann man davon ausgehen, dass die Familie von Boris Jelzin seiner Exzentrik, Extravertiertheit und des übermäßigen Redeflusses des Oligarchen überdrüssig geworden war.

Daraufhin verkaufte Beresowski seine russischen Aktiva – seine Anteile an der Ölfirma Sibneft, an der Fluggesellschaft Aeroflot und am russischen staatlichen Fernsehsender (dem Ersten Kanal des nationalen TV) für fast 2 Milliarden Dollar. Man beachte: Er verkaufte sie und verlor sie nicht wie später der verfolgte Chodorkowski. Und er verkaufte für eine Summe, die sich mittlerweile unter Berücksichtigung der Inflation und der Entwicklung der internationalen Finanzmärkte im vergangenen Jahrzehnt in ganze 10 Milliarden Dollar hätte verwandeln können. Als Käufer trat Boris Beresowskis Partner, der mit Putin eng vertraute Geschäftsmann Roman Abramowitsch auf, von dem hier schon öfter die Rede war. Das bedeutet, dass sowohl Putin als auch Abramowitsch trotz ihres Konflikts mit Beresowski ihn auf ihre Weise achteten und nicht vorhatten, ihn zu vernichten.

Dennoch strengte Beresowski 2007 in London einen Prozess gegen Abramowitsch an, er wollte zusätzliches Geld – nicht weniger als 5,6 Milliarden Dollar – für Aktiva, die angeblich zu gering geschätzt und unter Druck verkauft worden waren. Das Gericht bereitete dem Kläger eine vernichtende Niederlage. Ende 2012 bewertete die Richterin des Hohen Gerichts der britischen Hauptstadt, Baroness Elizabeth Gloster, nicht nur seine Forderungen als unbegründet, sondern stellte Beresowski auch gleich die Diagnose der *self-delusion,* einer krankhaften Selbsttäuschung – Symptom für eine schizophrene Persönlichkeitsstörung bei jemandem, der in einer erfundenen Realität lebt.

Das Verdikt von Ms. Gloster über den Ex-Oligarchen, das diesem seine letzte Hoffnung auf eine umfassende Bereicherung nahm, stürzte ihn in eine tiefe Depression. Als man am 13. März 2013 70 Kilometer von London entfernt im Haus von Beresowskis Ex-Frau Galina Bescharowa den leblosen Körper des ehemaligen russischen Kingmakers fand, sprach so mancher von heimtückischem Mord, dessen Spuren in die Putin-Residenz Nowo-Ogarjowo wiesen.

Ich habe das übrigens nie behauptet. Als alter Bekannter von Beresowski weiß ich, wie stark er unter depressiven Zuständen und Stimmungsschwankungen litt. Erst recht, wenn die Gründe so offensichtlich auf der Hand lagen! Mittlerweile räumen auch die Verwandten des Verstorbenen sowie seine Assistenten einschließlich Alexander Goldfarb, geschäftsführender Direktor des von Beresowski gesponserten Fonds für bürgerliche Freiheiten, ein: Es war Selbstmord. Der Unglückliche hatte sich im Badezimmer aufgehängt, in dem er sich zuvor eingeschlossen hatte.

Hatte Wladimir Putin also auch damit nichts zu tun? The man who wasn't there – wie es zu Beginn unserer Erzählung hieß. Und was ist mit der Ausbreitung der bereits sprichwörtlich gewordenen Korruption? Einen leichten Anstieg der Korruption in Putins Russland gibt es wahrhaftig.

In einem Land, das bereits seit fast vierzehn Jahren von unserem Helden regiert wird, hat sich ein Wirtschaftstyp herausgebildet, den ich ROS nenne – RASPIL (Um- und Neuverteilung), OTKAT (Cashback) und SANOS (Bakschisch). In diesem ökonomischen System trifft man jegliche Entscheidung, egal wie wichtig oder wie hoch angesiedelt sie ist, unter Berücksichtigung der anfallenden »Bestechungssteuer«, mit der das eine oder andere Geschäft belegt wird. Die »Bestechungssteuer« lässt sich mit der sogenannten kleinen Belkowski-Formel ermitteln:

T (Steuer) = I (Höhe des Bakschisch, also ein vorab gezahltes Bestechungsgeld für das Recht, an der Realisierung eines Projektes teilnehmen zu dürfen, einen Vertrag zu bedienen, den Auftrag noch vor Vertragsabschluss zu erhalten) + K (Cashback, also der Teil des Budgets des Projekts, Vertrags oder Auftrags, den der Auftragnehmer dem Auftraggeber nach dem Erhalt einer Vertragstranche zurückzahlt) + C (Umverteilung, also der Teil des Gewinns aus dem Vertrag, Projekt oder Auftrag, der nach dem echten oder scheinbaren Abschluss aller Arbeiten verteilt wird).

Wichtig ist außerdem das Verständnis einiger weiterer, nichtnumerischer Prinzipien der ROS-Wirtschaft, zum Beispiel:

- Der Erhalt der »Bestechungssteuer« ist innerhalb dieses Systems ungleich wichtiger als das Resultat: Man muss beispielsweise eine Straße nicht unbedingt bauen, und das Geld, das für ihren Bau bereitgestellt wurde, kann als »Fehlinvestition« abgeschrieben werden (Putin brachte diesen Begriff offiziell als Euphemismus für Diebstahl in Umlauf, und zwar bei seiner Pressekonferenz im April 2013 in Moskau); wenn aber eine »Fehlinvestition« unmöglich oder nicht geplant ist, dann sollte die Straße besser überhaupt nicht gebaut werden.

- Das Schema T = I + K + C funktioniert ausnahmslos in allen Zweigen – von Öllieferungen bis Werbung und Public Relations.

- Bei der Verteilung von Aufträgen der nichtstaatlichen Konzerne florieren RASPIL, OTKAT und SANOS ebenso wie im staatlichen Sektor. Die Überlegung »Ein Top-Manager oder Aktionär einer privaten Firma wird sich selbst nicht bestehlen« trifft im modernen Russland nicht zu, weil die Interessen der Menschen, die für die Verteilung von Verträgen und Aufträgen in diesen Konzernen sorgen, nicht identisch sind mit ihren Interessen als juristisch autonome Personen oder mit denen der Eigentümergemeinschaft als Ganzes. Einfacher gesagt: Es ist für den leitenden Partner eines Unternehmens einfacher, sich eine bestimmte Summe als korrupte Zahlung in die Tasche zu stecken, als Boni von einer Maximalisierung der Erträge von dem Konzern zu erwarten, dessen Leitung ihm anvertraut wurde.

Als Putin an die Macht kam, schwankte die mittlere »Bestechungssteuer« (in Abhängigkeit vom Wirtschaftszweig, dem Verwendungszweck und der Art der zu verteilenden Gelder) zwischen 10 und 20 Prozent. Böse Zungen hängten dem ehemaligen Ministerpräsidenten Michail Kassjanow (2000 bis 2004) den beleidigenden Spitznamen »Mischa 2 Prozent« an – so viel zog er angeblich aus jedem von ihm beaufsichtigten Geschäftsabschluss ab. (Heute wirken die sakramentalen 2 Prozent geradezu lächerlich.)

In diesem Stadium der Entwicklung war die Korruption eine Art Motor und Katalysator für die Wirtschaft, denn sie zwang dazu, staatliche und nichtstaatliche Gelder für alle möglichen Projekte auszugeben, die manchmal durchaus nützlich waren und andernfalls nie realisiert worden wären – ein Projekt ohne Diebstahl zu finanzieren hat keinen Sinn.

Unter Putin erreichte die »Bestechungssteuer« bereits 50 Prozent, in einigen Fällen auch mehr. Damit wurde die Korruption mittlerweise zu einer Bremse für die Wirtschaftsentwicklung, denn bei diesem Umfang kann man jedes Projekt verwirklichen, selbst wenn die Kosten alle Vernunft übersteigen oder wenn an der Qualität der Ausführung gespart wird. Man kann also dem Gedanken zustimmen, dass sich unter dem derzeitigen »Nationalführer« die russische Korruption von einer teilweise positiven Erscheinung zu einer vollständig negativen gewandelt hat.

Aber man sollte das Maß der persönlichen Schuld Putins nicht übertreiben. Es war wohl eher seine Ehrlichkeit, die ihm einen Streich gespielt hat. Ja doch, seine Ehrlichkeit. Denn die ROS-Wirtschaft hat sich durchaus nicht unter Putin herausgebildet, sondern bereits Ende 1993, nachdem Jelzin das russische Parlament abgeschossen hatte. Gänzlich unumkehrbar wurde die Entwicklung dieses Wirtschaftstyps 1996 nach Jelzins zweifelhaftem Sieg bei den Präsidentschaftswahlen, an dem eben jene Oligarchen keinen geringen Anteil gehabt hatten. Nach den Wahlen zwangen sie dem Kreml endgültig ihre Spielregeln auf.

Und auch Putin war 1999 berufen, die Regeln der Korruption nicht zu brechen, sondern in Ehren zu halten. Das tut er ganz ehrlich bis zum heutigen Tag. Die Korruption hingegen ist wie ein Krebsgeschwür schon längst nicht mehr kontrollierbar und hat in allen Organen und Geweben des russischen Staatsorganismus unzählige Metastasen gebildet. Das wiederum ist generell ein traditionelles Gesetz der Kleptokratie der Dritten Welt, zu der man die heutige Russische Föderation zählen kann.

Als Diebstahl in besonders großem Umfang kann man die Lieblingskreation von Putin anführen – die Olympischen Winterspiele 2014, die an dem bekannten russischen subtropischen Erholungsort Sotschi stattfinden sollen. Und das, obwohl sich unser Held der Mehrzahl der Fragen zur Vorbereitung der Olympiade höchstpersönlich annimmt oder sich zumindest dafür interessiert, denn die bevorstehenden Spiele sind für ihn eine Frage des persönlichen und politischen Prestiges.

Im Laufe der sechs Jahre währenden Vorbereitungen auf die Spiele wurde die Leitung der staatlichen Firma Olympstroi, die in Sotschi die wichtigsten vorolympischen Aufträge vergibt, fünf (!) Mal ausgewechselt – und das bei Putins zwanghaftem Hang zu Stabilität in Kaderfragen! Und im März 2013 wurde der Chef der Firma »Erholungsorte im Nordkaukasus«, der dagestanische Unternehmer Achmed Bilalow, der Dmitri Medwedew nahestehen soll, mit lautem Krach zum Rücktritt gezwungen.

Es hatte sich herausgestellt, dass sich »Erholungsorte im Nordkaukasus« für die Einrichtung olympischer Objekte mehr als erlaubt unter den Nagel gerissen hatte, was Putin in Rage brachte: Er entließ Bilalow praktisch während einer Livesendung. Danach floh der maßlos erfolgreiche kaukasische Unternehmer ... richtig, nach Deutschland, wo er sich zum Opfer einer Quecksilbervergiftung erklärte und zur Kur in eine nicht näher bezeichnete Klinik in Baden-Baden begab.

Übrigens gibt es allen Grund zu der Annahme, dass die Vergiftung diplomatischen und mythologischen Charakters ist. Denn wenn Putin endgültig erfährt, wie viel gestohlen wurde, wird diese Version wichtig, um in der Bundesrepublik um politisches Asyl nachzusuchen. Die progressive Öffentlichkeit wird schließlich wie in den oben beschriebenen Fällen von Anna Politkowskaja und Alexander Litwinenko meinen, dass hinter dem tödlichen Quecksilber die blutige russische »Militärokratie« aus den Forschungsarbeiten der Soziologin Kryschtanowskaja steht.

Fazit: Ich erkenne die Verantwortung Putins als Staatsoberhaupt für den merklichen Anstieg der Korruption in Russland an, nicht aber ihn als Urheber oder Ideologen unserer hauseigenen ROS-Wirtschaft.

Das neosowjetische Imperium

Mit Sicherheit kann ich sagen, dass es schwierig ist, in der heutigen Welt einen Staat zu finden, der noch antisowjetischer ist als Putins Russische Föderation.

Die UdSSR gründete sich auf: den Primat der kommunistischen Ideologie und ihre totale Durchdringung aller Poren der Gesellschaft; den Kollektivismus; das Staatseigentum; den hohen Stellenwert der Sozialisierungssysteme und der sozialen Sicherheit jedes Bewohners des Landes; ein niedriges Korruptionsniveau.

Die heutige Russische Föderation gründet sich auf: das Fehlen einer offiziellen staatlichen Ideologie (die vielen Studien analytischer Zentren, die dem Kreml alle möglichen Ideologien andichten wollen, zählen hier nicht; wer kann sich überhaupt an den Inhalt dieser Studien erinnern?); ein nach den Maßstäben der gesamten russischen Geschichte extremen Individualismus; das Privateigentum – sogar die Aktiva, die formal dem Staat gehören, werden de facto im privaten Interesse des Managements geleitet; die Zerstörung der früheren sowjetischen Sozialisierungssysteme und eine daraus resultierende Einschränkung sozialer Sicherheiten; ein äußerstes Maß an Korruption.

Eine andere Sache, die den nicht allzu aufmerksamen Beobachter in Verwirrung stürzen kann, ist die Rückkehr vieler Symbole und Zeichen der sowjetischen Zeit in das staatliche und gesellschaftliche Leben: von der Melodie der Staatshymne – allerdings mit einem neuen Text (2000) – bis hin zur Auszeichnung »Held der Arbeit« (2013). Aber das alles ist nur ein Betrug mit Symbolik. Es ist klar, dass der Putin'sche Gaunerkapitalismus seiner Natur nach ganz und gar parasitär ist. Er ist nicht geneigt, eigene allgemeingültige Inhalte und Muster hervorzubringen. Er kann nur die alten imperialen Symbole benutzen, die mittlerweile völlig ihres Inhalts beraubt sind.

Ja, vermutlich neigen Putin und seine Regierungsmannschaft zu der Ansicht, dass die Mehrheit der Bevölkerung der Russischen Föderation das Gesamtsystem der sowjetischen Ästhetik nach wie vor positiv bewertet. So kann man die »schönen alten Lieder« ans Volk verfüttern, um es sozial-psychologisch ruhigzustellen. Aber von einer realen Annäherung an das sowjetische Modell bezüglich Staatsform, Gesellschaft und Wirtschaft kann keine Rede sein.

Soweit zum Imperium.

Entgegen der verbreiteten Vorstellung, Russland habe unter Präsident Wladimir Putin seinen Einfluss auf die Länder des postsowjetischen Raums verstärkt und vertieft, trifft in Wirklichkeit das Gegenteil zu. Im Laufe der vergangenen dreizehn Jahre sind die Institutionen einer postsowjetischen Integration eigentlich völlig zusammengebrochen. Die Gemeinschaft Unabhängiger Staaten (GUS) hat sich praktisch in ein Touristikunternehmen zur Organisation politisch inhaltloser Treffen postsowjetischer Führungspersönlichkeiten verwandelt.

An den Einheitlichen Wirtschaftsraum, dessen Gründung Putin bereits 2003 ankündigte, erinnert sich heute kaum noch jemand. Die Eurasische Wirtschaftsgemeinschaft (EAWG), über die WWP während seines Wahlkampfes 2012 mündlich und schriftlich ausgiebig räsonierte, wird wohl ein Propagandamythos bleiben.

Es existiert die Zollunion von Russland, Belarus und Kasachstan, der das zweitwichtigste Land der ehemaligen UdSSR – die Ukraine – nicht beitreten will. Aber auch die Zollunion kommt ins Schleudern. In erster Linie liegt es daran, dass sie für Russland nicht sonderlich vorteilhaft ist: Die Öffnung der Zollgrenze für Belarus und besonders für Kasachstan führt zu einer gigantischen Expansion von Waren zu Dumpingpreisen auf dem russischen Markt, was der ohnehin schwere Zeiten durchlebenden russischen Industrie einen schweren Schlag versetzt.

Unter dem scheinbar schwachen Boris Jelzin nahm Moskau in vielen Dingen Einfluss auf die Situation in der GUS, weil sie Quelle der Legitimierung von postsowjetischen Regimes geblieben war. Man erinnere sich nur an die Szenarien und Einzelheiten des Machtantritts von Edward Schewardnadse in Georgien (1992), von Heydər Əliyev in Aserbaidschan (1993) und von Leonid Kutschma in der Ukraine (1994).

Unter dem »starken« Wladimir Putin formieren sich die postsowjetischen Regimes ohne oder sogar häufiger gegen den Willen von Moskau. Die qualitative Minderung der russischen Einflussnahme innerhalb der sich in Auflösung befindlichen GUS zeigte die Abfolge von »Blumenrevolutionen«: in Georgien (2003), in der Ukraine (2004), in Kirgistan (2005 und 2009). Alle diese Ereignisse haben Politiker an die Macht gebracht, die Russland feindlich oder zumindest nicht besonders freundschaftlich gegenüberstehen.

Der »Demokrat« Boris Jelzin war mit dem »letzten Diktator Europas« Alexander Lukaschenko freundschaftlich verbunden und behielt Belarus in seinem Einflussbereich. Der Autokrat Putin liegt ständig in Streit mit Lukaschenko und stößt ihn von sich. 2012 blockierte der »letzte Diktator« die Beteiligung einer russischen Firma bei der Privatisierung der größten belarussischen Unternehmen, die vor allem im Bereich Erdöl und Chemie tätig sind. 2013 torpedierte er die Einrichtung von russischen Militärbasen der Luftstreitkräfte in Belarus. Und so weiter.

Der Kreml brachte es fertig, die Präsidentschaftswahlen sogar in Staaten zu verlieren, die de facto nicht anerkannt sind und in fast vollständiger Abhängigkeit von der wirtschaftlichen und militärischen Unterstützung Moskaus existieren: Abchasien, Süd-Ossetien, Transnistrien (2010/11). In allen drei Republiken haben bei den jüngsten Wahlen Politiker gewonnen, die das offizielle Russland nicht als die seinen anerkannte.

Somit ist unser Held auch von der letzten standardisierten Anklage, er vollbringe titanenhafte und erfolgreiche Bemühungen für eine Wiedergeburt der UdSSR in neuem Format, freigesprochen. Und nun wollen wir endlich einiges zu Putins Taten sagen, die man ihm selten vorwirft, die aber völlig real sind.

- WWP hat entgegen den Erwartungen des »sowjetischen Volkes« die Jelzin-Oligarchie NICHT ihrer Macht beraubt, sondern sie vom höchsten staatlichen Posten aus gestärkt. Er tat alles Mögliche, damit die Ergebnisse der »großen« Privatisierung, die die überwältigende Mehrheit des Volkes und die intellektuelle Klasse für ungerecht und kriminell halten, nie irgendeiner Revision unterzogen wurde.

- Er war NICHT in der Lage, für eine angemessene Untersuchung der politischen Morde zu sorgen, was die Rolle schwerer Verbrechen als bewährtes Mittel zur Lösung politischer und wirtschaftlicher Widersprüche unterstreicht.

- Entgegen seiner vielzähligen Versprechen tat er NICHTS, um der unmenschlich um sich greifenden Korruption Einhalt zu gebieten.

- Er zerstörte die letzten verbleibenden Konstruktionen des russisch-sowjetischen Imperiums und machte seine Wiederherstellung unmöglich.

- Gleichzeitig berief er sich ständig – verlogen und falsch – auf die imperiale Symbolik und Rhetorik und bremste damit für eine unbestimmte historische Dauer die Verwandlung Russlands vom formlosen Bruchstück eines Imperiums in einen modernen Nationalstaat europäischen Musters.

Und für diese – realen und nicht imaginären – Taten wird die Geschichte Wladimir Putin eine gewaltige Rechnung präsentieren.

Kapitel 20
Putin und die russische Opposition: Zwillingsbrüder

Weit verbreitet ist die Auffassung, Wladimir Putin habe während seiner gesamten Regierungszeit die russische Opposition auf Schritt und Tritt gehemmt, sie terrorisiert und unterdrückt und ihr alle Möglichkeiten für eine legale politische Tätigkeit genommen, nur um sie nicht an die Macht zu lassen. Ich riskiere die Behauptung, dass das nicht stimmt.

In der einen oder anderen Form habe ich mehr als zehn Jahre lang mit der Opposition zusammengearbeitet: von 2001 bis Anfang 2012. Dabei empfand ich große Erleichterung, als die Zusammenarbeit beendet war. Später meinte ich, ich hätte diese zehn fruchtlosen Jahre nur deshalb erlebt, weil ich an Masochismus und einer Art Minderwertigkeitskomplex litt. Nachdem ich bei einem erfahrenen Psychotherapeuten Hilfe gesucht hatte – bei mir selbst –, rottete ich dieses psychische Leiden mit Stumpf und Stiel aus und verätzte die Wunde mit einem glühenden Eisen.

Mir wurde bewusst, wie sinnlos es war, die heutige Opposition im modernen Russland zu unterstützen. Dabei war es völlig bedeutungslos, wie man sie unterstützte: finanziell, ideologisch, moralisch oder psychologisch. Denn die Opposition in Russland kämpfte nicht um die Macht. All diese Jahre war sie ein Teil der Macht, ihrer politischen und polittechnologischen Maschinerie. Die verschiedenen Oppositionellen kämpften weniger gegen die Regierung als gegen einander, und zwar um vorteilhafte Positionen innerhalb von Wladimir Putins System. Man könnte mir entgegenhalten, dass das in autoritären Gesellschaften oft vorkommt. Ja, das tut es. Aber durchaus nicht immer.

Der verstorbene Machthaber in Venezuela Hugo Chávez hatte ebenfalls einen Hang zum Autoritarismus und tat alles für die Festigung eines Regimes seiner räumlich wie auch zeitlich unbegrenzten Macht. (Der Herrgott gebot ihm auf allereinfachste und kompromisslose Weise Einhalt – im 59. Jahr seines ungestümen Lebens.) Dennoch hat es unter ihm immer eine völlig reale und handlungsfähige Opposition gegeben. Deren derzeitiger Führer Henrique Capriles Radonski (man beachte: er wurde 1972 geboren, ist also noch recht jung) ließ sich nicht nur auf den Gouverneursposten eines der Bundesstaaten wählen, sondern bot auch Chávez selbst bei den Präsidentenwahlen 2012 erfolgreich Paroli, indem er 44 Prozent der Stimmen erhielt, also nur etwas weniger als der Autokrat selbst. Nach dem Tod des venezolanischen Herrschers lag er bei den vorgezogenen Präsidentschaftswahlen 2013 nur knapp hinter dem Nachfolger Nicolás Maduro, indem er 49 Prozent der Wählerstimmen erhielt.

In Russland starb die Opposition alter Prägung im Oktober 1993. Sie verbrannte im Feuer des Weißen Hauses, im damaligen Haus des russischen Parlaments, das Boris Jelzin aufgelöst hatte und das danach auf seinen Befehl von Panzern beschossen wurde. Seitdem sind alle offiziellen Regimegegner ausschließlich damit beschäftigt, ihr aufkeimendes oder rudimentäres politisches Potenzial gegen das Wohlwollen des Kremls zu tauschen, das sich in finanziellen oder anderen, vergleichbaren Formen ausdrückt.

Wegbereiter einer solchen Herangehensweise und Schöpfer eines neuen oppositionellen Modells war fraglos Wladimir Schirinowski, Gründer und seit 1991 ständiges Oberhaupt der Liberal-Demokratischen Partei Russlands (LDPR). Er war bereits 1990 als Gründer der Liberal-Demokratischen Partei (LDP) der damals noch nicht zusammengebrochenen UdSSR in die große Politik gegangen. Initiiert hatte die Gründung dieser Partei das Zentralkomitee der Kommunistischen Partei.

Bei der kommunistischen Leitung war damals bereits eine gewisse Vorstellung über politische Technologien herangereift. In der Endphase der politischen Existenz der KPdSU musste es einen künstlich geschaffenen, virtuellen Sparringpartner geben, um die Illusion einer Vielparteienlandschaft zu erzeugen. Schirinowski, ein begabter und charismatischer Mann (wenn auch damals öffentlich kaum bekannt), wurde für die Ausführung dieses Plans ausgewählt. Das war kein Zufall. Gewisse Quellen behaupten, der Politiker (geboren 1946 in Kasachstan, der eigentliche Name seines Vaters ist Edelstein) habe bereits in den 1970er-Jahren für den KGB der UdSSR in Kreisen sowjetischer Juden gearbeitet, die eine Ausreise nach Israel beantragt hatten. Das heißt, zur sowjetischen Macht hatte Herr Schirinowski ein durchaus spezielles Verhältnis.

Im August 1991 war die LDP der UdSSR die einzige politische Macht im Land, die den Anti-Gorbatschow-Putsch, den Ausnahmezustand und die Schaffung des Staatlichen Komitees für den Ausnahmezustand (GKTschP) unter Leitung des Vizepräsidenten der Sowjetunion, Gennadi Janajew, unterstützte. Bekanntlich scheiterte der Putsch, und die ihn angezettelt hatten, kamen ins Gefängnis.

Aber Schirinowski scheiterte nicht. Leicht fand er sich in der neuen, postsowjetischen politischen Realität zurecht. Die Liberal-Demokratische Partei eignete sich alle Losungen des zwei Monate vorher zusammengeschossenen Obersten Sowjets von Russland an, beanspruchte die Lorbeeren der Tragödie (die eigentlichen Verteidiger des Weißen Hauses saßen zu diesem Zeitpunkt im Gefängnis) und gewann im Dezember 1993 das erste Mal nach 1911 die Wahlen zur Staatsduma, wobei sie 22 Prozent der Stimmen erhielt und den ersten Platz in der Gesamtwertung einnahm. Damit lag sie vor der »Regierungspartei«, deren Rolle in dieser Zeit »Wahl Russlands« spielte – eine poröse Koalition anerkannter Liberaler unter Jegor Gaidar, der damaligen Ikone des russischen Liberalismus, kommissarischer Ministerpräsident und erster Ideologe radikaler Marktreformen der 1990er-Jahre.

Die progressive Öffentlichkeit war schockiert. Ihr schien, als käme der sowjetische Totalitarismus zurück, dazu noch mit faschistoidem Anstrich. (Schon viele Jahre tritt der Anführer der LDPR mit der Losung »Wir sind für die Russen, wir sind für die Armen!« auf, wobei er selbst recht wohlhabend ist.)

Aber die Befürchtungen waren unnötig. Nach seinem Sieg versuchte Schirinowski nicht, die reale Macht zu erlangen, sondern wollte in den Kreml. Dort einigte er sich mit Boris Jelzin und seiner Administration. Von nun an wurde die LDPR ein zuverlässiger Verbündeter der Regierung in allen Schlüsselfragen und erhielt dafür im Gegenzug finanzielle Unterstützung und administrative Garantien einer ständigen Wiederwahl in die Duma.

In zweitrangigen und nebensächlichen Dingen konnte Schirinowski ungemütlich werden, und in diesen Fällen stimmte die LDPR ganz dreist mit Nein. In der Regel geschah das immer dann, wenn von ihren Stimmen nichts abhing, weil die Stimmenmehrheit auch ohne die LDPR zusammenkam. In allen prinzipiellen Dingen jedoch – sei es die Bestätigung der Kandidatur eines »volksfeindlichen« Ministerpräsidenten, die Abstimmung über den Staatshaushalt oder gegen die Amtsenthebung von Boris Jelzin (1999) – solidarisierte sich die Fraktion der LDPR im Parlament stets mit dem Kreml.

Bis zum heutigen Tag sind die sogenannten Liberaldemokraten von Schirinowski im russischen Parlament die zuverlässigste und treuste Stütze des Kremls (das heißt, in hohem Maße unseres Helden Wladimir Putin). Sogar die Vertreter der wichtigsten Kremlpartei »Einiges Russland« können manchmal rebellieren und mäkeln. Die LDPR tut das nie.

Den treulosen Weg von Schirinowski schlug auch Gennadi Sjuganow ein, der Anführer aller Vertreter des russischen Kommunismus. Die von ihm (bis heute) geleitete Kommunistische Partei der Russischen Föderation gewann die Wahlen 1995 (indem sie die entscheidenden 22 Prozent der Stimmen erhielt). 1996, nach einer weiteren Präsidentenwahl in Russland, hatte Sjuganow reale Chancen, die Oberhand zu gewinnen und Herr im Kreml zu werden. Mit Stand von Januar 1996 lagen nach Angaben soziologischer Untersuchungen die Umfragewerte für Sjuganow über 30 Prozent, die für Jelzin bei 2 (!) Prozent. Der Anführer der KPRF hatte seinen Wahlkampf recht selbstsicher geführt, und zum Frühjahr 1996 gab es keinerlei Zweifel mehr, dass er die Wahlen gewinnen und der zweite demokratisch gewählte Präsident von Russland nach Jelzin werden würde.

Im Grunde waren die russischen Eliten bereits darauf vorbereitet. Wie die Politikerin Irina Chakamada damals sagte, standen die reichen und bekannten Leute bei Sjuganow Schlange. (Dieser Satz fiel auf der Präsentation von Chakamadas Buch *Allgemeine Sache* im Moskauer Café »Nostalgie«.) Im März 1996 unterschrieben dreizehn bekannte Geschäftsmänner, darunter der heute durch seine Gefängnisgeschichte bekannte Michail Chodorkowski, einen offenen Brief urbi et orbi »Heraus aus der Sackgasse«. Initiator war Boris Beresowski, der danach in Ungnade gefallene russische Geschäftsmann, der damals durchaus einflussreich war und Zugang zum Kreml hatte. Autor des Textes war der durch Skandale bekannt gewordene Theaterregisseur Sergei Kurginjan. Die grundlegende Idee des Briefes bestand darin, die Präsidentschaftswahlen, bei denen Boris Jelzin zur Niederlage verurteilt war, auszusetzen und durch einen politischen Pakt zu ersetzen, dessen wesentlicher Bestandteil lautete: Jelzin bleibt Staatsoberhaupt, Sjuganow wird Ministerpräsident und bildet die Regierung. Wie es in dem Papier hieß, »muss man sich entscheiden zwischen einem Krieg vor der Wahl und einem Frieden nach der Wahl«.

Ein mögliches Szenario zur Aussetzung der Wahl wurde damals im Kreml und seiner Umgebung stark diskutiert. Jelzins Mitstreiter in jener Zeit, allen voran der Leiter seiner Wachmannschaft Alexander Korschakow, waren davon überzeugt, man müsse die Wahlen um zwei Jahre verschieben. Denn den Wahlkampf hätte das alternde und trinkende Staatsoberhaupt mit seinen Herzproblemen physisch nicht durchgestanden. Daher dachte man sich verschiedene politische Begründungen aus. Zum Beispiel stimmte die Staatsduma im April 1996 unerwartet für die Kündigung der Verträge von Belowesch (1991), nach denen die Sowjetunion aufgelöst worden war. Jelzins Assistent für innenpolitische Fragen, Georgi Satarow (heute bekannt als äußerst liberaler und aufmüpfiger Politologe), ging damals unverzüglich bei den nationalen Fernsehkanälen auf Sendung und verkündete, die Duma habe faktisch die Existenz der Russischen Föderation als selbstständiger unabhängiger Staat annulliert, und unter diesen Umständen könne man die Präsidentenwahlen nicht wie geplant durchführen.

Alles änderte sich nach dem Forum von Davos 1996, wo die einflussreichsten russischen Geschäftsmänner und Oligarchen sich darin einig wurden, man müsse Jelzin um jeden Preis in eine zweite Amtszeit als Präsident hinüberretten. Die Motivation für diese Entscheidung formulierte der allgegenwärtige und damals unersetzbare Beresowski: Der Loser Boris Jelzin wird uns allen zu Dank verpflichtet sein, und dann ist er Wachs in unseren Händen. Mit dem Gewinner Sjuganow ist dies nicht möglich – wir würden nur in seiner Pflicht stehen.

Beresowski sollte recht behalten. Aber nicht nur deshalb, weil er die richtige Strategie vorgeschlagen hatte, sondern eher, weil er die Bereitschaft des Kommunistenführers zu einer politischen Kapitulation richtig eingeschätzt hatte. Und zwar ohne sichtbare und greifbare äußere Gründe. Aufgrund der Übereinkünfte von Davos wurde ein neuer Wahlstab für Jelzin gebildet, in dem es keine (für die liberale Öffentlichkeit) anrüchigen Figuren des Typus Korschakow mehr gab. Die Schlüsselrollen in diesem Wahlstab kamen Boris Beresowski, dem damaligen Eigentümer des Fernsehsenders NTW Wladimir Gussinski sowie dem Inhaber der Aktienmehrheit an der Firma Norilsk Nickel Wladimir Potanin zu.

Die unmittelbare Realisierung des Projekts von Jelzins Wiederwahl, ausgehend von den Tiefen seiner anfänglichen 2 Prozent, leiteten de facto vier Personen: Walentin Jumaschew (der künftige Schwiegersohn von Jelzin und sein ständiger Biograf, Leiter der Präsidentenadministration 1997/98), Anatoli Tschubais (nach Gaidar die zweite Ikone des russischen Liberalismus, Leiter der Präsidentenadministration der Russischen Föderation 1996/97), Igor Malaschenko (1996 Präsident des Fernsehsenders NTW und Kandidat für den Posten des Leiters der Präsidentenadministration) und schließlich der oben erwähnte Boris Beresowski selbst, der aufgrund seiner politischen Ambitionen sowohl als Stellvertretender Sekretär des russischen Sicherheitsrats als auch als geschäftsführender Sekretär der GUS-Staaten gedient hatte, jedoch nicht den wichtigsten angestrebten amtspolitischen Hauptpreis erlangt hatte – den Posten des Vorsitzenden des Direktorenrats von Gazprom.

Angeblich dachte sich dieser Stab einige kreative Rezepte aus, wodurch sich die Wahlkampfsituation im Handumdrehen veränderte. Das ist Unsinn. Der Stab setzte auf ein einfaches und leicht nachvollziehbares Szenario: die Fälschung der Wahlergebnisse. Denn einen ehrlichen Kampf hätte Jelzin nie gewinnen können, wer auch immer sein Gegner gewesen wäre. Alles Übrige, einschließlich der bekannten Wahlkampagne »Stimm ab oder verliere!«, die in die russischen Schulbücher eingegangen ist, war nur ein Ablenkungsmanöver. Es ist durchaus möglich, dass die am Leben gebliebenen Bosse des Jelzin-Stabs (Beresowski hat im März 2013 bekanntlich Selbstmord begangen) das nicht so sehen. Das ist auch verständlich: Ein Mensch wird nicht selten zur Geisel und zum Opfer der eigenen Propaganda, und die aufgesetzte Maske kann in diesen Fällen mit dem Gesicht verwachsen.

Kremlnahe Soziologen haben mir gegenüber in informellen Gesprächen zugegeben, dass im ersten Gang der Präsidentenwahlen 1996 Sjuganow Jelzin um 6 bis 7 Prozent überlegen war. (Nach offiziellen Angaben lag er um 3 Prozent hinter ihm: 32 gegen 35 Prozent.) Daher stammt auch der Mythos vom sogenannten »roten Gürtel«, einer Reihe von russischen Regionen, die für die Kommunisten gestimmt haben. In Wirklichkeit ist der »rote Gürtel« soziologische Fiktion und ein Bluff.

Zu dem nicht existierenden »Gürtel« zählte man einfach jene Subjekte der Russischen Föderation, deren Regionalregierungen keine Fälschungen zu Jelzins Gunsten zugelassen hatten. Deswegen gewann Sjuganow dort vollkommen ehrlich, während außerhalb des »roten Gürtels« Jelzin – unter Anwendung äußerst eigenartiger Methoden – den Sieg davontrug. Bemerkenswerterweise stimmte bei den Präsidentschaftswahlen 2000 der »rote Gürtel« im Wesentlichen nicht für den Kommunistenführer, sondern für Wladimir Putin, womit dieses allgemein verbreitete Geschwätz widerlegt ist und sich der berüchtigte »Gürtel« als Fiktion entpuppt.

Es versteht sich von selbst, dass auch Gennadi Sjuganow davon wusste. Aber er kämpfte nicht um seinen Sieg. Er zog es vor zu schweigen. Am 4. Juli 1996 gratulierte er nach der Verkündung der vorläufigen Ergebnisse dieser zweifelhaften Wahl Boris Jelzin eilig zum Sieg. Versuche, die von der Zentralen Wahlkommission der Russischen Föderation verkündeten Wahlergebnisse bei Gericht anzufechten oder das Volk auf die Straße zu bringen (wie es später im ersten Jahrzehnt des 21. Jahrhunderts die Anführer der »Blumenrevolutionen« im postsowjetischen Raum taten), wurden nicht unternommen.

Sjuganow kam zu dem Schluss, dass er keine Macht brauche und dass es für ihn günstiger sei, der ewige Oppositionelle zu bleiben, den man nicht an die Regierungsspitze lasse, und dafür im Gegenzug vom Kreml politisch ausreichend versorgt zu werden – mit einem riesigen, mehr als 120 Quadratmeter großen Arbeitszimmer in der Staatsduma gegenüber vom Kreml, einem Audi A8 nebst Polizeieskorte und einer staatlichen Datscha im besten, ökologisch sauberen Randgebiet von Moskau. Dabei musste er für nichts Verantwortung tragen.

Damals kam auch der informelle Slogan der Kommunistischen Partei auf, der mit der Zeit zur Schattendevise aller russischen Oppositionellen wurde: Wir kommen unbedingt an die Macht, wenn sie uns Zutritt gewährt. Ich bin ein wenig stolz darauf, dass ich es war, der auf diesen Slogan gekommen ist.

Nach 1996 spielte die Fraktion der Kommunistischen Partei ungeachtet ihrer radikalen, regierungsfeindlichen Rhetorik in der Staatsduma dem Kreml in allen Themen von vorrangigem Interesse immer elegant und geübt zu. Die Kommunisten sorgten stets für die nötige Stimmenzahl für den von Boris Jelzin eingebrachten Ministerpräsidenten – sei es der brutale sowjetische Wirtschaftsfunktionär und Vater von Gazprom Viktor Tschernomyrdin oder der kleine »Chicagoer Junge« Sergei Kirijenko, den man wegen seiner Körpermaße und seiner unvorhergesehenen Kandidatur für den hohen staatlichen Posten 1998 »Überraschungsei« nannte.

1999 taten die Kommunisten alles – sei es, indem ein Teil ihrer Abgeordneten sich krank meldete oder ungültige Stimmen abgab –, um ein Amtsenthebungsverfahren gegen Boris Jelzin zu verhindern, obwohl sie diese Prozedur als eins ihrer wichtigsten politischen Ziele verkündet hatten, das den Hoffnungen und Wünschen der Wähler entsprach. Und unter Wladimir Putin stimmte die KP der Russischen Föderation immer nur dann mit Nein, wenn von ihren Stimmen nichts abhing. Kam es dagegen auf etwas an, lieferte sie zuverlässig die nötigen Ja-Stimmen (auch wenn es aufgrund des geringen Gewichts der kommunistischen Fraktion innerhalb der Verteilung im Parlament nicht viele waren).

Entsprechend dieser Logik agierte auch die 1993 gegründete und ebenfalls außerhalb von Russland bekannte Partei Jabloko unter ihrem Chef Grigori Jawlinski. Ja, innerhalb der Partei gab und gibt es echte aufmüpfige Kremlgegner wie den Politologen Andrei Piontkowski (er ist allerdings schon 74, und man mag ihn deswegen nicht recht einen Politiker mit Zukunft nennen). Aber eigentlich hängt die Partei ungeachtet ihrer flammenden Rhetorik und ihres geschärften Vermögens, anderen (nur nicht sich selbst) moralische Vorhaltungen zu machen, erwartungsvoll an den Lippen des Kremls.

Kein Zufall also, dass viele Schlüsselfiguren der Partei Jabloko die ihnen vom Kreml angebotenen hohen staatlichen Positionen sofort annahmen – angefangen von Igor Artemjew, der die Leitung der russischen Anti-Monopol-Behörde übernahm, bis zu Wladimir Lukin (der erste Buchstabe seines Familiennamens ist Teil der Abkürzung JABL, die den Parteinamen Jabloko bildet), der bereits 2006, in den finstersten Putin-Jahren, die keinerlei politischen Lichtschein verhießen, Menschenrechtsbeauftragter der Russischen Föderation wurde, also ein klassischer Ombudsmann.

Muss noch gesagt werden, dass sich der massenhafte Machtzuwachs, den die Mitglieder von Jabloko erlebten, ausgerechnet unter dem »blutigen Tyrannen« Wladimir Putin vollzog? Unter dem liberalen Jelzin war das kaum möglich gewesen. Und wenn doch, dann nur nach einer vorherigen Lossagung von Mutter Partei – so geschah es beispielsweise 1997 mit dem Ex-Jabloko-Mann Michail Sadornow, der auf Initiative des Ministerpräsidenten Viktor Tschernomyrdin zum russischen Finanzminister ernannt wurde.

Eine ähnliche Entwicklung nahm auch die Union der rechten Kräfte (SPS), die sich 1999, kurz vor den für den Kreml schicksalhaften Parlamentswahlen, aus verschiedenen Resten und Rudimenten von Dutzenden zwergenhaft kleiner liberaler Organisationen herausbildete. Damals wurde die Liste der SPS von Sergei Kirijenko angeführt, der danach (2007) Leiter der föderalen staatlichen Firmengruppe Rosatom wurde – dem Rechtsnachfolger des Ministeriums für Atomenergie von Russland.

Faktisch jedoch war der ewige Anatoli Tschubais Chef der SPS. Er hatte früher die auf dem Energiesektor tätige Firmengruppe Unified Energy System geleitet und steht heute Rosnano vor, das als wichtigstes Sammelbecken von Mitteln aus dem Staatshaushalt und anderen Quellen für die Entwicklung der sogenannten Nanotechnologie gilt. (Tatsächlich konzentriert sich Rosnano in Wirklichkeit vor allem auf Technologien der Lebensverlängerung und Erhaltung der Jugendlichkeit, die prinzipiell wichtig für die heutige russische Elite sind, weil sie ernsthaft meint, das große Geld könne ihnen die Tür zum ewigen Leben aufstoßen.)

Die Union der rechten Kräfte von Tschubais fiel von Zeit zu Zeit mit grausamer Kritik über den Kreml her. Aber 2001 taten die Union und allen voran ihrer formaler Vorsitzender Boris Nemzow – Jelzins ehemaliger Favorit, Ex-Gouverneur des Verwaltungsgebiets von Nischni Nowgorod und Vizeministerpräsident der Russischen Föderation – alles in ihrer Macht Stehende, damit der Fernsehsender NTW seine Unabhängigkeit verlor und unter die Kontrolle von Gazprom gelangte. Nemzow als Vorsitzender der SPS zeigte sich damals im engen Bündnis mit Alfred Koch, einem der Urheber der großen russischen Privatisierung nach Tschubais' Rezept und 2001

Leiter der Holding Gazprom-Media. Zu dieser gehörte nach der gewaltsamen Übernahme im April 2001 auch NTW.

Ähnlich den Kommunisten lieferte die SPS in der Duma stets die geforderte Stimmenzahl bei für den Kreml sensiblen Abstimmungen, wobei hervorzuheben ist, dass sie ihr Vorgehen mit der dringenden Notwendigkeit des Kampfes gegen den Kommunismus, Faschismus und/oder Nationalismus motivierte. In derselben Weise hat die Kommunistische Partei ihre Schritte und Gesten im Interesse des Kremls stets mit dem »Schutz nationaler Interessen« vor äußeren Feinden und der »Kompradoren-Bourgeoisie« erklärt. (Dass ausgerechnet Boris Jelzin die Macht der Letztgenannten über Russland etabliert und Wladimir Putin sie gestärkt hatte, daran wollten die pseudokommunistischen Anführer traditionell lieber nicht denken.)

Das gesamte System einer fiktiven, durch und durch verlogenen Opposition, deren Werte sich prinzipiell in nichts von denen der Regierung unterscheiden, wurde durchaus nicht von Putin oder durch autoritäre Methoden geschaffen. Es bildete sich bereits unter Boris Jelzin heraus, und zwar durch freiwillige Initiative der Oppositionellen selbst. Sie zogen das schöne Leben in Umarmung mit dem Kreml einer realen Macht, der Verantwortlichkeit gegenüber dem Volk (wobei Macht und Verantwortung Zwillingsbrüder sind, die ohne einander nicht existieren können) und der Realisierung ihrer nominalen Parteiprogramme vor.

Etwas anderes ist es, dass Wladimir Putin im Unterschied zu Boris Jelzin ein Geschäftsmann ist und seiner Psyche nach ein Unternehmer. Besser als sein Vorgänger versteht er das Wesen und die Wirklichkeit der Korruption.

In dieser Hinsicht war die sogenannte systemfeindliche Opposition nicht zu beneiden. Sie befand sich außerhalb des Parlaments, war aber recht stark in den Massenmedien vertreten und versuchte, sich zum Hauptorganisator der Massenproteste auf dem Bolotnajaplatz und dem Sacharowprospekt zu erklären, die im Dezember 2011 nach den Wahlen der Abgeordneten zur Staatsduma, den schmählichsten in der postsowjetischen Geschichte, alle Aufmerksamkeit auf sich zogen.

Eine Opposition außerhalb des Systems – die also in den legalen Machtorganen einschließlich der Staatsduma nicht vertreten war – hat es schon immer gegeben, sogar in der sowjetischen Zeit. Eigentlich konnten während der gesamten Zeit des kommunistischen Regimes nur Systemgegner oppositionelle Ansichten äußern – zumindest bis 1990, als das faktische Mehrparteiensystem durch die Abschaffung von Artikel 6 der Verfassung der UdSSR über das politische Monopol der KPdSU legalisiert worden war. Unter diesen Regimegegnern dominierten Bürgerrechtler und Kämpfer für die Interessen verschiedener ethnischer »Minderheiten«, die in der UdSSR angeblich verfolgt wurden. (In Wirklichkeit hat die sowjetische Macht meiner Meinung nach die Institutionalisierung ganzer Nationen befördert, die ohne ihre direkte Einwirkung und ihren Einfluss nie entstanden wären. Hätte es die Revolution von 1917 nicht gegeben, wüsste die Welt bis heute nicht, dass es zum Beispiel Kirgisen gibt.)

1990 war die auffallendste oppositionelle Struktur außerhalb des Systems die Nationalbolschewistische Partei (NBP), eine Erfindung des bekannten Schriftstellers Eduard Limonow (Sawenko), Autor der furiosen Romane *Fuck off America, Tagebuch eines Pechvogels* und *Der Henker.* Eigentlich hat man die NBP mehr als Art-Projekt von Limonow denn als politische Organisation gesehen, und sie war es womöglich auch. Aber die Verfolgung der Nationalbolschewiken war durchaus kein Pappenstiel, wirkte ganz und gar unliterarisch und war ernst gemeint, besonders zu Putins Zeiten. Im ersten Jahrzehnt des 21. Jahrhunderts gingen sowohl Limonow als auch einige Dutzend seiner Mitstreiter den Weg durch die Gefängnisse.

Eine neue Opposition außerhalb des Systems entstand 2005, als eine Gruppe russischer Medienstars – unter denen die Journalisten Julia Latynina und Sergei Parchomenko hervorzuheben sind – das sogenannte Komitee 2008 gründete. Zu ihrem Vorsitzenden wählten sie den Ex-Schachweltmeister Garri Kasparow. Das Komitee 2008 stellte sich die ambitionierte Aufgabe, die Operation »Nachfolger« von 2008 zu verhindern. Allerdings wurden die Aktivitäten dieser informellen Struktur recht bald eingestellt. Zum einen lag es daran, dass die Leute vom Komitee keinen Lösungsplan für ihre Aufgabe finden konnten, zum anderen hatte sich herausgestellt, dass das Schachspiel etwas Individuelles und kein Mannschaftssport ist und dass Garri Kasparow als Einigungspolitiker nicht sonderlich taugt, weil er ganz klar und deutlich nicht in der Lage ist, den Ball weiterzuspielen.

Ein viel gewichtigeres und pompöseres Experiment wurde 2006 unternommen. Damals schufen die »Systemgegner« praktisch in voller Besetzung die Koalition »Anderes Russland«. Ihren Gründungskongress veranstalteten sie im Zentrum von Moskau, im Fünf-Sterne-Hotel Renaissance auf dem Olimpijskiprospekt. Vorsitzende von »Anderes Russland« wurden Garri Kasparow, Eduard Limonow und der ehemalige Ministerpräsident des Landes Michail Kassjanow, der dem Projekt zu zusätzlichem Glanz und allgemeiner Anerkennung verhalf. (Kassjanow ist bekannt als Politiker, der sich gut zu kleiden und teure Brillen richtig zu tragen weiß.) Selbst der Autor dieser Zeilen gehörte zu den aktiven Teilnehmern der Gründungsveranstaltung und hielt dort eine flammende Rede.

Zu jenem Zeitpunkt waren die Erinnerungen an die »Orangene Revolution« in der Ukraine (2004) noch frisch. Für einen langen Zeitraum wurde sie für die russischen maßlosen Oppositionellen zum Musterbeispiel. Und der Geruch dieser Revolution schwebte über den Versammelten im Hotel Renaissance, ähnlich wie der Diamantenstaub in der Hausknechtwohnung im Roman *Zwölf Stühle* von Ilf und Petrow.

Übrigens musste auch das »Andere Russland« die Erwartungen seiner ständigen und situativen Anhänger enttäuschen. Fast augenblicklich setzte zwischen Kassjanow, Kasparow und Limonow ein stiller, aber erbitterter Kampf um die Vorherrschaft ein, besonders in der Frage um die Benennung eines gemeinsamen Präsidentschaftskandidaten der Koalition. (Als hätte der Kreml die Registrierung dieses Kandidaten zugelassen, haha.) Anfangs meinte man (stillschweigend), von der gesamten systemfeindlichen Opposition müsse Kassjanow der Anwärter auf den höchsten staatlichen Posten von Russland werden. Er war der Achtbarste der Troika, der sich in der bürokratischen Umgebung am besten positioniert hatte. Diesen Standpunkt nahm auch Limonow ein, auch wenn er in ideologischer Hinsicht dem Ex-Ministerpräsidenten recht fremd war. Kasparow jedoch hatte ganz andere Ansichten: Er schlug anfangs das ehemalige Oberhaupt der russischen Zentralbank, Viktor Geraschtschenko, vor, mit dem die Linken einverstanden waren, und dann sich selbst, womit niemand einverstanden war, außer der Schachspieler selbst sowie sein engster Mitstreiter und Berater – seine Mutter Klara Schagenowna Kasparowa.

Schließlich zerfiel »Anderes Russland« ganz banal bereits im Herbst 2007, weil es dem Druck des inneren Widerspruchs nicht standgehalten hatte. Zuerst löste sich Kassjanow ab, der beleidigt war, dass seine Kandidatur auf den Präsidentenposten keinen Konsens gefunden hatte. Dann verließen viele unabhängige Weggefährten wie ich die Koalition, die eingesehen hatten, dass hier nichts zu erwarten war.

Abgelöst wurde »Anderes Russland« außerhalb des Systems durch die sogenannte Nationale Assemblee, die sich als »Gegenparlament« positionierte. Initiatoren des Projekts waren ebenfalls Kasparow und Limonow. Bemerkenswert ist dieses Projekt nur dadurch, dass in diesem Zusammenhang zum ersten Mal der russische Schriftsteller Dmitri Bykow als Mensch mit politischen Ambitionen von sich reden machte. Er ist der wichtigste und einer der leistungsfähigsten Vielschreiber des gegenwärtigen Russland, Autor der klassischen, tonnenschweren Biografien von Boris Pasternak und Bulat Okudschawa.

Wie der Literaturkritiker Viktor Toporow (der während einer Operation 2013 starb) später sagte, bestand das Hauptergebnis der nationalen Proteste in einem so starken Wachstum von Dmitri Bykows Popularität, dass er schließlich für einen öffentlichen Auftritt etwa 10 000 Dollar verlangen konnte. Überflüssig zu sagen, dass die Nationale Assemblee erledigt war, bevor es überhaupt losging. Heute erinnert sich praktisch niemand an sie, nicht einmal diejenigen, die zu ihren formellen Mitgliedern gehörten (ich habe ein entsprechendes Experiment gemacht, es dient mir als Bestätigung.)

Allerdings schöpfte die russische Opposition außerhalb des Systems 2010 wieder Hoffnung. Wie ein russischer Klassiker es formulierte: Es drang ein Lichtstrahl ins Reich der Finsternis. Diese Hoffnung trug einen konkreten Namen – Alexei Nawalny. Über ihn ist noch genauer zu sprechen, denn heute ist er unstreitig der wichtigste Oppositionelle von Russland. Und noch hat er diesen Status ungeachtet vieler Nebenumstände nicht eingebüßt.

Er ist der ehemalige stellvertretende Leiter der Moskauer Organisation der Partei Jabloko und Initiator der ersten nationaldemokratischen Bewegung in der postsowjetischen Zeit, die eine Ideologie des postimperialen Nationalismus europäischen Musters predigt – Narod (Nationale Befreiungsbewegung von Russland). Das heißt, wir haben hier einen jungen, 1976 geborenen Politiker, der rechtzeitig begriffen hatte, dass Nationalismus nicht unbedingt etwas Muffiges sein muss, was nach saurer Kohlsuppe und abgetragenen Bastschuhen riecht, sondern dass Nationalismus und Demokratie durchaus vereinbar sind. Mehr noch: dass diese Verbindung bekanntlich eine Stütze der heutigen, zivilisierten, europäischen Politik ist. Und wenn Russland seine schwärenden europäischen Komplexe auskurieren und endlich ein europäisches Land werden will, dann ist die Nationaldemokratie eines der geeignetsten und klügsten Rezepte.

Nawalnys politische Karriere hat sich, wenn auch außerhalb der offiziellen Kreise, zielstrebig entwickelt. Mit großem Abstand zu seinen Konkurrenten – zu denen die zum damaligen Zeitpunkt bekanntesten Politiker gehörten, darunter Boris Nemzow und der einflussreiche Geschäftsmann Michail Prochorow – gewann er Anfang 2010 die im russischen Internet ausgetragenen, von der einflussreichen Zeitung *Kommersant* und dem Internetportal Gazeta.ru organisierten virtuellen Bürgermeisterwahlen für Moskau, indem er mehr als 40 Prozent der Stimmen erhielt. Dann konnte Nawalny gleichzeitig effektiv und effektvoll einige Korruptionsfälle entlarven, vor allem den Raub von 4 Milliarden Dollar aus der staatlichen Firmengruppe Transneft auf den Baustellen der Eastern Siberia–Pacific Ocean oil pipeline (ESPO).

Diese Geschichte wurde zu einem Gleichnis in aller Munde und brachte dem Enthüller Ruhm in ganz Russland ein. Auf dem Rücken des Skandals gründete Alexei Nawalny den Fonds für den Kampf gegen die Korruption, dessen geschäftsführender Direktor Wladimir Aschurkow wurde – ehemaliger Top-Manager des Alfa-Konsortiums, einer der größten Finanz-Industriegruppen des heutigen Russlands. Damit gab das Großkapital zu verstehen, dass es von vornherein bereit ist, Oppositionspolitik im »Format Nawalny« zu unterstützen.

Danach ging es für Nawalny steil bergauf. Ausführliche Artikel über ihn erschienen zunächst im *New Yorker,* dann auch in der einflussreichen Wochenzeitschrift *Time,* die den Artikel mit dem Titel »Kann dieser Mann Russland retten?« überschrieb.

Im Dezember 2011, während der ersten wirklichen Massenaktionen, wurde Nawalny bereits zum Star der Opposition ersten Ranges. Er war die auffallendste Figur auf der Demonstration am 5. Dezember in Moskau in Tschistye prudy gegen die Fälschung der Ergebnisse der Parlamentswahlen – sie fand einen Tag nach der Stimmauszählung statt, die der Partei »Einiges Russland« einen recht zweifelhaften Sieg brachte. Zur Demonstration fanden sich 10 000 Teilnehmer ein, was für die damalige Zeit sehr viel war – dass nur fünf Tage später auf dem Bolotnajaplatz fünfmal mehr Menschen zusammenkommen würden, konnte damals keiner ahnen.

Nach der Veranstaltung in Tschistye prudy machte sich Nawalny zusammen mit einigen seiner Mitstreiter (einschließlich Ilja Jaschins, einem herausragenden, doch im Schatten älterer Kameraden stehenden jungen Oppositionellen, der besser bekannt ist als Freund der Diva Xenija Sobtschak) auf einen nicht genehmigten Protestmarsch zum Gebäude der Zentralen Wahlkommission, um ihnen den »eisernen Vers ins Gesicht zu schleudern, übergossen mit Bitterkeit und Wut« (Lermontow). Der Durchbruch zum Gebäude der Zentralen Wahlkommission, das von einigen Reihen Polizisten bewacht wurde, endete so, wie er enden musste: mit einer zehntätigen Haft der Oppositionellen.

Die sentimentalen Moskauer Liberalen und die ihnen gleichgestellten Bürger, die nun schon 150 Jahre Mitleid mit russischen Revolutionären haben, sahen in diesem Marsch – und seinen milden Folgen des Freiheitsentzugs – eine verzweifelte Geste junger Waghälse. Das traf nur teilweise zu. Einerseits wusste Nawalny, der in seinem tiefsten Inneren bereits die Krone des wichtigsten Oppositionellen anprobiert hatte: Wenn man nicht im richtigen Moment hinter Gittern sitzt, wird man nie der Held der Protestherde.

Andererseits war es ihm wichtig, eine Teilnahme an den Präsidentschaftswahlen 2013 zu vermeiden. Er hatte richtig eingeschätzt, dass a) die überwiegende Mehrheit der außersystemischen Opposition seine Kandidatur vorschlagen würde und es einigermaßen peinlich wäre, sie in einer solchen Situation abzulehnen, und er b) ohne größere finanzielle Mittel und den Zugang zu den wichtigsten föderalen Fernsehsendern nicht mit einer hohen Prozentzahl an Stimmen zu rechnen brauchte, ein demütigendes Ergebnis ihn jedoch vorzeitig als Nationalpolitiker erledigen und ihn in einen ebensolchen Außenseiter verwandeln konnte, wie es die übrigen Oppositionellen waren.

Die Aufgaben des neuen politischen Stars wurden von der Moskauer Polizei und einer speziellen Sammelstelle (der Strafvollzugsanstalt) auf dem Moskauer Simferopol-Boulevard glänzend gelöst – dort kommt man in Ordnungshaft, ein finsterer Ort, der sich jedoch hinsichtlich der Haftbedingungen äußerst vorteilhaft von den gewöhnlichen Strafgefängnissen abhebt. Späterhin spielte Nawalny nicht selten solche Kombinationen aus, dass er die Unterstützung seiner Verbündeten mobilisieren und gleichzeitig seine wahren Absichten der Fortsetzung seiner Karriere verbergen konnte. Doch darüber später mehr.

Vielleicht spielten die Werbetrommeln zu einem bestimmten Zeitpunkt seiner Karriere dem politischen Jungstar einen üblen Streich. Vielleicht lag es aber auch an etwas anderem, zum Beispiel an der inneren Unsicherheit und der Angst, die sich oft hinter Brutalität verbergen. 2012 wurde für Nawalny eine Zeit des Stillstands am Rande eines politischen Fiaskos. Er kam nicht voran, erlitt im Gegenteil herbe Rückschläge, nachdem er einen bestimmten Teil seiner schnell gewonnenen Anhängerschaft verloren hatte. Er gründete keine eigene Partei, leistete also dem vom Geschäftsmann Aschurkow initiierten Parteiprojekt Nationale Allianz zu wenig Unterstützung und schloss sich auch formal der neuen Struktur nicht an.

Im Herbst 2012 fanden die Wahlen zum sogenannten Koordinationsrat der Opposition statt. Man meinte, Nawalny würde sein Leiter werden, was es ihm erlaubt hätte, sich als halboffizieller und fast formaler Anführer aller russischer »Systemfeinde« zu positionieren. Doch das Projekt, in das ein bunt zusammengewürfelter Haufen von 35 nominalen Oppositionellen gewählt wurde, scheiterte. Wie im Falle der Partei Nationale Allianz drückte sich Nawalny vor dem geradezu garantierten Vorsitz im Rat und zog es vor, das Rampenlicht zu verlassen und die folgenschwere Verantwortung zu meiden.

Im ersten halben Jahr seiner Existenz brachte sich der Koordinationsrat der Opposition nur durch Folgendes in Erinnerung:

- Eine gemessen an der Lebenszeit der Organisation recht langwierige Ausarbeitung eines inneren Reglements.

- Öffentliche und leicht anrüchige Ränke zwischen den »Gemäßigten« (Xenija Sobtschak, Sergei Parchomenko u. a.) und den »Radikalen« (Garri Kasparow, Andrei Piontkowski u. a.), die im Rat als Untergruppen vertreten waren.

- Probleme mit der Bezahlung der überaus teuren Säle, die für die Durchführung von Sitzungen angemietet wurden.

- Eine faktische Torpedierung der Protestaktion im Dezember 2012: Ich neige immer mehr zu der Auffassung, der Koordinationsrat der Opposition habe die Ablehnung einer Koordination der Veranstaltung durch die hauptstädtischen Behörden bewusst provoziert, weil er eine geringe Beteiligung und folglich eine heftige Blamage für sich befürchtete.

- Die Herausbildung gewisser Arbeitsgruppen, die eine Strategie und Taktik für den Koordinationsrat der Opposition ausarbeiten sollten.

- Die Annahme einer Serie von quasi-politischen Verlautbarungen, die zu zitieren wegen ihrer Unbedeutendheit und fast völligen Inhaltslosigkeit sinnlos ist.

- Den Unwillen und die mangelnde Bereitschaft, in naher Zukunft zumindest relative Massendemonstrationen und -märsche zu organisieren.

Wenn der Koordinationsrat auch ursprünglich dafür geschaffen worden war, Nawalny zu promoten und ihn auf ein neues politisches Niveau zu heben, so können wir heute vor allem konstatieren, dass der (vor Kurzem noch) aussichtsreichste junge russische Politiker fast unter den Trümmern diese Quasistruktur begraben worden wäre. Übrigens hat sich für Alexei Nawalny 2013 eine neue Chance eröffnet. Und er hat diese Chance genutzt, bisher ist er damit überaus erfolgreich.

Gegen den Oppositionellen wurden gleichzeitig mehrere Strafanträge gestellt. Zum Beispiel die Anklage, Holz im Verwaltungsgebiet Kirow gestohlen zu haben (genannt Sache »Kirowles«), wo der künftige Star der Opposition 2009/2010 als Generalbevollmächtigter und Berater des Gouverneurs der Region, Nikita Belych, tätig gewesen war und viele kommerzielle Angelegenheiten geregelt hatte. Des Weiteren die Anklage wegen rechtswidriger Aneignung des Status eines Rechtsanwalts – wie sich herausstellte, hatte sich der Kämpfer für die Reinheit in Politik und Wirtschaft von Russland ohne eine höhere juristische Ausbildung als Direktor selbst noch zum Stellvertretenden Generaldirektor für juristische Fragen ernannt und sich auf dieser Grundlage eine Bescheinigung ausgestellt, mit der er formal Anspruch auf eine Rechtsanwaltslizenz erheben konnte. Dann die Anklage wegen Veruntreuung von Wahlkampfmitteln der Partei »Union rechter Kräfte« 2007, mit der Nawalny seinerzeit zusammenarbeitete. Und einige weitere Anklagen, in die wir uns nicht weiter vertiefen müssen.

Mit all diesen Anklagen beschäftigte sich das Ermittlungskomitee von Russland, das allein Wladimir Putin unterstellt ist. Sein Oberhaupt ist Alexander Bastrykin, der sich den Beinamen »Ältester«

erworben hat, weil er der Älteste in Putins Studentengruppe in der Leningrader Schdanow-Universität gewesen war (1970 bis 1975). Man kennt ihn für seine hündische Ergebenheit, die er ausschließlich seinem Patron gegenüber zeigt. Denn unter den Beobachtern und überhaupt unter der progressiven russischen Öffentlichkeit hat sich die feste Überzeugung herausgebildet, dass es der Präsident persönlich war, der die Attacke gegen den frisch gebackenen Top-Oppositionellen genehmigt hatte.

Es ist durchaus möglich, dass diese Version stimmt. Putin ist ein Mensch mit einer zutiefst entwickelten Intuition. Er zieht eine intuitive Welterkenntnis der diskursiven (rationalen) vor. Dass Nawalny eine Gefahr darstellt, fühlte er sofort (wahrscheinlich irgendwann 2011). Es war eine diffuse Bedrohung, wie sie der große Meister Joda aus der Kultserie *Star Wars* in dem kleinen Anakin Skywalker erkannte, welcher sich im Laufe der Zeit in den Bösewicht Darth Vader verwandelte. Zuvor hatte er eine ähnliche Gefahr nur in Michail Chodorkowski erkannt, weswegen er ihn für dreizehn Jahre ins Gefängnis bracht (die dann zu elf Jahren wurden.)

Soweit wir diese durchdringende Lasertechnik verstehen und die geradezu weibliche Logik von Putin rekonstruieren können, erkannte das Staatsoberhaupt in dem jungen Mann:

- einen pathologischen Machthunger (den WWP selbst nie hatte oder hat, da ihm die Macht, wie wir bereits wissen, wie ein überreifer Apfel im Herbstgarten der russischen Geschichte auf den Kopf gefallen ist);

- eine absolutes, laborreines Fehlen einer Ideologie – derartige Oppositionelle bewaffnen sich zu einem konkreten Zeitpunkt stets mit den Ideen, die zur Überwindung einer weiteren Hürde auf dem Weg zur Macht nötig sind, da kann man Gift drauf nehmen;

- eine Soziopathie, das heißt ein Fehlen menschlicher Verbindlichkeiten. Für Nawalny gibt es weder Freunde noch Feinde, weder geliebte noch verhasste Menschen, die gesamte Menschheit besteht für ihn nur aus nützlichen und unnützen Menschen, und das auch nur in einem bestimmten Moment. Putin hingegen ist ein Produkt seiner menschlichen Verbindlichkeiten (dank deren sich seine ungezählten Freunde im heutigen Russland quietschfidel fühlen) und findet Soziopathen und Soziopathie verdächtig.

Vor allem ist Alexei Nawalny jung und bildschön (eine blonde Bestie, kein Südländer, es gibt nichts Asiatisches in seinem Äußeren, eine Seltenheit für das historische Russland, wo in jedem Russen ein kleiner Tatare, Jude oder Tschetschene steckt). Er hat alles, um die Macht in der entscheidenden Phase der Existenz Russlands zu ergreifen. Über Nawalny und das Geheimnis seines lokalen Erfolges werden wir im letzten Kapitel eingehender sprechen.

Außerdem ist womöglich das machtvolle Oberhaupt Tschetscheniens, Ramsan Kadyrow, ernsthaft böse auf Herrn Nawalny. Der Oppositionelle hatte ihn auf unkorrekte Weise mit üblen Worten belegt. Nein, im einfachen europäischen Sinne des Wortes ist General Kadyrow nicht empfindlich. Wenn man ihn einen großen Schurken nennt, dann ist er sogar zufrieden. Aber nie und nimmer darf man davon sprechen, dass er sich von Bergtieren sexuell angezogen fühlt – so etwas kann dieser Mann tschetschenischer Prägung nicht verzeihen, seine ethnische Ethik erlaubt es ihm nicht.

In letzter Zeit kursieren Gerüchte, es habe 2012 sogar den Plan gegeben, Nawalny zu vernichten. Doch die Abrechnung wurde im letzten Moment vom Kreml aufgehalten, der wusste, dass ein solches Szenario einer politischen Katastrophe gleichgekommen wäre. Ich übernehme es nicht, die Glaubwürdigkeit dieser Gerüchte einzuschätzen. Man nehme sie nur zur Kenntnis. Schließlich ist es möglich, dass dieses Buch eine Fortsetzung findet.

Im Endeffekt verschaffte der Strafprozess gegen Nawalny beim Gericht der Stadt Kirow dem Oppositionellen einen neuen Aufschwung und brachte ihn direkt zu den Bürgermeisterwahlen nach Moskau. Es waren vorgezogene Wahlen, die auf Initiative des Stadthauptmanns Sergei Sobjanin für den Juni angesetzt wurden, um damit, wie es hieß, bei einer landesweiten Wiedereinführung direkter Wahlen den Machthaber in der Hauptstadt zu legitimieren, den Ex-Präsident Dmitri Medwedew 2010 zuvor im Alleingang festgelegt hatte.

Was für Putin und seine Opposition aus dieser Legitimierung folgte, darüber werden wir im nächsten Kapitel sprechen. Vorerst möchte ich nur sagen, dass Nawalny endgültig zum Idol aller protestierenden Schichten wurde, nachdem er nicht weniger als 27,24 Prozent der Stimmen erhalten hatte. Das lag vor allem daran, dass er am 17. Juli in der Strafsache »Kirowles« zu fünf Jahren Haft verurteilt worden war. Das wiederum löste größte Empörung unter denen aus, die Putin nicht mögen. Am nächsten Tag, dem 18. Juli, entließ man ihn aus dem Gefängnis auf sensationelle Weise mit einer Meldeverpflichtung – bis zur Prüfung des Berufungsantrags des Angeklagten. Damit gab man ihm die Möglichkeit, an den Wahlen teilzunehmen und für eigene Interessen die gesamte bösartige und gutartige Protestenergie einzusetzen, die sich in der 15-Millionen-Hauptstadt angesammelt hatte.

Putin hat sich lange Jahre nicht mit der russischen Opposition auseinandergesetzt, weil er es nicht musste. Ich kenne die Opposition wie meine Westentasche. Die oppositionelle Tätigkeit in der postsowjetischen Russischen Föderation ist schon lange die wichtigste Form des Business geworden. Hierbei werden Wählerstimmen oder der Enthusiasmus im Volk (der sich etwa in der Energie auf dem Bolotnajaplatz ausdrückte) gegen Geld getauscht, mehr nicht. Deswegen trifft man in oppositionellen Kreisen nicht weniger Gauner und Diebe an als in der Regierungspartei, die im Volk als Partei der Gauner und Diebe bezeichnet wird. Nur verdient die eine Kategorie an ihrer Kreml-Nähe, die andere an einem demonstrativen Kampf gegen ihn. Darin liegt der ganze Unterschied.

Das grundlegende Schema für die Arbeit der Opposition in der Russischen Föderation innerhalb der letzten zwanzig Jahre lässt sich weitgehend zutreffend folgendermaßen beschreiben:

- Die Unversöhnlichkeit mit dem »blutigen Regime« (von Jelzin oder Putin) verkünden.
- Sich an potenzielle Sponsoren wenden (im Wesentlichen alle möglichen Flüchtlinge, die wegen Wirtschaftsvergehen gesucht werden) und sie um 100 Millionen Dollar für die Durchführung einer Revolution in der Russischen Föderation bitten.
- Gleich darauf im Kreml vorstellig werden und behaupten, man sei für 1 Million Dollar und jährlich sieben Fernsehauftritte im Ersten Kanal bereit, auf eine Revolution in der Russischen Föderation zu verzichten.
- Das Geld aus Punkt 2 und 3 teilweise erhalten.
- Verkünden, dass nichts zu ändern ist, solange Putin an der Macht bleibt.
- Verkünden, dass Putin niemals von der Macht lassen wird und man deswegen nichts ändern kann.
- Eine von vielen Pressekonferenzen durchführen zum Thema Repressionen, die am eigenen Leib in teuren Bars in Millionenstädten erfahren wurden, in denen man zu wenig Whisky eingeschenkt bekam.

Genau so, das können Sie meiner Erfahrung glauben, ging die Mehrheit der Oppositionellen innerhalb und außerhalb des Systems vor. Der Kreml unter Putin und in seinem Namen ist an der Lebensfähigkeit einer solchen Opposition interessiert. Denn sie sind vom selben Fleisch und Blut, siamesische Zwillinge, nur asymmetrisch – der eine groß, der andere klein.

Die Situation hat sich mit dem Erscheinen von Nawalny als einem Prätendenten auf die Macht erneuert – er ist echt und kein Papiertiger. Selbstverständlich jedoch ist Nawalny nicht Grund und Ursache, sondern eine Folge jener Prozesse, die sich im Inneren der russischen Gesellschaft während Wladimir Putins Amtszeit abgespielt haben.

Diese Macht hat sich selbst überlebt und beseitigt. Für den aktiven Teil der Gesellschaft, die Russischen Bildungsbürger (RuBiBü), die heute das Rückgrat der Triebkräfte des Protests gegen Putin bilden, hat sich der Präsident & Co. in einen Ehemann verwandelt, dessen man allgemein überdrüssig geworden ist, den die Ehefrau vor die Tür setzen will, egal, wie oft er ihr Blumen schenkt oder wie viele raffinierte Komplimente er ihr macht. In diesem Sinne hängt die Zukunft des politischen Ehemanns, dessen man überdrüssig ist, nicht mehr von den Früchten seiner Arbeit ab. Und auch nicht von wirtschaftlichen oder sozialen Kennziffern. Die Stabilität hat sich für die RuBiBü vom Heil in ein Übel verwandelt.

Ja, die RuBiBü machen nicht die Mehrheit der Bevölkerung des Landes aus. Aber wie immer in der Geschichte sind sie es, die die politische Mode und den Trend angeben. In diesem Sinne sind die Gedanken der 50000 Menschen auf dem Moskauer Bolotnajaplatz wichtiger als die bewussten oder unbewussten Überzeugungen von 100 Mitarbeitern des Waggonbetriebs Uralwagonzawod in Nischne Tagilsk, wo Putin während seiner Wahlkampagne 2012 ständiger Gast war. (Nach seiner Wahl ernannte Putin den Abteilungsleiter

Igor Cholmanskich, der sich durch besonders heftige Ergüsse seiner Ergebenheit gegenüber dem Präsidenten hervorgetan hatte, zu seinem Generalbevollmächtigten des Föderationskreises Ural.)

Das Land befindet sich mittlerweile in der Phase einer zweiten Perestroika, die wie die erste unter Michail Gorbatschow nach einer eigenen Führungsperson verlangt. Fünfundzwanzig Jahre lang war Boris Jelzin eine solche Führungsperson. Heute ist es Alexei Nawalny, der, wie sich herausstellte, fast alle an einen Tisch bringen kann – von den Ultranationalisten bis zu den ultraliberalen Kosmopoliten. Wie auch im Fall von Boris Jelzin gelingt ihm das, weil es ihm an einer wie auch immer gearteten Ideologie fehlt, wenn auch nicht nur deswegen.

Der Auslöser der Explosion dieser neuen Perestroika wurde der 24. September 2011. Es war der Tag der traurigen Rochade von Putin und Medwedew. Wäre sie nicht gewesen, hätten wir noch lange auf die Versammlung der Massen auf dem Bolotnajaplatz und auf dem Sacharowprospekt warten können, und die systemtreuen Liberalen würden uns bis heute etwas von dem »aussichtsreichen jungen Frontmann« Medwedew erzählen, der nur noch ein wenig Zeit braucht, um endgültig aus dem Schatten seines politischen, despotischen Vaters zu treten.

Nawalny ist das Symbol dieser Perestroika und ein Kind dieser Rochade.

Kapitel 21
Der späte Putin: Die zweite Perestroika und der Aufstand des Bildungsbürgertums

Die späte Putin-Ära begann am 24. September 2011. An diesem Sonntag wurde auf dem Kongress der regierenden Partei »Einiges Russland« (die eigentlich nur dem Kreml untergeordnet ist) die sogenannte Rochade verkündet: Dmitri Medwedew würde die nächste Präsidentschaftsperiode nicht antreten, sondern Ministerpräsident werden, und in den Kreml sollte Wladimir Putin persönlich zurückkehren.

Diese Nachricht rief bei dem aktiven Teil des russischen Volkes Enttäuschung hervor, die an eine unverhohlene Gereiztheit grenzte. Bis zur Verlautbarung der Rochade hatten viele geglaubt (oder glauben wollen), dass der »liberale« Medwedew Staatsoberhaupt bleibt und für die Dauer seiner zweiten sechsjährigen Amtszeit (2012 bis 2018) prinzipiell und qualitativ aus der politischen Abhängigkeit seines Patrons WWP tritt. Auch ich wollte das glauben. Nicht weil ich einen wie auch immer gearteten wesentlichen ideell-praktischen Unterschied zwischen Medwedew und Putin gesehen hätte, sondern vielmehr weil ich einen solchen Unterschied nicht sah.

Ich meinte, für das Regime sei es objektiv vorteilhafter, den Pseudoliberalen auf dem Thron zu lassen, um es einerseits den aktiven Russen und dem Westen recht zu machen und damit andererseits die Macht in den Händen der Putin-Jelzin-Elite bliebe. Mit meiner Überzeugung stand ich nicht allein. Meinen Standpunkt vertraten auch andere, die besser informiert sind als ich, zum Beispiel der damalige Vize-Premier der Regierung und Finanzminister Alexei Kudrin oder die Ikone der liberalen Reformen und Chef des Rosnano-Konzerns Anatoli Tschubais, der 2010 in einem Interview mit der Zeitung *Sobessednik* eine zweite Amtszeit von Medwedew geradezu prophezeit hatte.

Igor Jurgens, der informell einflussreiche Berater von Medwedew und Präsident des Instituts für moderne Entwicklung (INSOR), überredete in den Hinterzimmern des Internationalen Forums von Jaroslaw, das im September 2011, wenige Wochen (!) vor der Rochade stattfand, die Veranstaltungsteilnehmer mit ungefähr folgenden Worten: »Seht ihr etwa nicht, dass Präsident (Medwedew) schon beschlossen hat, für eine zweite Amtszeit zu bleiben?«

Im selben Jahr antwortete auch Ministerpräsident Wladimir Putin bei einem Staatsbesuch in Schweden auf die Frage nach dem nächsten Präsidenten Russlands: »Es gibt eine Entscheidung, sie wird Ihnen gefallen.« Wohl kaum hatte er damit die Rochade gemeint – denn der progressiven Öffentlichkeit sowohl in Russland als auch umso mehr im Westen konnte sie nicht gefallen.

Es gibt verschiedene Theorien, warum Putin sich dennoch entschloss, auf den Präsidentenposten zurückzukehren. Die einfachste und häufigste lautet, dass dieser Plan von Anfang an bestand und Medwedew nur eine Marionette war. Wie jeder einfache Gedanke scheint das sehr überzeugend. Aber erstens entspricht diese Theorie nicht ganz der Einstellung informierter und hochgestellter Personen, von denen weiter oben die Rede war. Und zweitens agierte Putins Nachfolger im höchsten staatlichen Amt in vielen Fragen durchaus selbstständig, ohne auf unseren (und seinen) Helden Rücksicht zu nehmen.

Medwedew hatte ja eine Reform des Innenministeriums von Russland initiiert (auch wenn sie in vieler Hinsicht aus Pappe war). Mit dieser Reform wurde die Miliz in Polizei umbenannt, und man wechselte ungefähr zweihundert hochrangige Generäle innerhalb des Innenministeriums aus. Es war ebenfalls Medwedew, der den Begriff der »Modernisierung« aufbrachte, woran sich heute, in Putins dritter Amtszeit, fast niemand mehr erinnert. Außerdem ist ihm die Innovationsoase Skolkowo in der Nähe von Moskau zu verdanken (unter Medwedew sollte sie zum Blühen gebracht werden, doch nun stirbt sie, ohne wirklich existiert zu haben, und ist zum Objekt unzähliger Überprüfungen seitens der Staatsanwaltschaft und der Untersuchungsbehörden geworden). Nein, ich wage zu behaupten, dass die Rückkehr von Putin nicht vorgesehen war. Mehr noch: Ende 2010, Anfang 2011 wuchs in Medwedews Umgebung die Überzeugung, dass der Chef seinen Posten nicht frag- und klaglos räumen würde.

Dafür reicht es, ein einfaches, aber wichtiges Beispiel anzuführen. Der erste Stellvertreter des Leiters der Präsidentenadministration und langjährige Kurator der Innenpolitik des Kremls Wladislaw Surkow, der als exklusiver Kenner der Intrigen und Ränkespiele innerhalb des russischen Machtapparats bekannt ist, setzte Ende 2010 ganz eindeutig auf eine zweite Amtszeit von Medwedew und warf in dieser Hinsicht die innenpolitische Maschinerie an. Deswegen büßte er im Dezember 2011 auch sein Kreml-Amt ein, als der zurückkehrende Putin eine neue Administration zusammenstellte. Surkow wechselte in Putins neuer Mannschaft auf einen verhältnismäßig hohen Leitungsposten im Apparat, den er jedoch bereits im Mai 2013 verlor: Der Widerspruch zwischen ihm und der modernen Mannschaft von Putins Top-Bürokraten (Sergei Iwanow, Wjatscheslaw Wolodin) erwies sich als zu groß, als dass sie in einer »Machtvertikale« hätten zusammenarbeiten können.

Was hat Putin also zu seiner Rückkehr bewegt?

Ich neige zu der Ansicht, dass der »arabische Frühling« 2010, die Folge von Revolutionen in den Ländern von Nahost und Nordafrika, keine geringe Rolle gespielt hat. Wie auch bei den »Blumenrevolutionen« im postsowjetischen Raum 2003 bis 2005 glaubte unser Held nicht an eine Spontaneität der Prozesse oder daran, dass der aktive Teil der Bevölkerung damit auf seine autoritären Anführer reagierte, die ein System totaler Korruption im Staatsapparat zementiert hatten und ihre Posten nicht räumen wollten. Unser argwöhnischer WWP war erneut der Auffassung, dass der Westen mit den ihm loyalen Autokraten kurzen Prozess machen und ein lenkbares Chaos schaffen wollte.

Das ist eine Vorgehensweise, die von den USA und ihren Verbündeten in der Dritten Welt gern angewendet wird, um sich die exklusive Rolle moderierender Länder bei allen Konflikten zu sichern. Folglich wäre ein solches Szenario auch in Russland realisierbar gewesen. Und im Fall eines äußeren Eingreifens, das von einer »Fünften Kolonne« in Person aller Feinde und Kritiker des Putinismus unterstützt worden wäre, hätte der kraftlose Medwedew die Situation nicht im Griff gehabt. Russland drohte, zu einem zweiten Tunis oder Ägypten zu werden. In dieser Situation brauchte man einen erfahreneren Anführer, der fähig war, seinen Mann für sich und das Land zu stehen. Jemanden, der Erfahrungen mit schrecklichen Terroranschlägen wie *Nord-Ost* oder Beslan hat, der keine harten Maßnahmen scheut, wenn sie unbedingt notwendig sind. (Aber er darf mit ihnen auch keinen Missbrauch betreiben und grundlose Härte zeigen.)

Die politischen Kosten der Rochade können gar nicht hoch genug eingeschätzt werden. Putin verkündete, auf den Präsidentenposten zurückkehren zu wollen, und erledigte damit seinen getreuen Dmitri Medwedew, der bis zum 24. September 2011 für viele russische Bildungsbürger eine Hoffnungsquelle gewesen war (wenn auch eine schwache). Damit hatte Wladimir Putin die Büchse der Pandora geöffnet und den Prozess einer sich ungestüm entwickelnden zweiten Perestroika in Gang gesetzt, analog zur Perestroika von Gorbatschow Ende der 1980er-Jahre. Um das Wesen dieses Prozesses verstehen zu können, sollte man sich daran erinnern, wie diese mittlerweile verhältnismäßig lang zurückliegende Perestroika aussah, die den Zerfall der UdSSR vollendete. Nein, es waren durchaus keine vom System realisierten liberalen Reformen, wie sich das viele ungeübte Beobachter vorstellen.

Michail Gorbatschow hatte keine konsequente und stringente Strategie für Reformen. Er nahm keine historischen Ereignisse vorweg, sondern folgte ihnen. Und sein Ziel war nicht die Abschaffung der kommunistischen Herrschaft, sondern im Gegenteil ihr Erhalt und ihre Festigung. Dafür unternahm er widersprüchliche Schritte – mal schwächte er das Regime, mal versuchte er, die »Schrauben anzuziehen«. Man denke an die repressiven Aktionen in Tiflis 1989, in Vilnius und in Riga 1990/1991. Der Prozess der Perestroika, der aus der Krise des spätsowjetischen Kommunismus entstand, war wie die Politik der Parteispitze Gorbatschows durch zwei grundlegende Merkmale gekennzeichnet:

- die unüberwindliche Entfremdung des aktiven Teils der Gesellschaft von den Machthabern und
- die Enttäuschung der politisch-wirtschaftlichen Elite von einem System, das diese Elite eigentlich hervorgebracht und aufgepäppelt hatte.

Die Perestroika und der Zusammenbruch der UdSSR als ein Land, dessen Hauptaufgabe die Verkörperung des unerfüllbaren kommunistischen Projekts gewesen war, wurden unvermeidlich und unumkehrbar, als die Parteisekretäre begriffen: Das System hat sich selbst erschöpft und ist nicht mehr lebensfähig. Das wurde ihnen klar, als sie merkten, dass das Regime zwar einerseits Raumschiffe ins All schicken und die Welt mit supermodernen Kernwaffen bedrohen konnte, aber andererseits außerstande war, sein eigenes Volk auf allerprimitivstem Niveau zu ernähren. Das Lebensniveau der einflussreichen Parteiarbeiter, die über große Macht in verschiedenen Abstufungen verfügten, war bedeutend niedriger als das der einfachen europäischen und nordamerikanischen Bürger. Diese Erkenntnis löste eine psychische Eruption aus, welche die Voraussetzung war für die politische Eruption.

Etwas Ähnliches geschah in Putins Russland 2011. Der aktive Teil der Gesellschaft – das Russische Bildungsbürgertum (RuBiBü) – verwehrte Putins Machtapparat das Vertrauen. Im Großen und Ganzen war es die Elite – also die Gesamtheit der Menschen, die an den wichtigen und höchst wichtigen Entscheidungen des Landes beteiligt waren –, die zu der Einsicht kam, dass sich das System einer totalen Korruption erschöpft hatte. Zu Putins Anfängen (2002 bis 2004), als die Korruptionssteuer nicht über 20 Prozent lag, konnte sie Motor für die Wirtschaft und sogar für bestimmte liberale Reformen sein. Dann wurde sie ein Instrument zur Sicherung des Stillstands. Doch gegen Ende des ersten Jahrzehnts des 21. Jahrhunderts, als die Korruptionssteuer die 50-Prozent-Marke erreicht hatte, wurde offensichtlich, dass die Wirtschaftsmaschinerie ihrer Selbstzerstörung entgegenging. Und so begann die zweite Perestroika, deren Auslöser die berüchtigte Rochade gewesen war.

An einen ehrlichen Sieg von »Einiges Russland«, das die höfischen Soziologen des Allrussischen Meinungsforschungszentrums (WZIOM) und des Fonds Öffentliche Meinung (FOM) angekündigt hatten, glaubte der aktive Teil der Gesellschaft nun schon nicht mehr. Im diesem Moment unternahm Alexei Nawalny einen weiteren günstigen politischen Schachzug. Er initiierte im Internet eine Kampagne mit dem Aufruf zu Wahlen, bei denen für alle Parteien außer »Einiges Russland« gestimmt werden konnte. Für ihn selbst war das recht pragmatisch, weil er sich an den Wahlen nicht beteiligte.

Aber nicht einmal der Aufruf selbst war das Entscheidende, sondern der von Nawalny erdachte Markenname oder, wie man es heute in der Internetsphäre nennt, das Mem »Partei der Gauner und Diebe«. So nannte der megapopuläre Blogger, der rasch zum führenden Oppositionspolitiker aufgestiegen war, die »Machtpartei«. Das Markenzeichen/Mem wurde sehr schnell angenommen und hat »Einiges Russland« wohl einige Prozente gekostet, was unter Berücksichtigung des begrenzten Formats und Maßstabs von Nawalnys Agitation, die sich vor allem in den sozialen Netzwerken Livejournal, Facebook und Twitter abspielte, ein durchaus bedeutsames Ergebnis darstellt.

Die Wahlen am 4. Dezember, bei denen »Einiges Russland« dennoch formal siegte, riefen in den großen Städten Russlands lautstarke Empörung hervor. Erste Kulmination der Proteste war die Aktion auf dem Bolotnajaplatz am 10. Dezember, bei der 50 000 Menschen zusammenkamen – die Hauptstadt hatte seit den Massendemonstrationen von Gorbatschows Perestroika nichts Vergleichbares gesehen. Ich war dort und kann bezeugen: Auf dem Bolotnajaplatz herrschte eine unbändige Energie. Auf der Rednerbühne gab es fast keine akustische Verstärkung, die Bühne selbst war für die Mehrheit der Versammelten schlecht zu sehen. Aber das war nicht wichtig. Die russischen Bildungsbürger fühlten sich das erste Mal seit vielen Jahren nicht als atomisierte Menge, sondern als vereinte Gemeinschaft, die bereit ist, sich gegen die Wahlfälschung und vor allem gegen Putins Machtsystem aufzulehnen.

Am 10. Dezember entstand die Hoffnung auf eine friedliche Transformation von Putins Regime. Und die russischen Mächtigen begriffen, dass sie die Unzufriedenheit des aktiven Teils der Gesellschaft nicht mehr ignorieren konnten. Denn sie hatte von Menschen Besitz ergriffen, die noch am Tag zuvor Wladimir Putin ihre Loyalität gezeigt hatten.

Die bunt zusammengewürfelten Vertreter der Opposition und der Aufmüpfigen, die sich an die Spitze des Protests stellen (ohne sich direkt daran zu beteiligen) und damit politisch punkten wollten, schufen ein Organisationskomitee für die Protestveranstaltungen und erklärten sich zu den »Anführern des Volksprotests«. Viele Prominente, die ausgerechnet in den »verfluchten« Putin-Jahren ihre Entwicklung genommen und Prosperität erlangt hatte, stürzten sich in das Gewühl, um den günstigen Moment nicht zu verpassen, Teil des historischen Mainstreams zu werden.

Bereits auf dem Bolotnajaplatz tauchten die Schriftsteller Dmitri Bykow und Boris Akunin sowie die Fernsehmoderatoren Tatjana Lasarjewa und Michail Schaz auf. Bei der zweiten Demonstration auf dem Sacharowprospekt, welche die meisten Massen versammelte – ungefähr 100 000 Teilnehmer –, konnte man dann schon den Fernsehstar erster Güte Xenija Sobtschak (die Tochter von Anatoli Sobtschak) sowie den Ex-Finanzminister Alexei Kudrin erblicken, der die ganze Zeit darüber nachdachte, ob er sich an die Spitze der liberalen Fronde stellen sollte. Auch der Oligarch Michail Prochorow war dabei, der unentschlossen in Zickzacklinien und Windungen seinen Weg in die oppositionelle (beziehungsweise pseudooppositionelle) Politik suchte. Die Ereignisse auf dem Sacharowprospekt haben gezeigt, dass die Proteste des RuBiBü sogar bei den Menschen ein gewisses Mitgefühl hervorrufen, die Putin historisch und organisch nahestehen, und das bedeutet, man kann diese Vorgänge nicht länger ignorieren und nach dem Motto »Das wird sich schon von selbst auflösen« betrachten.

Die Oppositionsparteien hingegen – die Kommunistische Partei, »Gerechtes Russland« und die Liberal-Demokratische Partei Russlands – machten ihr Verhältnis zu den Protesten in keiner Weise deutlich. Und viele der alten unversöhnlichen Oppositionellen befanden sich völlig am Rand dieser Prozesse, wie zum Beispiel der russische Schriftsteller Eduard Limonow, Gründer der Nationalbolschewistischen Partei. Er kritisierte die Mitglieder des selbst ernannten Organisationskomitees dafür, dass sie am 10. Dezember der genehmigten Veranstaltung auf dem Bolotnajaplatz zugestimmt hatten, anstatt alle erzürnten Bürger dazu aufzurufen, ohne Genehmigung auf dem Platz der Revolution zu erscheinen, der sich unmittelbar in Kreml-Nähe befindet, um dort die stählerne Zitadelle der russischen autoritären Macht gleichsam zu stürmen.

Ob ein solches Szenario realistisch gewesen wäre, wissen wir nicht. Wohl eher nicht. Aber seitdem haben sich die Wege von Limonow und den »bourgeoisen Moderatoren des Protestes«, wie er sie nannte, getrennt. Der schriftstellernde Politiker hinterließ neben der aus der Nationalbolschewistischen Partei alten Musters entstandenen Partei »Anderes Russland« auch ein Aktionssystem »Strategie-31« – das sind nicht genehmigte Demonstrationen mit stets kleiner Teilnehmerzahl, die am 31. eines jeden Monats durchgeführt werden. Das Datum erinnert an den niedergetretenen Paragrafen 31 der Verfassung der Russischen Föderation, der das Recht der Bürger auf Versammlungsfreiheit garantiert – friedlich und unbewaffnet.

Am 10. Dezember befand sich Alexei Nawalny noch in Verwaltungsarrest – wie wir uns erinnern, hatte er diese Haft selbst provoziert, um sich bei den »Freiheitsmärtyrern« einreihen zu können und gleichzeitig einer Diskussion über seine ungelegen kommende Teilnahme an den Präsidentschaftswahlen 2012 zu entgehen. An den Protesten auf dem Sacharowprospekt hatte sich Nawalny schon beteiligt und zu den herausragenden Rednern gehört. Damals streute er Losungen unters Volk, mit denen er bis heute aktiv ist: »Wir sind hier die Macht!«, und: »Wir vergessen nicht, wir verzeihen nicht!« Am 24. Dezember wurde klar, dass er der Leiter des Organisationskomitees für die Protestaktionen sein würde, egal was die anderen »Anführer des Volksprotestes« dazu meinten.

Der Kreml reagierte auf die Aktionen auf dem Bolotnajaplatz und auf dem Sacharowprospekt. Am 29. Dezember 2011, direkt vor den in Russland besonders geschätzten Neujahrsfeierlichkeiten, gab der scheidende Präsident Dmitri Medwedew der Föderationsversammlung eine sensationelle Botschaft bekannt – die beispiellosen Pläne für politische Reformen: eine Vereinfachung der Registrierung politischer Parteien (die Mindestzahl der Mitglieder sollte um das Hundertfache verringert werden, von 50 000 auf 500 Personen), die Wiedereinführung direkter Gouvernementswahlen (erst 2010 hatte Medwedew bekräftigt, dass es diese Art von Wahlen nicht vor hundert Jahren geben würde), die Schaffung eines öffentlich-rechtlichen Fernsehens, die Anrufung des Verfassungsgerichts zur Erörterung eines neuen Verfassungsentwurfs. Damit war klar: Der Protest begann zu wirken. Die zweite Perestroika war nicht mehr nur ein psychologisches Phänomen, sie hatte eine fassbare politische Dimension erlangt.

Für den Kreml waren derartige Pläne im Nachhinein allerdings zu radikal. Unumwunden verkündete bereits im Februar 2012 der Chef der Kreml-Administration Sergei Iwanow, der 2007 gegen Medwedew um die Position von Putins Nachfolge gerungen hatte, dass es vorläufig kein Gesetz über die Verfassungsversammlung geben würde. Angeblich habe DAM (Dmitri Anatoljewitsch Medwedew) kein Gesetzesprojekt in Auftrag gegeben, sondern nur darum gebeten, »an dieser Frage zu arbeiten«. So wurde also an der Frage gearbeitet und entschieden, dass es zu früh für derartig heftige staatlich-rechtliche Leibesübungen sei.

In jenen Tagen wurde auch der Kreml-Kurator für innenpolitische Fragen ausgewechselt. Wladislaw Surkow, der diesen Posten zwölf Jahre innegehabt hatte, verließ die Präsidentenadministration und äußerte am Tag seiner Entlassung nicht ohne Sarkasmus, dass er für diese »wundervolle neue Welt (nach den Ereignissen auf dem Bolotnajaplatz) nicht mehr taugt«. Nachfolger wurde der 45-jährige Wjatscheslaw Wolodin, Fraktionschef der Partei »Einiges Russland« in der Duma, der sich 2010/11 das persönliche Vertrauen von

Putin erworben hatte. Ausgerechnet Wolodin war es nun beschieden, an der Spitze des Prozesses politischer Reformen im Rahmen der zweiten Perestroika zu stehen.

Wolodin ist eine für das heutige Russland einigermaßen bemerkenswerte und charakteristische Figur. Die Bühne der großen föderalen Politik betrat er 1999 als Gouverneur des Verwaltungsgebiets von Saratow, einer großen und für damalige Zeiten verhältnismäßig prosperierenden Region an der Wolga. 2009/10 war Wjatscheslaw Wolodin bereits Vize-Sprecher der Staatsduma und Parteichef von »Einiges Russland«, erwarb sich Putins besonderes Vertrauen und begann einen – vorerst geheimen – Kampf um Surkows Posten. Dieser Kampf endete mit seinem souveränen Sieg.

Es kann nicht unbemerkt bleiben, dass auch das erhöhte politische Vertrauen des russischen Präsidenten zu Frauen und Vertretern der Gay-Gemeinschaft Wirkung zeigte, die für die *closet gays* insgesamt durchaus typisch ist. Der jetzige Kreml-Kurator für Innenpolitik gilt als Kultfigur für die Gay-Szene, man nennt ihn dort Vaclav. Meine Leser, seien sie nun Rechtsanwälte oder nicht, möchte ich darauf hinweisen, dass eine Kultfigur der Gay-Szene selbst nicht unbedingt homosexuell sein muss. Zum Beispiel hat die Popsängerin Alla Pugatschowa in der Gay-Gemeinschaft ebenfalls Kultstatus, ist aber keinesfalls homosexuell zu nennen.

Wie auch immer, heute ist es Wjatscheslaw Wolodin, der eine den inhaltlichen Prioritäten der zweiten Perestroika entsprechende politische Liberalisierung im Land kuratiert, und diese Arbeit kann man nur begrüßen. Als politischer Manager hat er sich als flexibler als sein Vorgänger Surkow erwiesen, er ist aufmerksamer und sensibler gegen über den Herausforderungen der Zeit. Während der Regentschaft von Surkow wurde die Opposition unter Zuhilfenahme staatlicher Gewaltorgane erbarmungslos aus den Wahlen vertrieben.

Wolodin hingegen agiert feinfühliger – als Kampagnenmanager, nicht als Organisator von Repressionen; als Chirurg, nicht als Pathologe. Möglicherweise ist er selbst der Überzeugung, das schwankende politische Regime mit seinem Vorgehen zu stärken. Aber in Wirklichkeit ermöglicht er entgegen dem eigenen und dem administrativen Willen eine Intensivierung von Faktoren und Tendenzen einer neuen Perestroika, die strategisch zum Zusammenbruch des Putin-Regimes führen werden.

Gern behaupten die russischen Oppositionellen, der Kreml habe sein Wort nicht gehalten, und die Reformen seien viel schwächer ausgefallen als versprochen. Das stimmt nicht. Mittlerweile gibt es wieder direkte Wahlen in den Regionen, und auch ein öffentlich-rechtliches Fernsehen wurde 2012 geschaffen. Es mag noch schlecht und schwach sein, doch dafür gibt es dort echte Live-Schaltungen, die man bei den »großen« föderalen Fernsehsendern schon lange vermisst.

Dennoch ist das RuBiBü unzufrieden – ein echtes »Perestroika-Syndrom«: Was die Macht auch tut, ihr wird a priori nicht mehr vertraut. So ging es Michail Gorbatschow und seinem Politbüro Ende der 1980er-Jahre, so wird es Wladimir Putin und seiner Regierungsmannschaft ergehen, auch wenn wir uns noch im Herbst 2011 vor den skandalösen Wahlen zur Staatsduma nicht vorstellen konnten, dass bereits 2013 der Oppositionelle Nawalny mit 27,24 Prozent der Stimmen den zweiten Platz bei den Moskauer Bürgermeisterwahlen erringen und der andere Oppositionelle Jewgeni Rojsman, der nominell der Partei Bürgerplattform von Michail Prochorow angehört, die Wahlen in seiner Heimatstadt Jekaterinenburg (etwa 2 Millionen Einwohner) für sich entscheiden würde.

An dieser Stelle würde jeder typische Vertreter des RuBiBü sagen: Das politische System bleibt, wie es ist, die Macht dreht und wendet sich und will nicht abtreten, die revolutionären Prozesse reifen und so fort. Das genau ist die Perestroika – ein Fluch für jede Macht, die sich überlebt hat. In unserem Fall ist es die Macht von Wladimir Putin.

Als Putin 2012 in den Kreml zurückkehrte, unternahm er einige Schritte, die viele Beobachter der Kategorie »Schrauben anziehen« zurechneten. Zum Beispiel wurde Verleumdung erneut ein Straftatbestand. Ich persönlich kann daran nichts Schlechtes finden. Als jemand, der selbst oft als Objekt für Verleumdungen herhalten musste, kann ich nur sagen: Man sollte niemanden verleumden, und die Strafverfolgung in Russland ist immer noch die schrecklichste Riemenpeitsche, die an unserer nationalen Wand hängen kann.

Im Juni 2012 wurden die jungen Mitglieder der Punk-Gruppe Pussy Riot Nadeshda Tolokonnikowa, Maria Alechina und Jekaterina Samuzewitsch des »böswilligen Rowdytums« schuldig gesprochen und zu zwei Jahren Haft verurteilt. Sie hatten im Altarraum des größten Moskauer Gotteshauses – der Christus-Erlöser-Kathedrale – das selbst komponierte Lied *Mutter Gottes, vertreibe Putin* vorgetragen. Ungeachtet der Empörung der russischen liberalen Öffentlichkeit und der riesigen Unterstützung der progressiven Kreise des Westens – die Christus-Erlöser-Kathedrale wurde sogar Pussy-Riots-Church genannt – erbarmte sich Putin nicht. Jekaterina Samuzewitsch erhielt eine Bewährungsstrafe, doch Tolokonnikowa und Alechina mussten in ein echtes Straflager.

Parallel dazu initiierte der Kreml die Verabschiedung des Gesetzes gegen »Beleidigung von Gläubigen«, das eine strafrechtliche Verantwortung für diffamierende Handlungen in Gotteshäusern und die Verunglimpfung von religiösen Kultgegenständen festschreibt. Der aktive Teil der Gesellschaft war kategorisch gegen dieses Gesetz, was seiner Billigung durch die kremlhörige Staatsduma keinerlei Abbruch tat.

Selbst die Entscheidung des Höchsten Gerichts (September 2012), die Haftstrafe der prominentesten politischen Gefangenen Russlands Chodorkowski und Platon Lebedew um zwei auf elf Jahre zu verkürzen, konnte beim RuBiBü vor diesem Hintergrund keine Begeisterungsstürme hervorrufen. Dadurch wurde die Aussicht für die beiden ehemaligen Großunternehmer auf Freilassung bereits im Frühling oder Sommer 2014 durchaus real. Dieser Meldung wollte man zunächst keinen Glauben schenken.

Wie immer in Zeiten einer Perestroika werden alle Schritte der Machthaber vom aktiven Teil der Gesellschaft missbilligt. Maßnahmen einer Liberalisierung werden als gefälscht, betrügerisch und vorübergehend abgeurteilt und Versuche, »die Schrauben anzuziehen«, als schrecklich, blutrünstig und lang anhaltend eingestuft. Schließlich gerät die Macht in Zugzwang: Jede ihrer Maßnahmen verschlechtert nur die eigene Position in den Beziehungen zur bürgerlichen Gesellschaft.

Man sollte rechtzeitig zurücktreten, und wenn man in die Situation einer typischen Perestroika gerät, darf man nicht ins Schleudern kommen und sich drehen und winden, um die »nicht existierende Zeit in die Länge zu ziehen« (wie Nadeshda Mandelstam, die legendäre Witwe des großartigen russischen Poeten Ossip Mandelstam, über ihren Zeitgenossen Leonid Breschnew sagte). Vielmehr sollten radikale Reformen von oben durchgeführt werden, die den Lauf der Ereignisse vorwegnehmen, wofür die Macht allerdings die Qualitäten eines kollektiven Prometheus aufweisen muss und kein Epimetheus sein darf.

Im selben scheußlichen und für viele unverständlichen Jahr 2012 begann die sogenannte »Sumpf-Strafsache« (Bolotnajaplatz bedeutet »Sumpfplatz«). Es war der Prozess gegen zwölf Philister, die des Versuchs einer Massenaufwiegelung und des Aufrufs zum Sturz der bestehenden Ordnung während der Massenaktionen auf dem Bolotnajaplatz am 6. Mai angeklagt waren. Zu dieser Aktion waren nach der Stille der ersten vier Monate dieses seltsamen Jahres fast 100 000 Teilnehmer zusammengekommen. Damit lag sie hinsichtlich der Stärke auf Platz zwei nach der Aktion auf dem Sacharowprospekt 2011.

Es gibt den Verdacht, dass die Mitorganisatoren der Veranstaltung, darunter Alexei Nawalny und der Anführer der »Linken Front« Sergei Udalzow, sich von vornherein nicht auf eine friedliche Demonstration beschränken wollten und eine »Meuterei« geplant hatten. Zumal diese mit der dritten Amtseinführung von Wladimir Putin am 7. Mai verknüpft war, welche der Aktion auf dem Bolotnajaplatz unmittelbar voranging. Mittlerweile ist es offensichtlich, dass die Organisatoren das Programm mit einer Störung der Amtseinführung als symbolische Geste kulminieren lassen wollten, um die Legitimität von Putins Regime im Ganzen infrage zu stellen.

Dafür waren lange im Voraus für die zornigsten unter den Aktivisten nach der formalen Beendigung der Aktion Zelte gekauft worden. Nawalny und Udalzow verletzten den vorgesehenen Ablauf dieser Versammlung, indem sie sich auf den Asphalt des Bolotnajaplatzes setzten und damit die Sondertruppen der Polizei, die die Versammelten umzingelte, zu einer Auseinandersetzung mit den Demonstranten provozierten. Die Polizisten wurden mit Steinen und Asphaltstücken beworfen, was den Grund für die nachfolgenden Beschuldigungen lieferte.

Dennoch wusste Wladimir Putin allem Anschein nach bereits am Vortag, dem 5. Mai, von den Plänen der Oppositionellen, »Radau zu machen«, denn die Telefon- und sonstigen Gespräche der potenziellen Organisatoren des »Radaus« wurden vom Geheimdienst überwacht. Besonders verärgert war WWP über die Konzeption, seine Amtseinführung zu stören, was seiner Meinung nach nicht nur jegliche juristischen, sondern auch alle moralischen Grenzen überstieg.

So wurde beschlossen, am 6. Mai eine Gruppe von gewöhnlichen Bürgern, die »Weichensteller« zu verhaften, die »Anführer des nationalen Protests« jedoch nicht anzurühren. Vorerst. Damit wollte man den gewöhnlichen Teilnehmern von Protestaktionen klar und deutlich zu verstehen geben: Ihr werdet von euren Organisatoren, diesen frühreifen Anführern, betrogen. Sie verschweigen euch ihre wirklichen, extremistischen Pläne, provozieren Gewalt und bringen euch damit unter den Schlagstock der Repressionsmaschinerie des Staates, während sie selbst sich vor der Verantwortung drücken.

Diese Entscheidung wurde auch realisiert. Der »Sumpf-Prozess« dauert bis zum heutigen Tag an, und obwohl der Staat keine überzeugenden Beweise gegen die Philister vorbringen konnte, sind immer noch zehn der zwölf Beschuldigten hinter Gittern. Wenn auch zu beobachten war, dass die Anführer der Opposition den »Sumpf-Häftlingen« ihr pflichtgemäßes Mitgefühl ausdrückten, sind sie subjektiv am Andauern des Prozesses interessiert und sogar – horribile dictu! – an maximal harten Strafen. Denn solange der Prozess andauert, bekommen die prominenten Oppositionellen ständig den Ball für neue PR-Aktionen zugespielt.

Die kompromisslosen Urteile, die natürlich die russischen Bildungsbürger empören, eignen sich hervorragend als Vorwand nicht nur zur Anprangerung der grausamen und hirnlosen Staatsführung, sondern auch für die Mobilisierung eben jener Bürger für neue massenhafte Protestaktionen, ob sie nun genehmigt sind oder nicht. Das klingt zynisch? Ja. Aber die Opposition des modernen Russland zeichnet sich durchaus nicht durch Ehrenhaftigkeit aus, dieser Illusion sollte man sich nicht hingeben. Moralisch ist sie durchaus nicht immer bereit, eine wie auch immer geartete Alternative zu Putin darzustellen.

Trübe begann auch das Jahr 2013. Alexei Nawalny wurde mit der Anschuldigung konfrontiert, der Firma Kirowles einen großen wirtschaftlichen Schaden zugefügt zu haben. Bei dieser Firma handelt es sich um einen Staatsbetrieb der Holzverarbeitung und des Handels mit Wald im Verwaltungsgebiet Kirow, einer depressiven Region im Norden von Russland. Nach Meinung der Ermittler und der Staatsanwaltschaft hatte Nawalny, ohne über eine reale Vollmacht zu verfügen, Kirowles im Jahr 2009 faktisch geleitet, als er sich zum Berater in delikaten Fragen des Kirower Gouverneurs Nikita Belych gemacht hatte, der sein persönlicher Freund und ehemaliger Vorsitzender der Partei der Liberalen »Bund Rechter Kräfte« ist. Und er holte seinen Partner, den Unternehmer Pjotr Ofizerow, zu Kirowles. Mit ihm wollte er den Holzhandel wie auch die damit verbundenen finanziellen Flüsse unter seine völlige und nicht ganz uneigennützige Kontrolle bringen.

Bemerkenswerterweise baute sich die gesamte Fabel der Anschuldigungen auf Material aus dem Jahr 2009 auf, das allem Anschein nach unter aktiver Beteiligung der Administration des Verwaltungsgebiets von Kirow mit Nikita Belych an der Spitze gesammelt worden war. Denn schließlich war in jenem Jahr der Berater des Gouverneurs von Kirow, Nawalny, noch kein politischer Star von nationalen Dimensionen gewesen, und der Kreml sowie die föderalen Staatssicherheitsdienste hatten sich für ihn nicht sonderlich interessiert. Jedoch dienten als Grundlage der Anschuldigungen die Aufzeichnungen von Telefongesprächen zwischen Nawalny und Ofizerow sowie einigen Funktionären von Kirowles, die nur vom FSB im Verwaltungsgebiet von Kirow stammen konnten, von niemandem sonst.

Sollte das etwa bedeuten, dass der systemtreue Liberale Nikita Belych, den man inmitten der liberalen Fronde überaus schätzt und der ein Jugendgefährte von Anatoli Tschubais ist, schon damals seinen Freund und Mitstreiter loswerden wollte? Und dass er, als die föderale Macht dasselbe Interesse zeigte, dem Kreml seine Dienste angeboten hat? Alles verweist genau auf diese Theorie. Die liberale russische Öffentlichkeit zieht es allerdings vor, über solch offensichtliche Dinge nicht nachzudenken. Unsere prominente Fronde kann nun mal nicht glauben, dass ihr unverzichtbarer Weggenosse Belych mindestens genauso viel mit der Verfolgung Nawalnys zu tun hat wie die Verkörperung des Bösen auf der Welt – der blutrünstige Putin und dessen grimmiger Folterknecht, das Oberhaupt des Ermittlungskomitees von Russland, Alexander Bastrykin.

Die liberale Öffentlichkeit hat, indem sie sich auf eine tief verwurzelte historische russische Tradition stützt, eine Institution von »äußerst anständigen« und »händeschüttelnden« Menschen geschaffen, die alles dürfen – lügen, stehlen, mit dem Kreml kooperieren, so viel und so oft sie wollen. Auf die »äußerst anständigen« und »händeschüttelnden« Personen lassen sich die herkömmlichen moralischen Kategorien nicht anwenden.

Man kann und soll Putins Freund Igor Setschin, den Chef der Firma Rosneft, fragen, warum die Investitionen dieses Konzerns zu ineffektiv sind. Aber wehe, man stellt Anatoli Tschubais eine ähnliche Frage zu Rosnano – ehe man sich's versieht, hat einen die progressive Öffentlichkeit zum Agenten des Kreml und dunkler tschekistischer Kräfte erklärt. Und die liberale Zensur ist um einiges stärker als die des Kreml, das kann ich Ihnen versichern.

Dasselbe trifft auf die Untersuchungsführer und Staatsanwälte zu, die Nawalny hinter Gitter gebracht haben – sie sind der Unrat des Menschengeschlechts (nach Auffassung der klassischen russischen Liberalen), aber Herr Belych, der für Untersuchungsführer und Staatsanwälte das nötige Material gesammelt hat, ist unantastbar und geradezu heilig.

Wohl kaum etwas auf dieser Welt lässt sich mit der Scheinheiligkeit und der Heuchelei der offiziellen russischen Liberalen vergleichen. Sie essen gern verbotenen schwarzen Kaviar auf Kreml-Empfängen, um anschließend nach Berlin/Washington/London zu fliegen und auf internationalen Konferenzen Vorträge darüber zu halten, wie grob, korrumpierbar und gefährlich das »blutrünstige Regime« namens Wladimir Putin für die Menschheit ist. Ein Regime, für das die Menschen, die sich als »liberale Opposition« bezeichnen, ein organischer Bestandteil und kollektive Nutznießer sind.

Doch kehren wir zu Nawalny zurück. Die Beweise für die Anschuldigungen, die beim Gericht von Kirow von der Staatsanwaltschaft vorgebracht wurden, sahen für Uneingeweihte alles andere als überzeugend aus. Dennoch erklärte das Gericht den Oppositionellen am 17. Juli 2013 für schuldig und verurteilte ihn zu fünf Jahren Freiheitsentzug in einer Besserungsarbeitskolonie mit allgemeinem Strafvollzug, also in einem ganz gewöhnlichen russischen Gefängnis, in dem normalerweise nur zwei Typen von Inhaftierten überleben: a) Menschen mit messianischem Bewusstsein, die Erniedrigungen als unabdingbaren Teil ihres Wegs zur Rettung des Landes und/oder der Menschen sehen – wie beispielsweise der Literaturnobelpreisträger und Autor des berühmten Buchs *Archipel Gulag* (1970) Alexander Solschenizyn, oder b) Lumpengestalten, denen ihr irdisches Dasein einerlei ist, jene, die sich am Rande der für diesen Soziotypus geltenden traditionellen Vorstellungen von Gut und Böse befinden – »Seelen, so zugrunde gerichtet, dass sie keinen Kummer mehr empfinden« (Joseph Brodsky).

Die Nachricht von Nawalnys realer Verurteilung rief beim RuBiBü Empörung hervor. Am Abend desselben Tages kamen ungefähr 20.000 Menschen zu einer ungenehmigten Protestaktion an der Staatsduma in Moskau zusammen. Der informelle Slogan dieser Aktion war: »Freiheit für Nawalny!« Doch noch vor Beginn der Aktion um 19 Uhr brachte niemand anderes als die Staatsanwältin des Verwaltungsgebiets von Kirow (!) – ein praktisch beispielloser Fall für das russische Rechtssystem der Gegenwart – ihren Protest gegen die Verhaftung Nawalnys zum Ausdruck und forderte die Freilassung des Oppositionellen bis zum Berufungsverfahren, das für den 9. Oktober angesetzt worden war. Und – o Wunder! – bereits am 18. Juli gelangte Nawalny auf freien Fuß.

Zurück in Freiheit verkündete der Oppositionelle auf den Stufen des Gerichtsgebäudes, er verdanke seine unerwartete Freilassung den russischen Bürgern, die an der Staatsduma demonstriert hätten. Das war natürlich ein Bluff: Die Entscheidung, Nawalnys Status eilig zu überprüfen und einen staatsanwaltschaftlichen Protest einzulegen, war bereits getroffen worden, als die Massenaktion begann. Der bekannte russische Blogger hat seine Freiheit ausschließlich zwei russischen Bürgern zu verdanken: Wjatscheslaw Wolodin und dem Bürgermeister von Moskau Sergei Sobjanin.

Im Juni 2013 hatte Sobjanin nämlich unerwartet seinen Rücktritt vom Amt des Bürgermeisters eingereicht, um damit gesetzlich eine vorzeitige Neuwahl des Moskauer Oberhaupts zu provozieren. Auf diese Weise wollte er seine Legitimität unter den Bedingungen der Wiedereinführung direkter Wahlen innerhalb der Föderation festigen. Denn der Bürgermeister Sobjanin war im Unterschied zu seinem Vorgänger Juri Luschkow, der die russische Hauptstadt von 1992 bis 2010 regiert hatte, nie gewählt worden. Die Moskauer Stadtduma (das Parlament der Stadt und der Region) hatte ihn 2010 auf Vorschlag von Dmitri Medwedew dazu ernannt.

So hatte Sobjanin also die Wahlen provoziert, um nicht mehr nur ernannter, sondern gewählter Stadtchef zu sein. Und damit die Wahlen ehrlich aussahen, oder vielleicht für die Schaffung der Illusion von Transparenz des Wahlvorgangs, brauchte er einen Gegner, der sich außerordentlicher Beliebtheit beim Moskauer RuBiBü erfreute: Alexei Nawalny. Schließlich hatte dieser Mann die virtuellen Bürgermeisterwahlen Moskaus gewonnen, die Ende 2009 von der Zeitung *Kommersant* und dem Internetportal Gazeta.ru ausgerufen worden waren.

Hier hatte auch Wjatscheslaw Wolodin seine Chance gewittert. Seine Ziele deckten sich mit denen von Sobjanin, wenn auch nur teilweise. Er wollte nicht nur die aktuelle Machtlage in der Hauptstadt legitimieren, sondern Sergei Sobjanin auch von dem Gedanken abbringen, Ministerpräsident des Landes (zum Beispiel 2015) und Nachfolger von Wladimir Putin (2018) werden zu wollen. Denn inoffiziell hält man offensichtlich immer noch Dmitri Medwedew für den Nachfolger, wenn auch kaum jemand an seine triumphale Rückkehr in den Kreml zum Ende der jetzigen Periode von Putins Regentschaft glaubt. Nach der gewonnenen Wahl müsste Sobjanin bis September 2018 auf seinem Stadtchefsessel auf der Twerskajastraße 13 bleiben, sonst würden die nörglerischen Moskauer, die ihm das Machtmandat für eine fünfjährige Frist erteilt haben, das einfach nicht verstehen und beleidigt sein. Allein dieser Umstand würde den Stadtchef von politischen Plänen im föderalen Maßstab und unausgereiften Ambitionen abbringen.

Deswegen also wurde Alexei Nawalny schnellstens aus der Gefängniszelle geholt. Danach tat man alles, um seine Registrierung als Kandidat für das Bürgermeisteramt zu ermöglichen: Neunundvierzig kommunale Abgeordnete der Partei »Einiges Russland« gaben ihm ihre Unterschrift und ermöglichten ihm damit, diesen trickreichen »munizipalen Filter«[3] zu durchdringen.

Zwei Monate lang, von Anfang August bis zum 8. September 2013, führte Nawalny einen profilierten und lautstarken Wahlkampf nach amerikanischem Modell. Aber nicht nur das. Unterschwellige Hauptidee des Wahlkampfs war die These: Wer nicht für uns ist, ist gegen uns. Die Bürgermeisterwahlen selbst stellte der Stab des wichtigsten Oppositionellen als letzte Schlacht des Guten gegen das Böse dar, als eine Art »Armageddon light«: Nawalny als Überbringer der lichten Kräfte kämpft gegen den kollektiven Luzifer in Person des russischen Präsidenten Putin und des Bürgermeisters Sobjanin. Eigentlich war es nicht die Position des Stadtchefs, für die Nawalny in jenen Monaten kämpfte, und auch nicht das Recht, in Freiheit zu

---

[3] Bewerber zu den Bürgermeisterwahlen in Moskau müssen sich die Unterstützung von 6 Prozent der Stadtabgeordneten sichern, um eine Kandidatur zu erlangen. Anm. d. Ü.

bleiben, nachdem er dem Gefängnis wegen der zweifelhaften Strafsache »Kirowles« entkommen war, sondern es war der Kampf um den Status des einzigen, alternativlosen Anführers der Opposition.

Seine Anhänger hat Nawalny nach dem klassischen Prinzip einer totalitären Sekte in Reih und Glied gebracht. Für sie ist er nicht nur ein Politiker, der sich an den Wahlen und/oder an Protestaktionen beteiligt. Er ist der Messias, der allmächtig, grundgütig und unfehlbar ist. Sein Programm ist die wundersame Rettung Russlands im Ganzen und jedes Adepten individuell, die sich mit Nawalnys Machtantritt vollziehen wird. Keinen Tag früher, aber auch nicht eine Stunde später. Dann werden die Anhänger des Führers – und nur sie – in das himmlische Neue Russland aufsteigen, in dem Politologen an wilde Tiere im Zoo verfüttert werden, zum Vergnügen der Kinder (ein solcher Vorschlag war vom Stab des Top-Oppositionellen während des Wahlkampfs zu hören, wonach ich mich augenblicklich vom Status eines Politologen lossagte – man will ja nicht mit seinem eigenen Körper die armen Tiere vergiften, die es in der Unfreiheit schon schwer genug haben).

Die Mobilisierung der totalitären Sekte im Laufe eines längeren Zeitabschnitts kann man nur im Zustand einer Massenpsychose unterstützen. Diese wird vom Predigerführer im Grunde auch generiert. Eine solche Art von Psychose verwandelt seine Anhänger in eine Masse (nach Freud), für die wie auch immer geartete rationale Argumente keine Bedeutung haben. Der Führer hat gesprochen – also ist es so. Ohne Rücksicht auf die Gesetze des Staates, der Politik oder/und der Physik.

Für die gewöhnliche demokratische Politik nach europäischem Muster ist Sektierertum eher schlecht. Denn diese Herangehensweise schränkt die Wählerbasis des charismatischen Führers stark ein. Aber in unserer Situation in der Russischen Föderation, die nicht sonderlich demokratisch ist, hat die totalitäre Sekte als Modell einer politischen Organisation ihre Vorteile. Um den Prozess eines Machtwechsels in einem (halb-)autoritären Staat in Gang zu bringen, braucht man oft einen tragischen exzessiven Detonator, so etwas wie die Selbstverbrennung des Obsthändlers in Tunis im Dezember 2010. Und für die Planung und Durchsetzung dieser Art von Exzess sind Sekten-Zombies weitaus passender als selbstständig denkende, verantwortungsvolle Bürger.

Für die Lenkung der Sekte der Zeugen Nawalnys (nennen wir sie vorläufig so) werden alle möglichen Standardtechniken angewandt, zum Beispiel:

- eine genaue Trennung der gesamten Menschheit in zwei Klassen: die höhere (Sektenmitglieder) und die niedere (diejenigen, die A.N. nicht unterstützen);

- die Verleihung einer moralischen Dimension an außermoralische Dinge: So haben mir einige aktive Mitglieder der Sekte persönlich mitgeteilt, dass ich eine Gemeinheit begehe, wenn ich nicht für ihr Idol stimme; das heißt dann wohl, mein verfassungsmäßiges Recht, den zu wählen, den ich möchte, gilt unweigerlich als amoralisch;

- der unter aktuellen und potenziellen Sektierern kultivierte Schuldkomplex gegenüber dem Führer – sollte das Urteil in der Sache »Kirowles« erneut anklägerisch sein, dann sind wir alle schuld, weil wir bei den Wahlen versagt und unserem Idol nicht ausreichend geholfen haben.

- Und was soll man noch zum Text folgenden Flugblatts sagen: »Bist du normal, ist Nawalny deine Wahl. Wählst du ihn nicht, bist du nicht dicht.«

Damit ist klar, dass man versucht, uns eine neue Ausgabe von Boris Jelzin – Wladimir Putin anzudrehen. Einen einzigartigen Anführer, der dazu berufen ist, in der superpräsidialen Republik an die Macht zu kommen, wo das Staatsoberhaupt de facto (wenn auch nicht de jure) die drei Machtstränge in seinen Händen konzentriert: die Exekutive, die Legislative und die Judikative.

Falls ich mich noch einen politischen Analytiker nennen kann, dann bin ich verpflichtet, die Situation nicht einen, sondern zwei Schritte im Voraus zu kalkulieren. Ja, man kann die Opposition um eine starke Figur herum konsolidieren – wie war das noch mit, sagen wir, Boris Jelzin 1989 bis 1991? Und was dann? Was kommt hinter der nächsten Kurve? Wieder dasselbe? Wie bei einem klassischen Alkoholiker (womit ich hier keineswegs Jelzin meine): Phase der Euphorie – Phase des Schlafs – Phase der Ernüchterung und Depression?

Wo sind heute die Demokraten, die vor mehr als zwanzig Jahren geschrien haben »Jelzin oder die Katastrophe!«? Wo sind die aufgeklärten Konservativen, die Putin Anfang des 21. Jahrhunderts für einen russischen Pinochet der kommunistischen Hinterlassenschaft hielten? Jetzt hassen sie das Regime von Jelzin und Putin und suchen nach einem neuen Führer, der endlich alles richten wird.

Nachdem wir die nach Schema F gedrehte, ermüdende Thriller-Serie *Russische Geschichte* gesehen haben, in der Gewalt und Rechtlosigkeit herrschen, sollen wir nun die Folge n+1 sehen. Das Drehbuch ist das Gleiche, es wurden nur neue Techniken verwendet, und man braucht eine 4-D-Brille. Doch wie attraktiv diese Zauberbrille auch sein mag, möchte man die Welt doch durch einfaches Glas betrachten, nachdem man dem verrauchten historischen Filmtheater für immer entkommen ist – selbst wenn es draußen in Strömen regnet.

Ich weiß, dass der Westen heute an der Figur Nawalny kein geringes Interesse hat. Dass ihn viele Politiker, Experten und Beobachter als russischen Anführer betrachten, der eine qualitative Alternative zu Wladimir Putin darstellt. Ist das kein gefährlicher Irrtum? Als ein Mensch, der diesen Politiker zwar nicht näher, aber verhältnismäßig lange (seit 2006) kennt, möchte ich gern folgende wichtige Dinge anmerken.

Alexei Nawalny ist zweifellos ein in vielerlei Hinsicht außergewöhnlicher Mensch. Er ist stark, klug, verfügt über eine beachtliche politische Intuition und ein herausragendes Charisma. Der Beweis dafür ist der Ausgang der Bürgermeisterwahlen in Moskau am 8. September, bei denen Nawalny souverän den zweiten Platz nach Sobjanin einnahm, indem er 27,24 Prozent der Stimmen erhielt. Er ist erst 37 Jahre alt, wurde 1976 in der Familie eines Offiziers im Dorf Butyn bei Moskau geboren. Er kann kein Sprössling der Nomenklatur genannt werden. Nawalny ist ein klassischer Selfmademan, der unter den schwierigen Bedingungen des modernen Russland, in dem die Fahrstühle einer vertikalen sozialen Mobilität an Lähmungserscheinungen leiden, alles (oder fast alles) aus eigener Kraft erreicht hat. Wenn ihm von bekannten und einflussreichen Menschen hinsichtlich seiner politischen Karriere geholfen wurde, dann dank seines Charmes und nicht aus anderen Gründen wie Verwandtschaft oder persönlichen Verpflichtungen.

Nawalny hat eine ganz ordentliche Bildung. Er besuchte zwei russische Hochschulen – die Lumumba-Universität und die Finanzakademie. 2010 studierte er ein halbes Jahr in den USA an der Yale University. Dabei bekam er ungeachtet seiner kurzen Studienzeit dort den formalen Status eines Yale-Fellows – Mitglied des Clubs der ehemaligen Studenten von Yale.

Gleichzeitig weist Alexei Nawalny ganz eindeutige Anzeichen von Soziopathie auf. Für ihn sind nicht persönliche Beziehungen, sondern nur pragmatische Interessen wichtig. Nur zwei Subjekte haben für den heutigen Oppositionellen Nummer eins wirklich eine Bedeutung – er selbst und die Macht. Die begehrte Macht, für deren Besitz er wirklich bereit ist, viel zu geben, wenn nicht alles.

Nicht zufällig wurde der Top-Oppositionelle dafür kritisiert, dass er kein detailliertes Wahlprogramm oder eine Ideologie vorzuweisen hat. Er kann sie auch gar nicht haben. Denn alles Fixierte, alles Feste, alles unumkehrbar Formulierte bindet ihm Arme und Beine im Kampf um die Macht. Das wichtigste Postulat für Nawalny ist: Erst einmal stoßen wir das blutrünstige Regime Putins vom Thron und nehmen uns die Macht, und dann sehen wir weiter.

Viele Arrestanten des »Sumpf-Prozesses« konnten nur staunen: Warum lässt Nawalny ihnen und ihrem dramatischen Schicksal nicht die gebührende Aufmerksamkeit zukommen? Schließlich haben sie als Statisten des geheimen radikalen Aktionsszenarios vom 6. Mai 2012 viel Leid ertragen, das nicht zuletzt vom künftigen brutalen Mitbewerber um den Posten des hauptstädtischen Bürgermeisters erdacht worden war.

Ich würde auf diese Frage folgendermaßen antworten: Alexei Nawalny möchte als Pragmatiker und Soziopath nicht, dass die Aufmerksamkeit der oppositionellen Öffentlichkeit und des Russischen Bildungsbürgertums RuBiBü im Ganzen von ihm auf irgendjemand anderen schwenkt, einschließlich der Arrestanten des »Sumpf-Prozesses«. Je länger der Prozess in der »Sumpf-Strafsache« anhält und je härter die Strafen ausfallen, umso leichter wird Nawalny wieder einmal die totalitäre Sekte seiner Anhänger für die Fortsetzung des Kampfes um seine geliebte Frau – die Macht – mobilisieren können.

Die erste Perestroika von Michail Gorbatschow brachte uns einen alternativlosen Oppositionsführer – Boris Jelzin. Für ihn waren wir Ende der 1980er-, Anfang der 1990er-Jahre bereit, durchs Feuer zu gehen. Danach mussten wir uns davon überzeugen, dass wir uns mit eigenen Händen ein autoritäres, korrumpierbares oligarchisches Regime an den Hals geschafft hatten, das den heute vielen verhassten Wladimir Putin hervorbrachte.

Die zweite Perestroika von Wladimir Putin bietet eine neue Verführung – Alexei Nawalny.

Russland jedoch braucht keinen neuen Führer. Russland braucht eine parlamentarische Demokratie nach europäischem Muster, in der legale und legitime und bei regelmäßigen Wahlen austauschbare politische Institutionen regieren, keine bis zur Alternativlosigkeit exklusiven charismatischen Führer und von ihnen geschaffene Sekten.

Der Mechanismus einer ständigen Wiederaufbereitung des typisch russischen Autoritarismus muss gestoppt werden. Nawalny könnte ein guter Leiter eines staatlichen Konzerns wie Gazprom werden (der Diebstahl würde sich unter ihm deutlich verringern) und ein hervorragender Chef einer starken parlamentarischen Fraktion, vielleicht sogar das Oberhaupt einer Koalitionsregierung in einer parlamentarischen Republik. Aber kein Präsident des Typus Jelzin/Putin, Gott bewahre.

Darüber sollte man sich schon jetzt Gedanken machen, nicht nur in Russland, sondern auch innerhalb der Kreise im Westen, die sich für Russland interessieren.

Kapitel 22
Der Zusammenbruch der Oeconomia putina: wie und wann?

In absehbarer Zeit kommen auf Russland ernsthafte wirtschaftliche Probleme zu. Davor haben Experten, zu denen auch der Autor dieser Zeilen gehört, seit 2004/2005 gewarnt. Doch die herrschende russische Elite hat diese Warnungen nicht ernst genommen: Sie meinte, man könne mit dem steigenden Ölpreis alles überdecken, abdecken und abschreiben – für zwanzig bis dreißig Jahre im Voraus.

Eine gewisse Ernüchterung setzte erst im Herbst 2008 ein, als die weltweite Wirtschaftskrise einsetzte und Russland besonders hart traf. Mittlerweile kostet das Öl wieder verhältnismäßig viel, aber den russischen Eliten ist nun klar, dass das Ende nicht mehr lange auf sich warten lässt. Wladimir Putin muss weise genug sein, nicht länger als bis 2018 auf seinem Posten zu bleiben. Dann bleibt ihm die Möglichkeit, den Zusammenbruch der Wirtschaft auf kommende Machthaber abzuwälzen. Die Frage ist nur: Weiß er das? Im Hinblick auf seine Aktionen und Entscheidungen können daran Zweifel entstehen.

Bevor wir näher auf den möglichen Zusammenbruch eingehen, sollten wir genauer klären, was sich hinter der »Oeconomia putina« verbirgt. Der Begriff ist selbstverständlich relativ. Die Ausbildung dieses postsowjetischen Wirtschaftmodells begann bereits Anfang der 1990er-Jahre unter Boris Jelzin. Seine endgültigen Züge hat es jedoch erst unter dem zweiten russischen Präsidenten angenommen.

Die Oeconomia putina hat zwei wesentliche Eigenschaften. Erstens handelt es sich dabei um eine Chaljawa-Wirtschaft. Das Wort *chaljawa* habe ich bereits im Kapitel 1 erläutert. Jeder Russe versteht es ohne weitere Erklärungen – wahrscheinlich weil es ihm bereits in Fleisch und Blut übergegangen ist. Zweifellos hat es seinen Ursprung im russischen Volksmärchen, wo für wirtschaftliche Fragen ein Wundertischtuch verantwortlich war, das seine Besitzer kostenlos mit Essen versorgte. Dort gab es auch einen Ofen, von dem die Märchenfigur Jemelja nicht einmal herunterzurutschen brauchte, wenn er folgenreiche Entscheidungen treffen musste. Mit einem schnöden juristischen Wörterbuch könnte man *chaljawa* als »unberechtigte Bereicherung« bezeichnen. In der Oeconomia putina ist man gewohnt, ein Ergebnis ohne reale geistige oder physische Anstrengungen zu erreichen. Die Schritte, die eine solche Investition erforderlich machen, werden einfach nicht unternommen.

Zweitens handelt es sich um eine Korruptionswirtschaft. Die wichtigsten wirtschaftlichen (und sie befördernden politischen) Entscheidungen werden ausschließlich dann getroffen, wenn es viel zu stehlen gibt. Gibt es nichts zu stehlen, wird keine Entscheidung getroffen, oder sie wird auf die lange Bank geschoben. Hier begegnet uns wieder der Begriff ROS – RASPIL (Um- und Neuverteilung), OTKAT (Cashback) und SANOS (Bakschisch).

Die Oeconomia putina erschafft nichts, sondern verteilt. Die unerschöpfliche Quelle der zu verteilenden Güter ist der russische Staat. Der Gegenstand der Bemühungen der Oeconomia putina ist die Verwertung des Erbes der UdSSR, denn nach dem Zusammenbruch der Sowjetunion ist auf russischem Territorium in Wirtschaft, Infrastruktur, Wissenschaft oder Technik nichts Wesentliches geschaffen worden.

Gelenkt wird die Oeconomia putina durchaus nicht vom Staat, wie viele Westeuropäer fälschlicherweise meinen, die zu oft eigene und russische Zeitungen gelesen haben. Der Staat ist in diesem Zusammenhang Ressourcenquelle und ein Mechanismus der Beschaffung von Einkünften aus Korruption, aber keineswegs ein vollwertiges Subjekt, das dazu berufen und in der Lage ist, Entscheidungen im eigenen (das heißt, im nationalen) Interesse zu treffen. In der Oeconomia putina geben zwei Kategorien von Menschen den Ton an:

- die Geldzerstückeler, die für die Verteilung der Mittel, ihre Instrumentalisierung und Proportionierung zuständig sind, und
- die Wachmänner, die das Zerstückelte hüten (oder die vom Zerstückelten verbleibende Illusion eines materiellen Nutzens).

Beide Tätigkeiten sind recht simpel. Sie basieren auf der Annahme, dass der Mensch jeglichen Wohlstand durch *chaljawa* bekommt und dass für die Erlangung von Wohlstand weder eine ernst zu nehmende Bildung noch eine kontinuierliche Tätigkeit vonnöten sind. Man muss nur zur rechten Zeit am rechten Ort sein, zum Beispiel durch Vermittlung eines Cousins dritten Grades den Stellvertreterposten des Direktors von Gazprom einnehmen und für den Kauf von Pflanzenfetten verantwortlich sein.

Das eigentliche Tandem, das Russland heute regiert, sind nicht Putin und Medwedew. Alles wird im Hintergrund vom universellen und allgegenwärtigen Bündnis der Geldzerstückeler und Wachmänner bestimmt. Der Zerstückeler stückelt, der Wachmann wacht. Was er bewacht, könnte er selbst nicht erklären, selbst wenn er der artikulierten Rede mächtig wäre, was im Falle von Wachmännern eine Seltenheit ist. Aber darauf kommt es auch nicht an. Wichtig ist nur sein exklusiver Status im Machtsystem.

An jedem Eingang zu einem teuren Moskauer Restaurant steht ein Wachmann. Sein Gesicht drückt ungewöhnlichen Stolz aus. In diesem Gesicht kann man Antworten auf alle möglichen Fragen finden, ausgenommen einer: Was machst du hier, altes Haus? Was willst du hier? Vor den besten Restaurants der westlichen Welt findet man keinen Wachmann vor dem Eingang. Das heißt, wenn es ein Problem geben sollte, ruft man die Polizei, weil man weiß, dass sie kommen und das Problem auch ohne zusätzliche materielle Stimulierung lösen wird.

Der Wachmann von Russland löst das Sicherheitsproblem nicht, genauso wenig wie der vor einem Restaurant. Wenn es beispielsweise zu einer Prügelei kommt, erinnert er sich sofort daran, dass die Gesetzgebung der Russischen Föderation ihm eine Einmischung nicht gestattet, damit er die Menschenrechte nicht verletzt. Er steht am Eingang, um mit seinem argwöhnischen Überlegenheitsblick Kunden abzuschrecken. Er zeigt demonstrativ, dass das von ihm bewachte Restaurant zur Nahrungsaufnahme nicht geeignet ist und das bewachte Land (die Russische Föderation) nicht zum Leben. Sollten Sie irgendwelche menschlichen Bedürfnisse haben, einschließlich des Gefühls von Würde, dann sollten Sie einen anderen Ort aufsuchen.

Die Oeconomia putina liebt schwer realisierbare Projekte mit riesigen Budgets. Der Grund dafür liegt auf der Hand: Je umfangreicher das Budget, umso mehr gibt es zu stehlen. Die Geldquelle wiederum ist in der Regel der Staat, dem es de facto an einem Subjekt mangelt und der deswegen alles erträgt.

Nach Einschätzung gut informierter Experten betragen die Ausgaben für die Olympischen Winterspiele 2014 in Sotschi insgesamt 60 Milliarden Dollar. Zum Vergleich: Die vorangegangenen Winterspiele in Vancouver haben weniger als 2 Milliarden Dollar gekostet und waren damit 30 (!) Mal billiger.

Warum ist Sotschi so teuer? Weil es sich dabei um eine subtropische Stadt handelt, die zwischen Bergen und dem Meer eingeklemmt und objektiv ungeeignet für die Veranstaltung von Winterspielen ist.

Aber der russischen Regierung unter Putin wurde das erst Anfang 2013 klar, ein Jahr vor der geplanten Eröffnung der Olympiade (sie soll am 6. Februar 2014 beginnen).

Anfang Februar 2013 kam unser Held höchstpersönlich nach Sotschi, um das Gefühl tiefster Befriedigung daraus zu schöpfen, dass die Stadt für die Spiele bereit ist. Stattdessen fühlte er etwas völlig anderes. Es zeigte sich beispielsweise, dass die Baukosten für viele Objekte im Vergleich zur ursprünglichen Kalkulation um das Fünf- bis Achtfache gestiegen waren. Abgesehen von den finanziellen gibt es auch schwer lösbare Probleme mit der Infrastruktur.

Nach diesem allerhöchsten Besuch erklärten viele einflussreiche, mit der Angelegenheit betraute Personen – unter ihnen der Großunternehmer Wladimir Potanin, der ehemalige Finanzminister Alexei Kudrin und der Vize-Ministerpräsident der Regierung der Russischen Föderation Dmitri Kosak –, die Zukunft der Sportanlagen von Sotschi sei unklar, der Bau vieler Objekte sei bereits eingefroren, habe sich als unzweckmäßig oder als übermäßig verlustbringend erwiesen.

Wladimir Potanin, Präsident der Holding Interros, der sich um den Bau der Abfahrtstrecke Rosa Chutor kümmert, erklärte: »Auf einmal hat sich herausgestellt, dass es hier Berge gibt, dass es hier einen Erdrutsch gibt und dass die mittlere Tiefe, zu der man vordringen muss, um den Stützpfeiler aufzustellen, zwei bis drei Meter beträgt, an manchen Stellen sogar bis zu neun Meter. Das ist die Spezifik des Bodens.«

Kosak beschwerte sich, dass vor dem Bau der Sprungschanze eine spezielle geologische Aufnahme gemacht wurde und sich (sechs Jahre nach der Entscheidung für Sotschi als Austragungsort der Olympiade!) herausstellte, dass Sotschi über eine sehr komplizierte geologische Struktur verfügt – die Berge fallen zum Meer hin steil ab, es gibt viele Sümpfe, kleine Flüsse und unterirdische Gewässer. Dadurch besteht eine große Senkungs- und Absturzgefahr. Nicht ohne Grund gibt es in dieser Gegend von alters her nur einen schmalen Landstreifen entlang des Meeres.

Der Vertreter eines weiteren großen Beteiligten am Drama von Sotschi, die Firma Basowy Element (die dem Mitglied der Jelzin-Familie und Milliardär Oleg Deripaska gehört), bezeichnete die Fehlkalkulationen als »objektive Gründe«: »Die Erhöhung der Ausgaben ergab sich aus objektiven Gründen, weil es bei der Projektierung und Planung der Arbeiten zu Fehlern gekommen war.«

Kudrin räumte ein, dass viele Investoren Sotschi bereits aufgeben: »Der Enthusiasmus vieler Firmen war am Anfang groß. Jeder wählte sich irgendeine Bau-Insel, irgendwelche Sportarten und Baugrundstücke und meinte, er bringe sich für die Zukunft der olympischen Bewegung ein. Vielleicht hat sich niemand alle Schwierigkeiten auf diesem Weg vorstellen können, die unter anderem beim Zusammenwirken und der Organisation solcher riesigen Komplexe und Baustellen entstehen.«

Eingestellt wurde der Bau einer ganzen Reihe von Hotels – und Sotschi wird möglicherweise vor dem riesigen Problem stehen, wo es seine Gäste und Sportler unterbringen will. Nach und nach werden die Bauarbeiten an den Häfen eingestellt, an deren Wirtschaftlichkeit man vorher ebenfalls nicht recht gedacht hatte. Nach Sotschi bringt man Waren besser auf dem Luftweg oder mit der Eisenbahn. Völlig unklar ist außerdem, was man mit all den Bauten nach der Olympiade anfangen soll. Die Investoren fordern bereits Steuervergünstigungen, es gibt einfach niemanden, dem man den gebauten Wohnraum verkaufen könnte – die Preise sind exorbitant, und Arbeit gibt es in Sotschi nicht einmal für diejenigen, die dort schon lange leben. Auf den Baustellen wurden alle von Gastarbeitern verdrängt. Viele Gebäude wurden immer noch nicht fertig gebaut.

Mehr noch: Wie sich »plötzlich herausstellte« (was in der Oeconomia putina oft vorkommt, weil eine strategische Planung auf allen Beinen hinkt oder völlig fehlt), wird es in der Stadt während der Olympiade keinen Strom geben. Dazu sagte der ehemalige Minister Boris Nemzow, der in Sotschi geboren, aber nicht Bürgermeister der Stadt wurde:

In der Stadt fällt schon seit vielen Jahre ständig der Strom aus ... Die Gründe dafür sind mangelnde Kapazitäten, alte Leitungen und ständige Einstürze auf dem Gebirgspass Drushba-Sotschi.

Im Wissen darum wollte die Regierung in Adler ein Wärmekraftwerk mit einer Kapazität von 360 Megawatt bauen, das Wärmekraftwerk von Sotschi modernisieren und dabei seine Kapazität auf 160 Megawatt erhöhen und in Kudepsta ein Wärmekraftwerk mit 360 Megawatt bauen. Die ersten beiden wurden gebaut ... Also liegt die Kapazität jetzt bei 540 Megawatt.

Die Stadt verbraucht zu Spitzenzeiten ungefähr 500 Megawatt. Im Prinzip sind die beiden Kraftwerke für die Stadt ausreichend. Aber nur, wenn man die olympischen Objekte nicht mit einrechnet. Die olympischen Objekte sind wahnsinnige Energiefresser. Sie verbrauchen über 650 Megawatt, also mehr als die gesamte Stadt mit ihren 500 000 Einwohnern. Auf diese Weise wird man während der Olympiade und auch danach über 1100 Megawatt verbrauchen. Die eigenen Kapazitäten reichen nicht einmal für die Hälfte.

Selbst wenn ein Wunder geschieht und man das Wärmekraftwerk von Kudepsta bauen sollte, wogegen sich Umweltschützer und die Bewohner der Stadt aussprechen, reicht das System nicht aus, und man wird Strom von außen über den Gebirgspass Drushba–Sotschi benötigen. Im Februar gibt es wegen der starken Winde und Vereisungen auf dem Gebirgspass ständig Einstürze – das ist der Grund für den regelmäßigen Stromausfall.

Damit ist folgendes Szenario am wahrscheinlichsten: Wegen der fehlenden Kapazitäten wird man in der Stadt während der Olympiade im Dunklen bei Kerzenlicht sitzen, während die Wärmekraftwerke von Sotschi und Adler die Olympiade ausleuchten. Aber Sotschi ist noch nicht einmal die größte Finanzkatastrophe in Putins Russland. 2007 vereinbarten der damalige russische Präsident Dmitri Medwedew und der Verteidigungsminister Anatoli Serdjukow ein Programm für die Neubewaffnung der russischen Armee – zu Kosten von 23 Trilliarden Rubel, also fast 600 Milliarden Euro. Worin das Programm bestehen soll, wurde bisher nicht verlautbart. Aber eines ist klar: Das hehre Ziel, den militärisch-industriellen Komplex des untergegangenen Imperiums zu erneuern, kann nicht erreicht werden, weil die russische Rüstungsindustrie hoffnungslos veraltet ist und keine moderne Technik herstellen kann. Beispiel dafür sind die zahlreichen glücklosen Starts von brandneuen Weltraumsputniks, welche die sowjetische Technologie in einer unverhohlen parodistischen Variante beerbt haben, sowie der skandalösen Rakete *Bulawa,* über die man nur gleichzeitig lachen und weinen kann.

Alternativlos werden die 600 Milliarden Euro also für den Import von Waffen ausgegeben, die man in den USA und den EU-Ländern kaufen wird, vor allem in Deutschland und Frankreich.

2010 hat Russland bereits für einen solchen Präzedenzfall gesorgt. Es kaufte von Frankreich vier *Mistral*-Korvetten. Nach einer der Versionen, die Licht ins Dunkel bringen sollen, wollte Dmitri Medwedew Nicolas Sarkozy damit helfen, die Wahlen in Frankreich 2011 zu gewinnen – der französische Präsident sollte die Werft in Nanterre, wo *Mistral* hergestellt wird, mit Arbeit überhäufen. 2012 stellte sich dann heraus, dass es in Russland für die *Mistral*-Korvette schlicht an Brennstoff fehlt. Dieser kann nur in Frankreich gekauft werden, wo mittlerweile Sarkozys ehemaliger Konkurrent, der Sozialist François Hollande, Präsident ist.

Vor diesem Hintergrund wirkt der Versuch des Beauftragten für die Rechte Minderjähriger in Russland, Pawel Astachow, einem ehemaligen Anwalt vieler Popstars, an die 20 Milliarden Dollar für die Umsetzung eines Verbots der Adoption russischer Waisen durch Ausländer zu erhalten, nicht mehr ganz so seltsam.

Bei alldem ist die Oeconomia putina nicht einmal Herr ihrer selbst. Sie wird durch zwei äußere Parameter bestimmt, auf die Russland keinen Einfluss nehmen kann:

- durch den Ölpreis und
- durch die Höhe ausländischen Spekulationskapitals innerhalb des russischen Finanzsystems.

Während der Krise 2008, als der Ölpreis von 120 auf 60 Dollar pro Barrel sank, bildete sich im russischen Staatshaushalt recht bald ein Loch von 100 Milliarden Dollar. Die panische Flucht der spekulierenden Investoren führte zu einem Sturz der russischen Fondsindexe um ungefähr das Dreifache.

Russische Experten aus dem Regierungsumfeld – zum Beispiel das sogenannte Zentrum für strategische Entwicklungen, das 1999 zur intellektuellen Betreuung der herrschenden Elite aus Putins Generation gegründet worden war – mahnen in einem fort, dass der Einbruch des Ölpreises auf dem Weltmarkt unter 80 Dollar pro Barrel zu einem Zusammenbruch der Wirtschaft des Landes führen wird. Also nicht nur zu einer weiteren Krise, sondern zu einem richtigen Zusammenbruch, weil die Reserven aus den Finanzfonds, die während der Regierungszeit von Wladimir Putin geschaffen wurden, in einem solchen Fall nicht ausreichen, um die Löcher im Staatshaushalt zu stopfen. Ganz zu schweigen von der Modernisierung der nationalen Infrastruktur (Straßen, Rohrleitungen und so weiter), deren Zustand mit jedem Tag beklagenswerter wird.

Dieser Ansicht schloss sich in letzter Zeit der berüchtigte Alexei Kudrin an, der ungeachtet seines Rücktritts aus der Regierung Ende 2011 allem Anschein nach Putins Freund und Vertrauter geblieben ist. Das von Kudrin geleitete »Komitee für zivile Initiativen« ist heute eine der wichtigsten Institutionen für das Alarmschlagen in putinnahen Kreisen. Von dort ist ein beständiges griesgrämiges Nörgeln zu vernehmen: Bald gibt es kein Öl mehr, und Russland und seine Wirtschaft sind darauf nicht vorbereitet. Es ist Zeit, Vernunft anzunehmen und unter anderem die wahnsinnigen und sinnlosen Ausgaben des Staatshaushalts zu kürzen, einschließlich des 600-Milliarden-Programms von Medewedew und Serdjukow. In der Tat: Warum sollte man die Armee neu bewaffnen, wenn sie immer weiter schrumpft wie Chagrinleder und dabei immer weniger militärische als vielmehr polizeiliche Funktionen übernimmt? Auf einen großen Krieg wird sich die russische Armee nicht mehr vorbereiten, dafür könnte die Niederschlagung von Unruhen der von Putins Regime enttäuschten russischen Bürger durch die Streitkräfte der Armee durchaus aktuell werden.

Experten zählen viele potenzielle Gründe für das Sinken des Ölpreises auf. Der wichtigste ist eine wahrscheinliche wirtschaftliche Instabilität der Europäischen Union und der Euro-Zone. Sowohl das Zentrum für strategische Entwicklungen als auch die Gruppe um Kudrin sind sich darin einig, dass zum Beispiel der Austritt Griechenlands aus der Euro-Zone und die Wiedereinführung der ursprünglichen Währung, der Drachme, das finanzwirtschaftliche System von Russland erschlagen könnten. Denn Europa ist der Hauptabnehmer russischer Energieressourcen, also der Ware, die das Land hauptsächlich exportiert. Deswegen wird jede wirtschaftliche Malaise Europas auch Auswirkungen auf Russland haben.

Dazu kommt die sinkende europäische Nachfrage nach Erdgas, an dem das gigantische und, wie Spezialisten meinen, völlig ineffektiv geleitete Unternehmen Gazprom das Liefermonopol ins Ausland hält. Die Gewinne dieser Korporation, die als »nationales Eigentum« und Stolz der gesamten Oeconomia putina gilt, sind 2012 um 15 Prozent gesunken. Ihr Anteil am europäischen Markt ging von 27 auf 25,6 Prozent zurück. Dieser Trend ergab sich gleich nach der Krise von 2008 und ist scheinbar unumkehrbar.

Die langfristigen Verträge mit dem russischen Monster sind für die europäischen Verbraucher immer unbefriedigender: Mittlerweile ist es bereits vorteilhafter, das »schwarze Gold« auf dem sogenannten Spotmarkt zu kaufen (also mit kurzen Erfüllungsfristen). Immer größere Konkurrenten für Gazprom sind mittlerweile Katar und Algir, die Europa mit Flüssiggas versorgen. Innerhalb der letzten vier Jahre ist der Anteil Norwegens am europäischen Gasmarkt um 15 Prozent gestiegen – nicht zuletzt wegen der skandalösen »Gaskriege«, die zwischen 2005 und 2010 von Gazprom mit recht unkonventionellen Methoden gegen die Transitländer Ukraine und Belarus geführt wurden. Auch die Entdeckung von großen Mengen an Schiefergas in den USA, dessen Selbstkostenpreis um ein Vielfaches unter dem der Lieferungen von Gazprom liegt – an die 110 Dollar für 1.000 Kubikmeter –, lässt an den Perspektiven Russlands als strategischer Energielieferant für den Westen starke Zweifel aufkommen.

Die Vereinigten Staaten von Amerika haben sich vom Importeur in einen selbstständigen Produzenten und Exporteur von Gas verwandelt, der in diesem Sinne das Interesse an dem fernen, erschlafften und in seinem politisch-wirtschaftlichen Verhalten nicht immer ganz angemessen agierenden Putin-Russland verloren hat. Und man muss schon der Oberste Geschäftsführer von Gazprom Alexei Miller sein, der 1991 bis 1996 Schlüsselwart von Wladimir Putins Privatsafe im Smolny war (dem Bürgermeisteramt von Sankt Petersburg), um das nicht zu verstehen.

Schlusseffekt der aktuellen Gazprom-Krise wurde die Einstellung der Erschließung des Stockmannfeldes in der Barentssee, der größten Lagerstätte in Europa, im Mai 2012. Zunächst hatte man den Beginn der Arbeiten auf 2018 verschieben wollen, und dann wurde alles gänzlich liquidiert. Der Grund für diesen verzweifelten Schritt liegt auf der Hand: Das Gas aus dem Stockmannfeld hatte man eigentlich in die USA liefern wollen, aber jetzt braucht man es dort nicht einmal mehr als Geschenk.

Unter Putin wurde keine einzige Erdgaslagerstätte nutzbar gemacht, mit Ausnahme des sogenannten Bovanenkowo-Gasfelds in Westsibirien. Aber mit dessen Erschließung hatte man bereits zu Zeiten von Boris Jelzin begonnen, als Gazprom von einer ganz anderen Mannschaft geleitet worden war, an deren Spitze der Gründer des russischen Gasmonopols gestanden hatte, der Ex-Ministerpräsident des Landes Viktor Tschernomyrdin.

Die 2005 angekündigten Pläne Putins, aus dem heutigen Russland eine »Energie-Supermacht« zu machen, die andere von Russlands Gas abhängig machen würde, sind gescheitert. Es ist kein Zufall, dass der Begriff »Energie-Supermacht«, den der Kreml und Gazprom Mitte des ersten Jahrzehnts des 21. Jahrhunderts mit heraushängender Zunge und hervortretenden Augen allen antrugen, mittlerweile aus dem Sprachgebrauch verschwunden ist.

Aber abgesehen von den genuinen russischen Kohlenwasserstoffen gibt es in der Oeconomia putina keine zuverlässigen Ressourcen. Schwierige technologische Systeme und Projekte sind hier nicht möglich, weil sich die aus Zeiten der UdSSR stammende technologische Haltbarkeit praktisch erschöpft hat. Ein charakteristisches Beispiel ist das Schicksal eines Projekts, das man 2006 und 2007 mit stolzgeschwellter Brust ausgiebig beworben hat: das Kurzstreckenflugzeug Suchoi Superjet 100.

Das Unternehmen, welches den Superjet herstellen sollte, wurde 2006 in Venedig gegründet, zusammen mit der italienischen Firma

Alenia Aeronautica. Der recht exotische Ort für den Flugzeugbau wurde, wie mir scheint, deshalb gewählt, weil die russischen Flugzeugbauer neuster Ausprägung es sich in Venedig einfach gut gehen lassen wollten.

Ich bin ziemlich oft in Venedig und beobachte alles aus nächster Nähe. Die Konstrukteure des Superjets mieteten massenhaft Büros, Wohnungen und Paläste an. Ohne ihr technologisches Bewusstsein wiedererlangt zu haben, gingen sie mittags und abends in den besten Restaurants speisen. Mein venezianischer Freund Rossano, Flugzeugingenieur seit fünfunddreißig Jahren, hat mit den Konstrukteuren des SSJ-100 fast ein Jahr zusammengearbeitet und dann die Flucht ergriffen. Er sagte damals etwa Folgendes zu mir: »Diese Leute werden das Flugzeug nicht bauen. Das Flugzeug interessiert sie überhaupt nicht, es ist etwas ganz anderes, was sie interessiert.«

Rossanos Prognose erwies sich als richtig. Im Mai 2012 stürzte das Flugzeug bei einem Probeflug nach Indonesien wegen des Versagens der Navigation ab und zerschellte an einem Berg. Es kamen fünfundvierzig Menschen ums Leben. Nach diesem Vorfall erteilten die vorrangigen Käufer des unheilvollen Pseudoflugzeugs dem Projekt eine Absage: die Fluggesellschaft Alitalia (ihr ursprüngliches Interesse an dem Superjet gründete auf einer vertraulichen Vereinbarung zwischen Wladimir Putin und Silvio Berlusconi) und Armavia, die staatliche Fluggesellschaft von Armenien. Auch die russische staatliche Fluggesellschaft Aeroflot möchte nun von der fliegenden Bastelarbeit Abstand nehmen; die sie kontrollierende russische Regierung hatte ihr den Superjet geradezu aufgezwungen. Nach Angaben von Aeroflot entfallen 40 Prozent aller Störfälle bei den Flügen der Gesellschaft auf das neue Kurzstreckenflugzeug russischer Erfindung und Herstellung.

Der größte potenzielle Kunde jedoch, die indonesische Kartika Airlines, die ganze dreißig Maschinen des SSJ-100 kaufen wollte, hörte vor kurzem ganz einfach auf zu existieren – wahrscheinlich vor

Schreck und aus Angst vor der Aussicht, Fluggeräte kaufen zu müssen, die eigentlich fluguntauglich sind.

Die Pläne für das neue Flugzeug sind nunmehr nichts weiter als ein schlechter Witz, der erneut bestätigt: In Russland gibt es keinen Flugzeug- oder Maschinenbau wie früher. Die Oeconomia putina musste alle hochtechnologischen Zweige vernichten und hat das praktisch auch geschafft. Denn das gehört zur Logik der Chaljawa-Wirtschaft.

Es gibt noch ein weiteres Prinzip der Oeconomia putina, über das zu sprechen sich lohnt. Da die Einnahmen aus den einträglicheren Branchen – Öl- und Gasförderung – zwischen einer kleinen Gruppe von Privatpersonen aufgeteilt werden, müssen die Ausgaben für die Modernisierung der nationalen Infrastruktur (Straßen, Rohrleitungen, kommunale Netze) auf die Bevölkerung abgewälzt werden, also auf die Durchschnittsverbraucher kommunaler Dienstleistungen. Diese Ausgaben sind jedoch riesig und wachsen immer weiter, weil die Infrastruktur, in die seit Leonid Breschnew, also seit dreißig Jahren, keine nennenswerten Gelder investiert wurden, einem völligen Kollaps nahe ist.

In Putins Russland steigen die kommunalen Tarife heftig an. 2012 beispielsweise stieg das Mietniveau in der nördlichen Hauptstadt Sankt Petersburg um 40 Prozent und in einigen Regionen an der Peripherie – dem Verwaltungsgebiet von Murmansk und in der Region Altai – um 226 (!) Prozent. Die Nachricht vom sprunghaften Anstieg der Tarife versetzte sogar Putin in Panik, der sich plötzlich (»plötzlich« ist das Schlüsselwort der Prognostiker der Oeconomia putina) bewusst wurde, dass das zahlungsunfähige Volk kurz davor stand, auf die Straße zu gehen. Der russische Präsident forderte, die kommunalen Preise müssten drastisch gesenkt werden. Allerdings ist äußerst zweifelhaft, ob irgendjemand diese Forderung umsetzen will und kann.

Der bekannte russische Wirtschaftswissenschaftler Nikita Kritschewski schreibt dazu:

Der Rückzug des Staates aus den Bereichen Wohnungsbau und kommunale Dienstleistungen ist einer der größten Misserfolge der liberal-ökonomischen Politik des neuen Russland. Nicht die Entstaatlichung des Eigentums, sondern die Privatisierung der vormals eindeutig staatlichen Funktionen ist die eigentliche Erklärung für den beklagenswerten Zustand des sozialen Klimas im Land.

Wie der glänzende US-amerikanische Ökonom Jeffrey Sachs richtig anmerkte, ist die Übergabe der Verpflichtungen für die Gewährung gesellschaftlich wichtiger Dienstleistungen an das Business »gleichbedeutend mit einer Umwandlung des staatlichen Monopols in ein privates Monopol, bei dem es keine Konkurrenz für die Dienstleistungen gibt«. Meine Herren Bürokraten, wenn das Volk demnächst massenhaft auf die Straße geht, wie es vor kurzem in Bulgarien der Fall war, dann werdet ihr nicht sagen können, man habe euch nicht gewarnt.

Präsident und Regierung sind ein Spielzeug in den Händen von Lobbyisten der Korporationen und korrupten Geschäftemachern auf allen Ebenen, die sich nur darum kümmern, dass ihre eigenen Taschen voll und die Oligarchen zufriedengestellt sind, von denen sie angemietet werden wie Prostituierte. Die beste Art, an Geld zu kommen – die Abgabenbesteuerung der gesamten Gesellschaft –, hat sich im Bereich der Wohnungsbau- und Kommunalwirtschaft voll entfaltet. Das Kalkül ist fehlerlos: Man kann zwar mit Ach und Krach auf viele Lebensmittel, Massenbedarfsgüter und Haushaltstechnik verzichten, nicht jedoch auf Wasser, Wärme und Strom. Die Zügel im kommunalen Bereich wurden denen überlassen, die dafür den höchsten Preis geboten haben.

Der jetzige Kollaps des Kommunalsystems geht einher mit einem demütigenden Verlust der führenden Position des Staates in den

Wechselbeziehungen mit den Geschäftemachern. Nicht umsonst wechseln in der Wortverbindung Public Private Partnership die beiden Seiten der Zusammenarbeit immer öfter ihre Position, und an der Spitze des Prozesses steht der profitsüchtige Geschäftsmann.

So ist es also um die Oeconomia putina bestellt.

Die 70 bis 80 Milliarden Dollar, die nach Angaben der Russischen Zentralbank jedes Jahr aus dem Land fließen, sind keine mystischen »ausländischen Investitionen«. Es sind die Mittel der Großunternehmer und der einflussreichen Beamten Russlands, die nicht glauben, dass ihre Heimat eine Zukunft und Perspektiven hat.

Und Putin? Er ist für all das verantwortlich. Je schneller er verschwindet, desto weniger Verantwortung wird er tragen müssen. Aber die Trümmer des Zusammenbruchs der Oeconomia putina werden auch Europa treffen, das ist offensichtlich.

Über den Autor

© Daniel Reiter

Stanislaw Belkowski ist einer der bekanntesten Politikanalysten Russlands sowie Berater und Redenschreiber für einige der prominentesten russischen Politiker. 2004 hat er das Institute for National Strategy gegründet. Der Buchautor und Politikexperte wurde im Westen durch seine kritischen Kommentare zum JUKOS-Skandal und dem damit verbundenen Prozess gegen Michail Chodorkowski bekannt. Er ist Ansprechpartner für viele westliche Medien. Seine Kommentare erscheinen u.a. bereits in *Der Spiegel, Die Welt, The New York Times* und *The Wall Street Journal.*

Namensregister

A

Abramowitsch, Roman 5, 89, 90, 91, 92, 93, 94, 97, 114, 115, 120, 134, 135, 136, 144, 145, 193, 206, 216, 219, 275, 282
Achmatowa, Anna 15, 29
Achmetow, Rinat 207
Aischylos 17
Aksakow, Iwan 109
Aksjonenko, Nikolai 89, 97
Akunin, Boris 328
Alchanow, Alu 183
Alechina, Maria 333
Alekperow, Wagit 275
Aleksanjan, Wassili 146, 147, 148, 149
Alexander I. 42, 237
Alexander II. 237
al-Gaddafi, Muammar 111
Anankina, Elena 62
Anissimow, Wassili 122
Anissina, Marina 257
Anna Pawlowna 41
Artemjew, Igor 302
Aschurkow, Wladimir 309, 311
Astachow, Pawel 45, 46, 357
Awen, Pjotr 82, 90, 115

B

Banga, Mobutu Sese Seko Kuku Ngbendu wa za 208
Barajew, Mowsar 177
Baresi, Franco 189
Barsukow, Michail 78
Bastrykin, Alexander 313, 338
Barthez, Fabien Alain 189
Baschajew, Sija 44
Bassajew, Schamil 159, 164, 166, 167, 174, 175, 179
Beauharnais, Joséphine 42
Belkowski, Stanislaw 1, 3, 210, 365
Bely, Andrei 29
Belych, Nikita 313, 337, 338
Beresowski, Boris 47, 82, 90, 91, 92, 97, 101, 107, 114, 115, 116, 117, 118, 120, 121, 122, 123, 125, 126, 127, 131, 132, 143, 158, 160, 163, 271, 280, 281, 282, 283, 297, 298, 299, 300
Berlusconi, Silvio 23, 39, 47, 195, 218, 268, 361
Bernadotte, Jean-Baptiste 42
Bernstein, Eduard 167
Bescharowa, Galina 114, 118, 283
Bilalow, Achmed 287
bin Laden, Osama 195

Blok, Alexander 119
Blozki, Oleg 223
Bogdanow, Wladimir 60
Bonaparte, Napoleon 19, 41, 42
Borodin, Pawel Seite 82
Borowik, Artjom 44, 65
Borowoi, Konstantin 159
Boss, Hugo 56
Boussenard, Louis 219
Breschnew, Leonid 71, 334, 362
Brodsky, Joseph 339
Bush, George W. 195, 198
Bykow, Dmitri 307, 308, 328

C

Capriles Radonski, Henrique 294
Castro, Fidel 208
Chakamada, Irina 297
Chalid, Ruslan 173, 176, 180, 185, 186
Chasanow, Gennadi 103
Chasbulatow, Ruslan 157, 168
Chávez, Hugo 294
Chirac, Jacques 194
Chloponin, Alexander 187
Chodorkowski, Michail 61, 62, 127, 129, 130, 131, 132, 133, 135, 136, 137, 138, 139, 140, 141, 142, 143, 144, 145, 146, 147, 149, 150, 215, 216, 217, 261, 262, 276, 282, 297, 314, 334, 365
Cholmanskich, Igor 53, 319
Chomenko, Roman 148
Cirillo, Lanfranco 245
Clary, Désirée 42
Clinton, Bill 194
Coen, Ethan 15
Coen, Joel 15
Costacurta, Alessandro 189

D

Delimchanow, Adam 184
Delon, Alain 162
Demuschkin, Dmitri 181
Deripaska, Oleg 58, 63, 145, 146, 147, 148, 149, 205, 275, 354
Dorenko, Sergei 101, 116, 117
Dostojewski, Fjodor 109
Dudajewa, Alla 153, 155, 159, 171
Dudajew, Dschochar 153, 158, 172
Dudinski, Igor 252, 256
Dzierżyński, Feliks 58, 71

E

Elçibəy, Əbülfəz 202
Elenin, Platon 114
Elimchanow, Bislan 180
Elizabeth I. 235
Estemirowa, Natalja 185

F

Faassen, Jorrit Joost 243, 245
Figo, Luís 189
Fowler, Robert Bernard 189
Fradkow, Michail 65, 170, 261, 277
Fridman, Michail 90, 216, 129, 205, 275

G

Gaidar, Jegor 156, 296, 299
Gamsachurdia , Swiad 202
Gandhi, Mahatma 236, 243
Geljajew, Ruslan 174, 175
Geraschtschenko, Viktor 141, 307
Gessen, Masha 257, 258
Gloster, Elizabeth 121, 282, 283
Goldfarb, Alexander 283
Gololobow, Dmitri 63
Gorbatschow, Michail 23, 25, 155, 193, 237, 295, 319, 325, 327, 332, 346
Gorelow, Dmitri 247
Gratschow, Pawel 156, 157, 161, 274
Gullit,Ruud 189
Gundjaew, Kirill 233
Gussinski, Wladimir 111, 112, 113, 140, 141, 160, 299
Guzerijew, Michail 134, 149

H

Hitler, Adolf 56
Hussein, Saddam 196

I

Iljuschin, Viktor 78
Illarionow, Andrei 63
Issajew, Hussein 178
Issajew, Maxim 55
Iwan der Schreckliche 237
Iwanow, Sergei 266, 277, 323, 330
Iwanowna, Anna 256

J

Jakowenko, Igor 248
Jakowlew, Konstantin 73
Jakowlew, Wladimir 80
Jamadajew, Badrutdin 177, 179, 180, 187
Jamadajew, Issa 177, 180, 187, 185, 186
Jamadajew, Sulim-Sulejman 159, 160, 176, 180, 185
Janajew, Gennadi 295
Jandarbijew, Selimchan 159, 160, 175
Janukowitsch, Viktor 198, 207, 217, 231
Jaschin, Ilja 310
Jastrschembski, Sergei 255
Jawlinski, Grigori 302
Jelzin, Boris 10, 11, 13, 16, 21, 22, 24, 32, 38, 45, 46, 47, 59, 64, 70, 72, 75,77, 78, 79, 80, 81, 82, 83, 85, 86, 87, 88, 89, 90, 91, 92, 94, 97, 98, 99, 100, 101, 103, 111, 112, 116, 120 ,121, 126, 129, 133, 138, 144, 145, 146, 147, 149, 151, 152, 154, 155, 156, 157, 158, 159, 160, 161, 162, 163, 164, 165, 167, 168, 169, 175, 191, 192, 193, 194, 195, 197, 202, 221, 222, 234, 255, 256, 261, 262, 272, 273, 274, 276, 277, 282, 286, 290, 291, 294, 296, 297, 298, 297, 298, 299, 300, 301, 302, 303, 304, 317, 319, 322, 344, 346, 347, 349, 354, 360

Jewstafjew, Arkadi 86
Jumaschew, Walentin 45, 64, 85, 115, 149, 299
Jumaschewa, Polina 145
Jumaschewa, Tatjana 85, 89, 92
Jurjew, Michail 143
Jurgens, Igor 322
Juschtschenko, Viktor 207, 268

K

Kabajewa, Alina 126, 241, 242, 250, 251, 252, 253, 254, 255, 257
Kadyrow, Achmat 171, 172, 173, 177, 179, 180, 181, 182, 183, 184, 185, 186, 187, 188, 189, 279
Kadyrow, Ramsan 151, 170, 171, 172, 173, 177, 179, 180, 181, 182, 183, 184, 185, 186, 187, 188, 279, 315, 316
Kantor, Wjatscheslaw 60, 72
Kasparow, Garri 248, 306, 307, 312
Kasparowa, Klara Schagenowna 307
Kasanzew, Viktor 169
Kaschtschenko, Pjotr 105
Kassjanow, Michail 15, 129, 139, 261, 262, 285, 306, 307
Katharina die Große 215, 237
Kim Tchen Ir 269, 270
Kirijenko, Sergei 301, 303
Kisjun, Sergei 185, 186, 245, 246, 247, 248, 249
Koch, Alfred 142, 303
Kolessnikow, Sergei 245, 246, 247, 248, 249
Kolokolzew, Wladimir 244
Kondaurow, Alexei 133
Korschakow, Alexander 70, 77, 78, 80, 85, 86, 87, 88, 156, 298, 299
Kosak, Dmitri 353
Koschin, Wladimir 29, 247
Koschkarjowa, Tatjana 117
Kostikow, Wjatscheslaw 78
Kowaljow, Nikolai 168
Kowaltschuk, Juri 62
Kowtun, Juri 280
Kritschewski, Nikita 363
Kryschtanowskaja, Olga 272, 273, 276, 277, 287
Kudrin, Alexei 81, 322, 328, 353, 354, 358
Kumarin-Barsukow, Wladimir 73
Kurginjan, Sergei 297
Kurizyn, Sweta 53
Kutschma, Leonid 197, 290
Kwaśniewski, Aleksander 198

L

Lasarjewa, Tatjana 328
Latynina, Julia 306
Lissin, Wladimir 275
Lebed, Alexander 160, 161, 162, 163
Lebedew, Alexander 126, 127, 160, 250, 251, 262
Lebedew, Platon 130, 131, 136, 138, 334
Lebedew, Sergei 65, 262
Lem, Stanisław 109

Lenin, Wladimir 10
Leontjew, Konstantin 12, 16, 35
Lepsweridse, Grigory 23
Lesnewskaja, Irena 210
Lewin, Boris 125
Limonow, Eduard 264, 267, 305, 306, 307, 328, 329
Lissowski, Sergei 86
Lissin, Wladimir 275
Litwinenko, Alexander 13, 124, 271, 280, 281, 287
Lizkewitsch, Iwan 92
Loschewski, Sergei 86
Lugowoi, Andrei 280, 281
Lukaschenko, Alexander 290
Lukin, Wladimir 302
Luschkow, Juri 98, 99, 100, 101, 112, 251, 340

M

Maduro, Nicolás 294
Magomadow, Abdulla 188
Malaschenko, Igor 111, 299
Malyschew, Alexander 73
Mamut, Alexander 73
Mandela, Nelson 150
Mandelstam, Ossip 334
Mandelstam, Nadeshda 334
Mangold, Klaus Seite 115
Maradona, Diego 189
Marcos, Ferdinand 108
Maschadow, Aslan 159, 167, 172, 174, 176
Medwedew, Dmitri 23, 24, 106, 113, 144, 146, 188, 200, 245, 247, 248, 262, 267, 277, 287, 316, 319, 321, 322, 323, 324, 330, 340, 341, 351, 356, 358
Medwedew, Swetlana 23
Medwedtschuk, Viktor 197
Michajlow, Stass 23
Miller, Alexei 212, 359
Milow, Wladimir 233
Mironow, Sergei 67
Misulina, Jelena 238
Mitterrand, François 250
Mitterrand, Danielle 250
Moltschanow, Juri 57, 67
Mordaschow, Alexei S60, 205, 275
Murawlenko, Sergei 133
Murow, Jewgeni 111
Musseliani, Dawid 253, 254
Musseliani, Olga 254
Musseliani, Nana 254
Mussolini, Benito 208

N

Narsikulow, Sergei 117
Nasarow, Anatoli 147
Nasdratenko, Jewgeni 154
Nawalny, Alexei 129, 130, 233,308, 309, 310, 311, 312, 313, 314, 315, 316, 318, 319, 326, 327, 329, 332, 335, 336, 337, 338, 339, 340, 341, 342, 343, 344, 345, 346, 347
Nemzow, Boris 303, 309, 355
Netrebko, Anna 13, 255

Nietzsche, Friedrich Wilhelm 52
Nikolai I. 53, 237
Nowikow, Arkadi 27
Nurgalijew, Raschid 244

O
Obama, Barack 200
Ofizerow, Pjotr 337
Ojf, Waleri 90
Okudschawa, Bulat 308
Orlow, Oleg 185
Oserow, Lew 29
Osipaschwili, Georgi 43

P
Papin, Jean-Pierre 189
Parchomenko, Sergei 306, 312
Parfenow, Waleri 232
Pasternak, Boris 308
Patarkazischwili, Badri 122, 123, 281
Pawljutschenkow, Dmitri 183
Pendel Harry 64
Peskow, Dmitri 49, 235, 247, 263, 267, 268
Petrow, Gennadi 73
Peter I. 42
Pichoja, Ljudmila 78
Pietsch, Irene 59, 222, 223
Pinochet, Augusto 111
Piontkowski, Andrei 302, 312
Pintschuk, Viktor 207
Politkowskaja, Anna 13, 182, 183, 271, 278, 279, 287
Polonski, Sergei 254
Popow, Anatoli 176
Potanin, Wladimir 275, 299, 353
Potkin, Alexander Below 181
Primakow, Jewgeni 44, 65, 98, 99, 100, 101, 112, 116, 193, 221, 256
Priwalowa, Platon 43
Prochanow, Alexander 121, 133, 223
Prochorow, Michail 64, 129, 130, 275, 309, 328, 332
Proust, Marcel 231
Pugatschow, Sergei 134
Pugatschowa, Alla 331
Putin, Wladimir 68
Putina, Jekaterina 68, 222, 227, 231, 232, 242, 243, 244
Putina, Maria 68, 222, 227, 228, 232, 242, 243, 249
Putina, Ljudmila 59, 60, 67, 72, 81, 222, 223, 224, 227, 228, 231, 232, 234, 235

R
Rasumow, Dimitri 64, 78
Rjurik 30
Rojsman, Jewgeni 332
Rossel, Eduard 154
Rotenberg, Arkadi 276
Rotenberg, Boris 276
Rubin, Trudy 15
Ruzkoi, Alexander 157, 168
Rybkin, Iwan 163
Rynska, Boschena 225

Ryschkow, Wladimir 223

S

Saakaschwili, Michail 43, 208
Sabralowa, Jelena 233
Sachs, Jeffrey 363
Sadornow, Michail 303
Saldostanow, Alexander 255
Samuzewitsch, Jekaterina 333
Saostrowez, Juri 134
Sarkozy, Nicolas 356
Satarow, Georgi 298
Schaller, Dr. med. James L. 46
Schamalow, Nikolai 244, 246, 249, 247, 248
Schamanow, Wladimir 169, 170
Schamil, Imam 153
Schaz, Michail 328
Scheich Mansur 153
Schelomowa, Maria 43
Schewardnadse, Edward 43, 197, 290
Schewtschenko, Juri 232, 233
Schirinowski, Wladimir 294, 295, 296, 297
Schrott, Erwin 255
Schröder, Gerhard 23, 39, 115, 194, 218
Schüssel, Wolfgang 262
Schwanezki, Michail 106
Schwidler, Jewgeni 90
Semjonow, Julian 44, 55
Serdjukow, Anatoli 275, 356, 358
Setschin, Igor 44, 74, 134, 135, 139, 140, 141, 146, 147, 148, 149, 214, 215, 217, 276, 338
Siluanow, Anton 107
Sineus 30
Sjuganow, Gennadi 79, 82, 101, 160, 161, 297, 298, 300, 301
Skuratow, Juri 98, 99
Sobjanin, Sergei 316, 340, 341, 345
Sobtschak, Anatoli 5, 11, 46, 57, 67, 68, 69, 71, 74, 75, 77, 79, 80, 81, 85, 88, 97, 98, 115, 231, 328
Sobtschak, Xenija 44, 92, 310, 312, 328
Sokurow, Alexander 256
Solotow, Viktor 111
Solschenizyn, Alexander 339
Sorkin, Waleri 24
Soskowez, Oleg 80
Stalin, Josef 10, 25, 71, 171
Stepaschin, Sergei 97, 98, 256
Strojew, Jegor 99
Subow, Waleri 163
Sulejman, Sulim 173
Surkow, Wladislaw 141, 186, 323, 323, 330, 331
Swann, Charles 231
Swerew, Sergei 112

T

Tchen Ir, Kim 269
Theede, Steven 63, 147
Thornton, Billy Bob 15
Tichonow, Wjatscheslaw 56, 65

Timoschenko, Julia 150, 198
Timtschenko, Gennadi 73, 211, 276
Tolokonnikowa, Nadeshda 333
Titow, Boris 26
Toporow, Viktor 308
Traber, Ilja 73
Tretjakow, Witali 132
Troschew, Gennadi 169, 170
Trotzki, Lew 167
Trubizyn, Wjatscheslaw 261
Tschernomyrdin, Viktor 78, 80, 301, 303, 360
Tschernyschewa, Natalja 267
Tschitschwarkin, Jewgeni 125, 126
Tschubais, Anatoli 81, 83, 99, 132, 142, 158, 299, 303, 322, 337, 338
Tschujtschenko, Konstantin 113

U

Udalzow, Sergei 335
Urin, Matwej 244
Usmanow, Alischer 122, 254, 255
Ustinow, Wladimir 139

V

von Habsburg, Marie-Louise 42
von Monaco, Albert 256, 257

W

Wassiljewa, Jewgenija 275
Walewska, Alexandre 42
Walter, Bernhard 58
Warning, Matthias 57, 58, 60, 62, 64, 222
Wawilow, Andrei 137, 216
Wekselberg, Viktor 275
Wenediktow, Alexei 266, 267
Winer, Irina 253, 255
Wjachirew, Rem 60
Wolkow, Leonid 248
Wolodin, Wjatscheslaw 323, 330, 331, 332, 340
Woloschin, Alexander 112, 133, 135, 136, 139, 157, 178
Wolski, Arkadi 155

Z

Zuchold, Klaus 57, 222
Zwetajewa, Marina 124

Wenn Sie **Interesse** an **unseren Büchern** haben,

z. B. als Geschenk für Ihre Kundenbindungsprojekte, fordern Sie unsere attraktiven Sonderkonditionen an.

Weitere Informationen erhalten Sie von unserem Vertriebsteam unter +49 89 651285-154

oder schreiben Sie uns per E-Mail an:
vertrieb@redline-verlag.de

REDLINE | VERLAG